U0738022

物流平台管理

主 编 仲 昇

参 编 涂淑丽 刘志华

机械工业出版社

在移动互联网等新一代信息技术的推动下,物流领域涌现出一大批平台型企业,已成为该领域发展的热点之一。物流平台的发展不仅能够有效整合并调动社会物流资源,还能显著提升物流效率,进而促进社会和经济的全面发展。

《物流平台管理》一书,按照物流平台理论概述、物流平台设计和运营管理,以及物流平台服务质量和竞争力的评价与提升这一逻辑顺序,系统地构建了物流平台理论与实务知识体系。全书共分为九章,内容涵盖:总论、物流平台概述、物流平台商业模式、物流平台组织结构、物流平台信息系统、物流平台运营管理、物流平台企业文化、物流平台服务质量、物流平台竞争力。

本书不仅适用于物流管理、供应链管理、物流工程等相关专业的研究生和本科生学习使用,也可为物流平台领域的相关政府部门、行业协会、企业人员提供有益参考。

图书在版编目(CIP)数据

物流平台管理 / 仲昇主编. -- 北京:机械工业出版社,2025. 7. -- ISBN 978-7-111-78915-4

Ⅰ. F252. 1

中国国家版本馆 CIP 数据核字第 2025DM7715 号

机械工业出版社(北京市百万庄大街 22 号　邮政编码 100037)
策划编辑:朱鹤楼　　　　　责任编辑:朱鹤楼　张雅维
责任校对:张爱妮　陈　越　责任印制:单爱军
北京中兴印刷有限公司印刷
2025 年 9 月第 1 版第 1 次印刷
184mm×260mm · 19. 25 印张 · 404 千字
标准书号:ISBN 978-7-111-78915-4
定价:69. 00 元

电话服务　　　　　　　　　网络服务
客服电话:010-88361066　　机 工 官 网:www.cmpbook.com
　　　　　010-88379833　　机 工 官 博:weibo. com/cmp1952
　　　　　010-68326294　　金 书 网:www.golden-book.com
封底无防伪标均为盗版　　　机工教育服务网:www.cmpedu.com

前 言
Preface

在互联网时代，用户掌握了越来越大的话语权。用户需求的快速动态变化与传统企业相对迟钝的反应之间的矛盾已成为互联网时代最突出的商业矛盾。不能"跟上用户点击鼠标速度"的企业在竞争队伍中逐渐掉队，而那些提前做好准备，展现出足够"灵活性"（flexible）与"敏捷性"（agile）的企业则脱颖而出。

当用户需求从标准化产品转向动态解决方案时，单一企业仅凭自身资源已无法满足用户需求。于是，平台作为一种新的商业模式应运而生。平台能最大限度地整合供给侧资源，满足需求侧的各种需求。当平台以互联网为渠道时，平台的优势就会呈现几何级数的放大，赋予企业"灵活性"与"敏捷性"，带来巨大的竞争优势。平台化运营由此成为互联网时代最为成功的主流企业运作模式之一。

物流平台的概念最早起源于20世纪的法国，此后在欧美国家得到了迅速而广泛的推广和应用。美国、日本、欧洲等众多发达国家和地区物流平台建设已达到较高水平，出现了一大批在物流领域开展大规模运营的平台型企业。物流平台的实践经验证明，物流平台的开发和运营能有效整合社会物流资源，提高物流业务作业效率，提升物流行业经营水平，并促进社会和经济发展。

在我国，随着移动互联网等新一代信息技术的出现和发展，以及互联网经济的快速发展，对物流平台建设提出了现实需求。2009年，国务院将物流公共信息平台列为重点建设的九大工程之一。在国务院2014年9月正式公布的《物流业发展中长期规划（2014—2020年)》中，明确指出要加快物流公共信息平台建设，积极推进全社会物流信息资源的开发利用，支持运输配载，跟踪追溯、库存监控等有实际需求、具备可持续发展前景的物流信息平台发展，鼓励各类平台创新运营服务模式。2022年发布的《"十四五"现代物流发展规划》中又进一步指出了打造制造业物流服务平台、鼓励物流平台企业开发面向中小微企业的云平台等具体发展方向。

在现实需求和政策激励的推动下，物流平台以"互联网＋物流"为契机迅速崛起，取得了长足进步。政府、国有和民营建设主体纷纷进入这一领域。截至2023年12月，全国网络货运平台（无车承运人）总数已达3036家，接入社会运力798.9万辆。自2020年起，中物联已在全国范围内开展了5批网络货运平台A级企业评估工作，共评选出52家A级网络货运平台企业，为行业树立了标杆。

本书的编写旨在更好地服务于我国物流平台的发展，培养物流管理专业学生具备较为扎实的物流平台管理相关理论素养和一定的物流平台管理实践技能。本书以马克思列宁主义、毛泽东思想、邓小平理论、"三个代表"重要思想、科学发展观、习近平新时代中国特色社会主义思想为指导，紧密追踪物流平台领域前沿理论和实践动态，并高度重视国家战略需求、物流产业发展，以及本土企业案例的融入。本书的特点主要体现在以下两个方面：

1. 体系完整。本书沿着物流平台理论概述—物流平台设计和运营管理—物流平台服务质量和竞争力评价、提升的逻辑顺序，构建了物流平台理论与实务知识体系。本书既有理论的阐述和介绍，同时又对实务操作进行了一定深度和广度的探讨，从理论和实务两个层面构建和丰富了物流平台管理的基本概念、内容框架和知识体系。

2. 内容丰富。为方便读者进行理论学习与实践导引，各章都配有开篇案例、章末案例、本章小结和实训作业。同时，为拓展读者的眼界和知识面，为学有余力的读者提供更为深入的理论知识，本书在各章都插入了数量不一的人物小传、小知识、小案例、参考文献等内容。

在本书的编写过程中，我们得到了江西财经大学工商管理学院领导的鼓励与支持，为本书的编写工作创造了十分有利的条件。本书的出版也是江西财经大学工商管理学院物流管理（智慧供应链）专业进行国家一流本科专业建设的重要学术成果之一，将对促进专业的数字化转型有所贡献。

本书共分为 9 章，具体包括：第 1 章总论，第 2 章物流平台概述，第 3 章物流平台商业模式，第 4 章物流平台组织结构，第 5 章物流平台信息系统，第 6 章物流平台运营管理，第 7 章物流平台企业文化，第 8 章物流平台服务质量，第 9 章物流平台竞争力。其中，第 3 章由江西财经大学工商管理学院物流管理系副教授、硕士生导师涂淑丽负责编写；第 5 章由江西财经大学工商管理学院物流管理系讲师刘志华负责编写；其余章节由江西财经大学工商管理学院物流管理系系主任、副教授、硕士生导师仲昇负责编写。

本书可供物流管理、供应链管理、物流工程等相关专业研究生和本科生学习使用，也可为物流平台领域的相关政府部门、行业协会、企业人员提供有益参考。

在本书的编写过程中，我们参阅了大量中外同行、专家学者的有关著作、论文、报告等文献资料，在此致以诚挚的感谢！为了充分尊重原作者的劳动成果和知识产权，我们已在本书各章节末将所参阅的文献详细列出，以便读者可以追本溯源，进一步扩大阅读面。如有遗漏，敬请指正。

由于作者的水平和学识有限，书中难免存在疏漏之处，敬请广大热心读者批评指正。您的意见或建议将是我们未来改进和完善本书的重要依据。

仲昇 zsshark07@ sina. com

2024 年 1 月

目 录
Contents

第1章 ▶ 总论

📎 引例

无处不在的美团

1. 发展历程

美团成立于2010年3月，秉承"帮大家吃得更好，生活更好"的使命，立足生活服务业这一数十万亿的广阔市场，聚焦餐饮这一高频、刚需的核心品类，带动其他业务的发展，其成为了在生活服务领域的龙头互联网公司。

2021年9月，美团将公司战略由"Food + Platform"升级为"零售 + 科技"，并调整组织架构，进一步深化同城零售领域业务，强化从商家到用户再到履约的全方位护城河，致力于打造美团平台的最终生态。

目前，美团已经形成到家、到店和创新业务三大板块。到家业务包括餐饮外卖，以及品类扩展下的闪购和跑腿业务；到店业务包括到店吃喝玩乐等团购业务和酒店旅游业务；创新业务则是持续孵化的、具有长期增长潜力的领域，包括零售、出行、B端业务等。

2. 发展现状

2024年3月22日，美团（股票代码：3690.HK）发布2023年第四季度及全年业绩。公司各项业务均实现了稳健增长，全年营收达到2767亿元（人民币，下同），同比增长26%，经营利润为134亿元。

在过去的一年里，美团继续围绕"零售 + 科技"战略，不断加大对中国消费市场及科技研发的投入力度，全年即时配送订单达到219亿笔，同时，全年研发支出达212亿元，创历史新高。

2023年，美团的核心本地商业继续实现稳步发展，该业务分部营收增长29%，达到2069亿元，实现经营利润387亿元，同比增长31%。

作为科技零售企业的代表，美团持续探索如何利用科技助力零售服务创新。截至2023年底，美团无人机已累计完成订单超22万单，覆盖办公、社区、高校、景区、市政公园、医疗等多场景。2024年春节假期，深圳人才公园部分周边商家超8成外卖订单均由美团无人机配送完成，带动多种商品销量环比"十一"假期增长超5倍。

3. 商业逻辑

"高频打低频"是美团商业层面的基本逻辑。美团从点餐、外卖、出行、生鲜零售等高频消费出发，积累大批可复用的生活服务类用户，培养用户每天打开美团的使用习惯，形成规模效应实现低成本引流。同时，美团还将众多的低频业务聚合起来，深挖用户价值，建立生活服务场景下的用户认知壁垒。

资料来源：

1. 知乎. 2022 年美团及其产业链研究报告［R/OL］.（2022 – 6 – 24）［2024 – 7 – 28］. https://zhuanlan. zhihu. com/p/528517244；
2. 新浪网. 美团 2023 年财报：全年营收 2767 亿元，同比增长 26%［EB/OL］.（2024 – 3 – 22）［2024 – 7 – 28］. https://finance. sina. com. cn/wm/2024 – 03 – 22/doc – inapfafq4887231. shtml.

1.1 互联网平台兴起的趋势

随着互联网经济热潮的袭来，在社会各领域及经济发展中涌现出了众多互联网平台。这些平台，为企业、社会组织和个人用户提供了便捷的产品和服务获取渠道，满足了他们的多样化需求，这一现象已变得极为普遍。

1.1.1 互联网平台渐成市场主流

小桔科技于 2012 年推出"嘀嘀打车"APP，2015 年 9 月 9 日更名为现在的"滴滴出行"。滴滴出行是涵盖出租车、专车、滴滴快车、顺风车、代驾及大巴、货运等多项业务在内的一站式出行平台。滴滴出行改变了传统出租司机等客的方式，允许司机根据乘客的目的地按意愿"接单"，从而节约了司机与乘客之间的沟通成本，降低了空驶率，最大化节省了司乘双方的资源与时间。通过滴滴出行平台，社会车辆资源得到了充分挖掘，提高了全天候、全地域的出行供给服务能力。公司财报显示，滴滴出行在2023 年实现总收入 1924 亿元。值得注意的是，滴滴出行并不拥有平台注册车辆的所有权。

淘宝网（taobao. com）是中国深受欢迎的网购零售平台之一。目前，它拥有近 5 亿的注册用户数，每天吸引超过 6000 万的固定访客，每天的在线商品数超过 8 亿件，平均每分钟售出 4.8 万件商品。2023 年，在淘宝上持续经营 10 年以上的店铺已超过 170 万家，并增加了 512 万个新商家。作为国内最大的网络零售平台，淘宝网却没有一件自己的商品库存。

传统行业在短时间内被市场"入侵者"——互联网平台所颠覆。这些互联网平台并不拥有传统意义上企业生存所需要的必要资源，按照传统的竞争理论，它们难以获得市场的竞争优势地位，甚至能否在市场生存都存在疑问。然而，互联网平台借助科技的力量，尤其互联网科技，将商业生态圈中的个人、企业、机构和资源紧密连接起来，使得一个又一个行业的运行模式发生了巨大甚至是颠覆性的变化，发掘出新的价值来源，创造出惊人的价值总量。

全球市值最高企业类型的变化充分印证了这一变革趋势。1996年，全球市值前十强企业大部分来自制造业和资源行业；到了2006年，花旗银行、美国银行、汇丰银行等金融机构占据了榜单的前列。当时间来到2023年，虽然经济环境在不断变化，但互联网平台企业仍然稳居企业市值排行榜的前列。其中，排名最高的是苹果公司，前十位中有五家是互联网平台企业，且排名普遍靠前。

小链接

2023全球市值100强上市公司排行榜（Top 100）

普华永道（PwC）根据全球上市公司2023年3月31日的股票市值（Market Capitalisation）排出"2023全球市值100强上市公司"排行榜（Global top 100 companies 2023），苹果公司蝉联榜首。前五名排序与上年相同，但市值相比一年前均有下跌。市值前十名中，除了沙特阿美外，其余均为美国企业。100强公司市值最高为26090亿美元，最低为1190亿美元。

在排名前五的企业中，互联网平台企业占据了四席，分别是：苹果（排名第1）、微软（排名第2）、Alphabet Inc.（排名第4，谷歌母公司）、亚马逊（排名第5）。此外，还有1家互联网平台企业Meta Platform（排名第9，脸书母公司）跻身前十。排名前十的企业中，传统的能源、金融、制造企业只有四家，分别是沙特阿美（排名第3）、伯克希尔（排名第7）、特斯拉（排名第8）、维萨（排名第10）。

除了台积电以外，排名最高的中国企业前三名分别是腾讯（排名第11）、阿里巴巴（排名第32）和工商银行（排名第40），其中仍然包含两家互联网平台企业。

资料来源：
搜狐. 2023全球市值100强上市公司排行榜（TOP 100）［EB/OL］.（2023-5-18）[2024-7-28]. https://www.sohu.com/a/676796189_121124361.

罗纳德·哈里·科斯（Ronald H. Coase）认为，企业的存在有利于节约市场交易费用，因此市场经济的主要资源配置方式是"企业"。凭借技术的巨大进步，技术驱动的互联网平台以更有效率的方式配置资源，未来必将取代传统企业占据市场经济中资源配置的主体地位。在某一个行业中，当信息成为其业务运作的基础要素或必需部分时，这个行业就具备了推行平台化运作的条件。由此，平台化运作的模式几乎可以推广至所有行业。

人物介绍

新制度经济学鼻祖——罗纳德·哈里·科斯（Ronald H. Coase）

罗纳德·哈里·科斯（Ronald H. Coase），被誉为新制度经济学的鼻祖，是美国芝加哥大学的杰出教授，同时也是芝加哥经济学派代表人物之一、法律经济学的创始人之一，曾提出"科斯定理"，并于1991年荣获诺贝尔经济学奖，代表性研究成果有《企业的性质》（*The Nature of the Firm*）和《社会成本问题》（*The Problem of Social Cost*）等。

罗纳德·哈里·科斯对经济学的贡献主要体现在他的两部著作中：《企业的性质》以交易成本概念解释企业规模；《社会成本问题》则主张通过完善产权界定来解决外部性问题，该文的发表标志着现代法与经济学的诞生。科斯的思想不但启发了大批后续论著诞生，而且促成了经济学中新制度经济学和法学中经济分析法学两大学派的创立与发展。

科斯认为，当市场交易成本高于企业内部的管理协调成本时，企业便产生了，企业的存在正是为了节约市场交易成本，即用费用较低的企业内部交易代替费用较高的市场交易；当市场交易的边际成本等于企业内部管理协调的边际成本时，便达到了企业规模扩张的界限。

资料来源：

应望江. 诺贝尔经济学奖之路(第2版)[M]. 上海：上海财经大学出版社，2017.

因此，不仅新兴的巨头企业正在采用平台结构，许多在互联网时代到来之前就已经获得成功的传统巨头企业也在积极进行平台化转型，如沃尔玛、耐克、通用电气等。目前，在全球范围内，互联网平台型企业都占据了相当可观甚至是巨大的经济份额，并且这一份额还在持续增长中，如表1-1所示。按照市场规模计算，北美的平台企业数量更多；亚洲，尤其是中国的平台企业，依靠其庞大且统一的市场，增长势头非常迅猛；欧洲的平台企业在行业分布上更加细化，市值不到北美的1/4；非洲和拉丁美洲的平台企业发展相对滞后。

表1-1　不同地区平台模式发展情况

地区	典型平台企业
北美	甲骨文、谷歌、苹果、Facebook、亚马逊、英特尔、微软等
亚洲	软银、腾讯、京东、阿里巴巴
欧洲	SAP、SPOTIFY
拉丁美洲	NASPERS

1.1.2　个人与互联网平台发展的相互影响

互联网平台企业快速发展，已经深入到个人生活的方方面面，与个人形成了紧密的关联，并相互影响。

1. 互联网平台深入影响个人的生活和职业发展

在当今的互联网经济时代，各种类型的互联网平台已深入渗透并影响到个人生活衣食住行、教育、医疗等各个方面。以中国为例，天猫、淘宝、京东等零售商业平台提供的购物服务已成为大多数居民，特别是中青年人购物的主要渠道；美团、饿了么等 B2T（Business to Team）团购平台已成为许多学生和上班族解决餐饮需求的常规选择；通过携程、12306 等旅行平台解决旅行、出差过程中的订票、住宿等问题也已是常态；腾讯视频、优酷视频等互联网影音平台已取代有线电视，成为居民观看电视、电影的第一选择。

同时，互联网平台也深刻影响了个人的职业发展。互联网平台的发展催生了许多新的职业岗位，为个人带来职业发展的新机遇。如微博、抖音、小红书等社交平台以庞大的用户群体为基础，打造了"网红直播"这一新兴职业类别。网红直播以"网红"为形象代表，以他们的品位和眼光为主导，在社交平台上通过直播、文字、图片、短视频等方式进行推广，依托庞大的粉丝群体进行定向营销，从而将粉丝转化为购买力。不少人通过成为"网红"改变了自己的职业发展轨迹，"带货主播"也成为不少人的职业选择，其背后的运作团队还可以提供策划、摄影等一系列工作机会。

2. 个人需求及其变化影响了互联网平台的运营、发展

互联网的一大特点是能够跨空间、跨时间地与使用者进行全方位的接触，因此，以个人为服务对象的互联网平台将面临传统企业无法比拟的用户群体规模。这个数量庞大的用户群体的需求更为广泛，差异程度更加明显。同时，在互联网时代，经济、社会环境的变化更为迅速，由此个人需求也处于快速的动态变化中。互联网平台企业必须关注个人需求的特点及其变化动态，适时调整服务内容、服务方式，乃至调整经营模式或整体发展方向。

以美团平台为例，它最初只是为消费者提供餐饮类的 B2T 服务，但如今美团平台服务的内容愈发全面和细化，涵盖了酒店住宿、电影演出、景点门票、超市便利等多个领域，甚至于看病买药。为了提高服务质量和顾客满意度，美团平台还陆续开发了金融服务、物流服务、社交服务、游戏服务等服务内容。美团正力图将自己打造为一个能覆盖多种不同类型消费者全流程、全方位需求的平台。

综上所述，无论是对于企业还是对于个人，我们都可以得出结论：我们已进入互联网平台时代。

小资料

互联网经济

互联网经济是以现代信息技术为基础，以现代服务业为主要特征，在互联网上所产生的一切经济活动的总和。它可以分为两个层次：一是宏观层次，即互联网经济，它是继农业经济、工业经济之后的一种全新的经济形态，是信息经济在互联网时代的集中体现；二

是中观层次，主要指的是互联网产业。

互联网经济的产品类型多样，具体包括电子商务、互联网金融、即时通信、搜索引擎、网络游戏、共享经济和互联网直播七大类。

资料来源：
1. 周高云，齐建鹏，方水耀. 互联网经济与会计创新策略[M]. 长春：吉林人民出版社，2021；
2. 李成钢. 互联网经济的理论创新和实践[M]. 北京：对外经济贸易大学出版社，2016.

1.2 互联网平台的概念

互联网平台快速兴起，已成为社会组织，尤其是企业的常见形态之一，其与社会大众之间的相互影响日益深入和广泛。导致这一现象出现的原因在于互联网平台不同于传统组织的独特定义、作用和特性。

1.2.1 互联网平台的定义

"平台"这一概念早已融入我们的生活，各式各样的平台层出不穷。例如，微软多年前推出的 Windows 操作系统，就是计算机领域最成功的平台之一。Windows 操作系统作为平台，具有良好的开放性，允许其他软件开发商在系统内嵌入各类软件。软件类型的丰富性吸引了大量的用户使用该系统，进而为软件开发商带来了丰厚的经济回报，促使他们更愿意在平台上投放软件，由此实现了用户和软件开发商之间利益相互促进的良性循环。

又如信用卡平台，Visa、Master、银联等信用卡组织发行的信用卡，连接了银行、商家和消费者等多方主体，促进了线上、线下多种产业的发展。与 Windows 操作系统相似，同一信用卡组织发行的信用卡接受商家越多，商家分布行业越广泛，消费就越便利，愿意使用该信用卡的消费者就越多，商家的经济回报也就越丰厚，同样实现了消费者和商家利益相互促进的良性循环。

对于平台的定义，不同的学者给出了多种定义。

让·夏尔·罗歇（Jean Charles Rochet）和让·提洛尔（Jean Tirole）认为，平台是一个或几个允许最终用户交易的双边（多边）市场。在平台的两侧，存在两组市场主体，它们通过平台实现交易，一侧主体的收益取决于同侧及另一侧参与主体的数量。

杰奥夫雷·G. 帕克（Geoffrey G. Parker）则将平台定义为一种基于外部供应商和顾客之间的价值创造互动的商业模式。平台为这些互动提供了开放的参与式架构，并设定了治理规则。平台的首要目标是匹配用户，通过商品、服务或社会货币的交换为所有参与者创造价值。

方军等在《平台时代》一书中指出，平台是连接者、匹配者和市场设计者。

基于以上定义，我们可以将互联网平台定义为：借助互联网科技等相关技术，以互联网为载体，为产品、服务的供应商、使用方，以及其他类型用户等之间的互动创造空间，并设定活动规则，最终为所有参与者创造价值的开放的参与式架构。

1.2.2 互联网平台的作用

互联网平台出现之初，对其作用的定位是"去中介化"。奥林·托夫勒（Alrin Toffler）在 1984 年出版的《第三次浪潮》中提出，互联网平台带来了去中介化的可能性，可以消除交易中的各个中介环节。但发展的实践证明，互联网平台的作用并非去中介化。恰恰相反，互联网平台成了更为高效的新型中介者。

与以往的平台相比，互联网平台在信息与人两个方面存在显著区别。

1. 信息

在互联网平台上，信息以数字化的形式进行流动，速度和广度都达到了前所未有的高度。在流动过程中，信息通过交换和反馈不断发生质的变化，形成新的信息后又继续在不同用户群体间扩散。

2. 人

互联网平台上的用户或者参与者不再局限于少数人。互联网平台的技术特性使得平台的参与可以下沉到消费者个体层面，消费者以个体方式参与，通过互联网平台精准匹配，形成的社交连接数量达到了海量级别，最终实现了前所未有的个体层面的大规模社会化协作。

在互联网平台上，这种下沉到个体层面的大规模社会化协作使得可动员的资源种类和数量实现了最大化。同时，信息的流动和交换状态不仅决定了市场的基本形态，还可以赋能加入平台的个人与组织，发掘并形成新的商业机会、商业模式和市场结构。由此，互联网平台的作用升华为互联网时代下的新型中介者——全新的、更为高效的连接者、匹配者和市场设计者。

1.2.3 互联网平台的特性

在互联网平台上，数字化信息快速流动、交换并精准匹配，实现了可以下沉到个体层面的大规模社会化协作。当个人主体接入平台网络时，互联网平台不仅是商业平台，也成为人际交流与协作的社会化平台。互联网平台的特性如表 1-2 所示。

表 1-2 互联网平台特性

特性名称	特性内容
基础特性	连接、数字化、竞争性产品和服务、社交化
技术特性	基于云计算的大数据技术
功能特性	精准匹配、赋能和生态

1. 互联网平台的基础特性

互联网平台的基础特性涵盖连接、数字化、竞争性产品和服务、社交化四个方面。

（1）**连接**　连接的核心在于确保用户能够全天候、全地域、全渠道便捷地接入平台，并能有效地使用平台提供的服务和功能。全天候、全地域的接入不仅依赖于广泛的互联网信号覆盖，还需要确保在高并发情境下平台的稳定运行。全渠道接入则意味着，除了通过传统的网页端门户网站和移动端 APP 接入平台外，还要进一步拓展接入渠道，如通过微信小程序、高流量公共门户网站链接等。此外，连接并不等同于仅仅能登录平台，更重要的是确保用户无论在何种状态下登录平台都能完整、高效地使用平台提供的服务和功能。

（2）**数字化**　数字化是指围绕产品、服务，互联网平台上所有相关资源、业务模式、业务场景和业务流程均以数字化的形式在平台上呈现出来。

（3）**竞争性产品和服务**　互联网平台的第三个基础特性是平台能为用户提供有竞争性的产品和服务。这意味着，与同类平台相比，平台所提供的产品和服务质量更好、种类更丰富、类型更细致、性价比更优越、使用更便利。但需要指出的是，作为"全新的、更高效的中介者"，互联网平台并不直接生产或提供服务，而是通过组织与管理供应商来实现。

（4）**社交化**　不同于以往的平台，互联网平台须具备社交化这一基础特性。社交化使得个人也能成为平台用户，从而最大限度扩张群体规模。同时，通过社交的方式，可以满足用户的心理需求，增强客户对平台的信任感和依赖性，从而增强用户黏性。

2. 互联网平台的技术特性

互联网平台的技术特性主要体现在基于云计算的大数据技术上。

依托互联网平台，产品与服务的需求方通过平台发送需求信息，并检索供给信息；产品与服务的供给方则向平台发送供给信息，并检索需求信息。平台运营方需要持续收集、更新以上信息，配合用户请求，完成产品与服务的供给，并通过对信息的实时分析保持对产品与服务供给过程的监控，必要时发送干预信息履行平台的管理职责。互联网平台庞大的用户规模，使得需求方、供给方、平台运营方等多方用户的信息在平台上汇集形成了海量的"数据池"。因此，互联网平台必须具备强大的数据通信能力、存储能力以及计算处理能力，其中计算处理能力尤为重要。

然而，传统的处理和分析技术在面对互联网平台上的高频更新、强关联性海量数据，以及由此带来的复杂数学统计和分析时，往往力不从心。云计算的出现为挖掘大数据价值提供了有力工具，也使大数据的应用更具多样性。云计算以数据为中心，以虚拟化技术为手段来整合服务器、网络、应用等各种资源，实现不同硬件、系统和应用的"通用化"，达到集中管理、动态调配和按需使用的目的，并使用 SOA（Service Oriented Architecture，以服务为导向）架构为用户提供各种数据服务，实现对多格式、多模式大数据的统一管理、高效流通和实时分析。

借助基于云计算的大数据技术，互联网平台可以充分发挥其连接的基础特性，确保用户通过各种渠道，尤其是移动终端，随时随地接入平台，并获得及时响应。同时，该技术还能有效管理、更新平台的服务与产品，保持并提升平台的竞争力。因此，尽管在互联网平台中应用的技术种类众多，但互联网平台应将基于云计算的大数据技术作为平台设计、构建和运营的基础技术。

3. 互联网平台的功能特性

互联网平台的功能特性包括精准匹配、赋能和生态。

（1）**精准匹配** 借助基于云计算的大数据技术，互联网平台可以设置多种工具，对海量的产品、服务形式、内容和价格信息进行检索，实现需求方和供给方之间的相互精准匹配，有利于供需双方降低检索成本，实时掌握市场动态。

（2）**赋能和生态** 借助基于云计算的大数据技术，互联网平台实现信息的高效流动，从而赋能平台所有的参与方，包括产品、服务的供给方、需求方和平台运营方。由此，为各参与方提供资源支持，创造新的商业机会和商业模式，获得新的发展路径，培育、壮大各参与方的核心竞争力。在新的发展路径上达到一定高度以后，还有可能构建出一个新的、完整平台生态、产业生态乃至社会生态。

1.2.4 互联网平台的类别

根据功能、双边市场各方性质、运作原理和产品模式、所处领域等不同的分类原则，互联网平台可以区分出多种类别。

1. 按平台功能分类

根据平台的功能不同，互联网平台可以分为市场制造者、受众制造者和需求协调者三类。

（1）**市场制造者** 这类互联网平台的功能在于让分属不同市场的成员能够进行交易。

（2）**受众制造者** 这类互联网平台的功能在于匹配广告商和受众。

（3）**需求协调者** 这类互联网平台的功能在于提供能够产生间接网络效应的商品和服务。

2. 按平台连接双边市场各方的性质分类

根据平台连接双边市场各方的性质不同，互联网平台可以分为纵向平台、横向平台、纵向和横向混合平台、受众平台四种。

（1）**纵向平台** 纵向平台充当中介的角色，不参与具体的交易过程，仅起到促进双方达成交易的作用，典型的有银行卡网络平台、B2B（Business to Business）平台等。

（2）**横向平台** 横向平台为具有相似特征的用户提供现实或虚拟的交流空间，典型的有通信网络平台、社交网络平台和即时通信平台等。

（3）**纵向和横向混合平台**　当互联网平台发展到一定阶段，很难将其严格区分为纵向或是横向平台，而是呈现纵向与横向相混合的特征。如某些物流平台既可为货主企业、物流企业、卡车司机提供平台承运、交易撮合等纵向服务，同时也提供通信社交方面的横向服务。

（4）**受众平台**　受众平台通过向观众提供免费的服务和商品来吸引目标客户，而这种免费的服务与商品往往是由商户资助的，典型的有搜索引擎、互联网门户等。

3.按互联网平台运作原理和产品模式分类

按照平台运作原理和产品模式的不同，互联网平台可以分为普通连接型和产销合一型两类。

（1）**普通连接型平台**　普通连接型平台两侧连接的产品、服务的制造者、供给者和消费者的角色是单一且绝对的，彼此之间不会发生互换，也可直接称为"连接型互联网平台"。

（2）**产销合一型平台**　在产销合一型平台中，产品、服务的制造者、供给者和消费者难以绝对区分。某一时刻的制造者、供给者在另一时刻可能成为消费者，反之亦然，平台则促成用户在两种角色之间快速切换，因此这种平台也可以称为"众创型互联网平台"。

普通连接型平台和产销合一型平台的差异如图 1-1 所示。

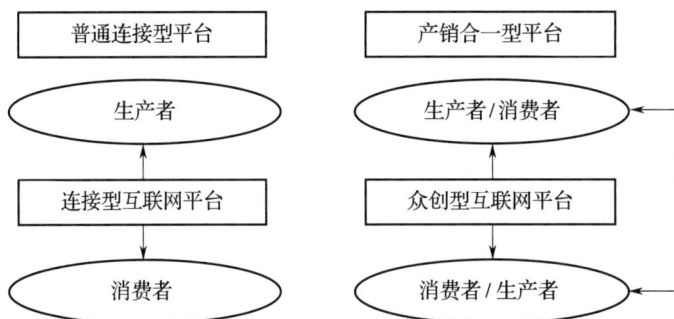

图 1-1　普通连接型平台与产销合一型平台

小案例

bilibili

哔哩哔哩是中国年轻人高度聚集的综合性视频社区，被用户亲切地称为"B 站"。2023 年 B 站总营收达 225.3 亿元人民币，日均活跃用户 1 亿，月均活跃用户 3.36 亿，用户日均使用时长稳定在 95 分钟，月均投稿量超 2300 万。

B 站围绕用户、创作者和内容构建了一个源源不断产生优质内容的生态系统，吸引中国最优秀的专业创作者聚集于此。他们的创作内容涵盖生活、游戏、时尚、知识、音乐等数千个品类和圈层，引领流行文化的风潮，成为中文互联网极其独特的存在。目前，B 站 94% 的视频播放量都来自专业用户创作的视频 PUGV（Professional User Generated Video）。

在此基础之上，B 站还提供了移动游戏、直播、付费内容、广告、漫画、电商等商业化产品服务，并对电竞、虚拟偶像等前沿领域展开战略布局。

B 站在多个季度蝉联 Quest Mobile "Z 世代偏爱 APP" 和 "Z 世代偏爱泛娱乐 APP" 两项榜单的第一位,同时入选 "Brand Z" 报告 2019 最具价值中国品牌 100 强。公司于 2018 年 3 月在美国纳斯达克上市,并于 2021 年 3 月在港交所二次上市。

资料来源:
数据、信息整理自 bilibili 官网,https://www.bilibili.com.

4. 按互联网平台所处领域分类

根据所处的电商、服务、社交、信息、金融、技术及其他不同领域,可以梳理出七大类共 21 种类型的互联网平台原型,如表 1-3 所示。各种原型之间的组合又可以产生新的平台模式。

随着技术的进步、互联网模式的发展以及互联网平台深入各个经济与生活领域,全新的平台原型必将持续出现,新的组合亦将不断涌现。

表 1-3 互联网平台原型一览

领域	平台原型及其代表		
电商	C2C(Customer to Customer)电商平台(淘宝网)	B2C 电商平台(京东商城)	B2B 交易平台(阿里巴巴)
服务	固定服务交易平台(携程网)	流动服务交易平台(饿了么)	专业服务交易平台(网易云课堂)
社交	即时通信(微信)	社交网络(微博)	社交开放平台(基于社交网络的第三方平台)
信息	门户式内容资讯平台(新浪)	内容社区(知乎)	搜索引擎作为平台(百度搜索)
金融	电子支付与在线支付平台(微信支付)	资金交易平台(京东白条)	资产交易平台(链家)
技术	操作系统+应用商店(腾讯应用宝)	云服务平台(基础设施、平台、软件的开放服务)	大数据应用与若干智能平台(讯飞语音)
其他	知识协作与软件开源平台(维基百科)	公益慈善平台(腾讯公益)	标准与核心组件平台(微软操作系统与英特尔 CPU 形成的 Wintel 平台)

1.3 传统行业互联网平台化转型发展的原因

为了适应互联网经济时代用户需求的变化,应对互联网平台兴起带来的激烈竞争和挑战,维护已有市场份额和市场地位,许多传统行业的企业纷纷开始平台化转型。平台化转型不仅可以解决传统行业发展过程中存在的问题,还可以带来诸多优势,值得深入探讨。

1.3.1　解决价值链过长的问题

在长期的发展过程中，传统行业内部业已形成从原材料生产、采购、技术和新产品研发、生产制造、销售、物流配送到售后服务的完整上下游结构形态价值链。每个节点企业负责价值链中的若干环节，并在环节的流转中实现价值的增加。

这种层层递进的价值链容易出现过长现象，导致种种弊端。

1. 价值链过长降低了信息传递效率

在冗长的价值链中，信息的上下游双向流动经历的环节众多，容易丢失部分细节；同时，某些节点企业可能为保护自身利益，对信息进行延迟、屏蔽甚至修改，进一步降低了信息传递的效率。以传统的房产中介行业为例，中介企业往往会对房屋出售者和购买者两端隐瞒部分市场信息，以便从中牟利。

2. 过长的价值链降低了反应速度

在过长的价值链中，市场需求变化的信息需要在众多的环节中进行传递才能激发所有节点企业的行动，而且由于效率低下，其传播速度比较缓慢，导致最终消费者的需求无法得到及时满足。如在传统的新闻行业，某一新闻事件从记者写成稿件到最终读者阅读，需要经历审稿、批复、印刷、运输、发行销售等诸多环节，读者无法及时追踪新闻事件的最新进展。

3. 过长的价值链使沟通变得复杂

在过长的价值链中，众多的环节使得沟通的次数更为频繁，工作量更大，任何一个环节沟通出现问题都会影响到整个价值链的正常运作。

因此，传统行业进行平台化转型的原因之一是利用平台化的商业模式改变原有的单向、直线式的价值链形式，实现"去中间化"，围绕平台，消费者、供应商、合作者等主体直接对接，从而简化价值链流程。以航空订票服务为例，在传统模式下，消费者获得机票需要经过产业价值链的层层加码，航空公司作为机票的最初源头也难以直接面对消费者。这导致机票信息不透明，消费者购买机票的成本偏高。然而，旅游服务平台出现后，酒店、航空公司、旅行社及其他相关从业者都可以在平台上直接面对消费者，展示其票源信息，消费者可以自主选择；航空公司也可以根据实时预订情况弹性调整机票数量和价格。

1.3.2　解决过于强调标准化，缺乏个性与特点的问题

以流水线的方式组织大规模的标准化生产被认为是现代化生产的重要标志之一。标准化生产极大提高了生产效率，有效降低了生产成本，带来了可观的规模效益。传统行业内的企业内部组织架构、管理制度和人力资源储备也都是为了服务于标准化生产而设计的。然而，在互联网时代，消费者的个性化倾向愈发明显，他们希望以此彰显个人品位和生活

态度。这与标准化生产和服务的整齐划一形成了矛盾。

因此，传统行业进行平台化转型的另一原因是通过打造互联网平台，利用平台的网络效应，提供丰富、多样化的产品和服务，弥补乃至解决传统企业标准化大规模生产带来的缺乏个性与特点的劣势，适应消费者需求个性化的变化趋势。

在平台化商业模式中，存在跨边网络效应和同边网络效应两种典型的网络效应。

（1）**跨边网络效应** 是指平台中一侧用户的规模增长将影响另外一侧群体使用该平台所获得的效用。所以，当平台供给侧用户群体规模不断扩大时，需求侧用户群体获得的效用也将随之扩大，从而吸引更多需求侧用户群体加入平台；而当需求侧用户群体规模扩大时，会产生更大的需求总量，对于供给侧用户群体而言，这意味着更多的潜在经济利益效用，从而吸引更多供给侧用户群体加入平台。

（2）**同边网络效应** 是指当某一侧用户规模扩大时，会辐射同一侧群体内其他用户得到效用，从而吸引更多同侧用户的加入。

两种网络效用的存在使得供给侧用户会主动提供更为丰富、多样化的产品或服务，而需求侧用户则对于在平台上寻找产品、服务充满信心。在这种情况下，平台的规模越来越大，用户越来越多，能提供的产品、服务也越来越丰富，从而更好地满足消费者的个性化需求。

天猫（淘宝）就是一个典型例证。在天猫（淘宝）上，消费者不仅可以找到各种日常商品，还能迅速找到满足各种新奇需求的商品和服务。这在传统的生产、零售行业是不可能实现的，因为企业将面临无法解决的商品生产成本控制问题以及采购和库存的困难。然而，在平台上，虽然每个需求侧用户的需求具有一定的个性化特点，但平台庞大的用户规模却能使某种个性化需求累计至一定数量水平，可以"合并"满足，从而降低生产或提供成本，使得这种产品、服务的供给成为现实。

1.3.3 解决过于专业化的问题

传统行业中的企业在经历了一定时期的发展后，往往会表现出较强的专业性，即使是进行多元化经营的集团企业，各个事业部之间也相对保持独立，专注于所在的行业。这是因为传统行业中的企业通过专业化发展形成了竞争优势，可以稳固企业市场地位并构筑行业准入门槛，阻止外来竞争者进入市场，从而获得丰厚的经济回报。跨界发展意味着企业需要进入相对陌生的领域，面临风险挑战，同时还需要在新的领域里投入资源。因此，传统行业中的企业进行跨界融合的主观意愿并不强烈。

然而，在互联网时代，形势发生了显著变化，跨界融合的成功案例比比皆是。华为与长安汽车、东风汽车合作开发智能汽车；联通与百度文库、百度知道合作，将联通运营过程中积累形成的知识库在公共网络上传播。跨界融合提高了产品、服务的质量，降低了成本，赋予了产品、服务新的功能，打造出新的形态并形成了新的市场，而原有产品、服务的市场在新市场的冲击下出现萎缩、消亡。原来在行业内居于领先地位的企业发现自己苦心构建的壁垒作用在不断弱化，竞争优势逐渐丧失。在这种局面下，继续困守单一行业将变得越来越困难。

因此，传统行业进行互联网平台化转型的第三种原因在于，通过打造互联网平台来主动进行跨界融合，引入其他行业和社会的优质外部资源，挖掘新的增长点并破解过于专业化的困境，从而实现多方共赢。而互联网分布的广泛性和传播的迅捷性，使得通过互联网平台吸引外部资源变得相对容易。

以高德地图为例，作为智能导航行业内的龙头企业之一，其专业优势体现在凭借强大的数据采集和计算能力，所提供的导航地图覆盖面广泛，定位精准，导航路线规划科学合理，并能根据路况的变化实时调整行车路线。高德的专业优势为其带来庞大的使用群体，蕴含着巨大的商机，以此吸引其他行业企业合作；其他行业企业提供的各类服务又为高德地图带来新的利润增长点，并进一步吸引更多的用户使用高德地图，从而实现良性循环发展。现在打开高德地图 APP 可以发现，它已不仅仅是一个地图导航服务工具，通过与其他行业企业的合作，高德地图可以提供涵盖吃、住、行、玩、游、生活、购物等多种服务。以餐饮为例，在高德地图平台上，不仅可以检索到各种类型的餐饮企业，提供基本的导航服务，还可以浏览某一家餐饮企业的菜肴、价格、顾客点评等信息，并且可以提供团购、购买优惠券等服务。

1.3.4　互联网平台具有的独特优势

大多数传统企业采用的运营系统或模式可以被描述为"管道"（pipeline）模式。在这种模式中，供应商位于"管道"的一侧，消费者位于"管道"的另一侧。产品、服务的设计、生产、销售逐步完成，价值在"管道"内简单、单向传递，也可被称为线性价值链（Liner Value Chain）。

然而，在互联网平台上，平台用户中既有供应商也有顾客，还有在不同时间分别扮演不同角色的组织或个人。他们利用平台与其他用户进行连接和互动，完成交换、消费，共同创造价值。价值在不同的地点以不同的形式被创造、改变，又通过多种渠道进行交换和使用，从而形成了复杂的平台价值矩阵。

1. 互联网平台消除了"守门人"角色

在"管道"模式中，存在一个所谓的"守门人"（gate keeper）角色。"守门人"管理着从供应商到顾客的价值传递过程，其效率往往较为低下。然而，互联网平台去除了这一角色，以规模化的用户群体反馈予以替代，价值判断更准确、更迅速，借助平台进行再推广后的价值增长幅度也更大。同时，消除"守门人"角色使得平台可以提供的产品、服务更加丰富多样，给予顾客更多的选择自由，因此客户规模扩张更快，由此实现了平台和客户的良性循环发展。例如，在传统的出版行业中，编辑扮演了"守门人"角色，负责从成千上万的投稿中进行选择、阅读并分析书稿的风格和质量，并基于个人经验判断其是否能成为畅销书，这需要很长的时间，并且失败的可能性相对较大。相反，在亚马逊 Kindle 等电子书平台上，任何人都可以发布书稿，并依靠实时的顾客反馈来判断哪些书会成功、哪些书会失败。在这里，扮演"守门人"角色的是读者反馈所代表的市场信号。电子书发布平台由此成长得更加迅速和高效。

2. 互联网平台开发了价值创造的新来源

在"管道"模式中，传统企业要创造更大价值就必须在管道的一端注入更多的资金来扩大固定资产规模并维持固定资产的运作。如果没有足够的资金，创造更大价值将变得困难重重。然而，互联网平台开发了价值创造的新来源。

（1）**鼓励新的消费行为** 在互联网平台上，平台鼓励用户产生新的消费行为，从而发掘新的市场机会，创造新的价值来源。比如，使用陌生人的交通工具出行、旅游时住宿陌生人的房屋以及付费观看电子书籍和视频等。

（2）**降低使用门槛，创造合理价值回报** 在互联网平台上，平台会不断降低供给类用户的进入门槛，从而在深度和广度上不断解锁新的供应来源。同时，互联网平台企业通过规则的设置和执行，保证供给类用户注入平台的资源的完整性，并提供合理的价值回报，从而吸引更多的社会资源、产能投入平台。供应源的不断拓展使得产品、服务的品种更丰富，为新的消费行为提供了可能。

（3）**减轻成本负担** 在互联网平台上，平台企业并未获得资源的所有权，所以无须为创造价值的资源承担高昂的固定成本和管理成本。同时，从理论角度而言平台企业甚至无须持有自己的库存。成本负担的减轻也可以被视为新价值的创造。

以传统的酒店行业为例，要想提高业绩就要不断投资建设新酒店，并不断投入资金对酒店进行维护，再将酒店房间的使用权销售给顾客，为企业创造新的价值。而携程等旅行平台则通过不断邀请线下酒店、民宿注册，提供住宿资源；而在购买地块、设计建造新酒店、雇用培训员工等方面平台无须支出任何费用。在短短几年内这类平台就能达到传统酒店经营者数十年才能达到的规模和市值。

3. 互联网平台颠覆了企业的经营核心和运作模式

互联网平台最重要的价值是由平台的用户创造的，平台企业由此将其工作重心从内部活动转向外部活动，企业运作模式的核心是确保以用户为中心的理念得到落实，为价值创造"保驾护航"。平台企业经营核心和运作模式的变化体现在以下几个方面。

（1）**以营销为起点，关注外部** 从市场营销开始拉动信息科技、运营、战略等，更关注业务外部的人、资源和功能，用于补充或替代存在于传统商业模式之内的要素。

（2）**信息系统进化** 信息系统从后台的 ERP（Enterprise Resource Planning，企业资源计划）系统演变成前台的 CRM（Customer Relationship Management，顾客关系管理）系统，

并进一步进化到利用社交媒体和大数据。这也是从向内聚焦转变为向外聚焦的另一种形式。

（3）**关注利益相关者和外部互动**　在财务方面，从关注股东权益和公司贴现现金流，转变为关注利益相关者和发生在公司外部的互动。

（4）**管理外部资产**　运营管理从优化公司存货和供应链系统转变为管理公司非直接控制的外部资产。

（5）**调动外部资源，激发社群活力**　战略从掌握独有内部资源和构筑有竞争力的壁垒，转变为调动外部资源和激发社群内的活力。

（6）**鼓励用户创新**　创新不再是专家的专利，而是通过平台在最广泛的范围内激发平台用户的创新思维。

平台企业经营核心和运作模式的变化，使得平台企业可以更敏锐地捕捉市场机会，以市场需求为抓手，带动资源的获取和利用，创造更受顾客欢迎的产品和服务，并平衡各方利益，实现平台企业的可持续发展。

1.4　物流平台兴起的原因 ⊙

与其他领域类似，互联网平台的特点和优势同样吸引了许多物流企业和投资者的关注。根据客户需求，各种类型的物流平台纷纷涌现，在运输、仓储、配送等多个领域发挥着越来越重要的作用。

1.4.1　盘活社会物流资源的需要

改革开放四十多年来，我国经济建设水平不断迈上新的台阶，经济总量不断扩大，由此带动了物流需求水平的快速提升。中国物流与采购联合会发布的《2023 年全国物流运行情况通报》显示，2023 年我国全社会物流总额已达到 352.4 万亿元。可以预见的是，随着我国经济稳中向好的整体发展趋势，对物流服务的需求水平仍将进一步扩大。

随着互联网经济时代的来临，物流客户所在区域愈加分散，所需物流服务的地区遍布国内。这使得物流企业的物流服务网络必须不断扩张，覆盖区域可能需要从原来的一二线城市向三四线城市，甚至小城镇拓展——农村地区物流需求也在快速增长。物流服务网络不仅要拓展覆盖面，其节点数量、密度也需要提高。为应对快速增长的庞大物流需求，物流企业需要不断加大资金投入，购置运输工具和设备，兴建物流中心、配送中心等仓储设施，这使得物流企业背负沉重的资金压力，即使是物流行业的头部企业可能也无力承担。同时，国内第三方物流企业的服务对象表现出的行业性、分散性现象较为明显，即某个物流企业的客户主要来自特定的行业，如大田物流侧重于服务工业企业，京东物流侧重于服务电商企业。因此，即使国内物流需求总量不断扩大，在某一细分领域物流企业仍有可能在一定时期内面临需求波动的情况，加之物流市场竞争日益激烈，持有过多的重资产无疑具有一定的风险。

物流平台依托网络优势，能聚拢海量的社会物流资源。这些社会物流资源地域分布广泛，可以有效缓解物流企业自身资源的不足，在平台的统一指挥、调度下承揽业务，可以满足社会日益增长的物流需求，解决物流资源供应紧张的问题。

1.4.2 物流服务升级与发展的需要

在一次物流活动中，除了基本的运输、仓储等物流服务外，方便的订单管理服务、标准合规的结算服务，以及对物流活动各作业环节的实时可视化监管服务也是客户所需要的。当物流业务频次较高时，客户还希望获得高效的物流承运商管理服务。然而，以上这些服务是中小型物流企业和个体物流从业者所无法提供的。物流平台通过物联网、云计算、移动互联网、大数据分析、北斗和 GPS（Global Position System，全球定位系统）、GIS（Geographic Information System，地理信息系统）等技术，可以有效弥补中小型物流企业和个体物流从业者的不足，为客户提供更为全面、周到的服务。

近年来，以物流活动为依托，保理、存货质押、仓单质押、四方保兑等供应链金融业务广泛开展，成为重要的物流增值服务内容。越来越多的物流客户有获得此类服务的需求。同时，随着风险意识的增强，为了规避物流活动中可能出现的货损、货差，购买保险成为客户的普遍行为。物流平台凭借自身关联的海量社会物流资源和庞大的用户群体，以及高水平的业务总量，可以有效吸引金融、保险企业入驻，提供覆盖面更广、功能更完善、费率更低的金融、保险产品。

目前，部分高水平平台型物流企业还可以为客户提供端到端的供应链解决方案，针对特定行业打造供应链服务模式，提供有竞争力的行业解决方案，从而将平台的服务水平提升到了一个更高的层次，也有效拓展了平台自身的业务范围和利润空间。

1.4.3 政府服务和监管的需要

物流活动在进行过程中涉及许多政府服务环节，如海关报关、税务申报、交通运政管理等。对于政府服务，如货物申报通关，货主企业往往并不熟悉，处理时效慢且容易出错。在税务申报、交通运管方面，一些物流企业存在弄虚作假现象，如税务申报时的虚假抵扣问题。同时，政府相关部门也需要对物流行业进行监督管理，以保证物流活动参与各方的正当权益，促进行业的健康发展。

目前，随着电子政务水平的不断提高，各政府相关部门均开通了网络平台，进行相关业务申报处理。物流平台可设置接口，打通与海关、税务、工商、交通运管等相关部门电子政务平台的连接通道，集中整合相关业务，替代货主企业、物流企业完成相关手续。在这个过程中，通过平台的规范化操作，可以有效提高业务办理效率，避免弄虚作假现象的出现。同时，平台还可将自身业务数据库向政府相关部门开放，提供实时查询、统计和数据调取功能，便于政府监管，提高监管效率。

1.4.4　中小型物流企业发展的需要

在我国物流行业中，除了5A级、4A级的大型物流企业外，还存在着众多的中小型物流企业，甚至是个体物流从业者，特别是在公路运输市场上。这些中小型物流企业在发展的过程中存在一定的能力短板，主要表现在市场开拓、获取客户信息资源和自身管理等方面。据统计，国内公路运输车辆的空载率高达40%，平均车辆停车配货时间长达72小时，运输成本大幅增加。造成这一现象的原因在于中小型物流企业缺乏获取货主企业或个人物流需求信息的能力和渠道，导致一方面车辆滞留、空载、亏载，另一方面货主企业或个人难以找到合适的物流资源。同时，由于资金、技术和人力资源方面的薄弱，中小企业往往自身管理能力不足，没有构建高效的物流管理信息系统，无法实现运输、仓储、调度、客户服务、财务等方面的管理信息化，无法适应互联网经济时代的要求，也制约了为客户提供高水平的物流服务。

在中小型物流企业的发展过程中，还将面临运输车辆销售领域的金融、保险、维修保养、油品、车辆救援等车后市场业务问题，以及车辆牌照、年检等与政府部门相关的业务问题。中小型物流企业独立解决这些问题，会遇到成本偏高、时间周期长、效率低下等一系列困难。

物流平台借助互联网发布货主企业或个人的物流需求信息和物流企业的物流供给资源，撮合双方合作，可以有效帮助中小型物流企业开拓市场，大大增加获得客户订单的机会。随着移动互联网技术的进步，有合作意愿的物流供需双方不仅可以借助电脑端，还可以更为便捷地通过手机APP随时登录物流平台，获取物流平台信息和交易撮合服务。

物流平台还可以为中小型物流企业提供云计算服务，中小型物流企业登陆平台就能选择所需的物流管理信息系统，使用信息基础设施，享受云物流带来的便捷服务。物流平台也可以为中小企业提供车后市场服务和政府业务代办服务。凭借物流平台海量的物流资源所带来的巨大规模效益，以及平台的专业能力，物流平台提供的车后市场服务成本更低，效率更高；而物流平台与政府部门的良好关系可有效缩短相关业务办理时间，提高办理效率。

1.4.5　物流效率进一步提升的需要

彼得·德鲁克（Peter F. Drucke）将物流成本比喻为"黑暗大陆"。鉴于控制物流成本的重要性，迫切需要提升物流效率，这一点已成为业界的共识。由此，物流企业不断提升物流设备技术水平，改进和创新物流运营模式，优化物流方案设计，提高人员专业素养水平。以上措施和途径对物流企业内部效率与成本的优化起到了较大作用。

然而，当步入互联网经济时代以后，物流活动的时间和空间跨度不断扩大，物流活动涉及的环节也更为多样化，一次物流活动往往需要多个物流企业协同完成。因此，物流活动的效率和成本不仅取决于单个物流企业内部的管理与运作，还取决于物流企业之间的有效协同。物流平台在此背景下应运而生，它可以设计更为科学、合理的物流活动方案，成为货主企业与物流企业沟通的桥梁，同时也是物流企业执行活动的监控者。更重要的是，物流平台能够作为不同环节物流企业衔接、转换的管理者，从而实现物流企业之间的高效协同。

1.4.6　理念和技术的发展为物流平台发展提供了有力保障

在物流平台的发展过程中，共享经济的理念为其奠定了坚实的基础，而互联网（尤其是移动互联网）技术、云计算、大数据技术、人工智能技术、物联网技术等则为物流平台的正常、高效运作提供了技术保障。

1. 共享经济理念的盛行为物流平台的发展提供了思想保障

共享经济的概念最早由美国得克萨斯州立大学社会学教授马库斯・菲尔森（Marcus Felson）和伊利诺伊大学社会学教授乔・施佩特（Joe L. Spaeth）共同提出。共享经济是指拥有闲置资源的机构或个人有偿让渡资源使用权给他人，让渡者从中获取回报，而分享者则利用这些闲置资源创造价值。共享经济具有五个特点：一是基于互联网、物联网、大数据、云计算、人工智能等技术支撑；二是广泛的数据应用；三是通过共享实现海量、分散、闲置资源的优化配置；四是以市场化方式高效提供社会服务，满足多样化的社会需求；五是具有准公共产品的特征。2011 年，共享经济理念被美国《时代周刊》誉为改变世界的十大想法之一。

共享经济发展的关键在于资源以一个由第三方创建的、以信息技术为基础的市场平台为依托实现有序流动和共享。物流平台的出现和快速发展正是基于共享经济的理念，其运作实践充分体现了共享经济的一系列特点，催生出传化智联、卡行天下、满帮等大量物流平台企业。

2. 相关技术的出现为物流平台的发展提供了技术保障

由共享经济的理念可知，物流平台的发展需要物联网、人工智能等技术支撑。而随着信息时代的到来，这些技术的发展已达到较高水平，并且技术的更新换代仍在不断加速，完全可以满足物流平台的需要。

（1）**互联网技术的发展**　鉴于物流活动的空间流动性大，同时用户也希望全天候随时随地使用平台，因此，通过移动端登录物流平台并使用其各项功能成为物流平台发展的现实需要。而移动互联网技术的长足进步使物流平台真正进入了大规模实际应用阶段。据中国互联网络信息中心（CNNIC）发布的第 53 次《中国互联网络发展状况统计报告》显示：截至 2023 年 12 月，我国网民规模已达 10.92 亿人，较 2022 年 12 月增长 2480 万人，互联网普及率达 77.5%。特别是随着 5G 通信技术的发展，网络覆盖范围不断扩展，网速不断提升，中国网民使用手机上网的比例已达 99.8%，手机已成为人们登录网络的主要工具。

互联网技术，特别是移动互联网技术的发展，使用户得以摆脱网线的束缚，在任何一个角落、任何一个时段通过手机 APP 登录物流平台，并使用其各项功能。

（2）**云计算、大数据技术的发展**　根据中国信息通信研究院发布的《云计算白皮书（2023 年）》的数据，2023 年以 IaaS（Infrastructure-as-a-Service，设施即服务）、PaaS（Platform-as-a-Service，平台即服务）和 SaaS（Soft-ware-as-a-Service，软件即服务）服务为代表的全球公有云计算市场规模为 5864 亿美元，同比增长 19.4%。

2022 年 10 月，党的二十大报告强调，要推动战略性新兴产业融合集群发展，构建新一代信息技术等一批新的增长引擎。云计算作为新型数字基础设施，是新一代信息技术的核心引擎。得益于此，中国的云计算和大数据行业发展极为迅速。《云计算白皮书（2024 年）》显示，2023 年中国云计算市场总体处于快速增长阶段，市场规模达 6165 亿元，较 2022 年增长 35.5%，涌现出阿里云、天翼云、移动云、华为云、腾讯云等一批实力强劲的云计算企业。

在互联网快速普及、物联网加速渗透的背景下，电脑、手机、传感设备等全面兴起，推动全球数据呈现倍数增长、海量集聚的特点，为大数据产业发展奠定了庞大的数据基础。在云计算的支持下，我国的大数据产业也进入了高速发展的阶段。第三方调研机构赛迪顾问（CCID）发布的《2022—2023 年中国大数据市场研究年度报告》显示，2023 年中国大数据市场规模达到 6482.2 亿元，同比增长 15.1%。人工智能、边缘计算、云计算和混合云计算等技术取得较大发展，持续推动组织处理数据的方式发生变化，带动了数据治理、数据智能分析、湖仓一体等市场的快速发展。

以云计算为基础的大数据技术使得物流平台可以高效地采集、分析用户数据信息，实现对用户需求的精确刻画和及时响应，精确匹配用户需求，提供更有针对性的产品和服务，并实现产品和服务的迭代、更新。同时，它还可以更有效地发掘运输工具、配送车辆、仓库等社会资源，以及更为科学、合理地设计物流活动方案，包括优化物流资源调度、优化运输或配送路径等，并实现对物流活动的实时管控。

小链接

大数据

2011 年，在大数据研究领域极具权威的国际数据公司（IDC），在其发布的报告中，对大数据的定义进行了进一步的完善："大数据技术描述了新一代的技术和架构体系，通过高速采集、发现或分析、提取海量数据中的经济价值。"该定义将大数据的特征模型总结为 4 个 V，即在数据量（Volume）、速度（Velocity）和种类（Variety）的 3V 特征模型的基础上，增加了价值（Value）这一特征。

1. 数据量（Volume）

大数据的第一个基本特征：Volume，即数据规模庞大。仅从字面上的概念出发，大数据的特征首先就体现为数量巨大，因此大数据的第一个基本特征就是对大数据规模的描述和定义。

2. 速度（Velocity）

大数据的第二个基本特征：Velocity，即数据的快速高效性。大数据在采集、存储、处理和传输等一系列过程中对速度和时效有极高的要求。这一基本特征也是大数据处理技术和传统数据挖掘技术之间最为显著的区别。其中，秒级定律是体现大数据这一基本特征的重要表现。所谓秒级定律就是对数据处理速度的要求，一般要求在秒级时间范围内给出分析结果，否则数据就失去价值。

3. 种类（Variety）

大数据的第三个基本特征：Variety，即数据类型丰富。大数据的基本特征除了数据规模庞大，更为重要的是数据种类多样。在大数据时代，广泛的数据来源决定了其数据类型的多样性。

4. 价值（Value）

大数据的第四个特征：Value，即数据的低价值密度。这也是大数据的核心特征，数据价值密度的高低往往与数据总量的大小成反比，而大数据的数据规模决定了其低价值密度这一基本特征。

资料来源：

王志. 大数据技术基础[M]. 武汉：华中科技大学出版社，2021.

（3）**人工智能技术** 人工智能是新一轮科技革命和产业变革的重要驱动力量，加快发展新一代人工智能是事关我国能否抓住新一轮科技革命和产业变革机遇的战略问题。近年来，我国人工智能产业在技术创新、产业生态、融合应用等方面取得积极进展，已进入全球第一梯队。根据中国信息通信研究院的测算，2023年我国人工智能核心产业规模达到了5784亿元，同比增长13.9%。国内人工智能产业在以下四个方面取得了长足进步：

① 人工智能专利申请量居世界首位。2023年我国数字经济核心产业的发明专利授权量达到40.6万件，占同期全社会发明专利授权总量的45%，近五年年均增速达到21.0%。截至2023年底，国内共有15.5万家企业拥有数字经济相关发明专利，较上年增加3.1万家。特别是在人工智能领域，创新活力更加强劲。截至2023年底，我国人工智能发明专利有效量达到37.8万件，同比增速超40%，是全球平均增速的1.4倍。

② 创新载体建设取得新进展。一批新型研发机构在人工智能大模型、人工智能计算芯片等领域取得了技术突破。算力基础设施已达到世界领先水平。全国一体化大数据中心体系基本构建，"东数西算"工程正在加快实施；同时，建成了一批国家新一代人工智能公共算力开放创新平台。

③ 关键核心技术实现局部突破，部分关键应用技术达到世界先进水平。我国企业在应用算法、智能芯片、开源框架等关键核心技术上已取得重要突破，图像识别、语音识别等应用技术已进入国际先进行列，智能传感器、智能网联汽车等标志性产品也已实现有效落地应用。

④ 产业生态初步形成。目前，我国已有超过 400 所学校开设人工智能专业，高端人才数量位居全球第二。截至 2024 年 3 月，我国人工智能企业数量超过 4500 家，已有 714 个大模型完成生成式人工智能服务备案。在技术创新方面，2023 年中国人工智能领域的热门产出数量位列全球第二，仅次于美国。我国人工智能产业已形成长三角、京津冀、珠三角三大集聚发展区。百度、阿里、华为、腾讯、科大讯飞、云从科技、京东等一批 AI 开放平台已初步具备支撑产业快速发展的能力。

人工智能技术的发展对物流平台意义重大。

首先，在仓储管理应用方面，人工智能技术的应用场景主要包括仓储现场管理、AMR（Autonomous Mobile Robot，自主移动机器人）及设备调度等。在物联网、云计算、大数据技术的支持下，人工智能技术能够具备货物体积测算、电子面单信息识别、出入库传送、物流设备调度等功能，可实现对货物的入库、存取、拣选、分拣、包装、出库等环节的智能化管理。

其次，在公路运输方面，人工智能技术的应用场景主要包括自动驾驶和运输信息管理。自动驾驶技术将更加高效、安全，能适应实际道路运输的复杂场景，减少人力依赖，提高公路运输效率。通过人工智能，可实时监控车辆运输状态，降低故障发生率，为车辆调度提供更加及时、可靠的方案。

最后，在客户服务方面，人工智能技术的应用场景主要包括智能订单管理和智能客户服务。智能订单管理系统通过图像识别技术和大数据分析，能够更加高效地处理客户从下单至完成的全部流程，确保信息的实时性和准确性。智能客服系统利用语音识别、逻辑推理、语音生成等新技术，可以 24 小时不间断地为客户提供高质量售前咨询、售中管理、售后维护等服务，减少客服人工成本支出。

小链接

人工智能

人工智能（Artificial Intelligence，简称 AI），是指利用数字计算机或者数字计算机控制的机器来模拟、延伸和扩展人的智能，以感知环境、获取知识并使用知识来获得最佳结果的理论、方法、技术及应用系统。

人工智能作为计算机科学的一个分支，其目的是深入了解智能的实质，并生产出一种新的、类似人类智慧并能做出反应的智能机器。该领域的研究包括机器人、语言识别、图像识别、自然语言处理和专家系统等。

根据人工智能能否真正实现推理、思考和解决问题，可以将其分为弱人工智能和强人工智能。弱人工智能专注于某一特定领域的任务，相对于能够解决通用问题的强人工智能，它通常无法真正实现推理和解决问题。强人工智能则是指能真正进行推理、解决问题的智能机器。强人工智能的机器人同人类一样，是有知觉和自我意识的，能够制定解决问题的最优方案，并能够摆脱人类的干预进行独立操作。

人工智能的特征包括感知能力、记忆和思维能力、学习能力和自适应能力以及行为决策能力。

1. 感知能力

人工智能具有感知外部世界、获取外部信息的能力，这是产生智能活动的前提条件和必要条件。

2. 记忆和思维能力

人工智能能够存储感知到的外部信息及由思维产生的知识，并利用已有的知识对信息进行分析、计算、比较、判断、联想和决策。

3. 学习能力和自适应能力

人工智能通过与环境的相互作用，不断学习并积累知识，使自己能够适应环境的变化。

4. 行为决策能力

人工智能能够对外界的刺激做出反应，形成决策并传达相应的信息。

资料来源：

陈静，徐丽丽，田钧等. 人工智能基础与应用[M]. 北京：北京理工大学出版社，2022.

（4）**物联网技术的发展** 物联网是通过 RFID（Radio Frequency Identification，射频识别）、红外感应器、全球定位系统、激光扫描器等信息传感设备，按约定的协议，把各类物品与互联网连接起来，进行信息交换和通信，以实现智能化识别、定位、跟踪、监控和管理的一种网络技术。中国经济信息社发布的《2022—2023 年中国物联网发展年度报告》的数据显示，2023 年底全国物联网市场规模超过 3.9 万亿元。截至 2023 年底，我国累计建成 5G 基站 337.7 万个，5G 移动电话用户达 8.05 亿户，在全球主要经济体中率先实现"物"连接数超过"人"连接数。

小链接

物联网

物联网（Internet of Things，简称 IoT）即"万物相连的互联网"，在互联网的基础上进行延伸和扩展，将各种信息传感设备与互联网结合起来，形成一个庞大的网络，在任何时间、任何地点，实现人与物的互联互通。

　　物联网技术基于各种传感器实现物理世界的数据感知，利用各种通信技术实现数据传输，最终实现物联网设备及环境的数据存储、分析、预测、可视化等应用，帮助人们更好地认知与管理物理世界。物联网系统的设计目标与互联网系统相比有较大的区别：互联网主要解决人与人的交流问题，而物联网则专注于人与物的交互。

　　物联网技术体系包括四个层次，即感知及控制层、网络层、平台服务层、应用服务层。物联网绝非仅仅是传感器的简单堆砌，真正的企业级应用需要在这四个层次上进行有效的整合，形成一个完整的物联网系统，才能发挥它的支撑作用。

　　1. 感知及控制层

　　感知及控制层由微处理器、传感器、机电控制电路等硬件设备组成，主要负责数据采集和操作控制。它通过传感器、计量器等器件获取环境、资产或者运营状态信息，在进行适当的处理之后，通过传感器传输网关将数据发送出去；同时，通过传感器接收网关接收控制指令信息，并在本地传递给控制器件，达到控制资产、设备及运营的目的。

　　2. 网络层

　　网络层是物联网系统的数据传输通道，具有局域网或互联网通信能力。物联网设备通过网络层将采集的数据发送给云平台，或接收云平台的控制命令。

　　3. 平台服务层

　　平台服务层是物联网数据汇聚、存储、分析的核心部件，支持海量设备的接入，并提供高性能的分布式计算分析能力。

　　4. 应用服务层

　　应用服务层根据行业需求（主要是用户需求与设备需求），在平台服务层之上构建物联网应用场景，如城市交通情况的分析与预测，城市资产状态的监控与分析，环境状态监控、分析与预警（如风力、雨量、滑坡等），健康状况监测与医疗方案建议等。

资料来源：

钟良骥，徐斌，胡文杰. 物联网技术与应用 [M]. 武汉：武汉科技大学出版社，2020.

　　得益于上述技术的支持，物流平台可以顺利履行其预设的各种功能。在为用户提供产品和服务的过程中，物流平台展现出了传统物流企业无法比拟的优势，这使得物流平台得以真正走入物流市场，并在与传统物流企业的竞争中脱颖而出，进入高速发展的新阶段。

本章小结

　　互联网平台，作为借助互联网科技等相关技术，以互联网为载体，为产品、服务的供应商、使用方，以及其他类型用户之间的互动创造空间，并设定活动规则，最终为所有参与者创造价值的开放的参与式架构，其作用在于构建"生产者—平台—消费者"的共赢格局。

互联网平台的基础特性包括连接、数字化、竞争性产品和服务，以及社交化。其技术特性则是基于云计算的大数据技术。其功能特性则体现在精准匹配、赋能和生态构建上。

作为一种互联网平台，物流平台近年来快速兴起，其原因主要包括以下几个方面：一是盘活社会物流资源的需要；二是物流服务升级和发展的需要；三是政府服务和监管的需要；四是中小型物流企业发展的需要；五是物流效率进一步提升的需要。共享经济理念和互联网、云计算、大数据、人工智能、物联网等技术的发展，为物流平台的发展提供了有力保障。

关键名词

> 互联网平台 "生产者-平台-消费者" 连接 数字化 竞争性产品和服务 社交化 精准匹配 赋能 生态 跨边网络效应 同边网络效应 守门人 共享经济 互联网技术 云计算 大数据 人工智能 物联网

章末 案例

携程旅行——我们一应俱全、我们一丝不苟、我们一诺千金

1. 携程旅行简介

携程集团（Trip. com Group）是全球领先的一站式旅行平台，其旗下平台能为全球用户提供一套完整的旅行产品、服务及差异化的旅行内容。集团能够提供超过120万种全球住宿选择，与480多家国际航空公司合作，并提供超过31万项目的地活动项目。此外，携程还与超过3万家其他合作伙伴携手，以满足客户不断变化的需求。

对于中国游客以及日益增多的世界各地游客而言，携程是一个值得信赖的旅行平台。用户可以通过携程平台进行任何类型的旅行预订，包括从目的地活动项目、周末短假及短途旅行，到跨境旅游及商务旅游等。携程多样化的产品及服务组合涵盖经济、高端、定制化、精品等多种选择，吸引了国内外日益增长的用户群体。

近年来，携程不断加大在人工智能、云计算等方面的研发和投入力度，创新科技投入占比远超全球其他同类企业。而在服务方面，携程在全球的客服人员约1万名，配备深度神经网络客服机器人及21种语言的全球化服务能力，通过全天候、标准化、快捷性的服务，全方位保障并充分满足消费者需求。

因此，打开携程旅行的官网，在服务宣言页面，可以看到其服务宣言的第一句就是"我们一应俱全、我们一丝不苟、我们一诺千金"。

2. 携程旅行的经营理念、服务宣言和优势

携程秉承"以客户为中心"的原则，以团队间紧密无缝的合作机制、一丝不苟的敬业精神、真实诚信的合作理念，建立多赢的伙伴式合作体系，共同创造最大价值。

（1）**规模经营** 服务规模化和资源规模化是携程旅行的核心优势之一。携程拥有世界上领先的旅游业服务联络中心，拥有1.2万个座席，呼叫中心员工超过1万名。此外，携程在全球200个国家和地区与近80万家酒店建立了长期稳定的合作关系，其机票预订网络已覆盖国际、国内绝大多数航线。规模化的运营不仅可以为会员提供更多优质的旅行选择，还保障了服务的标准化，确保服务质量，并降低运营成本。

（2）**技术领先** 携程一直将技术创新视为企业的活力源泉，在提升研发能力方面不遗余力。携程建立了一整套现代化服务系统，包括海外酒店预订平台、国际机票预订平台、客户管理系统、房量管理系统、呼叫排队系统、订单处理系统、E-Booking机票预订系统、服务质量监控系统等。2013年，携程发布"大拇指＋水泥"策略，构建指尖上的旅行社，为移动人群提供无缝的旅行服务体验。

（3）**体系规范** 先进的管理和控制体系是携程的又一核心优势。携程将服务过程分割成多个环节，以细化的指标控制不同环节，并建立起一套精益服务体系。同时，携程还将制造业的质量管理方法——六西格玛体系成功运用于旅行业。目前，携程各项服务指标均已接近国际领先水平，服务质量和客户满意度也随之大幅提升。

3．携程旅行业务

具体而言，围绕旅行业务，携程提供以下几类业务。

（1）**机票、火车票、汽车票、船票预订** 消费者可通过携程旅行平台的网页端、APP或微信小程序预订机票、火车票。预订机票时，消费者在携程平台上可以根据时间、线路、舱位等条件搜索机票信息。携程还提供特价机票、航班动态、值机选座、退票改签、机场攻略、定制包机等多种服务。预订火车票时，消费者同样可以根据时间、线路、单程、往返、中转等不同需求搜索票源。汽车票、船票的预订过程同样非常便捷。

（2）**酒店预订** 在携程旅行平台上，消费者可以根据目的地、住宿时间、酒店档次及其他关键词搜索酒店信息。在选择酒店时，平台提供了评分、点评和不同城市的携程口碑榜供消费者预订时参考。除了服务个人消费者外，携程旅行还针对企业差旅需求提供一站式企业差旅业务，可以实现与企业微信、钉钉等主流平台对接，通过APP、邮件、微信等方式，实现自动登录、预订、多层级实时审批。企业可以自主按产品、职级等配置多维度差旅标准。

（3）**旅游服务** 携程旅行的旅游服务可提供周末游、跟团游、自由行、私家团、邮轮、一日游、主题游、定制旅游等多种旅游产品供消费者选择，其目的地覆盖国内各大知名景区和国外热门旅游目的地。

（4）**商旅服务** 携程旅行除了面向个人用户提供服务以外，还通过下属的携程商旅平台面向企业、事业单位提供商旅服务，包括标准化差旅自主预订服务、海外差旅预订服务、一站式M.I.C.E服务（"M"代表企业培训、培训交流、团建拓展服务；"I"代表奖励旅游服务；"C"代表大型会议、论坛服务；"E"代表展览展会、公共市场活动、赛事庆典服务），以及差旅集采服务等。

（5）其他服务

除去上述服务以外，携程旅行还开发了门票购买、用车、全球购、礼品卡，以及携程金融等其他服务。在用车服务中，可提供国内外租车、按天包车、接送站等服务；在全球购服务中，可提供名店购、银联特惠、外币兑换等服务；在礼品卡服务中，可提供各类礼品卡、福袋销售服务；在携程金融服务中，携程联合各大金融机构、银行、消费金融机构、卡组织，为用户提供信用贷、拿去花、联名信用卡等金融产品和理财产品服务，并可为旅行行业内企业提供融资、贷款解决方案。

同时，为了让用户使用平台更有目的性，携程旅行致力于打造旅游社区，开放用户发布旅游图片、点评、游记、问答。截至 2023 年底，已有 118474510 位会员发布了898885746 张图片、20010549 个点评、757912 篇游记和 6964619 个问答。旅游社区的打造不仅培育了一批旅游达人、网红，还提高了用户黏性。

从携程旅行提供的各类服务不难看出，作为一个互联网平台企业，它已构筑起以旅游服务为核心，跨越多个行业的较为完整的旅游生态圈。通过与航空公司、酒店、旅行社、银行等其他行业从业企业的合作，携程降低了旅游消费者的出行成本，简化了出行流程，提供了多元化的丰富旅游产品和服务，以及各类衍生产品和服务，从而拥有了庞大的用户群体。用户群体规模的不断扩大对相关行业从业企业产生了巨大的吸引力，促使其加入生态圈，促进产品和服务的不断升级，反过来又进一步促进了用户群体规模的扩大。

资料来源：

数据、信息整理自携程旅行官网，https://pages.ctrip.com/public/ctripab/abctrip.htm.

案例思考

1. 携程旅行的运营特点主要体现在哪些方面？
2. 携程旅行是如何借助互联网实现企业快速发展的？
3. 携程旅行的成功发展对传统旅游行业有哪些启示？

复习参考题

1. 如何理解个人与互联网平台之间的相互影响关系？
2. 互联网平台为什么选择以云计算为基础的大数据技术作为其技术特性？
3. 如何理解互联网平台作为"更为高效的连接者、匹配者和市场设计者"的角色？
4. 如何理解产销合一型平台的概念？试举例说明。
5. 互联网平台是如何开发价值创造的新来源的？
6. 互联网平台扁平化的组织结构对改进价值链有什么益处？

7. 如何理解跨边网络效应和同边网络效应？

8. 物流平台可以为用户提供哪些中小型物流企业和个体物流从业者所不能提供的服务？

9. 如何理解互联网、云计算、大数据、物联网、人工智能等技术对物流平台发展提供的技术保障作用？

本章实训

1. 实训目的

(1) 加深对互联网平台的基本概念与内涵的认识。

(2) 通过调研，了解某一领域内某一类型互联网平台的实际运营情况。

(3) 锻炼通过事物表象发现问题、分析问题、解决问题，以及收集资料、团队协作、PPT 制作和语言表达等能力。

2. 实训内容

以小组为单位，选择某一领域内某一类型互联网平台作为调查对象，收集该互联网平台的基本构成、发展历程、目标顾客、提供的产品或服务等方面的资料，发现其中存在的问题，并提出改进建议。

3. 实训组织

(1) 指导教师布置实训项目，提示相关注意事项及要点。

(2) 将班级成员分成若干小组，由学生自行组合，每小组成员人数视学习课程总人数而定，以不超过 4 人为宜。每组选出组长 1 名。

(3) 以小组为单位，选定调查对象，制定调查提纲，调查收集资料，撰写书面调查报告，并制作课堂演示 PPT。

(4) 各小组组长或小组成员在班级进行汇报演示，每组演示时间以不超过 10 分钟为宜。

4. 实训步骤

(1) 指导教师布置任务，指出实训要点、难点和注意事项。

(2) 演示之前，代表本小组发言的组长或小组成员对本组成员所承担的工作进行介绍陈述。演示结束后，征询本组成员是否有补充发言。

(3) 由各组组长组成评审团，对各组演示进行评分（组长须回避本组评分），取评审团成员评分的平均值为该小组的评审团得分，满分 50 分。评分依据包括选题、调查方法或途径、资料质量、分析质量、PPT 制作水平、PPT 展示水平等。

(4) 指导教师对每一小组任务完成情况进行总结点评，并为各小组评分，满分为 50 分。

(5) 取各小组的评审团评分加上指导教师的总结评分作为该组的最终得分，并计入学生的平时成绩。

参考文献

[1] 杰奥夫雷 G. 帕克，马歇尔 W. 范·埃尔斯泰恩，桑基特·保罗·邱达利. 平台革命：改变世界的商业模式 [M]. 志鹏，译. 北京：机械工业出版社，2018.

[2] COASE R H. The nature of the firm[J]. Economica, 1937, 4(16): 386 – 405.

[3] 刘浩华，等. 物流学(第二版)[M]. 北京：清华大学出版社，2021.

[4] ROCHET J C, TIROLE J. Two-sided markets: An overview[J]. Institut d'Economie Industrielle working paper, 2004.

[5] 方军，程明霞，徐思彦. 平台时代[M]. 北京：机械工业出版社，2017.

[6] TOFFLER A. The Third Wave: The Classic Study of Tomorrow[M]. New York City: Bantam Books, 1984.

[7] 陈威如，余卓轩. 平台战略：正在席卷全球的商业模式革命[M]. 北京：中信出版社，2013.

[8] 刘绍荣，夏宁敏，唐欢，等. 平台型组织[M]. 北京：中信出版社，2019.

[9] 穆胜. 平台型组织：释放个体与组织的潜能[M]. 北京：机械工业出版社，2020.

[10] 忻榕，陈威如，侯正宇. 平台化管理：数字时代企业转型升维之道[M]. 北京：机械工业出版社，2020.

[11] 陈威如，王诗一. 平台转型：企业再创巅峰的自我革命[M]. 北京：中信出版社，2016.

[12] 徐晋. 平台经济学[M]. 上海：上海交通大学出版社，2007.

[13] 中欧案例中心. 平台链接：生态圈与大数据应用[M]. 上海：复旦大学出版社，2017.

[14] 中国物流与采购联合会. 2022 年全国物流运行情况通报[R/OL]. (2023 – 2 – 24)[2023 – 5 – 15]. http://www.chinawuliu.com.cn/xsyj/202302/24/599474.shtml.

[15] 冯耕中，吴勇，赵绍辉. 物流信息平台理论与实践 [M]. 北京：科学出版社，2014.

[16] 甘卫华，等. 变革中的物流平台：资源整合与互动机制 [M]. 北京：经济科学出版社，2019.

[17] DRUCKER P F. The Economy's Dark Continent [J]. Fortune, 1962 (4): 265 – 270.

[18] FELSON M, SPAETH J L. Community structure and collaborative consumption: A routine activity approach [J]. American Behavioral Scientist, 1978, 21 (4): 614 – 624.

[19] 中国互联网络信息中心（CNNIC）. 第 52 次《中国互联网络发展状况统计报告》[R/OL]. (2023 – 8 – 28) [2023 – 9 – 15]. https://www.cnnic.net.cn/n4/2023/0828/c88 – 10829.html.

[20] 中国信息通信研究院. 云计算白皮书(2023 年)[R/OL]. (2023 – 7 – 15)[2023 – 9 – 15]. http://www.caict.ac.cn/kxyj/qwfb/bps/202307/t20230725_458185.htm.

[21] 赛迪顾问(CCID). 2022—2023 年中国大数据市场研究年度报告[R/OL]. (2023 – 7 – 27)[2023 – 9 – 15]. https://cloud.tencent.com/developer/article/2305599.

[22] 王政. 2022 年核心产业规模达 5080 亿元，同比增长 18%！人工智能产业迎来发展新机遇[N]. 人民日报，2023 – 3 – 15(18).

[23] 中国经济信息社江苏中心. 2023 物博会｜中国经济信息社在无锡发布《2022—2023 中国物联网发展年度报告》[EB/OL]. (2023 – 8 – 28)[2023 – 9 – 15]. http://www.js.xinhuanet.com/20231021/493a726574854a34afff25c5506e408e/c.html.

第2章 ▶ 物流平台概述

区域枢纽模式——广州物流公共信息平台

现代物流已成为城市经济发展的重要支撑。广州，作为华南地区的中心城市，不仅是区域经济活动的聚集点与交流的枢纽，还形成了区域性的物资集散地和对外贸易中转站。这里汇聚了庞大的人流、物流、信息流和资金流，并配备了完善的综合服务体系和良好的基础设施，在区域生产、流通、经营和消费中占据极其重要的地位。随着广州"南拓、北优、西联、东进"发展战略的确立，以及《广州市现代物流发展实施纲要》的出台，广州已明确提出全力打造深水港、航空港和信息港，加速实现成为中国南方国际现代物流中心的目标。根据该纲要，广州物流发展的定位是：以国际现代物流为主导，市域现代物流为基础，依托珠江三角洲现代物流，以华南—大西南—东南亚区域现代物流为主体，服务于全国乃至全球，力求以最快速度融入全球现代物流的分工与合作体系。

目前，广州已确定了以汽车、石化、钢铁、造船等行业为引领，走新型工业化道路的发展战略。而这无疑又推动了物流行业的进一步发展。《广州市人民政府关于印发广州市交通物流融合发展第十四个五年规划的通知》数据显示，2020年，广州社会物流总额达到了60653.46亿元。广州对专业化物流的需求潜力巨大，第三方物流发展有很大的市场空间，物流企业对物流信息的全面电子化、资讯化的需求越来越迫切。正是这种市场需求催生了广州物流公共信息平台的诞生。该平台的建立为广州物流现代化信息体系的打造奠定了坚实的基础。其整体结构如图2-1所示。

1. 物资流通信息大动脉

广州物流公共信息平台以物流信息资源为依托，运用先进的信息技术和现代物流技术，充分整合、挖掘和利用信息资源，将企业与社会的车辆、仓储、资金、货物、人才和信息资源进行有效整合，达到"库有所储，车有所载，货有所运"的物资流通目标。

2. 建立物流大通关体系

通过广州物流公共信息平台，实现与海关、商检、税务、外汇管理、外经贸、交通局等政府相关部门，以及货主、货代、车队、铁路、码头、报关行、储运、机场、银行、保险等各类企业的联网和信息交换。该平台还支持港航、空港的电子交换业务，提供无纸贸易、无纸放行及信息的增值服务，从而构建起完善的物流业务大通关体系。

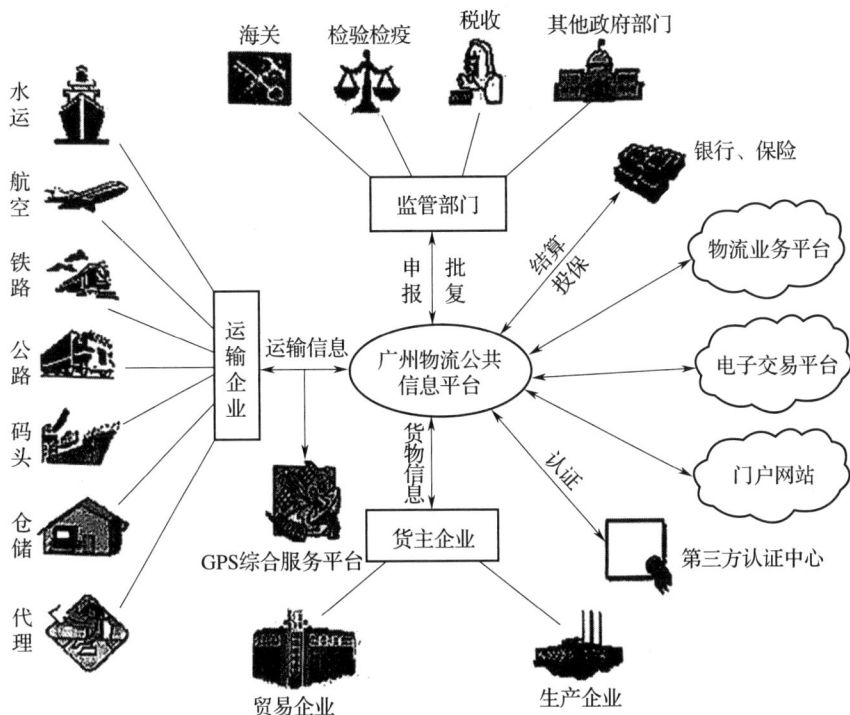

图 2-1 广州物流公共信息平台整体结构

3. 实现五流合一的高效管理

通过广州物流公共信息平台，物资流通贸易、仓储、加工、运输、配送等企业可以进行采购、销售、仓库、开票、配送和财务结算等业务的实时管理和控制，实现商流、物流、信息流、资金流和票据流的五流合一。

广州物流发展的总体目标是要以最低的社会物流系统总成本实现既定的客户服务水平，要建成以广州城市为基地、以珠江三角洲地区为依托，服务华南、辐射大西南和东南亚，面向全国和全球的世界级国际现代物流中心。广州物流公共信息平台的战略远景是提升广州市城市核心竞争力，改善社会物流系统效率，争做国际一流的物流信息平台和运营公司。

资料来源：

冯耕中，吴勇，赵绍辉. 物流平台信息平台理论与实践 [M]. 北京：科学出版社，2014.

2.1 物流平台的概念与分类

随着物流业的快速发展，为满足互联网时代经济、社会发展过程中对物流服务提出的新要求，物流平台应运而生，快速发展，在物流业的各个细分领域形成了种类众多的不同类型平台，并在物流活动中发挥着越来越重要的作用。

2.1.1　物流平台的概念

第二次世界大战时，由于大规模调运军事物资的复杂性，科学家开始应用运筹学来论证其在分析军事后勤问题上的价值。作为军事行动的支持，美国军队使用军事术语Logistics来代表物资、人员和装备的获得、维护和运输等活动。美国在军事领域对Logistics概念的推崇及实践活动，在战后得到企业界与理论界的认同。20世纪50年代，通用汽车公司首次引入Logistics概念，以优化各地工厂的零部件运输到组装厂的物流效率。70年代开始，Logistics这一术语开始大量出现在研究文献上。

中国于20世纪70年代末从日本引入物流概念，并在2001年颁布了首个国家标准《物流术语》。在最新版《物流术语》（GB/T 18354—2021）中，物流（Logistics）被定义为："根据实际需要，将运输、储存、装卸、搬运、包装、流通加工、配送、信息处理等基本功能实施有机结合，实现物品从供应地向接收地进行实体流动的过程。"

小资料

物流概念的演化

物流概念经历了从20世纪初的实物配送（Physical Distribution，PD）阶段到20世纪80年代的物流（Logistics）阶段，再到21世纪的供应链管理（Supply Chain Management，SCM）阶段的演变，其内涵从窄小到宽泛、从局限于企业内部到突破企业边界，与此同时，物流理论与实践也逐步由传统向现代演进。

PD阶段：1935年，美国销售协会最早将PD定义为：包含于销售之中的物质资料和服务，以及从生产地到消费地流通过程中伴随的各种活动。1963年成立的美国实物配送管理协会（National Council of Physical Distribution Management，NCPDM）进一步将PD定义为：为了计划、执行和控制原材料、在制品库存及成品从起源地到消费地的有效流动而进行的两种或多种活动的集成。显然，这一概念比美国销售协会的概念更为宽泛，不仅包括销售物流，还涉及采购或供应物流以及逆向物流。现在的美国供应链管理专业协会（Council of Supply Chain Management Professionals，CSCMP）于2013年8月更新的《供应链管理术语》中，将PD定义为"与完成品从制造工厂到仓库再到客户相关的移到与储存活动"。这一阶段主要将物流概念限制在销售物流领域。

Logistics阶段：随着经济的发展和人们认识的深入，PD的内涵已经无法涵盖"物的流通"的全部内容，这一概念需要扩展到Logistics阶段。Logistics与PD两者的基本功能都由保管、运输、搬运、包装、流通加工及信息活动等构成，而且都涉及计划和控制两项管理职能与实施职能。但是，它们在深度和广度上存在显著差异。在范围上，Logistics突破了商品流通的界限，不仅限于物品的销售、采购和回收过程，而是将物流的范围扩展到了生产领域；在目的上，Logistics以"满足客户需求"为导向，即外部客户导向，而PD

则更注重"有效率的流动",即内部成本导向;在实现目的的方式上,Logistics 强调"有效率、有效益的运输和储存",既注重物流活动的低成本,又强调高产出,而 PD 重在成本的降低和局部活动的最优化;在对象上,Logistics 不仅涉及原材料、零部件、在制品、半成品库存及成品等实物流动的管理,还涉及无形的服务及相关信息的管理,而 PD 则仅涉及具有实物形态的货物流动的管理;在集成度上,Logistics 扩展到企业内部各项物流功能的集成,而 PD 仅局限于某几种实物流动基本功能的集成。

SCM 阶段:SCM 这一术语起源于 20 世纪 80 年代初,90 年代开始被广泛使用。英国物流咨询专家奥利弗(Keith Oliver)最早提出了供应链(Supply Chain)和供应链管理这两个概念。在这一阶段,物流不仅本身构成了一个大系统概念,而且成为供应链管理这个更大系统的重要组成部分。

资料来源:

刘浩华等. 物流学(第二版)[M]. 北京:清华大学出版社,2021.

对于物流平台,国家并未直接给出定义,而是给出了物流公共信息平台的定义。国家标准《物流公共信息平台应用开发指南第一部分:基础术语》(GB/T 22263.1—2008)中把物流公共信息平台定义为:基于计算机通信网络技术,提供物流信息、技术、设备等资源共享服务的信息平台。然而,物流平台不能完全等同于物流公共信息平台。物流平台是在物流公共信息平台的基础上发展而来的,其信息种类和来源更为复杂,功能更为全面,对技术支持的要求也更高。

从物流平台的信息属性来看,物流平台整合并共享不同类型用户的物流信息资源,促进用户之间的信息交换,实现信息的高效流动。这为物流资源的整合和共享奠定了基础,从而承接和支持各种物流活动的顺利开展,并使不同物流活动环节能够有效衔接,优化物流运作,提升运作效率,实现物流系统整体效益最大化。

从物流平台的功能属性来看,物流平台凭借其丰富的资源和信息服务能力,能够提供运输、仓储、配送、包装、装卸搬运、流通加工、物流信息等各种物流服务。同时,随着物流客户对于物流服务内容的要求日趋多元化,以及对于物流服务水平提出了更高的标准,除了传统的物流各环节服务外,物流平台还可以提供政务、金融、保险、技术等更多类型的服务。

从物流平台的技术属性来看,为实现物流平台的各种功能,促使物流活动在更大的时空范围内更为高效地实施,需要各种互联网经济时代新技术的加持,包括互联网(特别是移动互联网)、以云计算为基础的大数据、物联网、人工智能等。

综上所述,物流平台是基于互联网经济时代背景,为适应经济与社会发展需求,利用(移动)互联网、物联网、以云计算为基础的大数据、人工智能、北斗/ GPS / GIS 地理信息技术等先进技术,整合各类物流信息、物流基础设施、物流设备工具、物流技术等资源，由政府、企业单独或联合建立并运营，聚集物流服务供给者和需求者、政府部门、行业协会、金融企业、保险企业等多种类型用户，可提供运输、仓储、配送、包装、装卸搬运、流通加工、物流信息、物流云计算、物流方案和供应链方案设计及管理等多元化物流服务，以及交通、海关、税务、金融、保险等增值服务的互联网平台。

2.1.2 物流平台的分类

物流平台依据服务区域、商业模式、投资和运营主体、开放性、需求类型和货物类型、核心功能和存在形式，形成了多样化的类型。不同分类方式之间存在一定的交叉重叠关系，具体如表2-1所示。

表 2-1 物流平台的分类

序号	分类依据	类型
1	服务区域	国际级物流平台、国家级物流平台、区域级物流平台、园区级物流平台
2	商业模式	信息数据服务型物流平台、业务支持型物流平台、网络货运型物流平台、园区网络型物流平台、专线+加盟型物流平台、货物跟踪型物流平台、物流金融型物流平台、运价指数交易型物流平台、虚拟社区型物流平台、综合型物流平台
3	投资和运营主体	政府主导型物流平台、政府和企业共同主导型物流平台、企业主导型物流平台
4	开放性	公共物流平台、非公共物流平台
5	需求类型和货物类型	冷链物流平台、逆向物流平台、供应链金融平台、大宗货物流平台、危险品物流平台
6	核心功能	运输服务型物流平台、仓储服务型物流平台、配送型物流平台、港口服务型物流平台、综合服务型物流平台
7	存在形式	线上物流平台、线上线下相结合物流平台

1. 按照服务区域分类

根据服务区域的不同，物流平台可以分为国际级物流平台、国家级物流平台、区域级物流平台，以及园区级物流平台。

（1）**国际级物流平台** 国际级物流平台服务范围覆盖全球，服务对象为世界范围内的用户，目前尚未出现较为典型的代表。

（2）**国家级物流平台** 国家级物流平台服务范围覆盖全国，主要服务于国内用户。这类平台通常由国家物流主管部门或全国性的物流企业主导建设，着眼于全国物流行业及相关部门的合作协调，为全国物流行业的发展提供全面支持，并且平台集成的相关数据可为政府物流行业的决策部门提供有力支持，协助政府进行宏观调控。例如，国家交通运输公共信息平台（又称物流电子枢纽），便是由国家交通运输部和浙江省人民政府牵头，联合管理部门、行业协会、软件开发商、物流供应商等多方参与建设的开放共享物流单据和服务的电子交换基础网络。该平台的建设和运维由浙江省交通运输厅成立的运行中心负责。

小案例

中国智能物流骨干网

阿里巴巴集团于 2013 年 5 月 28 日启动中国智能物流骨干网（China Smart Logistic Network，简称 CSN）项目。该项目携手银泰百货集团、复星集团、富春集团、顺丰速运、申通、圆通、中通、韵达成立新公司，并公布新公司的产业定位和发展战略。这是阿里巴巴集团继架构调整、筹备成立小微金融服务集团后的又一战略性举措，其核心布局城市包括天津、杭州、广州、郑州、武汉等 8 个城市。

"中国智能物流骨干网"在阿里集团内部被称为"地网"。阿里巴巴集团希望通过 8—10 年的努力，将 CSN 项目建成一张能支撑日均 300 亿（年度约 10 万亿）网络零售额的智能物流骨干网络，实现全国任何地区 24 小时内送货必达的目标。CSN 项目一期投资额为 1000 亿元人民币。

国家智能物流骨干网由两部分组成：一是构建国内 24 小时货运必达的网络，旨在将物流成本占 GDP 的比重降至 5% 以下；二是沿"一带一路"倡议，实现全球范围内 72 小时货物送达。菜鸟网络作为 CSN 的运营主体，已在全球首批布局了 6 大 eHub 节点，分别位于杭州、吉隆坡、迪拜、莫斯科、列日和香港。

资料来源：

数据、信息整理自搜狗百科，https://baike.sogou.com/v101160798.htm?fromTitle=CSN.

（3）**区域级物流平台**　区域级物流平台服务范围覆盖特定区域，可由企业或政府单独建设，也可以联合建设，为本区域内部及区域间的物流活动提供服务。根据所覆盖区域的大小，区域级物流平台可以分为省级平台、市级平台和特定区域平台。

省级平台通过与省内大型物流园区、港口、机场、铁路枢纽和大型物流企业的互联互通，实现全省物流资源的调配，主要服务于全省范围内的企业、车主、货主、货代、司机等各种类型的用户，提供多样化的物流服务。以湖南省物流公共信息平台为例，它为湖南省内的大型生产企业、第三方物流企业及物流园区企业提供了企业自主建站、综合配货、车辆定位、数据交换等多种服务。

市级平台以满足本市范围内的城市运输和配送需求为主要目的。例如，货拉拉平台通过共享模式整合社会运力资源，并依托移动互联网、大数据和人工智能技术，实现多种车型的即时智能调度，为个人、商户及企业提供同城货运服务。

特定区域平台是以满足某些跨行政区划的区域内特定物流需求为主要目的而建设的物流平台。这些区域可能由于某种特定原因而连接在一起，如地理位置相近、产业关联紧密等。在特定区域内，往往需要某种特定类型的物流服务，如煤炭物流、粮食物流、内河航运物流等。典型的特定区域物流平台有长江物流网等。

（4）**园区级物流平台**　园区级物流平台服务范围覆盖特定物流园区（包括港口、空港、自贸区等），服务对象为该园区范围内的用户，属于微观层面的物流平台。这类平台通常由企业建设并运营，主要为本园区内企业提供各类物流服务和支持。

> **小案例**

"箱盟集运"完成中联航运千万级战略投资共同建设大湾区集卡物流互联网平台

据悉，集装箱运输产业互联网平台"箱盟集运"已于近日成功完成由中联运通和中联航运共同出资的千万级战略投资，并与其达成深度合作。

全球集装箱港口前十名中，中国占据了前七席；而港口物流陆上运输规模更是达到了约 2000 亿元，其中上海港的市场规模约为 250 亿元。此前，由于纸质单证必须由官方发出，从船运公司到司机手里，需要经过数个环节，耗时 10 多个小时，这严重制约了物流效率。对此，"箱盟集运"与上海港展开合作，自 2018 年起，从推动"无纸化"入手，开发一系列配套工具和服务，用于支持车队和码头的日常运营。

"箱盟集运"提供的 SaaS 服务平台已覆盖 80% 的上海港集卡车队，目前已成为上海港最大的集装箱无纸化 EIR 实施、集装箱陆上运输数据及综合互联网服务平台。该平台已经形成了涵盖网络货运、金融交易、TMS/WMS 等全产业链软件系统、自助取封机、汽车后市场等的整体业务布局，并与蚂蚁金服、上港陆服、中远、中外运等企业展开业务合作。

简而言之，"箱盟集运"的主要业务可分为两大板块：集装箱卡车产业互联网平台和金融交易市场。

在集装箱卡车产业互联网平台方面，"箱盟集运"顺应近年来的集装箱单证无纸化政策，已形成一个覆盖智能派单、全程追踪、信息查询、TMS 系统、放箱预录、承运开票、金融保险、自动取封、ETC 等功能的互联网 SaaS 服务平台。该平台在上海港合计覆盖集卡车队超过 3000 家，其中活跃车队超过 2500 家，市场占有率近 80%，是上海港外最大的集卡运输数据平台公司。

在金融交易市场方面，"箱盟集运"成功地将集装箱公路运输行业的线下交易转向线上。作为交易的第三方，"箱盟集运"为接单方提供资金垫付服务，让其能即时拿到款项，同时给予发单方 30—40 天的付款期限，并从中赚取接单方 2% 的手续费。此外，"箱盟集运"还与蚂蚁金服合作建立了一套信誉体系和仲裁机制，来衡量具体车队和司机的信用程度，以此约束公司。目前，该业务每天的交易量为 100—200 车，客单价在 2000 元左右。

资料来源：

上海航运交易所. "箱盟集运"完成中联航运千万级战略投资 共同建设大湾区集卡物流互联网平台 [EB/OL]. (2021 - 1 - 9) [2023 - 9 - 15]. https://www.sse.net.cn/cninfo/HotInfo/202101/t20210119_1348344.jsp.

2. 按照商业模式分类

按照商业模式和服务功能的不同，物流平台可以分为信息数据服务型物流平台、业务支持型物流平台、网络货运型物流平台、园区网络型物流平台、专线＋加盟型物流平台、货物跟踪型物流平台、物流金融型物流平台、运价指数交易型物流平台、虚拟社区型物流平台以及综合型物流平台。

（1）**信息数据服务型物流平台**　该类物流平台主要为相关物流企业、制造业企业、商业企业、增值服务企业和政府管理职能部门等提供物流公共基础设施信息、物流供需信息、企业信息、物流行业信息和其他相关信息服务，为物流企业的决策和日常物流活动运营提供支持，进而收取相应的信息服务费用。信息服务包括信息的发布和查询，通过数据的标准化和规范化实现信息的传输和共享，为中小型物流企业提供物流云计算服务等。

（2）**业务支持型物流平台**　该类物流平台通常由大型企业投建，主要服务于企业自身主营业务衍生出来的物流需求，以改善物流绩效，支持主营业务的发展，平台本身一般不以盈利为目的。使用平台的用户还包括与该企业有业务往来的供应商、销售商、物流服务商、增值服务商以及其他相关企业。以菜鸟网络为例，由于天猫、淘宝网络购物平台交易体量庞大，衍生出巨大的物流需求，吸引各大物流企业加入菜鸟网络，进入菜鸟驿站。业务支持型物流平台的运营模式如图 2-2 所示。

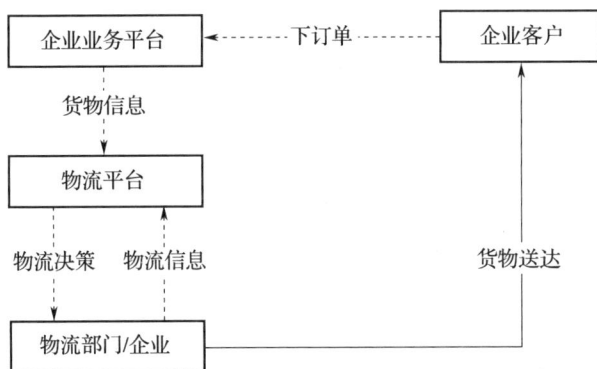

图 2-2　业务支持型物流平台

（3）**网络货运型物流平台**　该类物流平台既可以提供平台承运服务，也可以提供信息中介和交易撮合服务。在提供平台承运服务时，平台会匹配物流供需信息，以承运人身份与货主企业、第三方物流企业等物流服务需求方签订合同，再向平台注册的小微物流企业等物流服务供给方发布订单，由其完成实际承运。当提供信息中介和交易撮合服务时，平台则扮演"中介机构"的角色。此外，平台还提供后续订单管理、费用支付与结算、安全认证等服务，以及金融、保险、海关、检验检疫、税收等各类增值服务。网络货运型物流平台是目前较为主流的物流平台形式，其运营模式如图 2-3 所示。

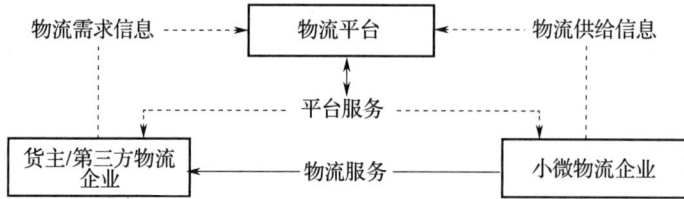

图2-3　网络货运型物流平台

（4）**园区网络型物流平台**　该类物流平台采用线下平台和线上平台相结合的运营模式。线下平台依托物流园区、货运场站、仓储基地、港口、空港、自贸区等建立，结合线上的物流信息平台，整合物流业务活动中的一个或若干个重要环节，为货主企业、物流企业、卡车司机提供内容丰富的流程化服务：包括线下由园区提供的运输、仓储、专线运输、分拨配送、多式联运转换、支付结算、行政办公、商业活动、生活消费、政务服务等综合园区服务；线上平台通过网页端或APP客户端为货主企业、物流企业和卡车司机提供平台承运、信息中介、交易撮合、港仓管理、通信社交等服务。此外，平台还可提供车后市场、油品与油卡销售、金融、保险、海关、检验检疫、税收等增值服务。园区网络型物流平台的运营模式如图2-4所示。

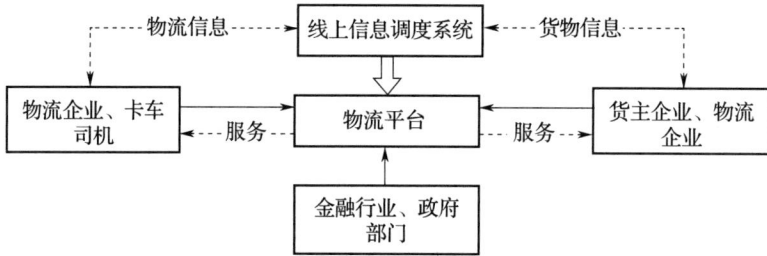

图2-4　园区网络型物流平台

（5）**专线＋加盟型物流平台**　该类物流平台依托线上信息平台"天网"与线下枢纽节点"地网"，以发展区域专线配送为核心业务，通过吸纳社会专线和运力资源加盟，建立区域运输和配送网络，并在此基础上吸纳各地点小微物流企业、零散物流资源加盟，最终构建全国性运输网络。这类平台以"统一品牌、统一管理、统一标准"为特色，为物流服务需求方提供在线下单、支付、订单执行和跟踪、评价等一站式服务。此外，E-shipping、UPS、顺丰等大型物流企业也运营开发了非加盟型封闭物流平台，其业务运作模式与专线＋加盟型物流平台相似。专线＋加盟型物流平台的运营模式如图2-5所示。

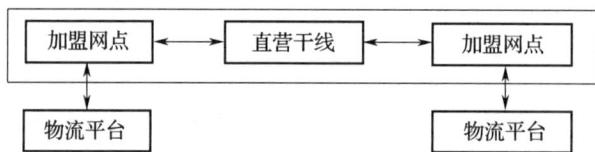

图2-5　专线＋加盟型物流平台

（6）**货物跟踪型物流平台**　该类物流平台利用北斗、GPS 和物联网技术进行信息采集，以 5G 技术为通信手段，以 GIS 为信息表达手段，对车辆、货物的状态和位置进行跟踪，并将相关信息存储在数据库中。用户可通过访问平台，获得全程的货物运输跟踪信息。

（7）**物流金融型物流平台**　该类物流平台以物流活动中的物流金融或供应链金融业务为主要服务内容，为有需求的中小生产企业、商业流通企业提供金融服务，同时为物流企业提供信用服务。

（8）**运价指数交易型物流平台**　该类物流平台是以物流运价指数为交易标的，提供在线交易服务，具有物流资源交易与金融衍生品交易的双重属性。在当前争夺国际物流业务定价权的激烈竞争中，开展运价指数交易的意义重大。

（9）**虚拟社区型物流平台**　该类物流平台参考国内外知名社交网站，如脸书（Facebook）、推特（Twitter）、新浪微博、微信等，为物流从业人员如公路货运业务从业者建立社交网络平台。通过提供各类社交服务，虚拟社区有助于拓展用户人脉网络，发掘潜在的业务来源。

（10）**综合型物流平台**　该类物流平台兼具以上两种或两种以上商业模式的功能，服务内容更加丰富、多元化，盈利模式也更加多样。目前市场上的许多物流平台都属于综合型物流平台。

3. 按投资和运营主体分类

按照投资和运营主体的性质不同，物流平台可以分为政府主导型物流平台、政府和企业共同主导型物流平台和企业主导型物流平台三种。

（1）**政府主导型物流平台**　该类物流平台包括政府独资运营和政府控股委托经营两种模式。由于拥有政府背景，这类平台容易获得资金的支持，成长比较迅速，但这类平台也存在对政府资金的依赖性强，自主性不足，市场化运作能力薄弱，以及生存能力较差等问题。这些缺点在政府独资运营的物流平台上表现得更为明显。

（2）**政府和企业共同主导型物流平台**　该类物流平台由政府和企业共同出资并运营。企业的参与，在一定程度上弥补了政府主导型物流平台存在的不足，但也容易出现政府和企业之间权责不明，企业因政府的权威性而丧失话语权等问题。

（3）**企业主导型物流平台**　该类物流平台的创立者和运营者都是企业，企业拥有完全的自主权。企业主导型物流平台可以分为由科技公司创立发展的物流平台和由物流企业创立发展的物流平台。科技公司主导的物流平台通常遵循共享经济的理念，采用轻资产方式建立和运营，如货车帮、运满满、货拉拉等。这些平台依托科技背景，在数据和信息的处理方面能力较强，注重通过数据和信息的使用来实现高效的车货匹配，并确保在提供金融、保险、数据等服务时的安全。而物流企业主导的物流平台则一般依托企业原有的物流基础和客户资源建立，在开展线下服务时具有一定的优势，如传化陆鲸、林安物流网等。

小链接

轻资产运营

轻资产通常指的是企业独有的、难以被取代且具备特殊能力的资产，这些资产具有非常高的价值，包括但不限于品牌、技术专利、产业价值链话语权，销售网络及人力资源等。轻资产的概念最早由麦肯锡管理咨询公司于20世纪80年代提出，源于其推崇的"轻资产运营"战略（Asset-light strategy）。至今，企业普遍认为，轻资产运营模式指的是将企业自身不擅长、难以管理且需要大量资源投入的环节进行外包或者剥离，而将公司有限的资源集中在研发、营销等核心价值建设上，从而创造巨大的企业价值的运营模式。尽管学术界普遍认为轻资产运营模式能够提高企业的价值收益，但也有不少学者指出，企业在进行轻资产模式转型时需要注意，重资产的剥离存在很大的风险，特别是对于国有企业等资产专属性强、劳工情况复杂的企业来说更是如此。

我们可以借助微笑曲线理论来进一步理解轻资产概念。如图2-6所示，微笑曲线的两端分别是研发和销售，代表了企业的高附加值环节，而中间的生产环节利润相对较低。轻资产运营模式指的是集中企业的资源投入到研发、品牌塑造和销售环节中，使研发和销售成为企业经济收入的主要来源。

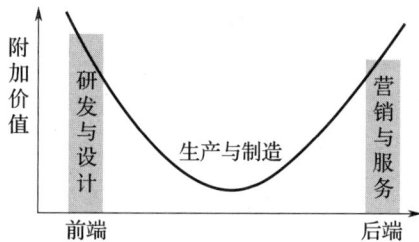

图2-6　微笑曲线

资料来源：

黄琴东. 轻资产运营模式下N公司营运资金管理研究[D]. 南京：南京邮电大学，2023.

4. 按照开放性分类

按照开放性的不同，物流平台可以分为公共物流平台和非公共物流平台两种。

（1）**公共物流平台**　该类平台是开放性的物流平台，对用户没有地域、身份的限制。

（2）**非公共物流平台**　该类平台是非开放性的物流平台，仅针对特定范围内的用户开放。

5. 按照需求类型和货物类型分类

物流平台可以按照服务的需求类型进行区分，如为冷链供需双方提供对接和网络交易服务的冷链物流平台；为回收、废弃物流的供需双方提供对接和网络交易服务的逆向物流平台。此外，物流平台还可按照货物类型的不同进行区分，如面向消费品等生活资料的物流平台；面向大宗商品、工业品等生产资料的物流平台；以及面向危险品、应急物资等特殊商品的特殊物流平台。

其中，大宗货物物流平台与危险品物流平台发展较为迅速。

（1）**大宗货物物流平台** 钢铁、煤炭、石油、化工和农产品等大宗货物物流平台一般是电子交易和物流服务的集成化平台。该类平台既提供商务管理，又提供一站式全程物流服务，使平台上的交易双方无需担心交易之后的物流环节，实现了大宗商品整个流通环节的集成高效管理。大宗货物物流平台须具备提供稳定而规范的大规模物流服务能力。这主要是因为大宗商品电子交易的参与双方都是企业，分布较为集中，交易频率较低，但是每次交易的订单量大，交易需要按照合同条款和商业规则进行。

（2）**危险品物流平台** 随着我国石油和化工等产业的快速发展，危险货物的种类和数量不断增加。根据有关部门的统计，我国石油和化工产品品种已达42000多种，其中80%以上都是危险货物。数量如此巨大的危险货物在从工厂生产到用户消费的产业链中都需要依靠物流完成。目前，国内从事危险品物流的企业已超过万家，成为规模较大的物流行业分支。

危险品物流平台除了协调危险品物流资源之外，另一个重要功能是实时监控危险品的运输过程。通过对货物和运输工具信息的实时连续采集、处理和分享，将信息传输给政府、企业等相关方，以预防和及时处置物流过程中可能出现的紧急事件。

小案例

行走"江湖"的危化镖局

危化镖局是由漳州市万物通信息科技有限公司开发的化工供应链一站式综合信息服务平台。该平台以化工行业专属的物流管理系统、仓储管理系统，以及一站式交易与信息平台三大核心功能为主，致力于为化工企业、货运司机以及下游工厂提供全方位、一站式的综合供应链服务。

基于市场与业务发展需求，危化镖局以物流信息为基础，货运交易为核心，以金融、保险、仓储、贸易、软件等为拓展方向，已从单一的公路运输服务扩展至综合性物流服务，成功构建了智慧化工物流生态体系。

危化镖局目前可以实现高效的车货匹配，利用精准的大数据技术帮助用户找车找货，承揽全国危化品运输订单，匹配最优运力。

危化镖局业务覆盖已然布设到全国482座城市，并与2000余家行业配套的地方仓储、蒸洗罐、汽修等综合服务企业建立了紧密的合作关系，为行业用户提供最直接的贴心服务。除此之外，危化镖局还不断深化服务能力，在全国13个重点省份布设区域服务中心，协同地方综合服务资源，为行业企业带来更高质量的服务保障。

危化镖局为交易双方在平台线上交易过程中出现的货损、加价、延误、资金安全等问题提供双向保障，构建了全新的交易场景。同时，平台还为企业用户提供了包括税务管理、财务管理、运输管理、车辆管理、调度管理等在内的全方位交易管理服务，助力企业实现高效运营。

同时，危化镖局与平台业务联动，依托平台大数据及场景，为司机和货主提供快速便捷的金融、保险、软件、财税等多种增值服务，进一步丰富了平台的服务生态。

经过多年的深耕细作，危化镖局在危化品物流领域取得了令人瞩目的成就，与立邦、宁德时代、比亚迪等国内外多家知名企业建立了合作关系，平台的化工企业用户规模突破40万家，合作危化物流公司达到3500余家，业务覆盖482座城市，合作危运司机超过15万人，每日货源信息高达10万条，咨询阅读量更是超过2亿次。

资料来源：

数据、信息整理自危化镖局官网，https://www.weihuabiaoju.com/ptnpc/home.

---

6. 按照核心功能分类

按照核心功能的不同，物流平台可以分为运输服务型物流平台、仓储服务型物流平台、配送服务型物流平台、港口服务型物流平台，以及综合服务型物流平台。

（1）**运输服务型物流平台**　该类平台的核心功能是为货物运输供需双方提供对接和网络交易服务，按具体交通方式可以细分为公路、铁路、航空、水运、管道、公路甩挂运输和多式联运等类型。

（2）**仓储服务型物流平台**　该类平台的核心功能是为仓储供需双方提供对接和网络交易服务。

（3）**配送服务型物流平台**　该类平台的核心功能是为配送供需双方提供对接和网络交易服务。

（4）**港口服务型物流平台**　该类平台以港口物流相关主体为服务对象，运用互联网和5G、EDI（Electronic Data Interchange，电子数据交换）等信息技术，连接政府部门（如海关、税收、检验检疫、海事局、外汇管理、交通局等）、社会金融服务机构（如银行、保险公司等）、物流企业以及货主企业（如生产制造企业、流通贸易企业）的信息系统，提供各类信息交换、传递、储存等服务，提高港口吞吐效率。

（5）**综合服务型物流平台**　该类平台的核心功能较为多元化，可以涵盖以上多种类型的功能。

7. 按照存在形式分类

按照存在形式的不同，物流平台可以分为线上物流平台和线上线下相结合物流平台。

（1）**线上物流平台**　该类平台是虚拟的物流平台，没有线下物流基础设施的依托，业务基本在线上开展。其实质是一个物流公共信息平台，通过各种信息技术的使用来完成物流资源的调度，并向平台用户提供各种服务。

（2）**线上线下相结合物流平台**　该类平台包含线上和线下两个部分，既有虚拟的线上平台，又有实体的线下物流基础设施作为依托。因此，它既可以开展线上的业务，也可在线下为用户提供服务。

2.1.3　物流平台的特征

根据物流平台的概念与分类，我们可以发掘出物流平台的诸多特征，如下所示。

1. 集聚性

物流平台上集聚了货主企业、物流企业、政府部门、社会组织和个人等多种类型的用户。这是物流平台生存和发展的基础。集聚性越强，代表平台的用户基数越大，可以共享的资源规模越庞大，由此可以提供的服务种类更加丰富，服务能力更强，可以实现更大的规模效益，促进平台良性发展。集聚性是物流平台的基础特征之一。

2. 开放性

开放性是物流平台的又一基础特征。物流平台以付费或免费的方式向所有平台用户开放。不同类型的用户都可以按照自己的需要，在平台规则允许的范围内使用平台的功能。同时，物流平台又向各类系统开发，实现互联互通和相互融合。从技术角度来看，物流平台可以与安全认证、导航、地理信息处理等系统融合；从政务角度来看，物流平台可与海关、工商、税务、检验检疫等政府部门的电子政务系统对接；从业务角度来看，物流平台可与企业用户的采购系统、运输系统、仓储系统、信息系统、财务系统和提供增值服务的合作企业平台对接。物流平台的开放程度决定了平台的规模和体量，是实现集聚性的前提和条件。

3. 利他性

利他性也是物流平台的基础特征之一。物流平台运行的基本商业理念就是"利他"。物流平台本身一般并不承担实际的物流业务，但通过整合物流业务运作所需的各种资源，减少中间环节，提供一揽子服务，帮助供需双方以更经济、更高效的方式达成交易，实现彼此利益最大化。贯彻"利他"理念是平台赢得用户信任的关键。在实现用户利益最大化的同时，物流平台也得到了发展，自身利益也实现了最大化。

4. 双重性

一方面，物流平台需要对用户在平台上的行为进行管理、监控，以保证平台的正常运作；另一方面，物流平台的企业性质也决定了它要接受政府的管理和监督。因此，物流平台具有"裁判员"和"运动员"的双重身份。

5. 目标导向性

物流平台在设计之初就需要根据市场环境和目标用户的需求，确定平台服务的目标，据此设计平台的各项服务功能和运作规则，并进一步构建平台的系统架构和管理体系。在投入运营后，物流平台需要始终坚持事先确定的服务目标。

6. 层次性

从技术的角度出发，物流平台可以分为基础设施层、数据库层、业务逻辑层和门户展示层；从组织设计的角度出发，物流平台可以分为前台、中台和后台三个层次。在构建物流平台时，要注意各个层次之间的相互协调和支持。

2.2　物流平台发展的作用与意义 ⚙

近年来，随着我国跃升为世界第二大经济体，国民经济各领域均获得了长足的发展，经济总量的迅速增长对物流服务的内容和质量提出了更高要求。在此背景下，物流平台作为现代物流的重要组成部分，其建设的紧迫性和必要性愈加凸显。建设物流平台，旨在更好地服务于经济社会的全面发展，满足物流"客户"产业转型升级的迫切需求，同时也是我国物流业提升自身建设水平，开拓物流产业新的经济增长点的必然选择。

2.2.1　优化现有物流信息存储与传输方式，消除冗余和"信息孤岛"

随着我国物流业发展水平的提高，物流信息系统的建设受到了广泛关注，但在建设过程中也暴露出许多问题：缺乏整体规划，导致不同企业物流信息系统重复建设，信息重复存储现象严重，浪费了大量资源；信息数据格式不统一，造成平台之间信息传输较为困难，形成物流领域的"信息孤岛"。

而物流平台的出现，则有效聚集了物流服务供需双方、政府部门、社会组织等多元用户，实现了用户信息的统一存储与高效利用。平台通过采用统一的格式对信息数据进行标准化处理，实现了异构数据格式的转换，为信息的存储和传输奠定了基础。借助现代网络通信技术，用户可以根据需要，通过平台即时上传、查询、下载所需物流信息，从而实现了信息在用户之间的自由流动，"信息孤岛"现象不复存在。

2.2.2　提升供需匹配效率，降低匹配成本

对于物流服务需求方而言，可以通过物流平台发布需求信息，并使用平台提供的检索工具搜索海量供给信息，对比服务形式、服务内容和服务价格，降低搜索成本。对于物流服务供给方而言，可以通过平台实时掌握物流市场需求动态，及时调整服务策略，降低市场开拓成本。

2.2.3　提高物流资源使用效率，扩大物流服务覆盖范围

物流需求往往会随着时间和空间的变化呈现分布不均匀的情况。在某些特定的时间节点和空间区域内，物流需求可能达到高峰，导致物流资源供给不足；而在另一些时间节点和空间区域内，物流需求又可能陷入低谷，造成物流资源的闲置和浪费。物流平台的出现，则有效解决了这一问题。在需求高峰期，平台可以调度外部社会物流资源来弥补物流企业资源的不足；在需求低谷期，平台则可以将物流企业闲置的物流资源调动起来，满足

外部社会的需求，从而提高物流资源的使用效率。同时，在"一带一路"国际物流、专线运输、多式联运等场景下，单个物流企业的服务范围可能无法完全覆盖所需跨越的广阔空间区域。而物流平台则通过整合多个物流企业的资源，使他们能够联合承接更大地理范围、更多种类服务类型的物流业务，从而有效拓展物流服务的覆盖范围。

2.2.4　提升物流活动作业效率与服务质量

物流活动是一个高度信息化的过程。物流平台通过提供信息支持，使得物流活动方案的设计更为科学合理；同时，平台还使物流活动中各环节的运行状态变得更为透明，可以及时发现异常并调整应对，不同环节之间的衔接也更为顺畅，这些都有助于提高物流活动作业效率与服务质量。物流平台的这种信息支持效应在多企业联合完成的物流作业活动中表现得尤为明显。

2.2.5　促进供应链优化与整合（第四方物流平台）

埃森哲公司（Accenture）于 1996 年首次提出了第四方物流（4PL）的概念，并将其作为商标注册。第四方物流被定义为"一个供应链集成商，它聚集并管理企业自身及互补服务提供商的资源、能力与技术，以提供综合的供应链解决方案"。在物流平台的发展过程中，为了满足用户不断升级的服务需求，开始出现第四方物流平台。与一般物流平台不同的是，第四方物流平台不仅可以提供基础的服务功能，还可以凭借自身技术、知识和资源的优势，为客户提供综合的供应链解决方案。这有助于促进供应链节点企业的优化与整合，降低供应链运作成本，提高供应链的整体运行效率。

2.2.6　特定物流平台助力区域物流中心建设

以物流园区、港口、保税区、自由贸易区为服务对象的特定物流平台建设，有助于更好地实现这些区域的物流中心功能，并带动当地经济的发展。以上海港箱盟集运平台为例，该平台通过与上海港的合作，从"无纸化"切入，开发了一系列配套工具和服务，用于支持车队和码头的日常运营。目前该平台已形成一个覆盖智能派单、全程追踪、信息查询、运输管理系统、放箱预录、承运开票、金融保险、自动取封、ETC 等功能的互联网服务平台。平台的运作大大提高了上海港的吞吐效率，为上海的进出口贸易和上海自贸区建设等提供了有力支持。

2.2.7　支持小微物流企业成长，助力万众创业

为了减轻物流服务网络扩张和升级过程中资金投入和成本攀升的压力，顺丰、京东等大型物流企业开始平台化转型，以物流平台为管理工具，吸收小微物流企业加盟。同时，一些第四方物流平台也通过提供市场、管理和技术支持，吸引终端小微物流企业加盟合

作。小微物流企业在与平台的合作过程中弥补了自身在技术、管理、市场开拓等方面的不足，获得了成长的机会。此外，对于有志于在物流领域创业的人员和团队来说，依托平台的帮助，可以显著降低创业风险，尽快进入稳定发展阶段。

2.2.8　助力政府监管和物流产业政策法规制定

在现有体制下，物流企业的日常运营受到政府相关部门的监督和管理。政务系统接入物流平台后，交通运政、民航、海关、邮政、工商、税务等政府相关部门可以更好地行使监管职能。同时，依靠平台的信息共享和交流功能，可以更好地协调不同政府部门的职能，减少矛盾冲突，进一步提高监管效率。此外，政府部门还可以通过物流平台及时采集真实的物流业发展数据，为制定更符合物流业发展实际状况、契合物流企业实际需求的政策法规提供有力支持。

2.3　物流平台发展现状 ⟳

基于自身的特点和优势，物流平台自出现以来在国内外得到了迅速而广泛的推广和应用。在物流的各细分领域，都涌现出了许多发展较为成功的高水平物流平台，为促进经济、社会和物流业自身的发展提供了有力支持。

2.3.1　国外物流平台发展现状

美国、欧洲、日本等发达国家和地区的物流平台建设起步较早，积累了丰富的经验，并涌现出一批颇具代表性的物流平台，如表 2-2 所示。这些平台在性质、业务和模式上各具特色，为全球物流业的发展提供了有益的借鉴和参考。

表 2-2　国外典型物流平台

国家	平台	性质	业务/模式
美国	Transwork	企业	提供信息，撮合双边用户进行交易
	Getloaded	企业	提供简单的车货匹配服务
	TransCore	企业	为用户提供交易撮合服务和物流 SaaS 服务
	Landstar	企业	整合大量货代企业至平台
德国	Dakosy	企业	整合资源，实现联合运输集成服务
法国	GeoPortail	政府	发布物流监管信息、政务信息，整合并共享环保、消防、金融、实证等信息
新加坡	Trade Net	政府	电子通关系统
韩国	韩国综合物流平台	企业	涵盖多种运输方式，以及通关和贸易业务服务
日本	One Stop	政府	一站式电子通关系统

1. 美国

美国的物流平台发展主要分为 Transwork 模式、Getloaded 模式、TransCore 模式以及 Landstar 模式。

（1）**Transwork 模式**　该模式采用交易撮合的方式，为建材企业、钢铁企业等大型制造类企业提供服务，接受其委托在平台上就物流业务进行公开招标，寻找承运人，并通过公共信用机制对中标者进行约束和评价。每成交一笔业务，平台会按比例收取一定的费用。

（2）**Getloaded 模式**　该模式采用会员制运营，主要为会员提供简单的出货匹配服务。

（3）**TransCore 模式**　该模式下平台提供的服务有两种。一种是交易撮合服务，类似于 Transwork 模式；另一种是物流 SaaS 服务，为中小型物流企业提供通用的物流信息管理系统，助力那些缺乏开发能力和资金实力的中小型物流企业实现信息化管理。

（4）**Landstar 模式**　该模式下平台将货运代理企业整合至平台，通过代理企业采用车辆紧密挂靠的方式储备和控制车辆资源。当接到订单后，平台会在内部的货代企业中寻找合适的代理人，以完成物流业务。

2. 德国

德国的 Dakosy 平台业务覆盖了海运、空运、内河运输、铁路运输和公路运输多个领域。通过信息共享，该平台可为客户提供高效的联合运输集成化服务。

3. 新加坡

凭借优越的地理位置，新加坡已成为亚洲和世界性的区域物流中心。为支持本国经济和物流业发展，新加坡于 1988 年建立了世界上首个电子通关系统——Trade Net。该系统与新加坡国内 25 个贸易管理机构连接，可在线完成所有进出口手续。相关企业可在该平台上完成所有进出口业务所需办理的手续和单证申领。该系统每年处理的业务总量高达上千万笔。

4. 韩国

韩国综合物流平台是由制造企业和物流企业联合开发的综合性物流平台。其服务包括物流商业服务、物流行政服务、物流信息服务和运输体系服务四个部分。物流商业服务主要提供装卸、运输、搬运、到达等电子文件的传送服务；物流行政服务主要提供进出港口政务、进出口通关、出入境管理、检验检疫等服务；物流信息服务主要通过 DBM（Data Base Management，数据库管理）系统提供会员、货物、贸易、船期、物流设施设备等相关信息服务；运输体系服务则主要基于智能交通系统和 GPS，提供车辆位置确认、车辆管理和危险品运输管理等服务。

5. 日本

日本建设的 "One Stop" 港湾物流信息平台，实质上是一个一站式电子通关系统。该平台整合了海关、税务、交通等政府管理部门涉及进出口通关的管理查验业务，提供一站式通关服务。

以上这些发达国家的物流平台建设和发展均呈现出类似特点，即根据本国实际需求，在某个垂直细分领域深耕细作，提供高度聚焦的专业服务，走专业化道路，而不是盲目追求物流平台的"大而全"。

2.3.2   国内物流平台发展历程

国内物流平台的发展最早从公路货运开始，随后逐渐扩展到铁路、水路、航空等其他运输方式。其功能也从简单的信息发布开始不断迭代升级，功能日趋丰富和多元。追根溯源，我国物流平台的发展历程可归纳为货代经营、货运市场、货运物流平台、综合物流平台四个阶段，如图 2-7 所示。

图 2-7   我国物流平台发展阶段

1. 货代经营

货代经营阶段始于 20 世纪 80 年代末。在这个阶段，从业者利用公路货运行业存在的信息不对称，通过赚取差价来获取利润。

2. 货运市场

货运市场属于线下性质的市场，是货运物流平台出现前的初级货运信息交换场所。生产企业、商业企业、个人等货运服务需求方（亦可称为货物托运人）与专业公路货运承运商、生产企业自有车队、转运人等货运服务供给方（亦可称为货物承运人）通过市场内数量众多的货运代理完成信息的发布、查询和交换，直至达成货运服务交易。

3. 货运物流平台

货运市场在发展过程中暴露出许多弊端，如货运信息只能在区域内流动，无法满足公路货运长距离、跨区域的实际需要；政府相关部门监管、服务难度大；交易安全无法保障等。

在此背景下，2000 年开始出现了第一批公路货运物流平台，并逐步推广到铁路、水路、航空等其他运输方式。这个阶段的货运物流平台主要解决了信息的跨区域流动问题，提供了货运信息发布、货运信息查询、货运信息处理三项主要功能。然而，由于信息的真实性和时效性无法保证，再加上当时国内互联网应用还处于起步阶段，平台的作用并不明显。

在 2011—2013 年期间，还出现了两种其他形式的货运物流平台。一种是物流园区管理系统，由物流园区经营企业开发，依托本园区物流资源开展业务，其对信息的真实性和时效性有一定保证。另一种则是由提供车辆跟踪、定位服务的软件服务商利用所掌握的车辆资源开发建设的平台。

4. 综合物流平台

2014 年以后，为应对物流业发展规模、广度和深度不断拓展的需要，出现了一批基于互联网技术的综合物流平台。这些平台服务范围广泛、功能完善，取代了原有只能提供车源、货源单一信息服务的货运物流平台。综合物流平台的开发者类型众多，包括政府、软件企业、物流园区、物流企业、GPS 定位跟踪企业等各类主体。

2.3.3　国内物流平台发展现状分析

国内物流平台的建设与发展受到了政府、企业和其他社会组织的高度重视，并在政策法规、技术、资金、市场等方面得到了有力支持，取得了显著的成效，在服务经济和社会发展方面发挥了重要作用。

1. 政府主导物流平台发展现状

为了建设现代物流产业，更好地服务于经济和社会发展，国家各部委和地方各级政府都高度重视物流公共信息平台的建设，并成功打造了一批具有代表性的物流公共信息平台。

例如，作为国务院《物流业发展中长期规划（2014—2020 年）》的主要任务和重点工程之一，由交通运输部和国家发改委牵头，多方参与共建了国家交通运输物流公共信息平台（简称"国家物流信息平台"，英文标识"LOGINK"）。该平台致力于构建一个覆盖全国、辐射国际的物流信息服务基础设施，以及覆盖全产业链的数据仓库和国家级综合服务门户，有效实现国际间、区域间、行业间、运输方式间、政企间、企业间的物流信息安全、可控、顺畅的交换与共享，逐步汇集物流业内和上下游相关行业的国内外静、动态数据信息，提供公共、基础、开放、权威的物流公共信息服务。该平台自 2010 年前后开始建设，2019 年 4 月，其具体建设和运营管理工作承担单位从浙江省交通运输厅调整为交通运输部直属事业单位中国交通通信信息中心，进入"部省共建，以部为主"的新阶段。历经十年的发展，平台形成了"国家级公共平台 + 区域级公共平台 + 商业服务平台"的基本发展模式。

地方政府也大力支持当地物流公共信息平台的建设。以江西省为例，由江西省公路运输管理局负责推进建设的江西省交通运输物流公共信息平台自 2018 年年底开始建设运营。该平台实现了江西省交通运输厅内的物流资源信息整合，与江西省公路运输管理局、江西省交通运输厅信息中心、江西省港航管理局等部门实现业务系统对接，并通过门户网站以及移动终端两种渠道，为政府与行业管理部门、企业用户和社会用户提供交通运输物流公共信息服务。此外，该平台还能与国家交通运输物流公共信息平台及各省级相关平台、企业平台或系统进行数据交换，并提供多式联运信息、无车承运人信息、数据分析等服务。

部分省市还启动了省际物流公共信息平台共建工作。例如，2009 年 7 月 8 日，浙江、上海、江苏、山东、黑龙江、安徽、福建、青海、四川、内蒙古、宁夏 11 个省、自治区、直辖市道路运输部门负责人在杭州签署了《省际物流公共信息平台共建协议》。该协议旨在以公共信息平台为载体，消除信息标准差异，打破"信息孤岛"，避免平台重复建设，推动国内不同区域内物流信息的有效共享。

整体而言，政府主导的物流公共信息平台建设为行业内相关企业和用户提供了相对公正、权威的物流公共信息服务，为行业管理部门提供了可靠的决策基础数据。这些平台能够利用政府的监管职能规范企业市场行为，提升物流服务效率和质量，并有利于促进行业内相关信息平台交换标准的统一，促进不同物流参与主体间的信息互通与共享。

2. 企业主导物流平台（亦可称为平台型物流企业）发展现状

2019 年，国务院办公厅印发了《关于促进平台经济规范健康发展的指导意见》，将互联网平台经济提升至国家战略层面，使其成为我国经济发展的重要基础设施。物流平台由此迎来发展的重大战略机遇，其发展速度进一步加快。据中国物流与采购联合会统计，截至 2023 年 12 月，全国网络货运平台（无车承运人）总数已达 3036 家，接入社会运力达到 798.9 万辆。

目前，国内较为知名的几个企业主导物流平台如表 2-3 所示。

表 2-3 国内不同领域内代表性企业主导物流平台

序号	平台	模式	发展现状
1	日日顺	依托线下实体制造业企业，实现线上线下相结合的物流平台	分布式云仓网络，包含 929 个物流仓，5300 家服务网点，超过 800 万平方米的仓储面积；智慧云配网络，包含超过 15000 条干线运输线路，超过 13 万辆运输车辆；对接企业涵盖家电、家居、快消品、3C 电子等多个行业，为客户及用户提供全网覆盖、到村入户、送装同步的差异化服务
2	G7	基于 IoT 智能终端和云端算法，向货运经营者提供车队数字化管理服务；以物联网为依托构建数字化货运经营平台，向货运经营者提供单平台数字化经营服务；基于物联网与大数据技术，为传统行业物流运输业务提供全链条数字化解决方案	已投放超过 290 万台 IoT 设备，8 万多台安全设备，构建 13000 多个数字货舱，日均处理车辆事件超过 7400 万件，日均跟踪里程达到 1.7 亿多公里，连接 5 万多家货运经营者和 14000 多个加油站
3	传化货运网	服务于制造业，整合港内外物流资源，提供数字化运输服务和港仓解决方案	交易规模达到 172.05 亿元，线上运力资源达 100 万辆，专线覆盖 1092 个县市，年发货量 13.37 亿件，全平台 GTV 达到 987.5 亿元
4	货拉拉	从事企业版物流服务、搬家、零担、汽车租售及车后市场服务的同城/跨城货运 O2O 平台	业务覆盖 363 座中国内地城市，平均月活司机数量达到 62 万，月活用户达 800 万
5	马力冷运	基于第四方物流冷链物流服务商构建的平台，实现货物和车主的高效匹配，搭建覆盖全国主要冷链干线的运力网络	拥有 2000 多条运输线路，覆盖全国 500 多个城市，通过技术升级和大数据支撑行业交易、流通、产品标准化进程，从而创建基于数字化的行业标准流通体系

资料来源：数据、资料来自相关企业官网，作者整理。

根据《2023 中国物流平台发展报告》的相关数据，现有企业主导物流平台发展现状呈现出如下特点。

（1）**物流平台企业构成类型**　如图 2-8 所示，物流平台企业的构成中，国有或国有控股企业与民营企业各占 50% 的比例。与过去几年相比，国有或国有控股企业所占比例有了明显提升。这表明，越来越多的国有或国有控股企业开始认识到物流平台的价值和优势，并着手进行平台化转型。国有或国有控股企业的加入，不仅为物流平台企业带来了更好的资源支持，还大幅提升了企业的经营规范程度。

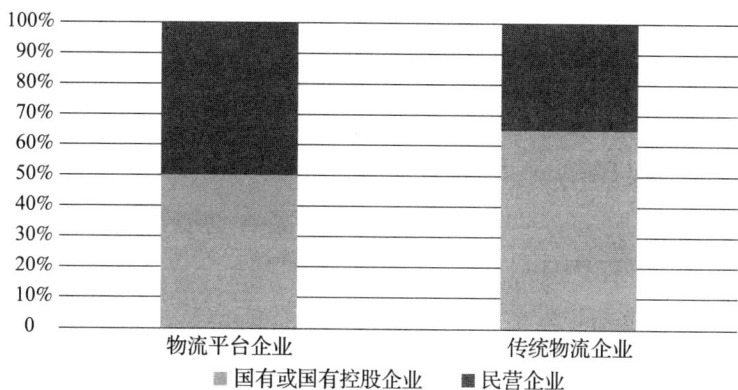

图 2-8　物流平台企业构成类型

（2）**运输货物品类**　物流平台企业运输货物品类情况如图 2-9 所示。从货物品类来看，物流平台企业在各类货物中所占比例均有提高，不少品类所占比例已经与传统物流企业持平甚至反超，如农产品、快递电商商品、冷链商品等。在矿产、建材等大宗商品运输领域，物流平台企业所占比例更是远高于传统企业。这反映出物流平台企业在数字化管理能力、运营的专业化水平和精细化程度上已经取得了长足进步，而传统物流企业的竞争优势则在不断减弱。

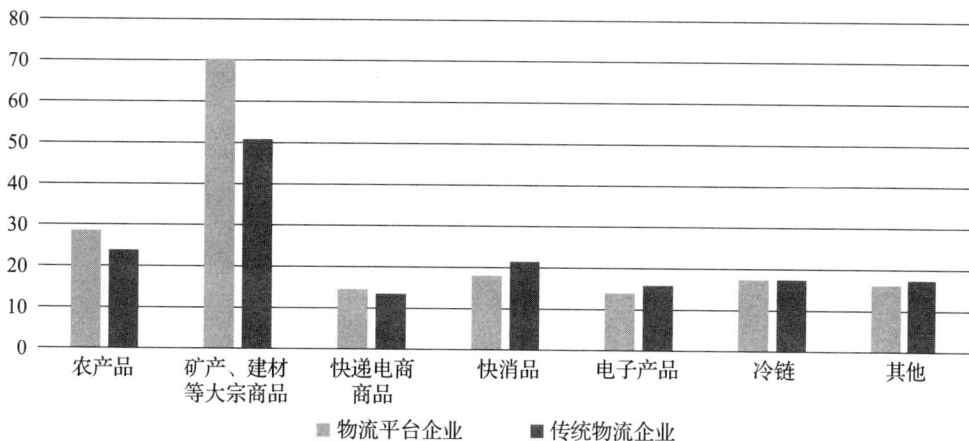

图 2-9　物流平台企业运输货物品类

（3）**年营业收入**　物流平台企业年营业收入情况如图2－10所示。从收入水平来看，年营业收入在50亿以上的物流平台企业所占比例已经达到27%，形成了较为明显的头部企业集群，这些企业拥有较强的市场地位和影响力。年营业收入在5亿~50亿的物流平台企业所占比例32%，这类平台通常是物流细分领域的专业化平台，其比例较往年有所提升，说明物流平台企业的发展已渗入垂直细分领域，专业化程度在不断提高。而年营业收入在3亿元以下的中小物流平台企业所占比例为25%，占比进一步降低，说明中小物流平台由于规模效应不明显，经营状况愈加困难。总体而言，物流平台企业发展呈现出"强者愈强，弱者俞弱"的趋势。

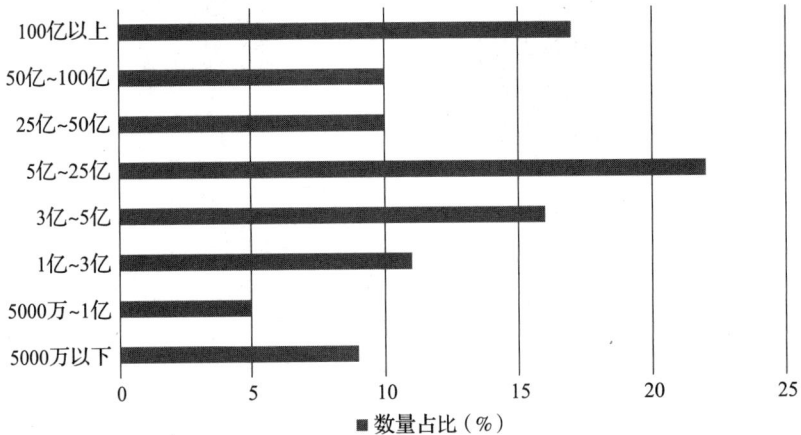

图2－10　物流平台企业年营业收入

（4）**营业收入构成**　物流平台企业营业收入构成情况如图2－11所示。从收入构成来看，物流平台企业营业收入来源多元化趋势明显。虽然网络货运业务仍然是主要收入来源，占据了总收入的"半壁江山"，但所占比例已连续两年下降。金融保险、ETC等增值服务业务营业收入所占比例已接近20%；以供应链管理、车后市场业务为代表的其他业务营业收入比例也非常接近20%。增值服务业务和其他业务已成为物流平台企业营业收入的重要增长点。

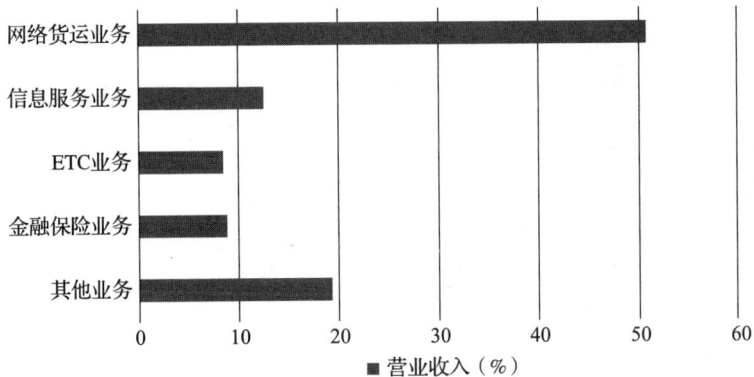

图2－11　物流平台企业营业收入构成

（5）**注册车辆数量及构成**　物流平台企业注册车辆数量及构成情况分别如图 2 - 12、图 2 - 13 所示。从数量上看，73% 的物流平台企业的注册车辆数量达到了 1 万辆以上，其中签约注册车辆数量达到了 10 万辆及以上的平台占比达到 30%，继续保持了近几年来的增长趋势，与传统物流企业相比优势十分明显。保有大量的注册车辆为物流平台企业提升服务供给能力，提高用户订单履约率，保障营业收入提供了坚实的硬件资源基础。从构成来看，平台自有车辆比例达到了 21%，并保持了上升趋势。这一现象的原因包括以下几个方面。

① 解除对物流平台企业保持"无车"属性的限制后，传统物流企业可以进行平台化转型，其自有车辆成为平台运力资源的一部分。

② 在业务高峰期，为保障供给的稳定性，物流平台企业会自行购置一部分车辆。

③ 物流平台企业购置一定数量的自有车辆，可以为价格不敏感的部分货主企业提供形式、内容、时效、准确率等方面质量水平更高的服务。

④ 物流平台保有一定数量的自有车辆，与非自有的社会运力资源在平台内部进行竞争，有助于促进非自有的社会运力资源提升服务质量水平，平抑服务价格。

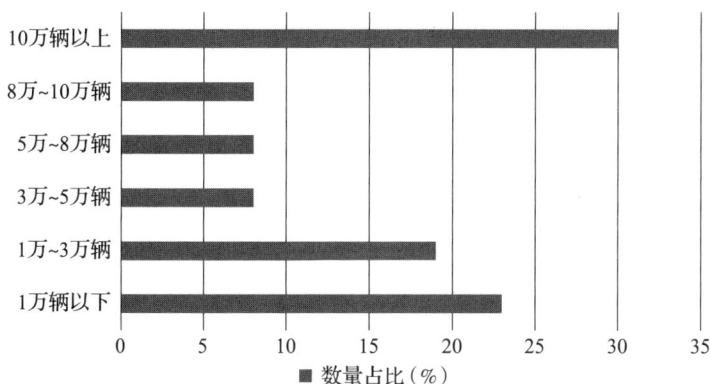

图 2 - 12　物流平台企业注册车辆数量

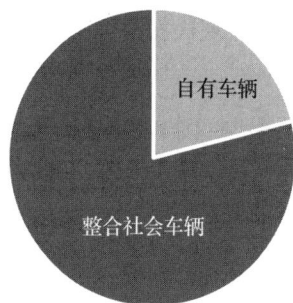

图 2 - 13　物流平台企业注册车辆构成

（6）**平台发展呈现构建生态圈倾向**　运费价格长期保持在较低水平压缩了平台的利润空间，加之平台同质化倾向明显，为提高盈利水平，实现差异化竞争，一部分头部平台型物流企业在原有基本服务和增值服务基础上，开始打造平台生态圈，以供应链视角将相关企业关联起来，提供全方位服务，从而提升平台用户黏性，实现平台和用户良性双赢和循环发展。

2.3.4　国内物流平台发展问题分析

物流平台在高速发展的同时，也面临着一些问题和挑战，主要体现在以下几个方面。

1. 同质化竞争严重

部分物流平台，特别是网络货运型物流平台，没有根据用户实际需求设计出更具针对性、更全面的服务项目或内容，与其他平台相比，经营缺乏特色，服务项目或内容较为雷同，同质化竞争现象严重。这导致平台缺乏核心竞争力，难以吸引物流服务供需双方的关注，进而使得平台注册用户和访问量较少，盈利能力低下，经营状况不佳，难以应对激烈的物流平台市场竞争。

2. 部分平台物流资源、货物信息不真实

一部分物流平台企业为追求用户规模的扩大和盈利水平的提升，未按照《网络货运平台实际承运人信用评价体系》的要求建立诚信认证服务体系，也未接入征信系统。这些平台对物流企业、从业者的相关信息和资质没有进行严格认定，对运输工具、仓库、配送车辆等社会物流资源，以及货主用户提供的货物信息不能及时、有效地进行审核，导致很多问题，承运方和托运方的利益都不能得到保障。如平台注册的运输工具、配送车辆信息与现实情况不符，导致匹配的物流服务交易无法执行。同时，一些货主用户为了增加物流服务交易的匹配成功概率，擅自扩大货物出发点或目的地，甚至更改货物种类，由此造成货物信息不真实的问题。

3. 支持政策需要进一步优化、落实

作为物流业发展的重要新方向之一，物流平台的发展受到了各界的高度重视。在《"十四五"现代物流发展规划》中明确提出"稳步发展网络货运、共享物流、无人配送、智慧航运等新业态"，以及"鼓励平台企业和数字化服务商开发面向中小微企业的云平台、云服务"等要求。国家和地方政府相继出台了不少支持物流平台发展的政策，但这些支持政策仍需要进一步优化和落实。如在目前的税制下，物流平台企业仍然面临着进项获取难、抵扣链条不完整和进项错配等问题。许多物流平台企业只能通过财政奖励来弥补进项不足带来的成本上升，而财政奖励并不是持续和稳定的，由此造成物流平台企业经营上的资金困难。

4. 数据"孤岛"仍然存在

物流平台在运营的过程中积累了海量的业务数据，但这些数据往往只能在平台内部使用，无法在平台之间进行高效流动、共享和实现互联互通。这不仅没有充分发挥数据的价值，还推高了物流平台企业数据收集和使用的成本。

5. 平台经营规范性不强

为了应对激烈的市场竞争，加之部分经营企业对物流平台运营投入缺乏足够的认识和准备，又缺少外部资金的支持，导致平台周转困难；一些物流平台企业为了提高资金回收水平，未能按照《网络平台道路货物运输经营管理暂行办法》的要求开展规范经营，出现了刷单开票、虚开虚抵以及虚构交易、运输、结算信息的现象，严重扰乱了市场秩序。

6. 责任界定不明晰

《网络平台道路货物运输经营管理暂行办法》第二条指出：网络货运经营是指经营者依托互联网平台整合配置运输资源，以承运人身份与托运人签订运输合同，委托实际承运

人完成道路货物运输，承担承运人责任的道路货物运输经营活动。网络货运经营不包括为托运人和实际承运人提供信息中介和交易撮合等服务的行为。然而，在现实中，为了丰富服务类型、拓展收入渠道和提高用户黏性，许多物流平台往往同时经营网络货运、信息中介和交易撮合业务。当这些业务交织在一起时，平台身份变得不明确，一旦出现问题往往难以划分责任界限。

7. 物流业务领域较为单一

尽管目前的物流平台所能提供的服务种类较为多元化且内容十分丰富，但基本的物流业务仍主要局限于公路运输领域，未能有效拓展至铁路、水运、空运等其他运输领域，多式联运服务仍是薄弱环节。

本章小结

物流平台是基于互联网经济时代背景而诞生的产物，旨在适应经济、社会发展需求，利用（移动）互联网、物联网、以云计算为基础的大数据、人工智能、北斗/ GPS / GIS 地理信息技术等先进技术，整合了各类物流信息、物流基础设施、物流设备工具、物流技术等资源。物流平台由政府、企业单独或联合建立运营，聚集物流服务供给方和需求方、政府部门、行业协会、金融企业、保险企业等多种类型用户，可提供运输、仓储、配送、包装、装卸搬运、流通加工、物流信息、物流云计算、物流方案和供应链方案设计及管理等多元化物流服务，以及交通、海关、税务、金融、保险等增值服务。

物流平台依据服务区域、商业模式、投资和运营主体、开放性、需求类型和货物类型、核心功能和存在形式的不同，形成了多样化的类型。

建设物流平台，不仅是为了更好地服务经济社会发展、适应经济发展方式转变以及服务于物流"客户"转型升级，也是我国物流业提升自身建设水平、培育物流产业新的经济增长点的需要。

关键名词

物流平台 信息数据服务型物流平台 园区网络型物流平台 专线＋加盟型物流平台 企业主导型物流平台 集聚性 开放性 利他性

章末 案例
传化智联——服务产业的智能物流平台

传化智联致力于打造服务于产业端的智能物流平台，为货主企业和物流企业提供全方位的网络货运服务、智能公路港服务、物流服务以及金融服务，持续助力企业供应链实现降本增效。传化智联平台下辖传化智能公路港、传化货运网、传化科技金融三大子平台，具体架构如图 2-14 所示。

其中，传化智能公路港作为线下实体平台，集聚大量物流资源，既能独立承揽业务，也能承担传化货运网揽接的业务，确保物流业务的线下实际运作顺畅进行。传化货运网则依托传化智能公路港和其他社会物流资源，以互联网为载体，为制造业企业提供数字化运输服务和港仓解决方案服务。而传化科技金融则为传化智能公路港和传化货运网的运营提供支付、商业保理、融资租赁、保险经纪等金融和保险业务支持。

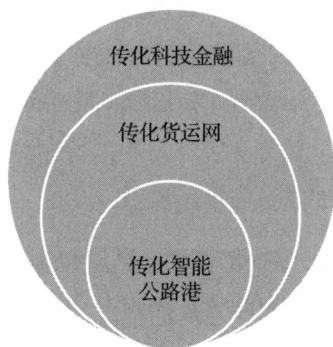

图 2-14　传化智联平台架构

1. 传化智能公路港

传化智能公路港是基于公路运输形成的物流枢纽，是公路运输的聚集点，将所有公路运输的参与者汇集于此。在传化智能公路港内，通过专业化、标准化、集约化的基础设施，为制造企业、商贸企业、物流企业、卡车司机提供一站式综合性园区服务，致力于将公路港打造成为区域优质物流资源的聚集地。具体而言，传化公路港可为用户提供专线运力中心、分拨配送中心、智能仓储中心、电商快递中心、多式联运中心等多种服务，同时，物流企业也可在公路港内设立自己的物流总部。此外，传化公路港还接入了网络货运、车后服务、油品与油卡销售等增值服务，形成了完善的公路运输生态集群。目前，全国共有约 26 个传化智能公路港。

2. 传化货运网

传化货运网紧密围绕客户需求，整合港内外物流资源，并结合先进的数字技术，打造了数字化运输服务和港仓解决方案两大类服务。通过平台的数字化交付，更好地服务于制造业。

其中，数字化运输服务以"运"为核心，整合整车和零担运输，为制造业企业提供一键发货的便捷运输服务。该服务由平台承运和平台撮合两部分构成。平台承运服务可为客户提供承运商线上数字化管理、线上金融保理服务、线上订单管理、在线电子对账、电子回单、线上标准化及合规化结算、运力池管理、运力竞价/采购等服务。而平台撮合服务则依托传化货运网络平台，提供高性价比的"一网发全国/发全省"专线资源，撮合货主和社会零散运输资源达成物流业务合作，实现一键发货、全程可视。

传化货运网的港仓解决方案服务提供全国仓网的选址布局规划、仓储运营服务、仓配一体服务，以及集约化运作和标准化管理的共享仓服务，帮助制造业客户实现全渠道库存可视，持续提升库存周转率。该服务内容包括基地仓管理、区域仓管理、前置仓管理和共享仓管理四个部分。

目前，传化货运网的整车交易规模已达到 104.83 亿元，全平台交易规模达到 462.54 亿元，线上运力资源达到 85 万辆，专线覆盖县/市达到 1502 个，认证专线超过 2000 条，直线条数超过12000条，全国自营仓面积达到50万平方米，年发货量达到13.37亿件。

3. 传化科技金融

传化科技金融依托传化智联的智能物流平台生态圈优势，打造了支付、商业保理、融资租赁、保险经纪等业务体系。传化科技金融切入支付服务领域，实现了交易闭环与战略闭环，同时沉淀与积累了物流行业交易大数据，并采用平台化的模式开展金融增值服务。

在支付业务方面，传化科技金融以服务物流行业生态圈为核心，依托大数据、云计算和人工智能技术，深度挖掘行业B端和C端用户需求，为中国生产性服务业发展提供系统、智能的支付结算服务，包括定制化物流行业支付+金融解决方案、货款智能代收付解决方案、定制化综合账户托管解决方案以及聚合支付综合解决方案等。

在保理业务方面，传化科技金融为客户提供运易融、租金保、股权保、工程保、供应保和供应链金融等服务。

在融资租赁方面，传化科技金融为客户提供卡车分期融资、非标仓单融资和设备租赁融资等服务。

在保险经纪方面，传化科技金融为客户提供公路货运险、车险、责任险、企财险、工程险、意外险等险种的经纪服务。目前，传化科技金融支付业务流量已达到2103.68亿元，商业保理与融资租赁业务放款总额达到21.61亿元，保险经纪业务保费达到3.91亿元，成交笔数达到11.39万笔。

资料来源：

数据、信息整理自传化智联官网，https://www.transfarzl.com.

案例思考

1. 传化货运网属于哪一种类型的物流平台？
2. 传化智联平台体系构建的合理性体现在哪些方面？

复习参考题

1. 如何理解物流平台的概念，以及物流平台与物流信息平台之间的关系？
2. 试比较网络货运型物流平台和园区网络型物流平台之间的差异。
3. 试比较园区网络型物流平台与专线+加盟型物流平台之间的差异。
4. 试比较政府主导型物流平台和企业主导型物流平台的优缺点所在。
5. 如何理解物流平台的集聚性和开放性？
6. 如何理解物流平台的双重性？
7. 物流平台是如何支持小微物流企业成长，助力大众创业的？

8. 国外物流平台发展的成功经验给了我们怎样的启示？

9. 货主企业为什么会开始涉足物流平台经营领域？

10. 物流平台注册车辆中为何自有车辆的比重开始上升？

11. 物流平台应该如何打造平台生态圈？

本章实训

1. 实训目的

（1）加深对物流平台概念、分类、特征的理解，强化对物流平台发展作用与意义的认识。

（2）通过调研，了解物流平台的实际运营情况。

（3）锻炼通过事物表象发现问题、分析问题、解决问题，以及收集资料、团队协作、PPT 制作和语言表达等能力。

2. 实训内容

在指导教师带领下，深入某园区网络型物流平台或专线＋加盟型物流平台的线下实体进行调研，在线上感受物流平台运作状况的基础上，线下感受、观察其线下实体运营状态，收集其业务开展的资料，思考物流平台业务开展对经济、社会发展的作用与意义，发掘物流平台发展过程中存在的问题，并提出解决问题的建议。

3. 实训组织

（1）指导教师布置实训项目，提示相关注意事项及要点。

（2）将班级成员分成若干小组，成员可以自由组合，也可以按学号顺序组合。小组人数划分视修课总人数而定。每组选出组长 1 名，发言代表 1 名。

（3）指导教师在课堂展示园区网络型物流平台或专线＋加盟型物流平台线上运作状况，并指导学生在手机或电脑上实际体验。

（4）指导教师带领全体学生赴园区网络型物流平台或专线＋加盟型物流平台线下实体参观。

（5）以小组为单位，撰写书面调研报告，制作课堂演示 PPT。

（6）各小组发言代表在班级进行汇报演示，每组演示时间以不超过 10 分钟为宜。

4. 实训步骤

（1）指导教师布置任务，指出实训要点、难点和注意事项。

（2）演示之前，代表本小组发言的组长或小组成员对本组成员所承担的工作进行介绍陈述。演示结束后，征询本组成员是否有补充发言。

（3）由各组组长组成评审团，对各组演示进行评分（组长须回避本组评分），取评审团成员评分的平均值为该小组的评审团得分，满分 50 分。评分依据包括分析质量、PPT 制作水平、PPT 展示水平等。

（4）指导教师对每一小组任务完成情况进行总结点评，并为各小组评分，满分为50分。

（5）取各小组的评审团评分加上指导教师的总结评分作为该组的最终得分，并计入学生的平时成绩。

参考文献

[1] 刘浩华，等. 物流学(第二版)[M]. 北京：清华大学出版社，2021.

[2] 全国物流标准化技术委员会，全国物流信息管理标准化技术委员会. 物流术语：GB/T 18354—2021[S]. 北京：中国标准出版社：2021.

[3] 全国物流信息管理标准化技术委员会. 物流公共信息平台应用开发指南第一部分：基础术语：GB/T 22263.1—2008[S]. 北京：中国标准出版社：2008.

[4] 冯耕中，吴勇，赵绍辉. 物流信息平台理论与实践[M]. 北京：科学出版社，2014.

[5] 甘卫华，等. 变革中的物流平台：资源整合与互动机制[M]. 北京：经济科学出版社，2019.

[6] 王之泰. 构建中国的物流平台[J]. 中国物资流通，2000(11)：33 – 34.

[7] 王之泰. 物流平台的概念及结构体系[J]. 中国物流与采购，2005(8)：54 – 56.

[8] 王之泰. 物流平台的地位和作用[J]. 中国物流与采购，2005(11)：56 – 57.

[9] 王之泰. 物流平台研究：发展专用物流平台[J]. 中国流通经济，2010，24(11)：24 – 27.

[10] ABRAHAMSSON M, ALDIN N, STAHRE F. Logistics platforms for improved strategic flexibility[J]. International Journal of Logistics：Research and Applications，2003，6(3)：85 – 106.

[11] 鲁彦. 用户规模、用户类别与互联网平台竞争[D]. 济南：山东大学，2019.

[12] 王茹红. 集群视角下物流平台的资源整合研究[D]. 南昌：华东交通大学，2017.

[13] 鹿宝坤. 中国外运智慧物流平台建设研究[D]. 济南：山东大学，2021.

[14] 左大鹏. 四川省交通运输物流公共信息平台建设实践[J]. 物流技术与应用，2023，28(1)：130 – 134.

[15] 罗玉霞. 立足物流园区的新零售生鲜冷链物流平台建设方案研究[J]. 物流工程与管理，2020，42(8)：84 – 86.

[16] 刘宗沅，骆温平，张梦莹，等. 电商物流平台生态合作价值创造路径与实现框架——以菜鸟网络为例[J]. 管理案例研究与评论，2021，14(1)：79 – 90.

[17] 吴群，杜媛媛. 平台型物流企业供应链生态圈社会责任治理研究——以满帮集团为例[J]. 管理案例研究与评论，2023，16(6)：779 – 801.

[18] 叶杭璐. 工业互联网环境下智能制造物流平台研究[D]. 杭州：浙江理工大学，2022.

[19] 杨晓宇，李闻芝. 石化物流行业的"滴滴"——壹化物流正式亮相[J]. 中国石油和化工，2021(6)：76.

[20] 陆新艺. 基于港城联动的智慧物流平台搭建[D]. 济南：山东交通学院，2023.

[21] 田玉庆，秦勇. 济宁能源：打造千亿级港航物流平台[J]. 山东国资，2020(6)：83 – 85.

[22] 花永剑. 基于平台机制创新的物流产业升级模式研究[M]. 杭州：浙江工商大学出版社，2016.

[23] 王松，黄卓婷. 数字经济背景下物流平台企业价值创造机理演化研究[J]. 物流工程与管理，2022，44(10)：29 – 33.

[24] 王晓平，郑忠义，李文龙，等. 基于第四方物流信息平台的农产品流通体系构建[J]. 商业经济研究，2018(23)：111 – 113.

[25] 刘宗沅，骆温平. 平台企业与合作伙伴：从传统合作到生态合作的演变——以菜鸟网络与快递企业为例[J]. 大连理工大学学报(社会科学版)，2021，42(2)：31 – 41.

[26] 崔忠付. 我国物流服务平台发展现状与未来趋势[N]. 现代物流报，2023 – 02 – 27(A01).

[27] 何婵，张旭. 我国港口物流平台建设策略研究[J]. 上海电机学院学报，2018，21(6)：56 – 62.

第3章 ▶ 物流平台商业模式

一家"非典型"的物流公司——菜鸟

2023 年 7 月 21 日，阿里巴巴发布了 2023 财年年报。文件显示，在截至 3 月 31 日的 2023 财年，菜鸟网络全财年营收同比增长 28%，达到 990.2 亿元。

对于快递物流业而言，在经历了十几年的扩张之后，后续的路到底该怎么走？快递物流还是个好赛道吗？我们深入分析一下这个赛道，以及这家与众不同的快递物流公司——菜鸟。

1. 一家"非典型"的快递公司

众所周知，快递物流是交通运输行业的一个细分领域。如果我们仔细回顾过去 30 年间那些交通运输行业市值靠前的公司，不难发现两个趋势。

快递物流企业往往需要运营一张或者多张包含节点和散射状的物流运输网络，竞争程度异常激烈。想要持续获得成本、时效、服务上的优势，企业必须进行长期、深入的产业运营投入。一旦优势形成，其壁垒也会很高。

快递物流公司的发展通常遵循两个路径：一是优化各个环节的效率和成本，确保在每个竞争维度上都略胜一筹，从而获得较为稳定的规模优势；二是围绕自身的核心产品和优势，加深、加宽护城河，同时拓展边界，提升品牌效应，为未来打开更广阔的想象空间。

之所以要特别提及菜鸟，主要是因为它天生就具备良好的电商和科技基因。数字化为菜鸟开辟了与传统快递公司截然不同的想象空间。与此同时，菜鸟还拥有自营的快递配送队伍、产业化运营经验，其数智化能力不仅局限于快递物流业，还广泛应用于汽车、快消品等多个行业，这使得菜鸟的数智化物流具备了极强的产业延展能力。

也正因为如此，菜鸟的发展潜力和想象空间都远超传统快递物流公司。

2. 一个极具国际视野的十年目标

此前，菜鸟集团 CEO 万霖曾对外表示，菜鸟走的是一条全球化的物流产业互联网之路。这个概念对于很多人而言，依然比较难理解。

最近，在菜鸟一年一度的全球物流峰会上，万霖进一步透露了菜鸟未来十年的宏伟目标——建设一张全球领先的智慧物流网络。

这张全球网络将涵盖国内、国际两个市场，以及国内仓储、枢纽、分拨业务，航空、陆运、海运干线，末端配送员、配送站和最后100米的自提柜、自提点等物流全链路、全要素——其辐射范围之广前所未有。菜鸟将采用扎实的物流产业运营方式，逐一打通、打透各个链路和环节，从国内链路到跨境链路，再到海外一个国家的本地网络建设，最终织成一张"无死角""无断点"的全球网络。

时至今日，菜鸟已在全球建设了六大核心物流枢纽，包括300万平方米的跨境仓库，服务范围触达全球200多个国家和地区。在一些老牌核心市场，菜鸟推出的"5美元10日达"国际快递标准服务，以"一杯咖啡的价格"实现了快速送达。而从去年以来，菜鸟又将业务范围扩展至更广泛的区域，比如北美、拉美等国家和地区，密织海外本地网络，并由此进一步提升了国际快递的时效和确定性。最近，菜鸟宣布将在年内推出"全球5日达"服务，这正是基于其强大的运营实力。

3. 数智物流带来的商业变革充满想象

菜鸟这张全球物流网络除了"物理性"的搭建，它对未来新的商业形态、新的物流技术的承载和适应能力，包括物流科技、末端服务和地产等多个方面，都充满了无限的想象空间。

资料来源：

腾讯网. 今天来聊一家"非典型"的物流公司——菜鸟 [EB/OL]. (2023-7-21) [2024-7-28] https://new.qq.com/rain/a/20230721A0A1KS00.

3.1 物流平台商业模式理论分析

选择合适的商业模式，对于实现物流平台预先设定的服务目标、满足平台用户需求、支持经济社会发展，以及促进平台的可持续发展意义重大。

3.1.1 商业模式理论分析框架

商业模式的概念最早可以追溯到20世纪50年代。在企业运营实践中，企业家和学者逐渐认识到商业模式对企业成功的关键作用。彼得·德鲁克（Peter F. Drucke）曾明确指出，"当今企业之间的竞争，不再是产品之间的竞争，而是商业模式之间的竞争"。综合现有关于商业模式定义的研究，我们可以认为：商业模式是由企业及其合作伙伴、产品、客户等多个相互关联、相互影响的要素构成的整体结构。

根据商业模式的定义，它描述了企业运营的基本逻辑，包括企业的价值目标、实现价值目标的载体（产品或服务）、实现价值的功能和流程、目标客户、合作伙伴、分销渠道以及客户关系等内容。概括起来，一个完整的商业模式应包括三个方面的内容，即服务对象、服务内容和盈利模式，如图3-1所示。

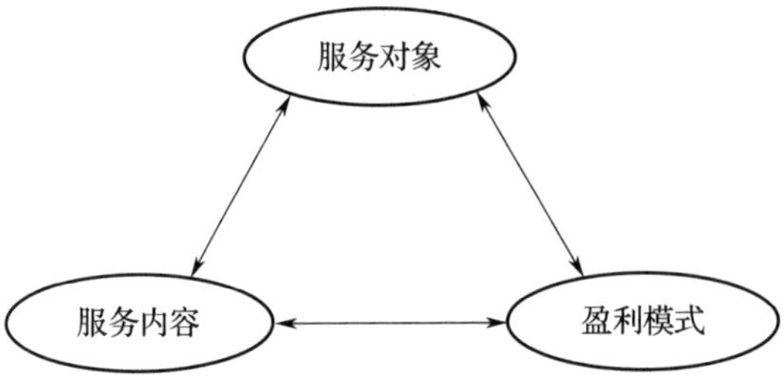

图 3-1　商业模式三要素

人物介绍

管理大师中的大师——彼得·德鲁克

1909 年，彼得·德鲁克出生于奥匈帝国的维也纳，祖籍荷兰。德鲁克先后在奥地利、法国、英国和德国接受教育，学科背景主要涉及文学、经济和法律。在德鲁克的求学经历中，值得一提的是他曾经亲身聆听过约瑟夫·熊彼特和约翰·梅纳德·凯恩斯两位经济学大师的授课。

德鲁克对管理学研究的主要贡献集中于 20 世纪 50 年代、60 年代和 70 年代。

1954 年，德鲁克的《管理的实践》（*The Practice of Management*）一书出版，提出了一系列极具前瞻性的管理概念，并且从实践出发阐明了这些概念应用的方式。德鲁克在《管理的实践》中所提出的管理问题和思想至今仍具有深刻的现实意义，引领着管理学者和管理实务者继续探索。

1966 年，德鲁克继续出版《卓有成效的管理者》，这本书成为高级管理者必读的经典之作。

1973 年其出版的巨著《管理：任务、责任、实践》为企业经营者提供了系统化的管理手册，也为学习管理学的学生提供了系统化的教科书。其中最受推崇的是他的原则概念及发明，如目标管理与自我控制是管理哲学，组织的目的是创造和满足顾客需求，企业的基本功能是行销与创新，高层管理者在企业策略中的角色、成效比效率更重要等许多重要思想都在这里得到了系统化和理论化的阐述。

《哈佛商业评论》这样评述德鲁克："只要一提到彼得·德鲁克的名字，在企业的丛林中就会有无数双耳朵竖起来听。"美国管理协会则认为："如果说 20 世纪最伟大的发明是管理的话，那么彼得·德鲁克无疑是最伟大的发明家。"在 2000 年美国《商务 2.0》公布的百年来管理大师排行榜中，德鲁克位居榜首。

资料来源：

陈荣平. 管理大师中的大师——彼得·德鲁克 [M]. 保定：河北大学出版社，2005.

3.1.2　物流平台商业模式理论分析框架

如第 2 章关于物流平台的定义所述，物流平台是一种与线下实体物流基础设施和硬件资源相结合，依托互联网，为企业、政府部门等多方用户提供物流服务和相关增值服务的平台。其目的在于增加平台吸引力，扩大用户群体，并通过特定的盈利方式实现平台经济收益的最大化。在此商业模式中，各类服务构成了"产品"，而平台上的各类用户则是"服务对象"。

因此，类同于一般的商业模式，物流平台商业模式的核心要素同样包括服务对象、服务内容和盈利模式。其中，服务对象包括目标市场和平台用户；服务内容包括服务产品、服务功能和服务流程；盈利模式包括运营模式、收入模式和效益分析，如图 3-2 所示。

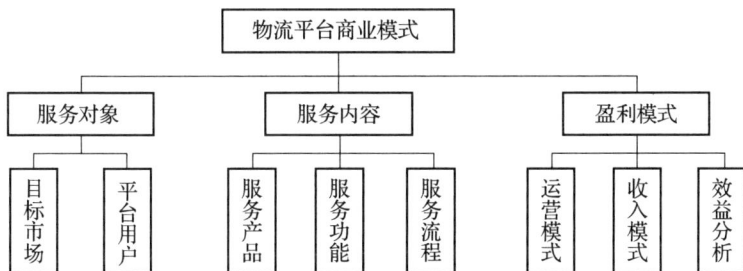

图 3-2　物流平台商业模式理论分析框架

3.2　物流平台服务对象

对物流平台服务对象的深入分析，主要集中在对平台目标市场和平台用户的分析上，只有准确定位目标市场和平台用户，才能合理设计服务内容，选择恰当的盈利模式。

3.2.1　目标市场

对目标市场的分析包括细分市场、核心功能、平台类型和定位等多个方面的内容。

1. 细分市场

物流平台首先可根据地域、货物种类、所涉及的物流活动具体环节等因素确定平台经营的细分市场。某些情况下还可对这些因素进行深入区分，以进一步细分市场，如以运输作为物流平台的主要细分市场时，还可选择公路运输、航空运输、同城货运等更细化的子市场。

2. 核心功能

根据细分市场的现实需求，物流平台可确定自身服务的核心功能。然而，用户需求往往是多元化的。物流平台在确定其核心功能时，应充分考虑自身能力和资源状况，而对于非核心功能，则可通过引入合作伙伴加以弥补。过度追求服务功能的全面性，不仅会造成平台资源的浪费，还可能导致平台因缺乏特色而湮没在互联网众多物流平台中。

3. 平台类型和定位

基于市场细分和核心功能，物流平台企业可以选择对应的平台类型，并做好平台定位。

在确定物流平台的目标市场时，应将企业规模作为重要的影响因素加以考虑。不同规模的企业对平台服务的需求层次和重点存在差异。大中型企业更注重平台基于供应链的集成化服务能力和资源整合能力，以实现供应链多主体的协同，优化供应链运作效率，并降低供应链整体运作成本。而小微企业则更注重平台服务的适用性、便利性和使用成本，希望能以尽可能低的成本获得满足企业需求的服务。

在确定目标市场的过程中，应给予中小型物流企业足够的重视。我国物流行业存在着大量的中小型物流企业，这些企业虽然规模小，但数量众多，集聚了不可忽视的物流资源。然而，这些中小型物流企业服务能力较为单一，服务覆盖范围有限，且存在管理不规范、市场开拓能力不足等诸多问题。通过物流平台，可以确保信息渠道通畅，帮助中小型物流企业对接客户；或者在平台的统一指挥和管理下，整合这部分物流资源，为社会提供中小型物流企业无法单独提供的物流服务。在这一过程中，物流平台还可以为物流服务供需双方提供更多的增值服务，从而促进更多业务的完成。由此，中小型物流企业、客户和平台实现了多方共赢。相较于大型物流企业，物流平台的服务能力对中小型物流企业的吸引力更大，更有利于扩展平台用户基数，实现规模效应。因此，利用互联网经济的"长尾理论"，将中小型物流企业作为服务对象，不失为物流平台发展的有效途径之一。

小资料

长尾理论

长尾（The Long Tail）概念由美国《连线》杂志主编克里斯·安德森（Chris Anderson）于 2004 年提出，并于 2006 年出版了同名畅销书《长尾理论：为什么未来商业的成功在于卖更少的更多》，2009 年他又出版了《更长的长尾：无止境的选择是如何创造无限需求的？》。安德森的长尾理论认为，只要存储成本和信息成本足够低，且具有个性的消费者数量足够大，销量不大的利基产品一样可以和品种有限的主流产品所占据的市场份额相匹敌，甚至更大。

长尾理论颠覆了"二八定律"，即 20% 的产品带来 80% 利润的原则。安德森对比分析了传统实体零售商沃尔玛和网络在线音乐零售商"Rhap-sody"的经营模式。研究结果表明，传统实体商店沃尔玛 20% 的产品收入占其总收入的 80%。此外，由于货架空间以及生产、储存和交付货物的成本约束，沃尔玛销售的商品只能是有限物理空间内预选的"畅销"产品，例如销量好的唱片。相反，网络音乐商"Rhap-sody"出售的是纯数字产品，如音乐或图片等。数字产品存储、复制和分发的边际成本几乎为零，货架空间不像实体商店那样受限。该公司销售的产品中 98% 都是"非畅销"产品，即利基产品，虽然每个利基产品的销量较低，但众多客户的异质化需求同样为公司带来了可观的利润。由此可见，销量不大的利基产品同样可以和品种有限的主流产品所占据的市场份额相匹敌，甚至更大。

长尾理论认为，主流市场外的异质化潜在需求可汇聚成与主流大市场相匹敌的市场需求，市场中利基产品的品种远超畅销产品的少量品种，虽然每个利基产品的销量微小，但产品的数字特征使其储存和分发的经营成本微乎其微。同时，互联网连接技术和搜索技术的快速发展显著降低了供需双方的交易成本和搜寻成本。因此，众多利基产品的需求可汇聚成一个与主流畅销市场相匹敌的长尾市场，同样可为公司创造利润。

资料来源：

霍兵，张延良. 互联网金融发展的驱动因素和策略——基于长尾理论视角 [J]. 宏观经济研究，2015（2）：86 - 93 + 108.

3.2.2　平台用户

根据不同的目标市场，物流平台的用户群体"身份"尤为多元化，包括政府、企业、社会组织和个人等，如图 3 - 3 所示。只有明确了不同类型用户的服务需求，物流平台才能更精准地设计服务内容。

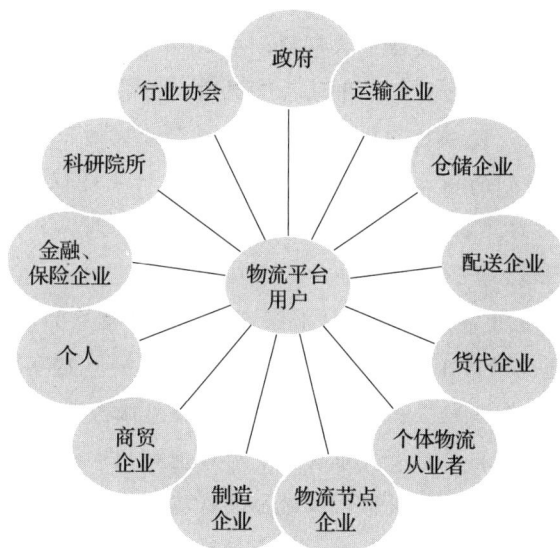

图 3-3　物流平台用户

根据用户是否从平台获取服务，以及是否为物流平台的功能实现或正常运营提供支持与帮助，我们可以对平台用户类型进行区分。部分用户登录平台只是为了获取服务；而有的用户则作为平台的合作伙伴，助力平台发挥其既定的功能或确保平台的正常运营；还有一类用户，他们既从平台获取服务，同时也是平台的合作伙伴。概括而言，物流平台用户可以分为行业监管（服务）类用户、物流服务提供方和需求方用户，以及增值服务提供方用户三种类型。

1. 行业监管（服务）类用户

这类用户包括政府、行业协会、科研院所等。以政府为例，相关政府管理部门通过与物流平台的电子政府系统对接，不仅便于提供单证审核、工商、税务、报关报检等电子政务服务，还能有效采集物流技术、物流设施设备、物流供需总量、物流交易成交总额等关键信息，以更科学地制定物流业发展规划和政策，引领物流业健康发展，并对平台的物流活动进行监管。

同时，政府部门还可通过物流平台发布物流业发展规划、法律法规、行业标准、行业发展现状等政务服务信息，以及物流公共基础设施、物流服务设施、交通路况等相关出行服务信息。此外，平台还提供身份认证、服务资质、信用等级等安全服务信息，以规范物流活动，提高物流效率，保障物流交易安全。

小资料

11 大物流工程

物流业迎来重大利好！12 月 15 日（编者注：2022 年），国务院正式发布《“十四五”现代物流发展规划》，规划期至 2025 年。这是继国务院 2009 年 3 月 10 日发布的首部物流规划《物流业调整和振兴规划》（规划期三年，2009—2011 年）和 2014 年 9 月 12 日发布的第二部国家物流规划《物流业发展中长期规划（2014—2020 年）》（规划期七年）之后的第三部国家规划。这也是我国首部五年期物流规划。在第二部国家物流规划中，物流业被定位为国家的“先导性、基础性、战略性”产业。而此次第三部国家物流规划、同时也是首部国家物流五年期规划的出台，也再次凸显出物流行业地位被提升到国家战略高度。规划明确指出，“中国与世界物流强国相比仍存在差距”。因此，其目标将是推进中国从物流大国迈向物流强国。那么，这部规划传达了哪些新信息呢？

《“十四五”现代物流发展规划》中特别强调了一项“重点的事”，那就是要全力推进 11 大物流工程建设，其中的第 4 个物流工程尤为引人注目——**数字物流创新提质工程**。

数字物流创新提质工程明确提出：加强物流公共信息服务平台建设，在确保信息安全的前提下，推动交通运输、公安交管、市场监管等政府部门和铁路、港口、航空等企事业单位向社会开放与物流相关的公共数据，推进公共数据共享。利用现代信息技术搭建数字化、网络化、协同化物流第三方服务平台，推出一批便捷高效、成本经济的云服务平台和数字化解决方案，推广一批先进数字技术装备。推动物流企业“上云用数赋智”，树立一批数字化转型标杆企业。

资料来源：

中国物流与采购联合会. 重磅！解读中国首部五年物流规划！国务院发布《“十四五”现代物流发展规划》（附全文）[EB/OL].（2022 - 12 - 16）[2024 - 7 - 28] http://jrfh.chinawuliu.com.cn/xydt/202212/16/594968.shtml.

2. 物流服务提供方和需求方用户

物流服务提供方用户包括物流企业、物流节点企业以及提供物流服务的个体经营者。其中，物流企业具体细分为运输企业、仓储企业、配送企业、货代企业等；物流节点企业包括物流中心、配送中心、物流园区、货运站场、铁路站场、水运港口、航空港等物流节点的经营企业。物流服务需求方用户则包括生产企业、商业流通企业、货代企业以及少量的个人用户等。

物流服务提供方和需求方用户通过物流平台建立联系并达成交易。在这一过程中，双方需要在平台上发布、搜集相关信息进行匹配，并在平台内就物流服务的形式、内容、价格等要素进行谈判，达成一致后完成物流服务的提供。同时，物流平台还需要围绕物流交易提供交易撮合、订单管理、货款结算、金融、保险等一系列配套和增值服务。此外，物流服务供给方和需求方用户还会查阅平台上政府部门发布的相关信息，并使用政府部门提供的各类服务。

3. 增值服务提供方用户

这类用户主要是指提供金融、保险等增值服务的银行、金融机构、保险公司等相关企业。这些机构依托自身业务能力，通过物流平台为物流服务供需双方提供资金结算流转、供应链金融、融资租赁、保险理赔等增值服务。这不仅丰富了物流平台的服务功能，增强了平台的吸引力和竞争力，提高了平台用户黏性，同时也为这些增值服务提供方拓展了业务来源，实现了与物流平台共同发展的双赢局面。增值服务提供方用户还包括提供油品、车后市场等其他类型服务的相关企业。

3.3 物流平台服务内容 🔗

物流平台提供的服务产品种类多样，包括信息数据服务、业务支持物流服务、网络货运服务、园区网络服务、专线＋加盟服务、货物跟踪服务、物流金融服务、运价指数交易服务、虚拟社区服务等。不同的服务产品各具特定的功能和流程。

3.3.1 服务功能

物流平台能否获得市场认可，关键在于其能否为不同类型的平台用户提供高质量的服务。物流平台提供的各种服务功能具体如下所述。

1. 信息数据服务

信息数据服务型物流平台连接了物流企业、制造业企业、商业企业、增值服务企业和政府管理职能部门等用户的信息系统，是各种信息、数据资源汇集、处理和交换的中枢，具体服务功能包括信息发布、信息查询、数据交换服务，以及物流云计算服务等。

（1）**信息发布功能**　不同类型的用户均可根据自己的需要和权限，在平台上发布相关信息。信息种类包括政务服务信息、出行服务信息、安全服务信息、物流行业信息、物流供需信息和其他相关信息等，具体如表 3 - 1 所示。

表 3 - 1　物流平台信息分类

信息种类			信息内容
政务服务信息			物流业发展规划、法律法规、行业标准、行业发展现状
出行服务信息	物流公共基础信息	公路货运信息	车辆信息、货运单价、车辆租用、道路收费等信息
		铁路信息	车次、线路、标准运价、运输里程、车站货场等信息
		港口航运信息	航班、航线、集装箱标准运价、港口堆场与仓储等信息
		航空信息	航班、航线、标准运价、机场货场等信息
		仓储设施信息	仓储地区、面积、类别、标准单价、保税仓储等信息
		多式联运信息	多式联运线路建议方案、报价等信息
	物流服务设施信息		立交桥、隧道、桥梁、收费站、出入口、加油站、维修站、服务区、停车场等服务设施的名称、位置、状态信息
	交通路况信息		交通路线、布局（城市地图、公路布局图、铁路运行图、海运航线布局图、空运港线图）、交通状况、气候及自然灾害信息等
安全服务信息			身份认证、服务资质、信用等级等企业交易安全相关信息
物流行业信息			物流技术、物流设施设备、物流需求和供给总量、物流交易成交总额等物流行业发展信息
物流供需信息	需求信息		运输、仓储、装卸搬运等物流功能需求，第三方物流服务需求，物流代理与发包需求，物流金融、物流系统规划设计、物流培训增值服务需求，综合服务需求
	供给信息		运输、仓储、装卸搬运等物流功能需求，第三方物流服务需求，物流代理与发包需求，物流金融、物流系统规划设计、物流培训增值服务需求，综合服务需求
其他相关信息	人才供给信息		物流及相关领域人才供给信息
	政府职能部门信息		物流业务涉及的政府部门机构、职能设置、办事程序等信息

（2）**信息查询功能**　用户可以通过网页端、手机 APP 等多种渠道查询、浏览平台发布的信息。

（3）**数据交换功能**　部分信息数据服务平台还可为用户提供数据交换功能，包括数据传输、数据翻译、数据转换、数据导入和导出等，实现物流活动过程中所产生的电子单证的翻译、转换和通信。这些电子单证包括物流服务交易涉及的商业文件、票据，物流仓储、运输等作业环节产生的业务单证，以及网上报关报检、进出口许可证申请查验、税费缴纳和退税产生的相关文件凭证等。这些电子单证数据均能实现跨平台用户之间的交换。

在数据交换过程中，用户要将信息先传递到平台。鉴于不同用户的信息系统所采用的技术存在差异，数据格式和系统结构也不尽相同。平台需要先将这些互不兼容的数据进行标准化、规范化处理，平台需支持各种常见数据库、Web 数据、文本、声音、图像等不同格式文件，然后再按照不同的数据属性进行储存。常见的数据属性分类方法是按照数据类型进行划分，如物流作业单证数据库、海关边检单证数据库、资金结算数据、税务数据库、商业票据数据库等。对不同格式的数据进行标准化、规范化处理，是确保所交换数据具备可读性和可靠性的关键，体现了平台的技术服务能力。

当数据传递到平台后，还需要进一步将其传递到不同用户的信息系统中。在这一过程中，数据会在平台中进行标准化定义，并转换为 XML（EXtensible Markup Language，可扩展标记语言）这一通用格式，最后自动识别接收方信息系统数据格式，并进行相应的格式转换，从而实现异构信息系统之间的数据交换与传输。

（4）**物流云计算服务**　部分信息数据服务平台可为中小型物流企业提供物流云计算服务。中小型物流企业受困于资金、人力等资源的不足，往往难以自建和维护物流信息系统，更无力承担企业网站建设和基础技术平台开发工作。使用物流云计算服务，中小型物流企业不用再建设和管理软硬件平台，只需与云计算服务器连接就可以使用各种功能，主要包括以下几个方面。

① SaaS 服务。SaaS 服务可为中小型物流企业提供外包性质的各类物流信息系统，包括运输管理信息系统、仓储管理信息系统、进销存管理系统等。

② IaaS 服务。IaaS 服务具体包括服务域名申请、虚拟主机、宽带连接、主机托管、网站建设与维护等互联网服务提供商服务。

③ PaaS 服务。PaaS 服务为中小型物流企业提供非建站服务，将软件或应用程序研发、部署的平台作为一种服务提交给用户，用户基于平台提供的基础架构研发、部署新的应用或扩展原有的应用，而无需自行购买和管理服务器。PaaS 服务主要的用户群体是中小型物流企业中的软件（小程序）研发人员。

> **小案例**

智慧引领物流数字化变革的先锋——唯智

唯智信息创立于 2001 年，历经 23 年行业沉淀，致力于为客户提供集智能与移动互联于一身的物流混合云全面解决方案。公司总部位于上海，并在全国设立了 23 家分支机构，拥有一支超过 500 人的高素质、国际化产品研发和技术支持团队。

目前，唯智旗下拥有 OMS（订单管理系统）、TMS（运输管理系统）、WMS（仓储管理系统)、BMS（计费管理系统）、ROS（路径优化系统）、LES（物流执行系统）和物流链云平台、云私一体平台等产品，为新能源、高端制造、装备制造、汽车制造、零售快消电商、医药、时尚、化工、餐饮连锁、三方物流十大行业3500多家企业节约物流成本，提升供应链效率。

唯智旗下的云私一体平台，更是打通了供应链各个环节，支持私有云＋公有云的混合云模式。基于混合云架构，唯智可提供全产品线应用服务，如图3-4所示。

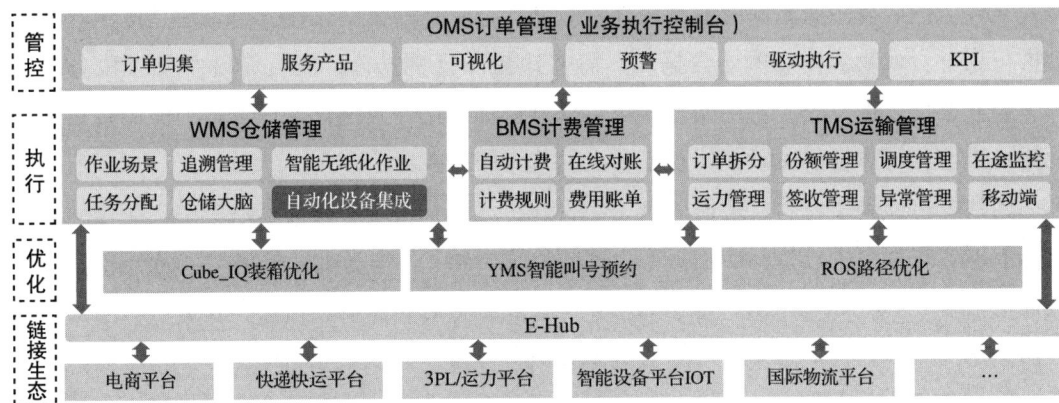

图3-4　唯智云私一体平台产品线

该平台采用双轮驱动模式，公有云负责快速交付、标准操作、定期迭代和按业务量付费；私有云则专注于运营支持、系统专用、租赁使用和数据托管服务。唯智云私一体平台通过这种模式实现了对客户的高品质完善服务，具体如图3-5所示。

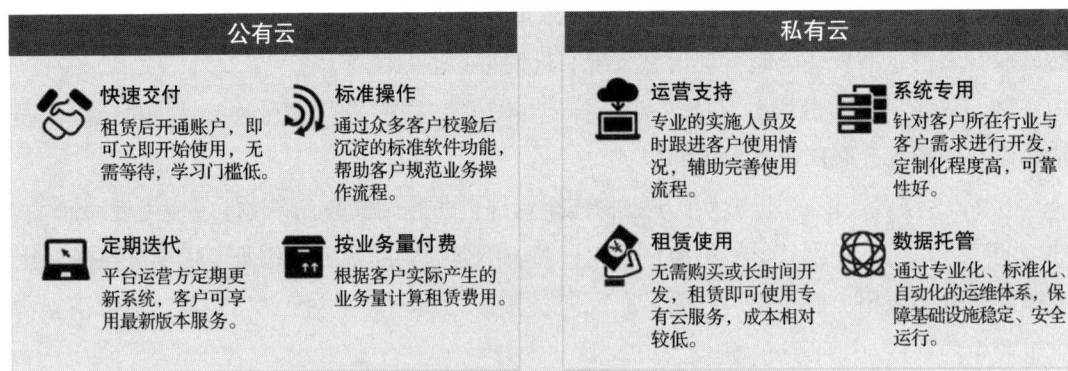

图3-5　双轮驱动的唯智云私一体平台

资料来源：数据、信息整理自唯智官网，https://www.vtradex.com。

2. 业务支持物流服务

业务支持型物流平台为投建平台的大型企业提供全面且多样化的物流服务，以支持大型企业主营业务的开展，具体服务功能包括信息接收处理、物流决策、物流作业、物流工作核算等。

（1）**信息接收处理**　平台接收企业传递的货物信息，检索物流部门/企业库存、物流设施设备以及人员信息，为物流决策提供有力支持，并将制订的物流活动计划及时传递给物流部门/企业。同时，平台还会持续采集物流活动过程中产生的各类信息，保持对物流活动流程的实时监控，以便随时掌握物流活动的最新动态，并在出现偏差时迅速进行调整。

（2）**物流决策**　平台根据所收集的信息，调拨各类物流资源，制订科学合理的物流活动计划。同时，平台还会根据反馈的物流作业信息，及时调整计划安排，以实现物流活动的高效运作。

（3）**物流作业**　根据物流活动计划，平台可以调动企业内部物流资源和外部社会物流资源，执行运输、仓储、配送等物流作业活动，以及报关报检等与物流活动相关的作业活动，最终将订单货物送至企业客户手中。

（4）**物流工作核算**　物流活动计划执行完毕后，平台将计算各个物流作业环节的工作数量和工作质量。这些核算结果将作为物流部门参与企业内部绩效考核和外包物流企业结算物流费用的依据。

3. 网络货运服务

网络货运型物流平台主要为物流供需双方提供承运服务和交易撮合服务，具体功能包括平台承运、交易撮合、订单管理、费用结算、安全认证和诚信状况查询、增值服务等。

（1）**平台承运**　平台匹配物流供需信息，以承运人身份与物流服务需求方签订合同，再向平台注册的物流服务供给方发布任务，由其负责完成实际承运工作。

（2）**交易撮合**　物流服务供需双方可以使用平台发布和查询供需信息，并在平台上就价格、服务内容、费用结算方式等进行洽谈，直至达成交易意向并完成签约。

（3）**订单管理**　签约完成后，平台将为交易双方提供订单生成、查询、修改、删除、车辆货物追踪和评价等订单管理服务。

（4）**费用结算**　通过与银行、第三方支付金融机构建立系统连接，平台可为交易双方提供第三方担保服务，和类似支付宝方式的物流费用支付与结算功能。

（5）**安全认证和诚信状况查询**　在交易双方完成交易时，为确保交易的真实性和唯一性，保障双方正当利益，网络货运型物流平台会利用数字认证技术对双方的资质和身份进行审查、认证。安全认证功能通过与全国性 CA（Certificate Authority，电子认证）认证中心或平台所处区域 CA 认证中心的互联得以实现。同时，为了保证交易双方的利益，网络货运型物流平台可通过平台建立的诚信机制来对交易双方的诚信状况进行查询。

（6）**增值服务**　平台通过与金融企业、保险企业网络业务系统，以及海关、检验检疫、税收等政府部门电子政务系统的对接，可以为交易双方提供在线融资、在线购买保险、网上报检通关、网上报税等增值服务。

4. 园区网络服务

依托一定数量的线下实体园区和线上平台，园区网络型物流平台可为货主企业、物流企业、卡车司机提供基于物流业务流程整合的线下和线上相结合的一站式服务，具体服务功能包括综合园区服务、平台承运、交易撮合、港仓管理、通信社交以及增值服务等。

（1）**综合园区服务**　平台为货主企业和入驻园区的物流企业、卡车司机提供一站式综合园区服务，包括运输、仓储、专线运输、分拨配送、多式联运转换、支付结算等。

（2）**平台承运**　平台作为承运商，为货主企业提供全流程的线上承运服务，包括承运商线上数字化管理，线上金融保理服务，线上订单管理、在线电子对账、电子回单；线上标准化结算、合规化结算；运力池管理、运力竞价/采购等。

（3）**交易撮合**　平台以货主企业、物流企业、卡车司机为服务对象，以线上形式提供类似网络货运型物流平台的服务，撮合物流服务供需双方达成物流业务合作。

（4）**港仓管理**　平台以货主企业为服务对象，以线上形式提供选址布局规划、仓储运营服务、仓配一体服务，以及集约化运作和标准化管理的共享仓服务，帮助客户实现全渠道库存可视化管理，持续提升库存周转率。

（5）**通信社交**　平台为物流企业、卡车司机提供即时通信服务，用以及时沟通物流市场信息、出行信息，并为物流企业、卡车司机打造网络虚拟社区，提供会员服务、社区管理、圈子管理等服务。

（6）**增值服务**　与网络货运型物流平台类似，园区网络型物流平台也可以提供线上的金融、保险、海关、检验检疫、税收等增值服务。此外，平台还可以提供汽车车后市场服务和油品与油卡销售服务。

5. 专线+加盟服务

专线+加盟型物流平台提供的服务功能与网络货运型物流平台相类似，不同的是其所依托的物流活动是基于线下公路货运站、铁路货场、港口、机场、物流园区等物流节点、枢纽形成的特定专线物流服务。

小案例

用安能 运好货

上海安能聚创供应链管理有限公司（简称安能物流）于2010年6月1日在上海成立。作为5A级综合服务型物流企业，安能物流以"物流创造无限可能"为使命，行业首创货运合作商平台模式，专注为客户降本增效，提供高性价比、更好体验的运输服务。2021年11月，安能物流在香港联合交易所上市。

作为5A级零担快运头部企业，安能物流已为中国各行业和地区的超过500万客户提供服务，服务客户范围广泛，涵盖电商、制造商、批发商、零售商及个人等。目前，安能物流拥有超过 31000 家网点，81 个分拨中心，2300 多条运输车线，乡镇覆盖率达到 98.2%。

安能物流依靠创新型商业模式推动，始终从客户需求出发，创新推出"MiNi 电商系列""精准零担快运""定时达""安心达"等一系列行业优势产品。同时，以大数据、云计算等科技手段为基础，安能物流自主研发了 52 套 IT 系统，推动科技创新与运营的深度融合，实现了运营的全链路数字化精细化管理。

安能物流的发展得到了社会各界的广泛认可。2018 年，安能物流被交通运输部授予"中国运输领袖品牌"荣誉称号；2019 年，安能物流获上海市政府认证为"贸易型总部企业"；2022 年，安能物流更是荣膺中国物流企业 50 强。

在产业互联网转型和双循环经济新格局的背景下，中国供应链体系正在发生深刻转型，小批量、多频次的运输需求不断增加，对全国性快运网络提出了更高的服务要求。安能物流将继续专注于产品和服务升级，创造客户价值，推动中国商业体系数字化进程的全面升级。

资料来源：
数据、信息整理自安能物流官网，https://www.ane56.com/join/overview/overview.html.

6. 货物跟踪服务

货物跟踪型物流平台通过互联网和移动通信技术，对货物和车辆的位置、状态进行实时追踪，并将相关数据存储在数据库中。用户可通过访问数据库获得货物运输的追踪信息。其具体服务功能包括车辆基础数据管理、车辆状态控制、货物基础信息和状态管理、车辆和货物查询等。

（1）**车辆基础数据管理**　平台对挂靠平台的车辆基础数据进行标准化定义和管理，包括车型、外形尺寸、载重量、车况、使用年限等关键参数。

（2）**车辆状态控制**　平台通过北斗/GPS 技术采集车辆运输过程中的车速、停车、行程、路线、违章、油量等信息，并传输到平台数据库，实现对车辆的实时跟踪与查询。

（3）**货物基础信息和状态管理**　通过物联网技术，平台采集货物品种、数量、交货日期、发货地和目的地、货主信息、送货车辆及人员等基础信息，并实时追踪货物的状态。

（4）**车辆和货物查询**　平台根据所采集的车辆和货物信息，设置多种查询条件，供物流企业和客户访问平台数据库，实现对车辆和货物位置、状态信息的实时掌握，进行有效监控。

7. 物流金融服务

物流金融型物流平台以物流金融和供应链金融业务为主要服务内容，包括金融服务、物流企业信用服务等。

（1）**金融服务** 平台依据相关法律法规，在网络安全技术的支持下，为有融资需求的中小生产企业、商业流通企业提供物流金融和供应链金融服务，服务覆盖全流程各个环节，包括贷前审核、贷款、还贷、对账等。金融服务的模式包括应收类融资模式的保理、代收货款，存货类融资模式的存货质押、仓单质押，以及预付类融资模式的四方保兑等。

（2）**物流企业信用服务** 平台可提供信用评价评级、企业诚信记录和企业用户证照核查，以及个体从业者身份证、驾驶证、运营证和行驶证核查、征信查询等物流企业信用服务。

8．运价指数交易服务

运价指数交易型物流平台主要提供物流运价交易指数服务，如上海航运运价交易平台为船公司、货主企业、货运代理、贸易商和投资人等多种类型用户提供航运运价交易服务。运价交易品种包括上海出口集装箱、中国沿海煤炭、国际干散货三大航运运价交易。

9．虚拟社区服务

虚拟社区型物流平台以虚拟社区运营方式为物流从业人员提供社交网络服务。社区服务包括会员服务、社区公共服务、生意圈管理。

（1）**会员服务** 平台可为注册会员提供多种个性化服务，包括会员单证管理、会员货物跟踪、交易状态查询和会员资信评价等。

（2）**社区公共服务** 平台可为社区成员提供的公共服务包括信息发布公告服务、物流从业人员招聘服务和日程提醒服务等。

（3）**生意圈管理** 加入社区的注册会员可以通过社区结识更多业务合作伙伴，拓展人脉网络，完善生意圈，从而带来更多业务机会。

> **小案例**

卡车人专属的互助、交流、资源平台——路歌物流的"卡友地带"

"我们用车辙丈量九百六十万平方公里的土地，在路上，感受生命如歌，也尝尽甘苦波折，最终回头看到那束温暖的光。"这是一进入路歌物流为卡车司机推出的虚拟社区"卡友地带"就映入眼帘的一句话，带给人温暖和触动。

卡友地带创立于2014年，是一个集"线上＋线下"于一体的货车司机职业社区。目前，它拥有310万注册会员，2700多个汽修联盟，线下社区覆盖全国298个城市。卡友地带致力于帮助货车司机解决生意、生产和生活的"三生"问题，切实提高其职业归属感和尊严感。

"为梦狂奔的路上，我们以微毫之躯诠释不凡。既有风急雨骤，也有暖心护航，千万个彼此，就是前行的希望。"为了更好、更快、更及时地解决卡友遇到的问题，由货车司机自发组织，卡友地带参与建设了互助分部。互助分部以地级市为单位，设置各级卡友，实行内部自我管理。

"乘着时代的风云，奔赴一场属于我们的盛会。凝视着最初的希望，我们在这里，看见梦想照进现实的力量。"为建设中国卡车文化，卡友地带定期为货车司机举办卡友节。2022 年，第八届五二卡友节以"追光·与卡友同行"为主题。当时，新冠疫情反扑，货车司机面临重重困境。为守护疫情下的卡友，卡友地带开展了"追光·与卡友同行"抗疫特别活动，联合爱心企业发放 2 万份防疫物资包，并进行了首场线上直播，为货车司机群体送去关怀与帮助。当日直播共吸引超过 12 万人次参与观看，点赞数达 62.4 万。

"翻山越岭只为一场遇见，历经磨难只为一次改变，凝聚星星之火的力量，最终成为温暖之光。"卡友地带还积极推动货车司机网上加入工会的工作，依托工会为货车司机解决问题和困难，送去温暖和关怀。2022 年 12 月，卡友地带开展了货车司机温暖服务季系列活动，并完成了中国职工发展基金会提供的 6000 份卡友专属保障发放工作。

资料来源：
数据、信息整理自路歌物流官网，https://www.logory.com/kyddDriverJoinUnion.

3.3.2　服务流程

不同类型的服务平台可提供多种服务产品和服务功能。不同的服务产品和功能具有不同的服务流程，如信息数据服务流程、网络货运服务流程、物流作业服务流程、货物跟踪服务流程、物流金融服务流程、社区服务流程等。

下面以较为常见的网络货运服务运输业务为例，介绍网络货运型物流平台为用户提供服务的流程，如图 3-6 所示。

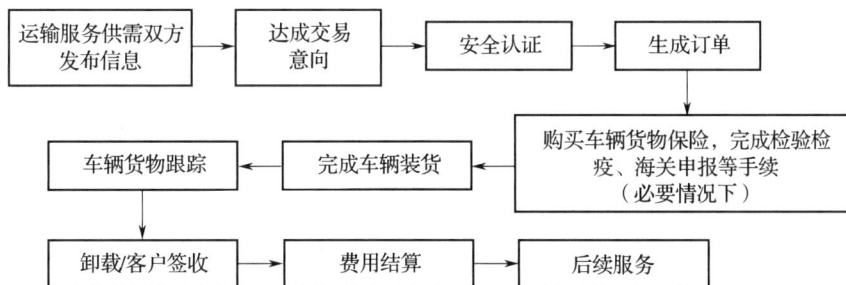

图 3-6　网络运输服务流程

3.4　物流平台盈利模式

物流平台作为一个商业实体，同样需要追求盈利。获取一定的盈利，是物流平台维持日常稳定运营、保障平台各项服务正常提供的基础，同时也为物流平台扩大经营规模和拓展服务范围提供资金支持。

3.4.1 运营模式

物流平台运营模式一般可分为四种，即政府独资运营型、政府控股委托运营型、社会资本控股运营型和社会资本独资运营型。不同运营模式下，物流平台具有不同的特点。

1. 政府独资运营型

在政府独资运营模式下，政府承担物流平台建设、运营的全部费用，并负责平台数据、信息更新、服务功能实现、日常维护管理等全部工作，是平台的投资和管理主体。

2. 政府控股委托运营型

在政府控股委托运营模式下，物流平台的建设和前期运营工作由政府承担，待物流平台发展到一定水平后，再交由具备一定资质和能力的企业进行运营。政府通过补贴的方式提供一部分物流平台运营费用，其余费用由承接企业通过收取服务费用的方式来获取。

3. 社会资本控股运营型

在社会资本控股运营模式下，政府在物流平台建设过程中并不直接参与，只提供指导性意见。在平台前期建设中，政府统筹调度相关资源，促成有市场收益可能的物流服务功能项目与平台对接，并选择具备一定资质和能力的企业作为建设、运营主体。项目建设费用大部分由企业投入，少部分来自政府投资。运营费用主要来自向用户收取的服务费用。

4. 社会资本独资运营型

在社会资本独资运营模式下，由企业作为物流平台建设和运营的唯一主体，承担平台所有工作和成本。

四种运营方式的特点及各自的优缺点如表 3－2 所示。

表 3－2   不同类型物流平台运营模式对比

类型	特点	优点	缺点
政府独资运营型	政府独资、规划建设和运营，产权属于政府	协调成本低、建设速度快、权威性强、公益性强	建设和运营费用高，成本负担重，服务质量水平难以保证
政府控股委托运营型	政府控股、社会资本参股，委托企业运营，产权属于政府	协调成本低、运营效率较高	建设和运营费用高，由于企业不具有所有权，其积极性不能充分发挥，进而导致服务质量受到影响
社会资本控股运营型	社会资本控股、政府参股，委托企业运营，产权属于企业	协调成本低，运营效率较高，服务质量较高	权威性低，企业逐利可能会降低物流平台服务的公正性
社会资本独资运营型	社会资本独资、规划建设和运营，产权属于企业	运营效率和服务质量高	协调成本高，不具备权威性，企业的逐利性可能会降低物流平台服务的公正性

3.4.2 收入模式

在当前阶段，市场上运作的各种物流平台的收入模式主要包括以下几种。

1. 会员制模式

基于会员制模式收取的会费是国内许多物流平台收入的主要来源。用户注册成为物流平台会员后，可以使用平台提供的各种服务功能，平台借此收取一定数额的会费，以维持平台的日常运作。然而，由于这种模式应用较为普遍，各物流平台都在极力争夺会员资源，竞争较为激烈。服务功能没有特色、不能满足用户需求或服务质量水平不高的平台往往难以吸引更多数量的用户注册会员。如果会费比较昂贵，又会影响用户注册成为平台会员的积极性。

2. 交易费用模式

物流平台通过提供交易撮合服务，促成物流服务供需双方达成交易，并对每一笔交易收取手续费、交易佣金等费用。在国外，收取交易费用是物流平台常见的一种做法。如美国的 Landstar 平台，针对钢铁、建材等大宗商品的运输服务收取的交易费用每年可以达到 5000 万美元的规模。在国内，部分大型物流平台也采用交易费用模式获取收入。然而，就整体而言，许多物流平台作为中介方难以保证货物的安全性、时效性，许多物流服务需求方用户宁可付出更高成本也不愿意通过物流平台进行交易，这影响了平台交易费用的收取。从长远来看，交易费用是实现物流平台盈利的关键，应成为物流平台收入的主要组成部分。物流平台必须加强自身能力建设，同时社会信用体系建设也需更加完善。

3. 服务费、服务佣金模式

物流平台可以为用户提供某些特定的服务功能，如数据交换服务、货物跟踪服务、物流 SaaS 服务、各类增值服务等，并收取一定数额的服务费或服务佣金。物流平台应不断强化自身服务能力建设，开发服务项目，提高服务水平，以满足用户需求，从而获得更多的服务费和服务佣金。

4. 广告推广收入模式

物流平台可以在网页端、APP、小程序、线下物流基础设施等平台界面上投放企业广告。参考物流平台日常访问流量、广告投放位置、广告投放时间等因素，广告价格不一，向不同类型的客户进行推广。政府独资运营和政府控股委托运营的物流平台往往会采用广告推广的方式获取收入，以缓解平台建设、运营的资金压力。广告推广收入模式成功的关键在于平台的知名度，知名度高的平台才能有比较高的访问流量，从而吸引广告客户，而平台知名度提升的关键则在于用户的规模和活跃度。平台只有不断提高自身的服务水平，才能积累更为庞大的用户基数，获得更多经常访问平台的活跃用户。

　　结合国内外物流平台发展现状和发展趋势来看，用户更为看重的是物流平台的服务能力，并且愿意为优质的服务付出更多的费用。而会费收入相对不稳定，且不能设置过高的会费门槛。因此，国内物流平台应将交易费用、服务费和服务佣金收入作为平台收入增长的主要方向，逐步摆脱对会费收入的依赖，降低会费收入在总收入中的比重。平台流量的增加也有利于提高广告推广收入。

3.4.3　物流平台典型商业模式

　　按照服务功能的不同，物流平台可以分为信息资源共享、数据交换、物流云计算服务、物流资源交易、物流业务流程整合、物流金融、运价指数交易、虚拟社区八种商业模式。

1. 信息资源共享模式

　　信息资源共享模式是信息数据服务型物流平台最常采用的一种商业模式。为了减少第三方物流市场上信息不对称带来的资源浪费，提高物流运作规模化水平，提高效率，采用信息资源共享模式的物流平台整合用户发布的各类信息，并在平台用户中共享。

　　（1）**服务对象**　采用信息资源共享模式的物流平台用户来源非常广泛，包括行业监管、服务类用户，物流服务提供方和需求方用户，增值服务提供方用户等。

　　（2）**服务内容**　采用信息资源共享服务模式的物流平台提供的服务主要是各类相关信息的发布、查询，平台由此成为区域内物流相关信息资源汇集、处理中心。如由四川省人民政府口岸与物流办公室主办的四川省物流公共信息平台，为政府部门、企业、个人提供政策法规、行业动态、物流指数、通知公告、企业信息和信用查询、运输证件和公路里程查询、天气和路况查询等物流信息服务。

　　（3）**盈利模式**　采用信息资源共享服务模式的物流平台主要收入来源是会费和广告推广收入。信息资源共享服务模式是目前国内很多物流平台采用的商业模式，也是物流平台发展的初级形态。采用这种模式生存的关键在于平台所提供信息的真实性和时效性。在免费信息海量化的互联网时代，用户获取信息十分便利，付费性质的信息资源共享服务模式面临极大的生存危机。

2. 数据交换模式

　　数据交换模式是信息数据服务型物流平台采用的又一种商业模式。数据交换可以实现物流活动过程中所产生电子单证的翻译、转换和通信功能，使得物流平台与平台用户之间的信息系统无缝对接，也可实现与其他信息数据服务型物流平台的互通互联。

　　（1）**服务对象**　采用数据交换模式的物流平台用户包括政府、物流企业、生产企业、商业流通企业、货代企业、金融保险服务企业等。

　　（2）**服务内容**　采用数据交换模式的物流平台主要提供数据传输、数据翻译、数据转换、数据导入和导出等服务，并实现物流活动过程中所产生电子单证的翻译、转换和通信。以成立于 1998 年的上海美华系统有限公司为例，其前身是上海市 EDI 网络中心，是上海口岸信息化的建设者和信息服务商运营商，所推出的美华关贸云平台，以关贸云为数据交换中心，设立企业关务管理、特殊区域、监管场所、物流管理系统四个子系统，提供企业 ERP 接口、电子运抵接口、舱单申报接口、跨关区流转接口、金关二期接口、单一窗口接口、卡口联网监管、国际服务平台、地方电子政务九类接口，为货主企业、物流企业、货代企业、码头等提供高效智能通关服务。

采用数据交换模式的物流平台早期可以追溯到 EDI 平台，在其基础上逐步发展出基于公共互联网的公共数据交换平台。为规范、统一数据交换方式和标准，国家已经制定了相关国家标准，如《运输与仓储业务数据交换应用规范（GB/T 26772—2011）》。

（3）**盈利模式** 采用数据交换模式的物流平台主要收入来源是数据交换的服务费。服务费可以按时间包月、包季、包年收取，也可以按照数据流量实时计费，有需要的客户还可以采用一次性打包收取的方式。

3. 物流云计算服务模式

物流云计算服务模式也是信息数据服务型物流平台常用的商业模式之一。基于云计算技术，允许中小型物流企业通过"云端"在线使用各种物流信息软件，建设企业网站，开发应用程序，而由物流平台承担运行管理、数据备份、软硬件升级换代、基础技术开发和基础设施维护等工作，有效降低了中小型物流企业的信息成本。

（1）**服务对象** 采用物流云计算服务模式的物流平台用户主要是中小型物流企业。

（2）**服务内容** 采用物流云计算服务模式的物流平台提供的服务包括 SaaS 服务、IaaS 服务和 PaaS 服务。

（3）**盈利模式** 采用物流 SaaS 服务模式的物流平台主要收入来源是基于各类物流云计算服务收取的服务费。

目前，国内物流云计算服务模式发展较快，涌现了一批具有较高服务水平和市场知名度的物流云计算服务平台。如车满满（北京）信息技术有限公司，它基于云计算和搜索引擎技术，在公路零担物流领域为第三方物流企业、专线运输企业、零担快运企业等提供从订单流转、在途运输到财务结算的全流程服务。

4. 物流资源交易模式

采用物流资源交易模式的物流平台主要是网络货运型物流平台和专线 + 加盟型物流平台。这些平台通过展示和发布物流供需信息，在平台的撮合下，促使物流服务提供方与需求方达成交易，完成运输、仓储等物流活动。凭借物流平台庞大的用户群体，物流资源交易模式有利于形成合理的物流服务价格体系，优化社会物流资源配置，提高物流效率，降低物流成本。

（1）**服务对象** 采用物流资源交易模式的物流平台服务对象主要是物流服务供需双

方，包括物流企业、生产企业、商业流通企业等。

（2）**服务内容**　采用物流资源交易模式的物流平台提供的服务主要包括平台承运、交易撮合、订单管理、费用结算、安全认证、增值服务等。以阿里巴巴国际站物流平台为例，它是一个为跨境 B2B 中小企业提供跨境物流服务的网络货运型物流平台。发展至今，该平台已吸引超过 10 万家卖方企业和 110 万以上买方企业入驻，集聚全球多元化的空运、海运、快递和多式联运资源，专线数量超过 26000 条，覆盖范围达 220 多个国家和地区，且在国内可提供 300 个以上城市的上门揽收服务。

（3）**盈利模式**　采用物流资源交易模式的物流平台主要收入来源是交易费用。交易费用可以按照物流交易金额的一定比例逐笔收取，也可以按照一定时间间隔和不同等级定时收取。

5. 物流业务流程整合模式

采用该模式的物流平台主要是园区网络型物流平台和货物跟踪型物流平台。平台为用户提供流程化的多元服务，内容覆盖物流服务链的若干环节。实施物流业务流程整合模式通常要求运营平台的企业具备较为充裕的物流软硬件资源储备、较高的物流业务操作能力和较为雄厚的资金实力，以及政府部门在土地资源、配套政策和电子政务等方面的支持。

（1）**服务对象**　采用该模式的物流平台的服务对象主要是货主企业、物流企业、卡车司机等。

（2）**服务内容**　在该模式中，园区网络型物流平台提供的服务主要包括综合园区服务、平台承运、交易撮合、港仓管理、通信社交及增值服务等。货物跟踪型物流平台提供的服务主要包括车辆基础数据管理、车辆状态控制、货物基础信息和状态管理、车辆和货物查询等。以天地汇平台为例，它是国内较为知名的园区网络型平台，其依托于大数据驱动的线上线下服务，聚合了物流企业和司机资源，按照规定的服务规范和标准为制造业和商贸流通业的货主提供高效、优质、低成本且安全的服务，并承担相应责任。天地汇平台自 2013 年成立以来，已拥有 6 万多家物流企业会员和近 70 万司机会员，推出了包括天地优卡（数字网络货运）、天地快车（快车货运外包）、天地卡航（高级干线网络运输）、天地大票（零担拼货服务产品）、数智生态赋能服务等一系列服务产品。

（3）**盈利模式**　采用该模式的物流平台主要收入来源是为平台用户提供各类服务时收取的服务费。

6. 物流金融模式

物流金融型物流平台采用物流金融模式，为货主企业提供物流金融和供应链金融服务，同时为物流企业提供信用服务。

（1）**服务对象**　物流金融型物流平台的服务对象主要是中小生产企业、商业流通企业、物流企业、金融服务企业等。

（2）**服务内容**　物流金融型物流平台为有融资需求的中小生产企业和商业流通企业提供覆盖贷前审核、贷款、还贷、对账等各个环节的全流程物流金融和供应链金融服务。对于物流企业，物流金融型物流平台可提供多种信用服务。金融服务企业通过平台验证物流企业信用后，为在平台上申请金融服务的中小生产企业和商业流通企业提供相关服务。以平安银行的"橙 e 网"预付融资平台为例，自 2013 年成立以来，它已发展成为国内知名的物流金融型物流平台。在其业务流程中，下游经销商提交融资申请，供应链核心企业确认订单详情后，将订单信息和融资申请上传至平台，并向平台缴纳一定数额的保证金。相关联的物流企业负责向平台上传订单执行过程中的物流信息和自身信用信息，另有仓储监管方负责全程把控审评订单的执行状况，及时向平台汇报可能存在的风险。"橙 e 网"审核各方上传的信息数据，评估融资风险，并将评估结果反馈给平安银行，由其决定是否放款。在平安银行放款后，平台还会保持对订单执行情况和融资后续环节完成情况进行持续追踪，以及时发现和处置潜在风险。在这个过程中，平台通过全面整合供应链的信息流、资金流、物流和商流，运用大数据和云计算技术进行交叉验证，以确保信息的准确性，规避风险，保障各方利益。

（3）**盈利模式**　物流金融型物流平台主要收入来源是服务费和服务佣金，具体形式包括融资佣金和货物监管费等。

7. 运价指数交易模式

运价指数交易型物流平台采用运价指数交易模式，以物流运价指数为交易标的，提供在线交易服务，兼具物流资源交易和金融衍生品交易双重属性。

（1）**服务对象**　运价指数交易型物流平台的服务对象主要是运输企业、金融服务企业等。

（2）**服务内容**　运价指数交易型物流平台提供的服务主要是物流运价交易指数服务，包括运价指数交易、结算、服务交付、服务跟踪等多种具体功能。如上海航运运价交易有限公司（简称 SSEFC），是由上海航运交易所控股的全球首个航运运价第三方集中交易平台，于 2010 年 10 月由上海航运交易所、上海市虹口区国有资产经营有限公司等单位发起成立，为船公司、货主、货代、无船承运人、贸易商和投资人提供航运运价交易服务。自成立以来，SSEFC 已成功推出上海出口集装箱、中国沿海煤炭、国际干散货三大航运运价交易品种，覆盖了航运市场主要货种及航线，为我国航运相关企业控制船运风险创造了有利条件。

（3）**盈利模式**　运价指数交易型物流平台主要收入来源是交易手续费。

8. 虚拟社区模式

虚拟社区型物流平台采用的是虚拟社区模式。平台通过构建虚拟社区，为物流从业人员提供社交网络服务。

（1）**服务对象**　虚拟社区型物流平台的服务对象主要是物流从业人员。

（2）**服务内容**　虚拟社区型物流平台提供的服务主要是建立虚拟社区，以社区形式提供各种服务。如汇通天下推出的"货运人"社区，就属于一个较为典型的物流虚拟社区。加入"货运人"社区后，用户可以添加生意好友，设置"我的车队""我的专线"等服务模块，建立和完善自己的生意圈。

（3）**盈利模式**　虚拟社区型物流平台的主要收入是会员费、广告费等。

上述八种物流平台商业模式，其服务对象、服务内容和盈利模式在一定程度上相互重叠和融合。某种特定的商业模式只是在某个方面服务功能比较突出，从而成为该商业模式的核心功能。

在物流平台的发展过程中，为了应对日益激烈的市场竞争态势，拓展平台业务范围和收入来源，许多物流平台走上了多元化发展道路，整合多种商业模式，形成综合服务模式。然而，多元化模式也可能带来资源分散、定位不清晰、核心优势不明显的问题。

3.4.4　物流平台效益分析

物流平台在运营过程中通过为用户提供多样化的服务，能够产生较为广泛的社会效益，同时也可为运营主体创造一定的经济效益。

1. 效益特点

物流平台所产生的效益具有以下特点。

（1）**广泛性**　通过设计多元化的服务功能和实施多样化的商业模式，物流平台能够吸引物流活动相关的政府部门、社会组织、科研院所，以及不同类型、层次和规模的企业加入，由此带来物流平台用户的广泛性。物流平台不仅可为用户创造并共享经济效益，其建设和运营还有利于促进平台服务区域内物流业向更高水平发展，更好地促进整个区域内经济和社会发展，由此产生广泛的社会效益。这充分体现了平台效益的广泛性。

（2）**间接性和转移性**　平台效益的间接性体现在物流平台主要是通过对物流相关活动的支持来间接取得经济效益。转移性则是指，尽管政府部门和企业是物流平台的投资和管理者，但平台产生的效益却可惠及物流平台上的货主企业、物流企业和增值服务提供企业。

（3）**延迟性**　物流平台的建设和发展需要经历一定的时间周期，只有当平台发展到一定水平或阶段后，其效益才能呈现出来。尤其是社会效益，往往需要物流平台发展成熟后，才能表现得更为明显。这体现了物流平台效益的延迟性。

（4）**无形性**　物流平台功能的发挥有助于提升平台上企业用户的竞争力，同时对于相关政府部门提高物流行业的宏观管控水平也起到了重要作用。然而，这部分社会效益虽然客观存在，却难以通过货币价值来直接衡量或估计。

（5）**不确定性**　物流平台是否能完全发挥既有的服务功能，实现预设的服务目标，受到多种复杂因素的影响。这些因素包括平台架构、机制设计的合理性，平台技术的适用性，平台运营企业的管理能力，平台用户的能力、素质，以及外部宏观环境等。这些因素给物流平台的效益水平带来了一定的不确定性。

2. 社会效益分析

物流平台的建设和运营可以有效提高物流产业信息化水平，实现物流资源的高效调配，提高物流活动效率，并显著降低物流成本，推动经济和社会发展。

（1）**提高物流产业信息化水平**　物流平台的推广应用促进了物流基础设施信息、物流供需信息、企业信息、物流行业信息和其他相关信息的流动；数据交换服务实现了物流平台、企业和政府部门的信息系统无缝对接，也可实现与其他同类型物流平台的互通互联；物流平台提供的物流云计算服务有效提高了中小型物流企业的信息化水平。

（2）**实现物流资源的高效调配**　物流平台提供的网络货运服务和专线＋加盟服务，实现了社会化物流资源与社会物流服务需求的有效对接和交易，提高了物流社会化水平，实现了物流资源的高效调配。

（3）**提高物流活动效率**　物流平台提供的各种物流服务功能，以及对接海关、检验检疫、税收等政府部门电子政务系统为用户提供的便捷政务服务，使得物流活动更为高效。

（4）**降低物流成本**　物流平台通过提供信息数据服务和虚拟社区服务降低了物流供需双方的信息搜索成本。同时，交易撮合、订单管理、安全认证、费用结算、物流企业信用服务等功能也可降低交易成本。更高的物流活动效率则进一步降低了物流活动的作业成本。

（5）**提高库存周转率和资金利用率**　物流平台服务功能的发挥使得物流活动更为高效，缩短了物流活动时间，从而提高了相关企业的库存周转率和资金利用率。

（6）**提高经济周转量，提升经济发展质量**　物流服务于经济发展。在平台服务区域内，物流平台通过提升物流活动效率，加快了各种货物、商品的流动速度，从而提高了区域内经济周转的总量，并提升了区域内经济发展的质量。

（7）**推动经济和社会发展，增强国家和区域综合竞争力**　物流平台的建设和运营进一步增强了物流业对国民经济和社会发展的支持和服务作用，其基础性、战略性地位愈加凸显和稳固。物流平台的发展将有助于物流业成为国家和区域现代服务业发展的重要突破口、国民经济新的增长点和创新优势的重要支撑。同时，物流平台的发展也将促进物流产业的现代化进程，进一步推动经济和社会发展，增强国家和区域综合竞争力。

3. 经济效益分析

物流平台的财务评价依据通常遵循国家发展和改革委员会、建设部发布的《关于印发建设项目经济评价方法与参数的通知》（发改投资【2006】825 号）中的规定，并依据《建设项目经济评价方法与参数》（第三版）的相关要求进行财务评价。此外，还可参考财政部制定的《企业会计准则》基本准则和具体准则、《中华人民共和国企业所得税法》、中国人民银行发布的利率标准，以及其他财会、税收等方面的法律法规和政策。

在设计阶段，物流平台进行经济效益分析所需的财务报表通常包括：平台建设运营效益估算表；营业收入、营业税金及附加估算表；总成本费用估算表；固定资产折旧估算表；无形资产及递延资产摊销估算表；流动资金估算表；融资及还本付息计划估算表；利润及利润分配估算表；项目投资现金流量估算表；项目资本金现金流量估算表；财务计划现金流量估算表；资产负债表。

物流平台建设完成并投入运营后，需要按照项目后评价标准对项目目的、执行过程、效益、作用和影响进行系统、客观的分析和总结，并完成《项目后评价报告》。

本章小结

物流平台商业模式的三要素包括服务对象、服务内容和盈利模式。其中，服务对象涵盖目标市场和平台用户；服务内容包括服务功能和服务流程；盈利模式则涉及运营模式、收入模式和效益分析。

物流平台的用户可以分为行业监管（服务）类用户、物流服务提供方和需求方用户、增值服务提供方用户三类。

物流平台可提供的服务产品种类丰富多样，包括信息数据服务、业务支持物流服务、网络货运服务、园区网络服务、专线＋加盟服务、货物跟踪服务、物流金融服务、运价指数交易服务、社区服务等。

物流平台运营模式一般可分为四种类型，即政府独资运营型、政府控股委托运营型、社会资本控股运营型和社会资本独资运营型。不同运营模式下，物流平台具有不同的特点，并且各有优缺点。物流平台的收入模式主要有会员制模式、交易费用模式、服务费和服务佣金模式、广告推广收入模式四种。

按照服务功能的不同，物流平台可以分为信息资源共享、数据交换、物流云计算服务、物流资源交易、物流业务流程整合、物流金融、运价指数交易、虚拟社区八种商业模式。

物流平台在运营过程中通过为用户提供多样化的服务，产生较为广泛的社会效益，同时也可为运营主体创造一定的经济效益。

关键名词

商业模式 行业监管（服务）类用户 物流服务提供方和需求方用户 增值服务提供方用户 信息数据服务 业务支持物流服务 网络货运服务 园区网络服务 专线＋加盟服务 会员制模式 交易费用模式 服务费和服务佣金模式 物流平台效益

章末案例

基于价值网理论构建的 FYY 成品油物流平台

2018 年 6 月，山东省最大的民营成品油生产企业 SDLH 公司与物流平台运营商 FYY 公司在济南合资成立 FYY 网络科技有限公司。双方结成战略联盟，合作方式主要为 SDLH 将物流业务外包给 FYY，后者则负责成品油物流平台开发、商业模式构建及运营管理。

1. FYY 平台商业模式主体地位分析

物流平台企业在这一合作模式中占据核心地位，积极推动价值网络的形成和扩展，并通过物流平台的开发控制顾客接触点。在此基础上，物流平台能够及时收集和深入挖掘客户的需求，将所获取到的信息通过数字化关系网络迅速传递给网络中的所有成员，使得所有的企业都能快速了解到客户的需求，并能够对市场和需求的变化做出快速反应。

处在客户与物流平台之间的是各第三方物流公司。物流平台企业向这些第三方物流公司提供其所缺少的信息技术和管理技术，并与其共同开发市场，而具体的物流业务实施则由第三方物流公司在物流平台企业的指导下来完成。这种合作方式既提高了第三方物流公司的物流管理水平，又优化了其运输线路，提高了车辆使用率，从而在降低成本的同时提高了利润。

对于成品油生产企业 SDLH 而言，它将注意力集中在了自己具有优势的成品油市场领域，而将自己不擅长且耗费大量精力和资源的物流环节交给了物流平台。在平台的统一指挥和调度下，SDLH 将企业内部物流与平台提供的外部物流整合在一起，实现了物流的高效运作。

2. FYY 平台商业模式构建

FYY 平台在内部帮助 SDLH 升级物流管理系统，通过重新进行时间、空间、人员、物流设施与物流信息处理方式的规划与布局，实现了企业信息流、物流、资金流的全面融合，建立并完善了企业内外部物流信息管理系统。在外部，FYY 平台通过车货匹配系统连接下游物流服务供应商，利用信息技术把原来"一对一"的物流询价机制转变为"一对多"的竞价交易机制，把线下交易转变为线上交易，帮助客户控制成本，并结合平台自主开发的在途安全监管系统，以第四方监管的形式对承运商进行运输风险管理与监控，确保物流运输的安全性和可靠性。最后，平台打通了供应链全链条，将终端客户即货主，通过石化交易平台与上游炼厂相连接，完成了基于供应链的商业模式闭环，实现了炼厂、平台运营商、下游承运商三方合作共赢模式。

平台利用互联网与智能算法等创新技术，让危险品物流实现了数据化、在线化、智能化管理。这不仅提高了整个成品油物流行业的车货匹配效率，还将物流平台与电子商务平台结合在一起，形成了智能物流平台运营商的崭新形态，即以炼化行业为核心，整合线上线下一体化的商贸物流供应链和大数据价值链，提供安全、高效、低成本的物流服务，围绕地炼企业构建全国成品油物流服务网络。利用 FYY 平台大数据优势及多年积累的物流运营经验，平台为油品化工企业赋能，实现了企业与市场之间的精准连接。同时，平台还高效整合了物流交易与供应链管理环节所需的各类要素资源，主要着眼于炼化行业物流资源整合、流程优化与安全监管等主要方向，通过线上、线下的数据链与炼化供应链物流服务网络，帮助 SDLH 突破行业壁垒，实现企业降本增效的目的。

3. FYY 平台客户细分

FYY 平台客户主要分为三类，包括成品油客户企业、司机、金融机构及后市场供应商。

平台向成品油客户企业提供物流运输货源，帮助货主解决物流运输管理问题，同时通过透明的交易模式和灵活多变的服务模式降低了成品油客户企业的物流运输成本。

第三方物流公司在为 FYY 提供运输资源的同时，第三方物流公司的司机也为卡车的后消费市场带来了巨大的潜在需求。FYY 平台可以为司机提供协助和支持，同时可以利用规模效应，为司机提供卡车后消费市场的团购优势和一些衍生金融服务。

金融机构利用 FYY 平台账户期的资金池资源，为 FYY 委托人提供小额贷款业务，以及司机消费支持等金融业务支持。

后市场供应商通过与 FYY 合作，利用平台司机资源和司机消费需求资源，实现 FYY 平台、FYY 用户、后市场供应商三方受益。

资料来源：

张恺之. 基于价值网的 FYY 成品油物流平台商业模式研究［D］. 成都：电子科技大学，2020.

案例思考

1. FYY 成品油物流平台能为客户提供哪些服务？
2. FYY 成品油物流平台商业模式的核心价值体现在哪些方面？

复习参考题

1. 作为平台用户，政府的监管、服务作用如何发挥？
2. 物流服务提供方用户主要关注物流平台的哪些服务？
3. 物流服务需求方用户主要关注物流平台的哪些服务？
4. 物流平台可以发布哪些类型的信息？
5. 试简要描述物流平台提供的数据交换服务过程。
6. 如何理解中小型物流企业使用物流 SaaS 服务对其发展的意义？
7. 试比较专线 + 加盟型物流平台与网络货运型物流平台服务功能的异同。
8. 试比较物流平台不同运营模式的优缺点。
9. 物流平台有哪些收入模式？
10. 试分析物流平台收入来源的发展趋势。

11. 试阐述实施物流业务流程整合模式所需要的条件。

12. 如何理解物流平台效益的不确定性？

本章实训

1. 实训目的

（1）加深对物流平台服务功能、运营模式、收入模式和商业模式的理解。

（2）通过调研，了解某一领域内某一类型物流平台的实际运营情况。

（3）锻炼通过事物表象发现问题、分析问题、解决问题，以及收集资料、团队协作、PPT 制作和语言表达等能力。

2. 实训内容

以小组为单位，选择某一领域内某一类型物流平台作为调查对象，对该物流平台的服务功能、运营模式、收入模式和商业模式状况展开调查，发现、分析其中存在的问题，并给出改进策略或建议。

3. 实训组织

（1）指导教师布置实训项目，提示相关注意事项及要点。

（2）将班级成员分成若干小组，成员可以自由组合，也可以按学号顺序组合。小组人数划分视修课总人数而定。每组选出组长 1 名，发言代表 1 名。

（3）各小组利用课外时间完成调查工作。

（4）以小组为单位，撰写书面调查报告，制作课堂演示 PPT。

（5）各小组发言代表在班级进行汇报演示，每组演示时间以不超过 10 分钟为宜。

4. 实训步骤

（1）指导教师布置任务，指出实训要点、难点和注意事项。

（2）演示之前，代表本小组发言的组长或小组成员对本组成员所承担的工作进行介绍陈述。演示结束后，征询本组成员是否有补充发言。

（3）由各组组长组成评审团，对各组演示进行评分（组长须回避本组评分），取评审团成员评分的平均值为该小组的评审团得分，满分 50 分。评分依据包括选题、调查方法或途径、资料质量、分析质量、PPT 制作水平、PPT 展示水平等。

（4）指导教师对每一小组任务完成情况进行总结点评，并为各小组评分，满分为 50 分。

（5）取各小组的评审团评分加上指导教师的总结评分作为该组的最终得分，并计入学生的平时成绩。

参考文献

[1] 王生金，徐明. 平台企业商业模式的本质及特殊性[J]. 中国流通经济，2014，28(8)：106 - 111.

[2] 冯华, 陈亚琦. 平台商业模式创新研究——基于互联网环境下的时空契合分析[J]. 中国工业经济, 2016(3): 99 - 113.

[3] 邵鹏, 胡平. 电子商务平台商业模式创新与演变的案例研究[J]. 科研管理, 2016, 37(7): 81 - 88.

[4] 王娜. 基于互联网的平台型企业商业模式创新研究述评[J]. 科技进步与对策, 2016, 33(22): 156 - 160.

[5] 刘建刚, 张美娟, 陈昌杰, 等. 互联网平台企业商业模式创新影响因素研究——基于扎根理论的滴滴出行案例分析[J]. 中国科技论坛, 2017(6): 185 - 192.

[6] 李巍, 董江原, 杨雪程. 平台型企业商业模式创新的路径及实现机制——基于秒银科技的案例研究[J]. 管理案例研究与评论, 2018, 11(4): 333 - 348.

[7] 苏俊华, 吴丹洁. 基于移动互联网平台的共享经济商业模式影响因素研究[J]. 商业经济研究, 2018(7): 52 - 54.

[8] 王海杰, 宋姗姗. 互联网背景下制造业平台型企业商业模式创新研究——基于企业价值生态系统构建的视角[J]. 管理学刊, 2019, 32(1): 43 - 54.

[9] 高锡荣, 杨建, 张嗣成. 互联网平台型企业商业模式构建——基于扎根理论的探索性研究[J]. 重庆工商大学学报(社会科学版), 2020, 37(4): 34 - 48.

[10] 田剑, 徐佳斌. 平台型企业商业模式创新驱动因素研究[J]. 科学学研究, 2020, 38(5): 949 - 960.

[11] 蔡万刚. 基于大数据的互联网平台企业商业模式研究[D]. 上海: 东华大学, 2020.

[12] 阳镇, 陈劲. 平台情境下的可持续性商业模式: 逻辑与实现[J]. 科学学与科学技术管理, 2021, 42(2): 59 - 76.

[13] 吴勇, 冯耕中, 王能民. 我国典型物流公共信息平台商业模式的比较研究[J]. 商业经济与管理, 2013(10): 14 - 21.

[14] 朱艳. 物流信息平台商业模式的国外经验借鉴[J]. 商业经济研究, 2015(20): 26 - 28.

[15] 邢大宁, 赵启兰, 宋志刚. 基于云生态的物流信息平台服务模式创新研究[J]. 商业经济与管理, 2016(8): 5 - 15.

[16] 邹梦婷. 共享经济背景下车货匹配型物流信息平台发展研究[J]. 经济研究导刊, 2020(15): 133 - 134 + 139.

[17] 郑全军, 赵林度. 中国冷链物流平台化商业模式研究[J]. 供应链管理, 2021, 2(9): 116 - 128.

[18] 翁启伟. 智慧物流平台商业模式及创新机制[J]. 商业经济研究, 2021(13): 93 - 97.

[19] 肖楠. 基于价值共创的公路干线货运平台商业模式创新研究[D]. 郑州: 郑州航空工业管理学院, 2021.

[20] 冯耕中, 吴勇, 赵绍辉. 物流信息平台理论与实践[M]. 北京: 科学出版社, 2014.

[21] 甘卫华, 等. 变革中的物流平台: 资源整合与互动机制[M]. 北京: 经济科学出版社, 2019.

[22] 张子健, 陈全朋. 基于货运交易的物流平台盈利模式研究[J]. 物流技术, 2015, 34(15): 6 - 9 + 20.

[23] 孟炯, 郭春霞. 基于 SCM 的生物制药公共物流平台运营模式[J]. 软科学, 2012, 26(6): 88 - 91.

[24] 张季平, 骆温平. 物流平台技术与运营模式协同创新研究[J]. 科研管理, 2018, 39(2): 19 - 27.

[25] 孙大尉, 赵启兰, 张小蒙. 新零售业态下物流平台运营策略研究[J]. 北京交通大学学报(社会科学版), 2019, 18(3): 138 - 144.

[26] 邢大宁. 双边市场视角下物流平台运营机制研究[D]. 北京: 北京交通大学, 2019.

[27] 周保昌. 专业化经营的新零售生鲜冷链智慧物流平台运营模式研究[J]. 物流工程与管理, 2019, 41(9): 88 - 90.

[28] 孟秀丽, 刘波, 安坤. 考虑配送员交互作用和服务质量的众包物流运营模式选择[J]. 中国管理科学, 2023, 31(5): 218 - 229.

[29] 秦东. 生态型物流信息平台利益渠道与分配机制研究[D]. 成都: 西南交通大学, 2018.

第4章 ▶ 物流平台组织结构

引 例

业务中台的挑战——改革后的成本问题

2010 年，海尔在改造倒三角组织结构时，将企业内的部门裂变为 2000 多个自主经营体（如图4-1所示）。其中，一级经营体由研产销三大职能的若干小团队组成，而二级经营体则被称为"资源平台"，包括销售平台、研发平台、供应链平台等。除了当时没有如今这样极致的 IT 化要求外，二级经营体的实质与现在的业务中台颇为相似。

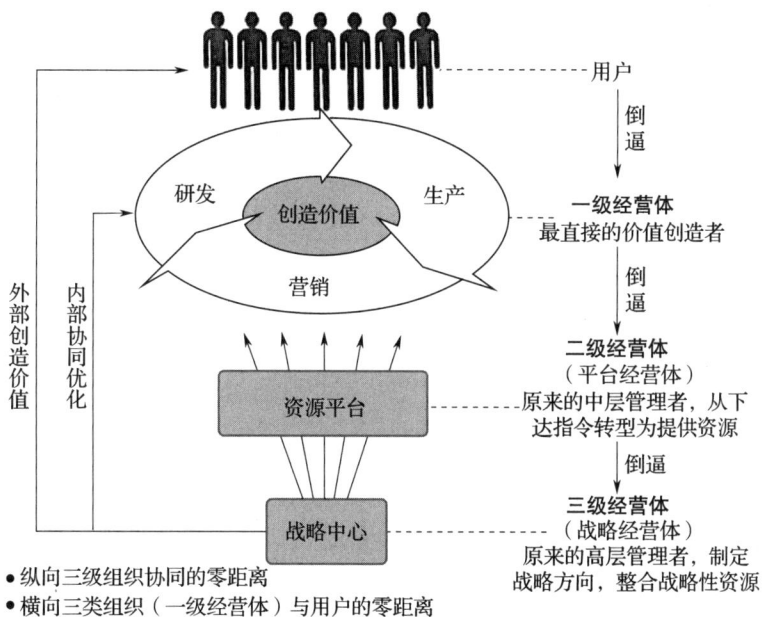

图4-1 海尔三级自主经营体

原来的设计思路，正是由前台小团队来拉动平台资源。二级经营体被要求建立"资源超市"，确保资源丰富、定价清晰，并与一级经营体签订市场化的服务协议。但这个层级本身就是各级资源的"管理者"，而且在内部处于垄断地位，要他们"听从前台指挥"，显然太难了。典型的场景是，一个小地区的市场经营体虽然与国内销售平台这个二级经营体签订了服务协议，但其面对一个集团的"大部门"和"大领导（销售平台经营体主官）"，基本是没有话语权的。更为无奈的是，当上游只有一个垄断的内部供应商时，定价问题更是难以明确。

大约 10 年前，中兴通讯和华为也面临过相似的问题，它们提出"一线主战，专业主建"的口号，将业务中台称为"××体系"，但这一做法同样带来了官僚主义的问题。中兴通讯的一位中层领导曾坦言："体系里都是大爷，要调动资源得使出十八般武艺，总之，会哭的孩子有奶吃。"

上述企业在碰壁之后，都开始寻找新的解决方案，下文会提到。但现在不少文章还在引用它们 10 年前的组织结构来支持业务中台建设的观点，这是错误的。

整体看来，建设业务中台的过程好像是从一个困境跳入另一个困境，似乎真的有些得不偿失。

资料来源：

穆胜. 平台型组织：释放个体与组织的潜能 [M]. 北京：机械工业出版社，2020.

4.1 平台组织结构设计理念 ℃

任何组织的运作都需要一定的组织架构作为基础。平台组织不同于传统的管道商业组织，为适应平台的特点，发挥平台的功能，实现平台的价值，在进行平台的组织结构设计时，创建人必须秉持全新的理念。

4.1.1 平台组织结构设计基础理念

1. 平台用户之间的交换

平台连接着"生产型"用户和"消费型"用户，通过平台实现价值的交换。与其他领域内的经济交流和社会交流相类似，这两种基本类型平台用户之间的交流互动中，交换的内容包括三个方面：信息、产品或服务，以及某些形式的货币。

（1）**信息交换**　平台用户之间的所有互动都是从信息交换开始的，有时交换的目标就是信息本身，有时则是先通过信息交换，再进行产品或服务交换，如一些网络货运物流平台或货物跟踪平台会将物流服务需求方或供给方的信息发布在平台上供用户选择，双方通过信息交换达成物流交易。

（2）**产品或服务交换**　作为信息交换的结果，平台用户还要在平台上进行产品或服务的交换。有时产品或服务的交换直接在平台内部完成，这类产品或服务通常具有虚拟产品、虚拟服务的特质，如小红书平台上图片、视频、文字、链接等在用户之间进行的交换；有时产品或服务的交换则在平台之外进行，这类产品或服务一般是实体产品或需要在线下才能完成的服务，如在美团平台上购买的演唱会门票需要到演出场地才能观看。

（3）**货币交换**　在进行产品或服务的交换时，无论是事前还是事后，都需要使用货币进行结算，且货币形式多种多样。通常，平台会要求货币的交换在平台内完成。以网络货运型物流平台为例，通过与银行、第三方支付金融机构的系统对接，平台可为交易双方提供物流费用支付与结算功能。

此外，平台交换的价值并不总是以货币的形式体现。某些"生产者"希望从"消费者"处获取的是其他形式的价值。例如，抖音平台的发布者希望获取的是用户或"粉丝"的注意力，当注意力达到一定水平时，发布者便能成为"网红"，其关注度、名气、影响力将大为提升，并可在现实中"变现"，转化为物质财富。

不管是在平台内部还是在平台之外完成产品或服务的交换，交换前后的信息交换和货币交换一定是在平台内进行的。

小链接

何谓"网红"

时尚大师安迪·沃霍尔曾预言："未来，每个人都有机会成名 15 分钟。"今天，层出不穷的"网红"让我们看到成名也许只要几分钟。

在这个注重外表的时代，"网红"的定义最初仅局限于那些拥有青春靓丽的外表并善于营销的年轻女性。她们在各种社交媒体上，通过塑造美好、乐观、鲜明的个人形象来积累粉丝。而现在，微博、微信等社交媒体上，任何以人像为基础，拥有一定量的社交资产，且这些资产具备快速变现能力的账号，都可以被称为"网红"。

网红社交资产变现最常见的方式是广告。但是，广告达到一定的体量后会面临瓶颈，过多的广告必然会破坏社交生态，导致粉丝厌烦。另一种常见的变现方式是电商变现，即通过买卖差价或者利润分成的方式向粉丝销售商品从而获得收入。

因此，微博、微信等社交媒体上出现的很多行业达人或某个领域的意见领袖，尽管其受众可能局限于某个特定的人群，却有很大的影响力。无论是游戏、美食、动漫、健身、时尚，还是宠物、摄影、投资，每个领域的网红在垂直领域内都具有极大的变现能力。

资料来源：

袁国宝，谢利明. 网红经济：移动互联网时代的千亿红利市场［M］. 北京：企业管理出版社，2016.

2. 核心交互——平台设计的根本所在

平台运行的目标是聚合"生产者"和"消费者"等相关各方，使他们能够进行信息、产品或服务以及资金的交换。平台需要为参与者设计软件工具，制定规则，以保障交换的顺利进行，实现各参与主体的利益，进而推动平台的盈利与持续发展。因此，在构建平台组织结构时，应注意保障平台用户交互的便利性。

　　然而，平台用户众多且需求各异，交互行为数量庞大、种类繁多，平台无法也不应对所有交互一视同仁。平台应根据自身服务对象、服务内容和盈利模式，来确定哪些用户是实现平台价值和竞争力的核心用户。平台的组织结构设计应主要围绕保证核心用户之间的交互即核心交互的便利性为基础。

　　核心交互（core interaction）包括三个关键要素：参与者（participants）、价值单元（value unit）、过滤器（filter）。

　　（1）**参与者**　核心用户一般是创造平台基本价值的"生产者"和使用这些价值的"消费者"。不同的平台核心产品或服务不一样，其基本价值也就不一样。如"货拉拉"这类的同城货运平台，其核心服务是同城货运服务，平台的基本价值也在于此。因此，平台签约储备的能提供同城货运服务社会运力资源的用户是平台基本价值的"生产者"，而同城货运服务需求用户则是平台基本价值的"消费者"。

　　在某些平台上，同一个用户可能同时扮演着不同的角色，例如物流公共信息平台，其基本价值体现在信息的分享和使用，政府部门、企业等用户既是物流相关信息的上传者，也是信息的使用者。而在另一些平台上，用户在交互中一直或主要扮演同一种角色，例如网络货运型物流平台，其价值在于为物流需求客户提供高质量的物流服务，物流企业始终扮演创造基本价值的"生产者"角色，而物流需求用户则始终扮演使用基本价值的"消费者"角色。

　　（2）**价值单元**　价值单元是一系列具体服务信息和服务承诺的组合。用户在平台上创造价值单元，以吸引其他相关用户，并启动信息交互过程。以专线+加盟型物流平台为例，专线物流运营企业通过平台发布专线起终点、车型、运能、到达时间、运输质量承诺等服务信息和服务承诺，构建起价值单元，进而吸引"消费者"进行交互。

　　大多数情况下，价值单元由"生产者"主动创造，但也有可能由"消费者"或平台发起对价值单元的邀约，吸引"生产者"来创造价值单元，再开启双方之间的信息交互。例如，在某些网络货运型物流平台上，物流服务"消费者"会发布关于某一线路上特定时间内一定品种、数量货物的运输需求信息，作为邀约。检索到需求信息后，感兴趣的物流企业即可据此创造价值单元，包括运输价格、完成方式、服务范围、质量承诺等信息，双方再进一步洽谈。

　　（3）**过滤器**　鉴于平台上价值单元数量庞大，若无过滤器的辅助，用户将难以从海量的价值单元中筛选出所需内容。过滤器是一种以算法为基础的软件工具，通过其筛选功能，平台用户能够仅接收到与自身需求相关的特定价值单元，或快速搜索到符合需求的合适价值单元。

　　以滴滴出行为例，平台签约的司机通过 APP 向平台分享其当前位置、可载人数等信息，以展示其可服务状态，并创造有助于寻找合适"消费者"的价值单元。当"消费者"使用手机呼叫车辆时，平台会基于其位置与时间信息设定过滤器，完成对价值单元的过滤。最终，APP 上显示的就是经过平台过滤后的、与"消费者"需求相匹配的司机和车辆信息，即合适的、可供选择的价值单元。

在任何一个平台的核心交互中，价值单元都发挥着关键作用。一般而言，平台并不直接创造价值单元。平台的作用主要体现在提供基础设施、营造平台文化（采取各种措施鼓励"生产者"创造精确、有用、相关且让"消费者"感兴趣的价值单元）、提供软件工具以及制定规则机制等方面，为价值单元的形成和使用提供"作业场地""精神激励"和过程管控。平台并不直接参与或控制价值单元的创造与交换过程。这是平台与传统管道商业之间最明显的区别。

除了核心交互外，平台上还存在非核心交互。平台的成功依赖于核心交互，因此所有非核心交互必须围绕核心交互衍生，二者相互支持、相互促进。非核心交互一旦偏离核心交互的基本价值取向，将会对平台的发展造成不利影响。

4.1.2 平台组织结构设计要点

为了促成更多能实现平台基本价值的核心交互，平台在进行组织结构设计时，应注意落实"吸引、匹配、促进"三大设计要点。

平台若想在市场中占据一席之地，甚至取得领先地位，必须不断吸引更多的参与者加入，激发网络效应，促进平台规模的增长。然而，仅仅吸引用户至平台还不够，如果不能实现精准匹配，导致用户的时间与精力被浪费，那么最终用户会选择放弃。精准匹配的完成只是交互的开始，平台还要极力促进交互进行下去，直至达成交易，实现价值的交换，否则，"吸引"和"匹配"也就失去了意义。

1. 吸引

平台的吸引力主要来自平台的各项产品和服务。平台需要收集、分析用户的需求信息，以捕捉用户的需求特点，才能设计推出符合用户需求的产品和服务，对用户的了解也有助于更为高效地向用户推荐产品或服务。这种收集与分析工作应是长期且持续的。同时，平台的各种技术、机制和工具也需要不断更新和优化。由此，平台才能持续保持对用户的足够吸引力，增强已注册用户的黏性，并吸引新用户的加入。

因此，在平台组织结构设计过程中，应注意预留反馈通道，包括平台与用户之间的反馈通道，以及用户与用户之间的反馈通道。平台与用户之间的反馈通道有助于平台更好地"了解"用户，从而设计出更契合用户需求的产品和服务，并明确平台技术、机制和工具更新、改进的方向，提升其合理性。用户与用户之间的反馈通道则使得用户在交互过程中沟通更为高效，有利于价值单元的创造和使用。

此外，平台在组织结构设计过程中，还应预留与外部网站、平台的连接通道，借助外部网站、平台吸引力的"引流"作用来增加平台自身的吸引力。

2. 匹配

成功的平台能够精准匹配用户，保证相关的商品或服务能够顺利交换。平台获得的信息越丰富，对数据的分析和解析越合理、越充分，匹配的效果就会越理想。因此，平台应设立数据分析处理模块，负责搜集政务信息、市场宏观信息、用户名称、组织类型、主营业务、资质等静态信息以及用户位置、需求特点、历史交易、诚信状况等动态信息。通过对这些信息进行有效过滤和分析，平台可以实现精准推荐和匹配。

3. 促进

促进的意义在于帮助"生产者"更好地创造价值单元，同时帮助"消费者"更好地使用价值单元。从组织结构设计的角度来看，平台需要设置服务和管理模块，一方面便于平台用户创造和使用价值单元；另一方面监控平台用户行为，确保"生产者"所创造价值单元的"内容正确性"，确保"生产者"和"消费者"交互过程中的行为"得当"，确保"消费者"使用价值单元过程中的"合理性"。

4.1.3　平台组织结构再设计原则

经济、社会宏观环境在不断变化，技术、产业、文化等市场因素也在持续创新和升级。作为平台核心交互的双方，"消费者"的需求内容、需求特点和需求方式，"生产者"的供给内容、供给特点和供给方式，都在随着外部环境和因素的变换而发生改变。当这种改变幅度不大时，平台可以通过推出新的产品或服务来应对；但当改变的幅度达到一定程度时，平台组织机构本身可能已无法与"消费者"和"生产者"的改变相适应，而不仅仅是产品或服务的不适应，此时，平台需要在组织结构方面进行重新调整。这就是平台组织结构的再设计原则。

然而，平台的价值主要是由用户创造的，平台上的业务活动也大多由用户控制，而非由平台的拥有者或管理者决定。因此，在进行组织结构的再设计过程中，平台运营企业应始终关注用户使用平台的方式，积极探索平台未来发展方向，有针对性地调整平台组织结构，甚至完全重新构建。

4.2　平台的一般组织结构 🔗

组织结构是组织中正式确定的，用于分解、组合和协调工作任务的框架体系。平台型企业兴起于互联网经济时代，其组织结构设计理念、要点与传统企业存在显著差异，因此平台的组织结构也呈现出独特的形态。

4.2.1　企业传统组织结构

企业常用的传统组织结构形式包括直线制组织、职能制组织、直线职能制组织、事业部制组织、矩阵制组织等。

1. 直线制组织

直线制组织（line organization）是最早出现的一种组织结构形式。

（1）**概念** 在直线制组织中，所有职位均实行从上到下的垂直领导，下级部门只接受一个上级的指令，各级负责人对其下属的一切问题负责。组织不设专门的职能部门，所有管理职能基本上都由各部门主管自行执行。直线制组织的结构如图 4-2 所示。

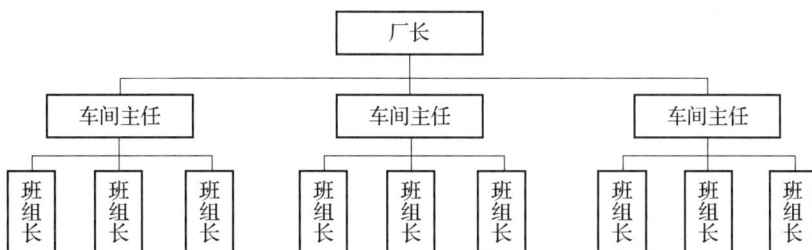

图 4-2 直线制组织结构示意图

（2）**优缺点** 直线制组织的优缺点包括以下几点：① 设置简单，只要确定管理幅度，即可根据组织规模确定管理层级，无需设计复杂的职能部门和参谋机构；② 权责关系明确，上级分管的部门清晰，下属只接受一名上级的领导；③ 有利于组织有序运行，上下级之间呈现垂直领导关系，便于维持纪律和秩序；④ 专业化水平较低，每一层级的管理者需要承担部门的所有工作，导致专业化程度不高；⑤ 缺乏横向沟通，直线制组织强调不同层次之间的纵向联系，缺少横向沟通的通道；⑥ 对管理人员的要求较高，直线制组织中管理者需要负责本部门所有工作，这对管理人员的素质和能力提出了更高的要求。

由此，直线制组织只适用于规模较小、生产技术相对简单的组织。随着组织规模扩大、人员数量增加，管理工作日益复杂，直线制组织结构的不足将愈发明显，无法满足组织发展的需要。

2. 职能制组织

职能制组织（functional organization）是在直线制组织的基础上发展起来的，又称参谋组织或幕僚组织（staff organization）、U 形结构组织。

（1）**概念** 职能制组织以专业职能作为划分部门的基础，在各级管理人员之下根据业务需要设立职能机构和人员，协助其进行职能管理工作。管理者将相应职能的管理职责和权力交给职能部门，由职能部门在其职责范围内行使职权。与直线制组织中对下级的管理完全由上级进行不同，职能制组织中下属的工作由包括职能机构人员在内的众多管理者共同指挥。职能制组织的结构如图 4-3 所示。

（2）**优缺点** 职能制组织的优缺点包括以下几点：① 专业化程度高，参谋的设置有利于发挥专家作用，提高了管理的专业化水平；② 减轻了管理人员压力，参谋的协助作用使管理人员可以专注于处理最重要的决策工作；③ 有利于降低管理成本，职能制组织

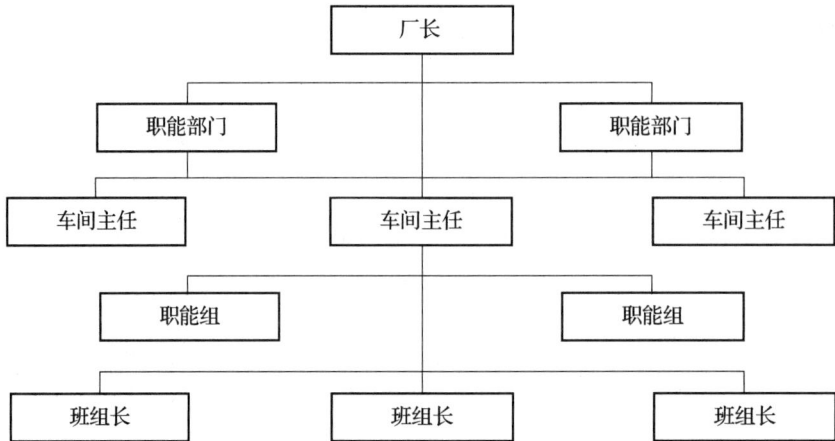

图 4-3　职能制组织结构示意图

减少了设备和职能人员的重复性，有利于降低管理成本；④ 职能部门之间缺乏协调，各职能部门可能执着于本部门目标，容易引发冲突，增加高层管理协调、统筹的难度；⑤ 职责不清，每一级部门需要同时接受直线部门和职能部门的指挥，导致多头领导，不利于统一指挥和领导，也难以分清责任；⑥ 不利于通才型管理人员的培养和成长，管理者只负责其专业领域的工作，缺乏对其他领域的了解，不利于通才型管理人员的培养。

3. 直线职能制组织

直线制和职能制组织存在的诸多缺陷使得二者都难以完全适用于现实企业的组织设计中。直线职能制组织（line and staff organization）综合了直线制和职能制两种形式的特点而建立，又称为直线参谋制组织。

（1）**概念**　直线职能制组织以直线制组织结构为基础，在各层级中设置相应的职能部门，在保留直线制组织统一指挥的基础上，增加了参谋机构从事专业管理。直线职能制组织的结构如图 4-4 所示。

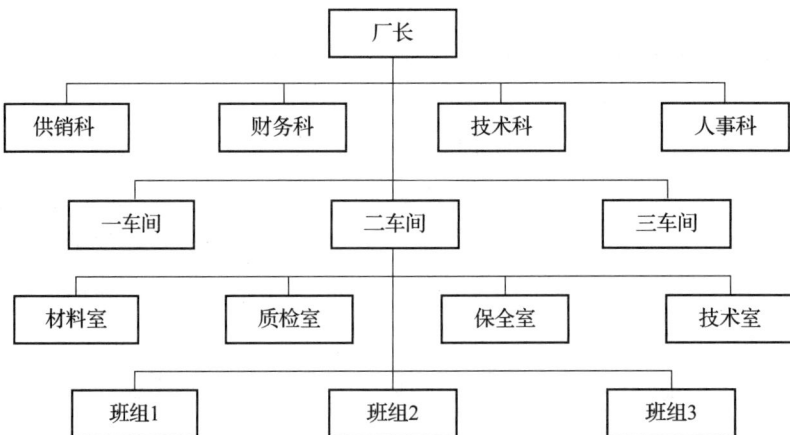

图 4-4　直线职能制组织结构示意图

（2）**优缺点**　直线职能制组织的优缺点包括以下几点：① 实现了统一指挥与专业化管理相结合，既发挥了直线制组织统一指挥的优势，又吸收了职能制组织专业化管理的特长；② 能够有效减轻管理者的负担，职能部门的存在可为管理者提供专业协助，同时又规避了多头指挥的问题；③ 协调难度加大，直线部门和职能部门目标不一致时，可能会出现职能部门越权的现象，导致组织内部冲突，增加协调难度；④ 损害下属的自主性，组织中管理者数量增加，提高了集权程度，可能损害下属的自主性；⑤ 降低对环境的适应能力，组织结构缺乏弹性，对环境变化反应迟钝，难以有效适应外部环境的变化；⑥ 降低决策效率，组织部门数量增加，衍生出更多的沟通路径，容易导致信息传递不顺畅，降低决策效率；⑦ 增加管理成本，组织管理层级更多，管理人员数量也更多，职能部门与直线部门之间协调难度加大，导致管理成本增加。

虽然直线职能制组织形式还存在一些缺点，但在管理实践中仍然被众多企业广泛采用。一般来说，直线职能制组织适用于规模不大、产品种类不多、内外部环境较为稳定的中小企业。

4．事业部制组织

事业部制组织（divisional organization）也可称为 M 型组织，最早由美国通用汽车公司总裁斯隆于 1924 年提出，故又有"斯隆模型"之称。

（1）**事业部制组织的概念**　事业部制组织结构是指组织面对不确定的环境时，按照产品或服务类别、市场用户、地域以及流程等不同的业务单位分别成立若干个事业部，由事业部进行独立经营和分权管理的一种分权式组织结构。事业部制组织结构体现了"集中决策，分散经营"的特点，总部只保留人事决策、预算控制和监督等职能，通过利润等指标对事业部进行控制，各事业部面对相对独立的市场自负盈亏，独立经营。事业部制组织的结构如图 4-5 所示。

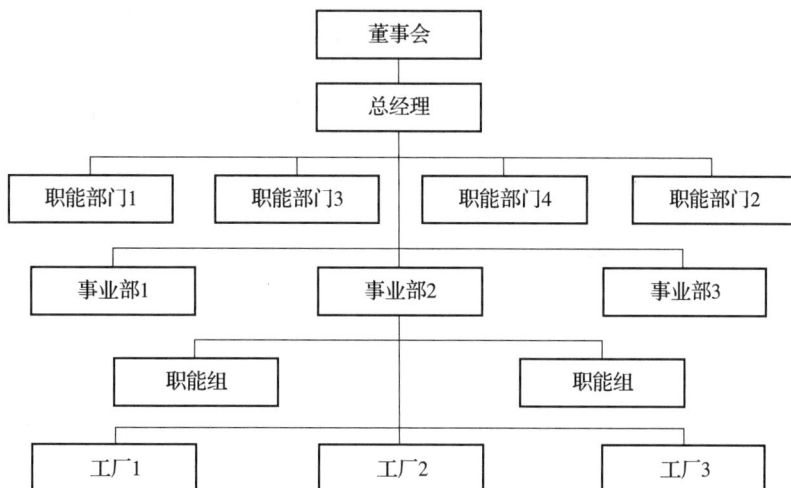

图 4-5　事业部制组织结构示意图

（2）**优缺点**　事业部制组织的优缺点包括以下几点：① 有利于管理者专注于战略规划与决策，各事业部的独立经营使得组织的最高管理层能摆脱日常行政事务，将精力集中于组织的战略规划与决策；② 有利于培养通才，事业部独立进行生产经营活动，对经营结果负完全责任，有利于培养经理人员的全局意识和综合管理技能，为组织培养通才型高级管理人才；③ 提高了组织对环境的适应能力，各事业部独立经营，可以根据所处环境的特点采取相应的经营策略，提高了组织对环境的适应能力，同时多个事业部的存在也增强了组织抵御风险的能力；④ 机构重复设置导致管理成本上升，总部与各事业部均设有完备的职能机构，将导致管理岗位的重复设置和管理人员数量的增加，从而拉高了管理成本；⑤ 容易滋生本位主义倾向，虽然各事业部拥有独立的市场，但由于高度分权，各事业部之间容易出现只考虑本事业部利益，忽视相互间支持、协调的问题，影响组织整体战略目标的实现。

5. 矩阵制组织

直线职能制组织结构、事业部制组织结构均存在路径过长、难以协调的不足。在管理实践中，一些企业开发了矩阵制组织（matrix organization）结构。矩阵制组织结构的实质是为了加强职能制组织之间的协调，引进项目管理形式开发而来的一种组织形式。

（1）**概念**　矩阵制组织既有按职能划分的垂直领导系统，又有按产品或项目划分的横向领导关系，每一名下属同时接受两位上司的领导；项目组成员来自不同部门，项目结束后回到原部门工作；项目小组为临时小组，负责人也是临时委任。由此，这种组织结构非常适合需要横向协作的攻关项目。矩阵制组织的结构如图 4-6 所示。

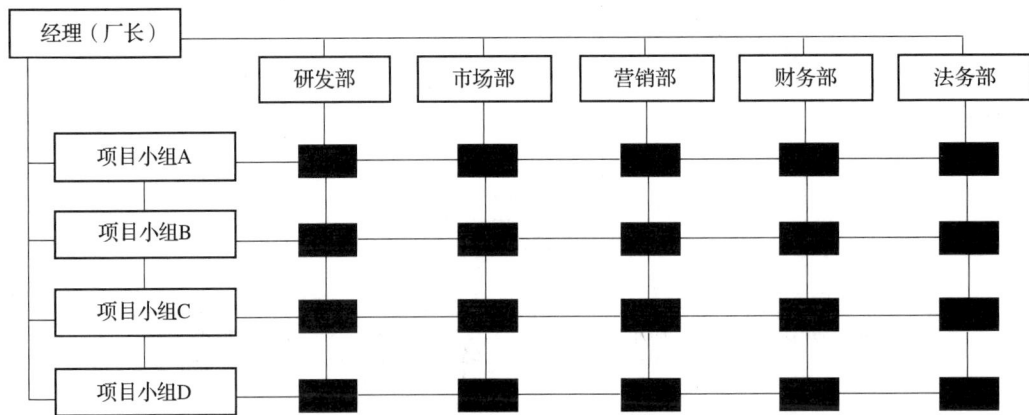

图 4-6　矩阵制组织结构示意图

（2）**优缺点**　矩阵制组织的优缺点包括以下几点：① 机动性强，项目组成员可以根据项目需要从各部门抽调和调整；② 目标明确、人员结构合理，矩阵制组织目标明确、具体，人员来自与任务相关的部门和岗位，结构合理；③ 通过异质组合实现创新，来自不同部门且具有不同技能储备的人员在一起工作有利于相互启发、集思广益并碰撞出创新火花；④ 沟通顺畅，项目组每一位成员同时拥有原职能部门领导和项目组负责人两位领导，形成了纵向和横向两个方向的沟通渠道，构建起网络状的信息传递通道，使得沟通更为顺畅；⑤ 稳定性差，项目组成员从原部门抽调，势必影响原部门的工作，项目结束后，成员再回到原部门时的岗位安排容易出现问题，影响组织的稳定性；⑥ 多头指挥，项目组每一位成员要接受两位上司的领导，容易出现多头指挥的局面；⑦ 权责不对等，项目组负责人同样属于临时抽调，任务结束后将回到原部门，其责任大于权力，这在一定程度上会对负责人的积极性造成消极影响。

矩阵制组织适用于一些临时性的、需要多个部门密切配合的项目。企业通过矩阵制组织来完成涉及面广、临时性的、复杂的重大工程项目、新产品研发或管理改革任务。

4.2.2　传统组织结构形式在平台应用中的局限性

不同于传统企业，生存于网络经济时代的平台拥有其独特的经营环境和经营方式，因此，除去组织结构设计的一般需求外，平台对于自身组织结构的设计还呈现出许多不一样的需求。

1. 平台组织结构设计需求

平台组织结构的设计必须有利于产品、服务的形成，满足资源开发和调用的需求，以及平台日常管理和宏观调控的需求。

（1）**及时形成产品、服务**　承载创造平台基本价值的"生产者"和使用平台基本价值的"消费者"之间核心交互的价值单元是平台需要关注的焦点，而平台提供的各种产品和服务则是价值单元形成和使用的"作业场地"。平台必须能及时识别用户需求的变化，适时对产品、服务进行调整，或推出新的产品、服务种类。然而，由于平台拥有规模庞大的用户群体，其需求更为多元化、复杂化，且处于不断的变化中，这给平台及时形成产品、服务带来了巨大的业务压力。因此，平台的组织机构必须适应这样的特点。

（2）**资源开发和调用的需求**　平台的运营需要技术、资金、基础设施等各种资源的支持。从某种意义上来说，以（移动）网络通信技术、北斗/GPS、GIS、物联网、大数据和云计算、人工智能等技术为代表的技术资源是平台的核心竞争力所在。平台必须高度重视技术资源和其他资源的开发、调用，并在组织结构中设计相应的部门予以保障。同时，技术资源开发完成后，还需要根据平台产品、服务的具体使用需求进行针对性调整，使其从实验室状态转化为可实际应用状态。为此，平台的组织结构中需设计负责技术"商用化"的部门，以便业务部门在需要时调用技术资源。

（3）**管理平台的需求**　为保证平台正常运行，平台需要对自身进行有效管理。管理平台的需求主要体现在对平台用户使用产品、服务的行为进行监管，和对基础业务部门在人力资源、财务、战略、法务、运营、IT、外部对接等领域的业务行为进行监管两个方面。因此，平台需要在组织结构中进行相应的设计。

（4）**宏观调控的需求** 合理的平台整体战略规划和运行规则可以确保平台在正确的方向上前进，按照预设的方式运行，实现既定的发展目标，并在出现较大偏差时进行干预。因此，平台需设计有行使宏观调控职能的部门。

2. 传统组织结构形式的局限性

传统组织结构的特点使其在应用于平台时存在较大的局限性。

（1）**直线职能制组织** 平台的网络属性使得反应的迅捷性和有效性成为用户对平台能力的基本期望和评价指标。平台必须能迅速、准确地对用户的需求及其变化做出反应，应具备较高的决策效率，必须给予一线业务部门较高的业务决策权。同时，网络时代平台生存的外部环境日趋复杂，还需要应对竞争对手平台不断推出的各种竞争手段，平台的组织结构必须能有效适应外部环境的变化。然而，直线职能制组织由于其固有的损害下属自主性、环境适应能力差、决策效率低等缺陷，使得将其应用于平台时存在较大的局限性。

（2）**事业部制组织** 在事业部制组织中，各事业部具有一定的独立性，实现了"集中决策、分散经营"，这有利于发挥事业部的自主性，提高了组织对环境的适应能力和决策效率。然而，事业部制组织要求根据产品或服务类别、市场用户、地域以及流程等因素有效划分事业部。平台提供给用户的产品、服务往往是多项基础产品、服务的组合，因此不同用户选择的产品、服务的内容具有一定的重复性，并且这种组合还可根据用户需求适时调整，这使得平台不适合按产品或服务类别和市场用户因素来严格划分事业部。同时，用户一般通过网络使用平台，因此也很难按照地域来划分事业部。因此，事业部制组织结构并不适合平台。

（3）**矩阵制组织** 矩阵制组织机动性强，可以根据项目的开发与结束进行有效组合，这在一定程度上适应了平台用户需求变化大的特点。但是，对于平台产品、服务的需求而言，它们在相对较长的时间周期内是一直存在的，需要一个稳定的长期团队或部门进行运营。矩阵制组织更适合于临时性项目的特点，使得将其应用于平台时存在较大的局限性。

4.2.3 平台的三台结构

平台的基本价值由用户创造和交换，企业运营与发展的动力源自直接接触用户、最了解用户需求的一线业务团队；而传统企业运营和发展的动力则来自不直接接触用户的高层管理者和职能部门。因此，传统企业组织结构采用的金字塔式结构和自上而下的管控特点并不适合平台企业。平台企业发展的实践证明，"前台＋中台＋后台"的三台结构才是能真正体现平台组织结构设计理念和要点的组织结构模式。

在平台的组织结构中，前台直面用户，捕捉用户需求，然后组织平台上的各类资源，形成对应的产品、服务方案，为用户创造和使用价值单元提供支持，是平台利润的主要创造者。前台由多个既相互区别又具有一定趋同性，既彼此独立又相互关联的服务职能集合构成。

在平台的组织结构中，中台分为两个部分：一个是业务中台，另一个是组织中台。业务中台负责将后台的资源变成可以实际调用的"中间件"，确保资源的即插即用，实现对前台业务的专业资源和专业知识赋能。组织中台则由多个业务伙伴（Business Partner，BP）团队组成，每个 BP 团队内包含人力资源、财务、战略、法务、营销、IT、外部对接等各个职能部门派出的业务代表，他们进入前台各服务职能中一起工作。组织中台既是后台的"代言人"，又是前台的业务伙伴：一方面将后台制定的平台运作规则和宏观调控策略落实到对前台的调控中，如对前台业务的监控管理、对前台各业务项目资源的分配等；另一方面为前台提供技术和经营管理方面的专业服务，实现对前台的经营知识赋能。

在平台的组织结构中，后台是资源池的建设者，也是平台运作规则和企业整体运营发展宏观调控策略的制定者，它并不直接干预前台和中台的运作。当平台发展到一定阶段，业务量达到一定规模，服务差异化程度达到一定水平时，后台还需要适时推动数据技术（Data Technology，DT）建设。

平台三台制组织结构如图 4 - 7 所示，其中的用户专指从平台获取服务的用户。

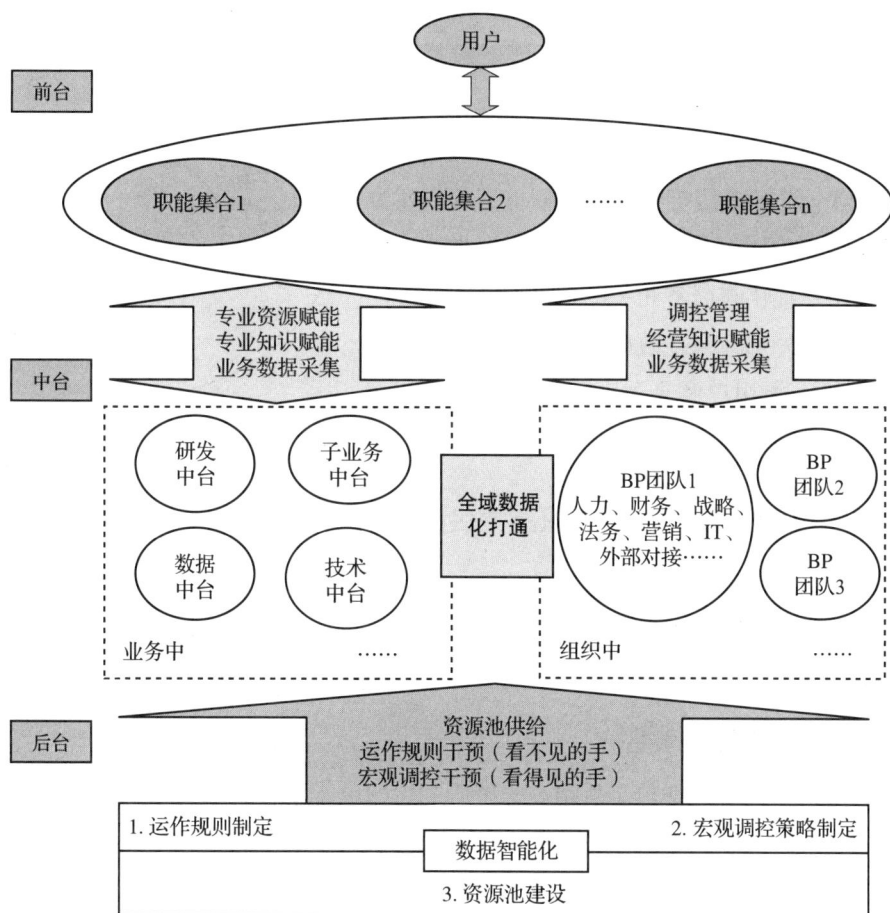

图 4 - 7　平台三台制组织结构示意图

4.3　物流平台前台设计 C

前台作为平台利润的主要创造者，是平台的一线业务团队，为平台提供运营、发展的动力，应具备较大的自主决策权力，拥有比较完整的业务流程执行能力，并能根据用户需求变化对服务进行调整。

4.3.1　物流平台前台概念

物流平台的前台通过门户网站、APP、小程序等物流平台渠道和物流园区、物流枢纽节点等线下设施，直接接触用户，理解用户需求，调动平台资源，形成相应的物流服务，从而创造价值单元形成和使用的"作业场地"，并服务、管理货主企业、第三方物流企业、个体物流从业者等在价值单元上的交互全过程，是物流平台利润和价值的主要创造者。

物流平台前台由若干个服务职能集合而成。每一个服务职能集合都集成了以某一类物流服务为中心的多个关系紧密的职能。这些职能集合分为内外圈两部分：内圈纳入向用户提供服务必不可少的主要（核心）职能，包括专业职能和管理职能两种。专业职能直接和物流服务相关联，管理职能则主要包括人力资源、财务、战略、法务、营销、IT、外部对接等常见管理职能。执行主要（核心）职能的职能团队一般来自物流平台内部。外圈则纳入向用户提供与服务相关的辅助职能，职能团队来自物流平台外部，包括政府部门、行业协会等行业监管（服务）类用户和金融、保险企业等增值服务提供方用户。前台职能集合结构如图4-8所示。

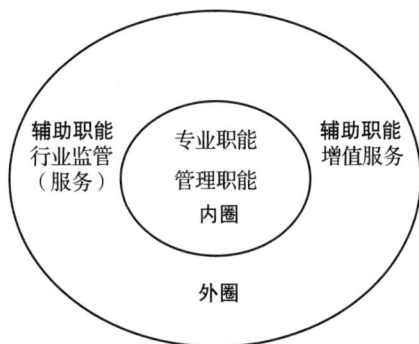

图4-8　前台职能集合结构

4.3.2　物流平台前台服务职能集合的种类及功能

根据物流平台服务目标市场定位的不同，平台服务会存在一定的差异性。即使是服务功能相同的物流平台，由于经营策略的不同，也会形成不同的服务职能集合。因此，集合的种类非常多，不能一概而论。其中，常见的服务职能集合包括以下几种。

1. 数据交换服务职能集合

数据交换服务可以实现物流活动过程中所产生的电子单证在物流企业、生产企业、商业流通企业、货代企业、金融保险服务企业和工商、税务、海关边检等政府部门之间的翻译、转换和通信。数据交换服务职能集合的各项职能如下所示。

（1）**专业职能**　专业职能包括数据传输、数据翻译、数据转换、数据导入和导出等。

（2）**管理职能**　管理职能包括围绕数据交换服务进行的人力资源、财务、战略、法务、营销、IT、外部对接等管理职能。

（3）**辅助职能** 辅助职能包括工商、税务、海关边检等政府部门和金融保险服务企业提供的信息系统数据接入、输出职能。

2. 物流云计算服务职能集合

物流云计算服务使得中小型物流企业无须建设、管理软硬件资源，只需与服务器连接即可使用各种功能，获得 SaaS、IaaS 和 PaaS 等服务。物流云计算服务职能集合的各项职能如下所示。

（1）**专业职能** 专业职能包括针对中小型物流企业提供的 SaaS、IaaS 和 PaaS 等服务。

（2）**管理职能** 管理职能包括围绕物流云计算服务进行的人力资源、财务、战略、法务、营销、IT、外部对接等管理职能。

3. 网络货运服务职能集合

网络货运服务职能集合的各项职能如下所示。

（1）**专业职能** 专业职能包括在线交易、订单管理、费用结算、增值服务等。

（2）**管理职能** 管理职能包括围绕网络货运服务进行的人力资源、财务、战略、法务、营销、IT、外部对接等管理职能。

（3）**辅助职能** 辅助职能包括以物流平台为担保，银行、第三方支付金融机构提供的费用结算服务职能；全国性 CA 认证中心或物流平台所处区域 CA 认证中心提供的安全服务职能；金融企业、保险企业提供的在线融资、在线购买保险服务职能；海关、检验检疫、税收等政府部门提供的网上报检通关、网上报税等电子政务服务职能。

4. 流程整合服务职能集合

流程整合服务可以为有需要的用户，特别是大型制造与流通企业，提供涵盖多个物流环节的整合型服务，甚至是覆盖整个供应链的物流解决方案。流程整合服务职能集合的各项职能如下所示。

（1）**专业职能** 专业职能包括仓储服务、运输服务、金融服务、货物跟踪服务等。

（2）**管理职能** 管理职能包括围绕流程整合服务进行的人力资源、财务、战略、法务、营销、IT、外部对接等管理职能。

（3）**辅助职能** 辅助职能包括银行、第三方支付金融机构提供的费用结算服务职能、商业保理、融资租赁职能；金融企业、保险企业提供的在线融资、在线购买保险服务职能；海关、检验检疫、税收等政府部门提供的网上报检通关、网上报税等电子政务服务职能；以及各种汽车车后市场与油品、油卡销售服务职能。

5. 金融服务职能集合

金融服务为有融资需求的中小型生产企业、商业流通企业提供物流金融和供应链金融服务。金融服务职能集合的各项职能如下所示。

（1）**专业职能**　专业职能包括涉及贷前审核、贷款、还贷、对账等各个环节在内的全流程物流金融服务和供应链金融服务，以及包括信用评价评级，企业诚信记录查询，企业用户证照核查，个体从业者身份证、驾驶证、运营证和行驶证核查，征信平台建立等内容在内的物流企业信用服务等。

（2）**管理职能**　管理职能包括围绕金融服务进行的人力资源、财务、战略、法务、营销、IT、外部对接等管理职能。

（3）**辅助职能**　辅助职能包括银行等金融机构提供的应收类融资模式的保理、代收货款，存货类融资模式的存货质押、仓单质押，预付类融资模式的四方保兑等；政府相关部门提供的企业征信查询职能。

近年来，一些大型物流平台已经获批第三方支付牌照，凭借前期运营中积累的业务数据和流量沉淀，它们可以更好地对接银行、保险企业等金融机构，其金融服务职能集合可为用户提供涵盖支付、保理、融资租赁、保险经纪等业务的一揽子综合性金融解决方案。

6. 特定服务职能集合

某些物流平台在发展过程中，其前台还形成了某些提供特定服务的职能集合，如针对集运相关业务的服务职能集合，针对大车队相关业务的服务职能集合等。

4.3.3　物流平台前台设计要点

根据发展实践情况，物流平台在进行前台设计时应注意以下要点。

1. 设置切勿固定、僵化

平台依托 APP、小程序等网络工具对接用户，用户可以通过电脑端和移动端登录平台。由于网络覆盖的广泛性和全时空性，平台企业面临着相比传统企业更为庞大的核心用户群体。同时，平台上还活跃着大量非核心用户，他们不断进行着各种非核心交互。核心交互和非核心交互一直处于不断的发展和变化之中，因此，前台应根据用户需求的变化及时调整服务职能集合的设置，切勿固定、僵化。

2. 专业职能和管理职能并重

很多物流平台在设计组成前台的服务职能集合时，过于注重专业职能的设计。在组建实现专业职能的团队以后，往往忽视了管理职能的协同建设，导致职能集合的正常功能难以实现，后台制定的平台运行规制和宏观调控措施或策略也难以落实。因此，服务职能集合在注重专业职能设计的同时，不能忽视管理职能的设计。

3. 实现与业务中台、辅助职能的有效对接

业务中台负责将后台的资源转化为可以实际调用的"中间件"，确保资源的即插即用，

为前台业务提供专业资源和专业知识的赋能，是实现专业职能的基础。同时，辅助职能对专业职能的支持作用也不可忽视。然而，有的物流平台为了追求服务职能集合内团队人员的精简，未设置与中台、辅助职能进行对接的岗位，或岗位数量设置不足，功能不充分，从而影响了与业务中台、辅助职能的对接效果。因此，服务职能集合在设计时应合理规划，设置相应的对接岗位，实现与业务中台、辅助职能的有效对接。

4. 设置负责人

部分物流平台认为前台应该是去中心化的网络化协作，因此在服务职能集合中并没有设置具有最终决策权的负责人，而是将权限交付给组织中台，但组织中台往往缺乏专业技能，无法及时对市场动态做出合理反应。缺乏负责人也影响了集合内部资源的调配和诸多职能的协调运作。因此，在服务职能集合中应设置负责人岗位，该岗位应拥有对集合各类事务的最终决策权限。

4.4　物流平台中台设计 ⚙

即便后台提供的资源质量再好，运作规则和宏观调控策略的制定再合理，也无法直接支持前台的发展。物流平台和其他类型平台的发展实践证明，如果不设置中台而让前台和后台直接对接，平台型企业是难以成功的。

一方面，中台代表后台对前台进行管理，落实后台制定的平台运作规则和宏观调控策略；另一方面，中台作为业务伙伴为前台提供技术和经营管理方面的专业服务。

4.4.1　物流平台中台的概念

中台是物流平台前台和后台之间的连接桥梁。

物流中台对前台各服务职能集合提供的服务所涉及的流程、职能、数据、服务进行全场景的统一沉淀、整合，形成专业资源和专业知识，以更为快速、灵活、直接的方式，供前台各服务职能集合共享使用。这不仅避免了相关要素的重复建设，节约了运营成本，还提高了用户使用不同前台服务职能集合所提供服务时的跳转效率。

物流中台还会派出 BP 团队进入前台服务职能集合，依据平台制定的运作规则和宏观调控策略，对其经营活动进行监管，确保活动在后台预设的框架范围内开展，从而实现物流平台发展的预设目标，同时也为其提供经营管理知识方面的专业服务。

4.4.2　物流平台中台的构成

物流平台的中台可以划分为两部分：业务中台和组织中台。业务中台通常以实体部门形态存在，而组织中台由于派驻 BP 团队进入前台服务职能集合，一般以相对虚化的部门形态存在。中台结构如图 4-9 所示。

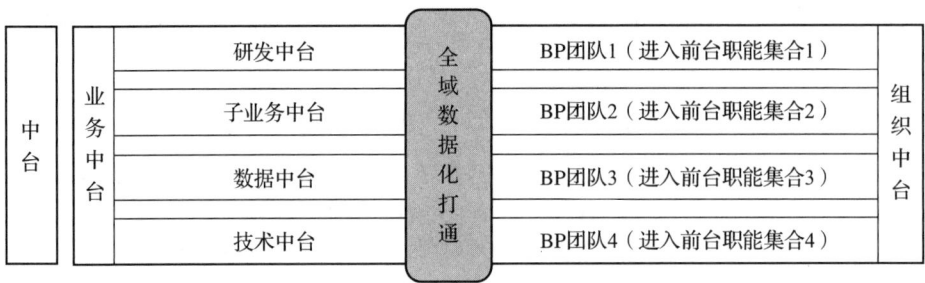

图 4-9　中台结构

1. 业务中台

业务中台大多是传统的成本中心，它将后台研发的基础性资源整合成前台业务运营所需要的"中间件"，方便随需调用，实现对前台服务职能集合的专业资源和专业知识赋能。业务中台由以下几个部分组成。

（1）**研发中台**　研发中台的任务是围绕物流平台前台职能集合的各种服务进行分析、提炼，沉淀出流程各环节中可标准化、模块化的管理工具，进行优化并予以固化，使工具可复用。由此，研发中台可建立起适应订单管理、仓储、运输、物流园区管理，以及相关增值服务等物流平台服务流程中常用场景或复杂场景需求的数字化管理工具库，如大数据分析、运营监测预警分析等。这样，前台服务职能集合在面对不同业务场景时，就无需再费时费力地重新研发工具，而是可以直接调用研发中台提供的工具进行组合配置，进行少量二次开发即可打造出适应独特服务场景的分析、管理工具，从而提高业务效率，提升业绩水平。

（2）**子业务中台**　不同的前台服务职能集合的专业职能和管理职能具有一定的重复性，如专业职能可能都会涉及交易撮合、订单管理等职能，管理职能都会涉及营销、财务等职能。如果忽视这种共性，由前台各服务职能集合自行开发功能，势必会造成重复建设，功能使用的"规模效应"不足，导致平台运营成本上升。因此，可抽取前台服务职能集合的通用职能，形成子业务平台。子业务平台涵盖的通用职能包括用户中心、交易中心、营销中心等，并可根据物流平台类型的不同进行灵活调整。

（3）**数据中台**　数据中台从后台导入政府信息和市场信息数据，通过组织中台和前台导入业务数据，然后利用数据技术对海量数据进行整理、加工，统一标准和口径，完成数据的存储、计算、产品化包装，从而构成核心数据能力，为前台基于数据的服务创新和子业务中台基于数据反馈的通用职能的持续改进提供数据支撑。数据中台的结构如图4-10所示。

其中，数据治理体系包含元数据管理、数据安全管理、数据质量管理、数据标准管理等组成部分。数据服务体系则由实时数据服务、离线数据服务和算法服务三部分组成。

数据服务体系所依托的数据资源按照数据转化流程依次来自贴源数据域、基础数据域、应用数据域。贴源数据域所采集的数据有外部和内部两种。外部数据主要是政府信息和市场信息数据，内部数据则是平台运营过程中产生的业务数据。贴源数据域的数据来自后台的采集，在尽可能保留数据原始形态的基础上，进行统一标准的整合、非结构化数据的结构化处理、增加标识等数据智能化处理。基础数据域对不同来源的数据按照公共维度进行标准化处理。在标准化基础上，应用数据域根据用户画像、运营、经营等不同数据用途，或根据仓储、配送、时效等不同主题可划分为不同的应用子数据域。

在数据平台的前端，依托应用数据域和数据服务，形成数据产品、通用工具、智能产品等供前台和中台其余分支调用。数据产品具备数据可视化、指标体系化、数据实时化等特点。通用工具包括看板拖曳生成、个性化数据分析等。智能产品包括算法应用、异常诊断、智能决策等。

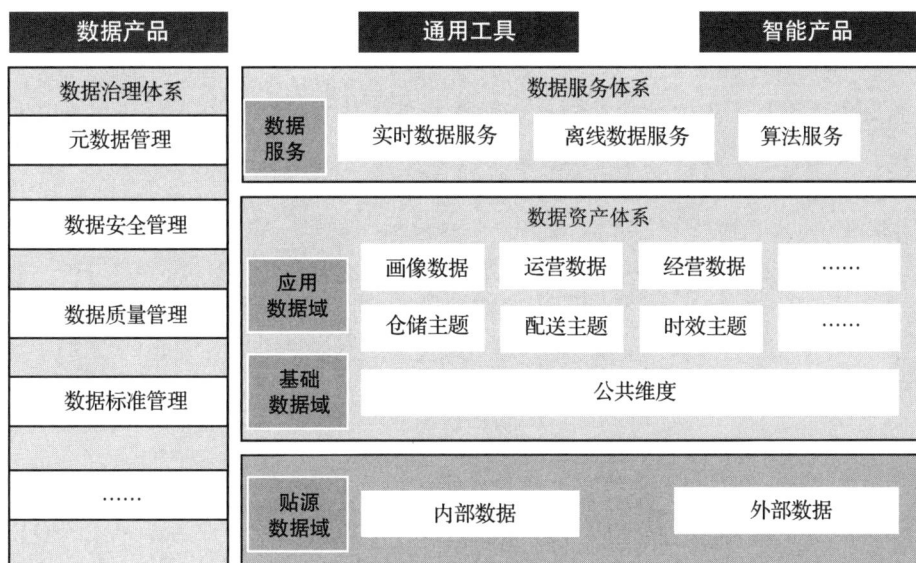

图 4-10　数据中台结构

小链接

元数据的概念与类型

元数据（Metadata）通常被定义为"关于数据的数据"。具体来说，元数据是用于描述数据本身的内容特征和其他特征的数据，其目的在于增强对网络信息资源的发现、识别、开发、组织和评价能力，同时帮助对相关的信息资源进行选择、定位、调用，以及追踪资源在使用过程中的变化，进而实现信息资源的整合、有效管理和长期保存。实际上，人们很早就开始不自觉地利用元数据了，例如地图中的图例、图书馆的卡片目录等，这些都可以被视为元数据的早期形式。但是，元数据的重要性是在计算机科学发展后才被人们真正认识到，并利用它来解决实际问题的。

从元数据在组织信息资源的功能角度进行区分，我们可以将其划分为以下几种类型：

1. 管理型元数据

管理型元数据主要用于管理与支配信息资源，如信息收集、版权与翻版跟踪、排架信息、数字化标准选择、版本控制等。

2. 描述型元数据

描述型元数据用于描述与识别信息资源，支持资源的发现和鉴别，如记录编目、寻找帮助、专题索引、资源链接、用户注释等。由于描述性元数据通常都是公共信息，因而它相较于其他类型的元数据获得了更为广泛的标准的支持。

3. 保存型元数据

保存型元数据与信息资源的保存紧密相关，如资源的物质条件、数字资源的保存行为（包括数据更改与迁移）等。

4. 技术型元数据

技术型元数据与系统运行息息相关，如硬件与软件、数字化信息的格式、压缩比率、定标例程、系统响应跟踪、数据验证与安全（如加密键、密码）等。

资料来源：

李桂贞. 论元数据及其在知识管理中的应用 [J]. 现代情报, 2006 (11): 28-31.

小链接

用户画像

用户画像（user profile）是从用户行为数据中抽取出的描述用户属性和行为的标签集合。构建多维标签体系时，常见的理论框架包括：①压力源–应变–后果（SSO）理论，该理论将个体与环境、用户感知、用户情感与行为分别对应于压力源、应变和结果三个维度，通过画像揭示用户心理对行为的作用关系；②动机信息管理理论，该理论从信息获取的主动性和方向性出发，将用户划为搜寻者和提供者两类，画像反映了二者之间的互动关系；③信息生态理论，该理论下的画像包含信息人的需求状况、信息特性和信息环境的沉浸体验等要素，可用于预测用户的信息情感与行为变化。用户画像生成过程研究主要包括：①特征挖掘与计算，基于人口统计学、文本主题、社会交互等特征角度构建多维用户画像模型；②画像性能指标评估，通过考察用户潜在偏好，动态追踪兴趣变化趋势，以提高模型预测能力与个性化推荐精度；③画像衍生性应用，旨在破解传统推荐系统的信息茧房效应，把握群体流动趋势和动态活跃程度，从而创新平台服务模式，精准匹配服务资源。

资料来源：

张亮，沈凯，张宁. 活动理论视角下社会化问答社区机构号用户画像研究 [J]. 图书情报知识，2024 (1): 2-13.

（4）**技术中台**　技术中台将物流平台前台服务职能集合中涉及的认证服务、权限服务、日志服务、消息服务、搜索服务、推荐服务、算法服务、生物识别服务、自然语言处理服务等可复用服务集中起来，对其中的能力进行抽象、封装和沉淀，过滤掉技术细节，以标准服务形式输出，并提供简单一致、易于使用的应用技术基础设施能力接口，形成一套可供前台各服务职能集合复用和共享的公共技术能力体系。

技术中台在工作中必须确保业务逻辑不被封装在技术中台服务中，这样才能保证所设计的应用技术基础设施能力接口可以适用于不同的平台服务项目。例如，在园区网络型物流平台中，无论是提供园区服务的职能集合，还是提供流程整合服务的职能集合，只要其认证和权限请求满足接口格式要求，都可以使用技术平台提供的相应标准服务。

在业务中台各组成部分中，研发中台提供管理工具支持，子业务中台提供通用功能支持，数据中台提供数据支持，技术中台提供可复用服务支持，共同支持组织中台和前台开展经营活动。业务中台对组织中台和前台的支持作用如图4-11所示。

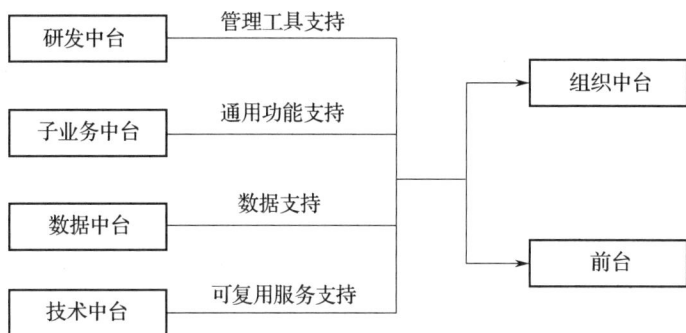

图 4-11　业务中台对组织中台和前台的支持作用

2. 组织中台

组织中台的主要功能是"赋能、激励、风控"。赋能，是基于对业务的理解，以 BP 团队的经营知识赋能前台服务职能集合，推进业务的开展。激励，是设计激励方案，并根据前台服务职能集合业务进展情况进行动态调整，以确保被激励者获得最大的激励效果。风控，则是依据物流平台运作规则和宏观调控策略，评估前台业务活动中可能存在的潜在风险，并制定风控方案，进行实时监控和适时调整优化。

设置组织中台是物流企业平台化运营的关键之一。对于物流平台而言，其前台的业务总是处于变化之中，即使业务中台的建设再完善，其提供的"中间件"也不一定能完全满足前台各服务职能集合的需求，因此，需要组织中台派驻的 BP 团队代表服务职能集合与平台其他部门进行协调。同时，服务职能集合中的团队虽然通常具备较好的物流服务方面的专业职能，但在人力资源、财务、战略、法务、营销、IT、外部对接等管理职能方面，往往需要组织中台 BP 团队的协助。此外，前台服务职能集合作为利润中心，出于完成业绩的需要，其经营行为可能"违规"或偏离物流平台发展的预定目标，这时就需要组织中台进行及时的调控。

3. 业务中台和组织中台之间的关联

与前台的服务职能集合相似，组织中台为发挥其"赋能、激励、风控"的功能，同样需要各种工具、功能、数据和服务的支持。业务中台不仅服务于前台，组织中台同样是其服务对象。为了充分发挥业务中台对组织中台的支持作用，需要在业务中台和组织中台之间建立一条连通业务中台各部分和组织中台各 BP 团队的数据通道。一方面，便于组织中台各 BP 团队调用业务中台提供的各种工具和服务；另一方面，组织中台也可以通过这条数据通道向技术中台提供业务数据。

4.4.3　物流平台中台设计要点

为了充分发挥中台的作用，物流平台在进行中台设计时应注意以下要点。

1. 以提高复用性为业务中台设计核心理念

如果前台每一个服务职能集合都独立设计、开发与其业务相关的工具、职能、数据系统和服务，那么势必会导致大量的重复建设，降低资源的使用效率，同时不同集合之间的协同也可能出现问题。因此，在设计业务中台时，应先梳理前台各职能集合所涉及的流程、职能、数据和服务，合并、归拢"同类项"，以供不同集合共享使用，从而提高资源的复用性。前台各服务职能集合则可根据自身的需要进行本地化应用的二次开发。

2. 以多元化和一体化协作作为 BP 团队设计核心理念

组织中台是以一种相对虚化的部门形态存在的，各部门需要向前台服务职能集合派出 BP 团队。在设计 BP 团队时，应丰富成员类型，以便向前台提供团队管理、财务报表分析、市场策略制定、数据抓取和分析等多种支持，彰显多元化理念；同时，不同类型成员的作用应能相互补充和支持，以满足前台服务职能集合的需求为根本，彰显一体化协作的理念，从而实现组织中台"赋能、激励、风控"的功能。

〔小案例〕

阿里巴巴的"大中台、小前台"

2015 年年底，在参观了芬兰移动游戏公司 Supercell 后，阿里巴巴集团正式对外宣布全面启动阿里巴巴集团 2018 年中台战略，构建符合大数据时代要求的、更具创新性和灵活性的"大中台、小前台"组织机制与业务机制。具体而言，前台将更敏捷、更快速地响应业务变化的需求，而中台则作为集合整个集团运营数据能力和产品技术能力的核心，为各前台业务提供强力支撑。

"大中台、小前台"架构主要聚焦于业务共享服务层，由独立的业务共享服务团队来运作，这有利于业务的沉淀，降低研发成本，并提高研发效率。"大中台"打破了产品壁垒，以往系统间需要直接交换数据，而现在则统一向共享服务中心请求数据。共享服务中心提供统一、标准的数据服务，减少了系统间交互和团队间协作的成本。在这种模式下，新产品研发站在巨人的肩膀上，无需重复考虑已有的基础，可以快速孵化新的产品，试错成本低，产品敢于创新，敢于拥抱变化。原本追赶竞争对手都显得困难，而现在则仿佛竞争对手的产品经理在不停地给我们提供新的灵感。"大中台"模式实现了可持续发展，技术和业务能力得以沉淀和积累。

阿里巴巴集团通过多年不懈的努力，在业务的持续催化滋养下，将自身的技术和业务能力沉淀为一套综合能力平台，具备了对于前台业务变化及创新的快速响应能力。

资料来源：

腾讯云. 中台 ｜ 什么到底是中台？ ［EB/OL］. (2021 - 1 - 27) ［2023 - 10 - 10］. https://new. qq. com/rain/a/20230503A03H2G00.

4.5　物流平台后台设计 ⟳

相较于前台和中台，后台结构与传统企业的组织结构更为相似，有的物流平台因此对后台的设计没有给予足够的重视，甚至后台部门自身也存在认识误区。这样的认识将会给物流平台的发展带来巨大的潜在风险。

4.5.1　物流平台后台的概念

物流平台的后台是平台的费用中心，其角色类似于"后勤部门"，不直接产生经济效益。

后台是资源池的建设者，这些资源包括不同区域内的物流基础设施、物流设备、用户资源、信息数据资源以及各种基础技术资源。业务中台在开发"中间件"时，所依赖的基础技术资源正是来自后台开发的资源池。

此外，后台还是运作规则的制定者。后台对物流平台前台各服务职能集合开展业务时所应遵循的规则进行了详细规定，主要包括开展业务所需资源的配置规则，业务开展过程中所应遵循的行为准则，和业务活动结束后的绩效评价标准。

同时，后台也是物流平台整体运营发展宏观调控策略的制定者。后台根据物流平台的企业定位和发展战略，结合企业所处内外部环境，设计并适时调整平台服务目标和发展规划，识别平台所面临的风险，并制止、处罚前台和中台的不当业务行为。

4.5.2　物流平台后台的构成

物流平台的后台可以划分为三个部分：资源池建设后台、运作规则制定后台和宏观调控策略制定后台。后台结构如图 4 - 12 所示。

图 4-12　后台结构

1. 资源池建设后台

前台各服务职能集合在开展业务时，需要调用大量不同类型的资源，其中一些周期长、投入大、风险高的基础性资源的开发是前台服务职能集合和中台所无法承担的。以传化智联为例，其旗下的传化智能公路港是依托于公路运输形成的港口，拥有大规模的专业化、标准化、集约化的基础设施，可为用户提供专线运力、分拨配送、智能仓储、电商快递、多式联运等多种服务。建设和运营传化智能公路港过程中所需的土地、资金、政策等资源是在传化智能公路港内开展业务运作的各前台服务职能集合和中台所不能承担完成的。同样，传化科技金融在提供金融增值服务时所需要的海量物流交易业务数据，以及大数据、云计算、人工智能等工具背后所依托的基础技术，也只有后台资源池才能提供。

因此，物流平台的后台组成中应涉及资源池建设部分，负责建设物流基础设施、物流设备、用户资源、信息数据资源和各种基础技术资源，以支持前台和中台在此基础上进行应用层面的开发。此外，物流平台运营过程中积累的管理经验和从外界获取的管理知识，也应当萃取、沉淀下来，作为资源的一部分供中台和前台使用。

正如《维基经济学》所指出的，"世界就是我的研发部，世界就是我的人力资源部"。物流平台要发展壮大，还需要开放资源接口，并抓取或吸引外部合作者，引入外部资源作为补充。

2. 运作规则制定后台

运作规则是确保物流平台运行在正确方向和合理轨道的基础，因此后台应成为"规则的设计者"，在后台组成中设计运作规则制定部分。运作规则主要包括以下三个方面。

（1）**资源配置规则**　前台不同种类的服务职能集合开展业务需要资源支持，业务中台各组成部分发挥作用也需要资源支持，合理的资源分配非常重要，由此需要设置资源配置规则。以服务功能较为多元化的园区网络型物流平台为例，平台可为货主企业、物流企业、卡车司机提供综合园区服务、平台承运、交易撮合、港仓管理、通信社交、增值服务等多种服务，因此平台需要通过后台制定合理的资源配置规则，在各服务职能集合之间合理分配人、财、物等各类资源。

（2）**业务行为准则**　为保证平台正常运行，平台需要对用户使用平台的行为、前台服务职能集合的业务行为和中台的业务行为进行管理。管理的依据即来自于后台制定的业务行为准则，以保证平台运行井然有序，处于正确的轨道之上。

（3）**绩效评价标准**　任何企业都需要合理的绩效评价规则，物流平台也不例外。物流平台的绩效评价标准由后台制定，主要包括以下三个方面。

① 绩效的认定标准，主要用于确认前台服务职能集合取得的业务成果是否可以认定为绩效，绩效的类型属于经营绩效还是战略绩效。对于经营绩效，可通过流水、营收、毛利、净利等因素来认定。对于战略绩效，应视物流平台所处发展阶段和战略目标而定，如在拓展市场阶段，园区网络型物流平台可以选择仅以园区规模和用户数量为绩效考核依据，而不考虑营收和毛利。绩效的认定标准还包括对中台和后台工作绩效的考核标准。

② 人力资源效能标准，主要用于衡量人力投入成本和所产生的效能，如人均毛利、人工成本投产比等。

③ 财务效能标准，主要用于衡量资本投入数量和所产生的效能，如 ROI（投资回报率，Return On Investment）、ROE（净资产收益率，Return On Equity）、ROIC（投资资本收益率，Return On Invested Capital）等。

3. 宏观调控策略制定后台

类似于其他类型的企业，物流平台在构建之初会设定服务目标，并围绕目标制定发展规划。然而，平台所处的内外部环境不是一成不变的。当环境发生变化时，后台需要有针对性地对物流平台的服务目标和发展规划进行调整，形成相应的宏观调控策略，并通过组织中台落实到前台的运营中。

同时，在物流平台运作过程中，往往会出现由于前台、中台业务中的不当行为或用户使用平台服务过程中的不当行为而导致的现金流风险、税务风险、政策风险、道德风险等。如物流金融型物流平台在为用户提供仓单质押融资服务的过程中，前台服务职能集合在仓单制作环节可能出现违规操作；园区网络型物流平台作为平台承运商为货主企业提供全流程的线上承运服务时，前台服务职能集合为获取不正当利益在运力竞价/采购环节有可能实施一些违反相关法律规定的暗箱操作。这些不当行为可能发生在物流平台运作的任何时间、地点和业务环节。物流平台的运作规则即使经过精心设计，也有可能出现失灵的情况。因此，需要后台成为"不当行为的拦阻者"，通过宏观调控策略，采用前置性审批或后置性审核的方式，有效识别风险并制止、处罚不当业务行为，以避免给物流平台造成损失，或将损失范围和程度控制在最低水平。

值得注意的是，后台在进行宏观调控时应注意调控范围和对象的把控。对于在运作规则里已经明确的业务行为，不应将其纳入宏观调控的范围。宏观调控的对象应该是已经批量出现并呈现出典型特征的某一类业务行为，而不是针对某一单独出现的离散性业务行为。否则会造成事无巨细都需要调控的局面，一方面增加调控成本、降低调控效率；另一方面会降低前台和中台工作的灵活性和自由度。

4.5.3　物流平台后台设计要点

后台对于平台正常运营和向更高水平发展的重要性毋庸置疑，物流平台在进行后台设计时应注意以下要点。

1. 适时增设 DT 后台

DT（数据技术）是阿里巴巴提出的一个概念，与 IT（信息技术）相对应，通常被认为是 IT 的升级。在 DT 的理念中，数据不仅仅是一种支持性要素，而是作为生产资料被深入挖掘和动态运用，在生产、生活决策的闭环中产生作用，是以服务大众、激发生产力为主的技术。

物流平台作为互联网平台的一种，数据在平台发展中的重要价值不言而喻。物流平台的服务业务是基于数据驱动的全场景业务。前台运营服务业务的各个服务职能集合和提供管理、支持服务的各个中台组成部分都对数据有着强烈的诉求。然而，当物流平台服务项目业务量达到一定规模时，将会出现数据规模急剧膨胀和数据类型日趋多元化的问题。虽然从理论的角度出发，数据中台可以解决这些问题，但当业务规模超过一定上限后，无论是从工作量的角度还是从投入的资源数量角度来看，这一工作负担对于数据中台而言可能过重。

随着物流平台服务的覆盖范围和覆盖深度不断拓展，前台不同服务职能集合之间业务的差异性也愈发明显。研发中台提供的标准化、模块化管理工具，子业务中台提供的通用职能支持和技术中台提供的可复用服务支持此时已不能满足需求。于是，在平台内部出现了多套不同架构的管理系统。这些管理系统之间彼此联通程度较低，从而出现数据孤岛现象，信息、数据成本越来越高。

在后台增设 DT 平台，可以将后台资源池建设的物流基础设施资源、物流设备资源、用户资源、信息数据资源、技术资源、管理经验和知识资源进行统一数字化储备。资源的流转全部以数据形式在线化、网络化、智能化地供物流平台的所有主体按需调用。这能够解决上述数据规模急剧膨胀、数据的统一管理、数据的统一开放等核心问题。同时，后台制定的运作规则和宏观调控策略也变成可以调用的数字化资源，使得规则和策略的实施实现智能化、自动化，提高了规则和策略的实施效率。

2. 走"小机构、泛外包、多分支"的轻量化之路

后台是整个物流平台的大脑，从物流平台乃至更广泛的平台发展实践中可以预见，未来的后台必将走上"小机构、泛外包、多分支"的轻量化发展之路。具体而言，"小机构"意味着后台将依据功能需求，精选相关领域若干专家，组建专家中心，再辅之以若干数据分析师，在 DT 后台的支持下，共同完成资源池、运作规则和宏观调控策略的基础规划设计。"泛外包"是指将后台在履行职能过程中涉及的一些事务性工作进行外部委托。如在物流承运商资源池的开发过程中，不同区域、不同环节的各种类型的物流承运商的日常管理工作即可外包出去；同样，在开发数字化物流管理工具和基础技术资源时，代码编写、验证等事务性工作也可以寻求合适的外包服务商来完成。当后台汇聚了诸多业务伙伴后，便会形成以小机构为核心的"多分支"结构。此时，后台原有的大量冗余人员即可充实到一线，进入业务中台和组织中台，或随组织中台进入前台职能集合，与业务部门协同作战，从而实现后台的轻量化。

本章小结

平台组织结构设计的基础理念在于保障平台用户之间的信息、产品或服务、货币能够顺畅交换；通过参与者、价值单元、过滤器三要素的建设促进核心交互的完成。平台进行组织结构设计时，应注意落实"吸引、匹配、促进"的设计要点和组织结构再设计的原则。

平台企业发展的实践证明，"前台 + 中台 + 后台"的三台结构是最能体现平台组织结构设计理念和要点的组织模式。物流平台前台由若干个服务职能集合组成，提供包括专业职能和管理职能在内的主要（核心）职能，以及与服务相关的辅助职能。物流中台则负责对前台各服务职能集合所涉及的流程、职能、数据、服务进行全场景的统一整合与沉淀，以更为高效、灵活、直接的方式，供前台各服务职能集合共享使用。物流中台由业务中台和组织中台两部分组成。而物流平台后台则扮演着资源池的建设者、运作规则的制定者和物流平台整体运营发展宏观调控策略的制定者等多重角色。

关键名词

核心交互 参与者 价值单元 过滤器 吸引 匹配 促进 前台 服务职能集合 中台业务中台 组织中台 后台 资源池 运作规则 宏观调控策略 DT 后台

章末案例

传化智联发布新组织结构 全力打造数字"传化网"

近日，传化智联宣布组织结构调整升级，"传化网"全面向数字化转型迈进。对此，传化智联董事长徐冠巨表示，2018 年公司将全面聚焦传化网战略发展目标，着重打赢"三大必赢之战"：平台化和数字化经营、实现互联互通、构建供应链服务平台，并同时培育"两大基础"：金融服务和智慧物流商城。2018 年是"传化网"全力推进数字化进程的重要一年，针对此目标，公司进行了架构调整。

在业务层面，公司成立了传化网运营事业部、物流供应链事业部、拓展开发事业部、金融服务事业部、智慧物流商城五大事业部，并增设创新业务单元。另外，公司还成立了智能化中心，作为打造传化网的重要技术支撑。

值得一提的是，自 2016 年更名以来，传化智联"主动求变"，全面推动数字化转型，通过数据驱动、物流供应链创新、金融创新等手段，快速打造"传化网"。在此次组织结构调整中，公司内部培养的 80 后乃至 90 后员工都开始勇担重任，还有诸多外部专业力量的加盟，他们共同成为了公司变革的先锋力量。

2015 年至 2017 年是传化智联线下实体网络快速布局的第一阶段，目前已基本构建起覆盖全国的公路港城市物流中心网络。而平台化和数字化经营、实现互联互通将是接下来的核心任务。此外，为了更贴近业务场景，公司将分拨中心、共享班车、传化云仓，以及原互联网事业群的传化陆鲸整合并入传化网运营事业部，旨在通过线下港港互通和业务线上化的方式，迅速打造数字传化网。

2017年，传化智联物流供应链业务取得了快速发展，在全国各地相继成立多家供应链公司，并为航天动力、中钢集团、ofo、美的等企业提供物流供应链服务。在此次组织结构调整中，公司专门成立了物流供应链事业部，对原有供应链业务进行统一规划，加速打造"传化网"。

去年6月，传化智联顺利获批第三方支付牌照。依托实体公路港城市物流中心及互联网产品的应用场景和用户积累，传化支付积累了大量的数据及流量资源，为开展金融增值服务奠定了基础。此次架构调整后，传化金融将涵盖支付、保理、融资租赁、保险经纪等多项业务，可以更好地为用户提供一揽子综合性金融解决方案，并助力传化网交易形成闭环。这也说明，传化智联开始将"传化网"的流量变现置于重要位置。

智慧物流商城作为2018年新设立的事业部，将被打造成为"传化网"统一的线上流量入口，通过连接传化内外部业务，实现门户一体化管理，并持续创新产品和服务，丰富传化网线上场景。

智能化中心作为"三大必赢之战"和"两大基础"的重要支撑力量，在"传化网"2018年的建设中扮演着至关重要的角色。目前，智能化中心已拥有700多名技术开发人员，并加大了与外部专业力量的合作。为了加强数字化转型探索，智能化中心进行了改革，将业务技术开发团队前置——包括陆鲸、易货嘀、传化支付等，以提高响应业务创新的速度，并扩展与客户的服务触点。智能化中心将更加专注于技术和业务中后台的建设，协同内外部技术资源赋能业务技术团队。同时，积极探索物联网、大数据、人工智能和区块链等新技术，为全场景的传化网沉淀高质量数据，建设"物流大脑"，进而提升公路物流的整体效率和服务水平。

另外，值得一提的是，在这次调整中，传化智联研究院被设置为独立部门。通过与外部力量的合作，它将加强行业前沿的研究，为"传化网"的打造提供智力支持。

"我们的目标是将传化智联打造成一家数据驱动的技术公司"，董事长徐冠巨强调道。

资料来源：

凤凰网财经. 传化智联发布新组织架构 全力打造数字"传化网"［EB/OL］.（2018-1-30）［2023-9-16］. https://finance.ifeng.com/a/20180130/15956850_0.shtml.

案例思考

1. 请尝试绘制传化智联新组织结构的框架图。

2. 请阐述传化智联设置的传化网运营事业部、物流供应链事业部、拓展开发事业部、金融服务事业部、智慧物流商城五大事业部的定位和作用。

3. 请阐述传化智联设置的智能化中心和传化智联研究院的定位和作用。

4. 请描述传化智联新组织结构中事业部与智能化中心、传化智联研究院之间的关系。

复习参考题

1. 如何理解核心交互及其三个要素——参与者、价值单元、过滤器的概念，以及这些要素之间的关系？

2. 试阐述在平台组织结构设计中，吸引、促进、匹配功能的意义。

3. 为什么企业传统的组织结构在应用于平台模式时会存在一定的局限性？

4. 试阐述平台的三台结构中前台、中台、后台之间的关系。

5. 对于平台而言，前台发挥了什么样的作用？

6. 对于平台而言，中台发挥了什么样的作用？

7. 在物流平台的中台构成中，研发中台、数据中台和技术中台的区别是什么？

8. 对于物流平台而言，后台发挥了什么样的作用？

9. 试阐述物流平台后台进行资源池建设的意义。

10. 为什么物流平台后台在发挥宏观调控策略制订功能时，应该谨慎设置"前置性审批"的覆盖范围？

11. 为什么在物流平台后台建设过程中应适时增设数据智能化后台？

本章实训

1. 实训目的

（1）加深对物流平台三台组织结构内涵的理解。

（2）通过调研，了解某一领域内某一类型物流平台的组织结构构成情况。

（3）锻炼通过事物表象发现问题、分析问题、解决问题，以及收集资料、团队协作、PPT 制作和语言表达等能力。

2. 实训内容

以小组为单位，选择某一领域内某一类型物流平台作为调查对象，对该物流平台的三台组织结构状况展开调查，包括前台职能集合的组成、种类、目标市场；中台的技术中台和组织中台的子中台组成、功能、运作现状；后台的组成、功能。在此基础上，发现并分析其中存在的问题，提出切实可行的改进策略或建议。

3. 实训组织

（1）指导教师布置实训项目，提示相关注意事项及要点。

（2）将班级成员分成若干小组，成员可以自由组合，也可以按学号顺序组合。小组人数划分视修课总人数而定。每组选出组长 1 名，发言代表 1 名。

（3）各小组利用课外时间完成调查工作。

（4）以小组为单位，撰写书面调查报告，制作课堂演示 PPT。

（5）各小组发言代表在班级进行汇报演示，每组演示时间以不超过 10 分钟为宜。

4. 实训步骤

（1）指导教师布置任务，指出实训要点、难点和注意事项。

（2）演示之前，代表本小组发言的组长或小组成员对本组成员所承担的工作进行介绍陈述。演示结束后，征询本组成员是否有补充发言。

（3）由各组组长组成评审团，对各组演示进行评分（组长须回避本组评分），取评审团成员评分的平均值为该小组的评审团得分，满分 50 分。评分依据包括选题、调查方法或途径、资料质量、分析质量、PPT 制作水平、PPT 展示水平等。

（4）指导教师对每一小组任务完成情况进行总结点评，并为各小组评分，满分为 50 分。

（5）取各小组的评审团评分加上指导教师的总结评分作为该组的最终得分，并计入学生的平时成绩。

参考文献

[1] 杰奥夫雷 G. 帕克，马歇尔 W. 范·埃尔斯泰恩，桑基特·保罗·邱达利. 平台革命——改变世界的商业模式 [M]. 志鹏，译. 北京：机械工业出版社，2017.

[2] 哈罗德·孔茨，海因茨·韦里克. 管理学(第十版)[M]. 张晓君，等译. 北京：经济科学出版社，1998.

[3] 兰杰·古拉蒂，安东尼 J. 梅奥，尼汀·诺里亚. 管理学[M]. 杨斌，等译. 北京：机械工业出版社，2014.

[4] 王娜. 基于互联网的平台型企业商业模式创新研究述评[J]. 科技进步与对策，2016，33(22)：156 - 160.

[5] 托马斯·贝特曼，斯科特·斯内尔. 管理学(第三版)[M]. 王雪莉，侯晓容，译. 北京：中国人民大学出版社，2014.

[6] 穆胜. 平台型组织：释放个体与组织的潜能[M]. 北京：机械工业出版社，2020.

[7] 苏俊华，吴丹洁. 基于移动互联网平台的共享经济商业模式影响因素研究[J]. 商业经济研究，2018(7)：52 - 54.

[8] 罗仲伟，李先军，宋翔，等. 从"赋权"到"赋能"的企业组织结构演进——基于韩都衣舍案例的研究[J]. 中国工业经济，2017(9)：174 - 192.

[9] 段超. 互联网时代基于顾客价值的企业组织结构变革案例研究及应用[D]. 西安：西安外国语大学，2018.

[10] 冯冲. 平台企业组织结构演化研究[D]. 成都：电子科技大学，2018.

[11] 张世龙. 互联网企业组织结构分析及定性定量评价[D]. 北京：北京外国语大学，2019.

[12] 刘绍荣，夏宁敏，唐欢，等. 平台型组织[M]. 北京：中信出版社，2019.

[13] 忻榕，陈威如，侯正宇. 平台化管理——数字时代企业转型升维之道[M]. 北京：机械工业出版社，2019.

[14] 丁菓. 企业组织结构变革——基于合法性逻辑的思考[M]. 南京：南京大学出版社，2020.

[15] 尹晓娟. 刍议互联网时代企业组织结构的变革[J]. 商业经济研究，2020(24)：107 - 110.

[16] 田海. 基于阿米巴经营理念的 R 企业组织结构优化研究[D]. 武汉：中南财经政法大学，2021.

第5章 ▶ 物流平台信息系统

智慧物流平台：让海外仓更聪明

外贸企业发往海外仓的货物是否会丢失？国内的工作人员能否实时"查看"海外仓货物的相关动态？企业能否借助海外仓积累的数据开发出更多适销对路的产品？……摆在外贸企业面前的这一连串疑问，正有望通过智慧物流平台得到解答。

近期国务院常务会议在部署进一步稳外贸、稳外资举措，以及提升对外开放水平时强调，要支持海外仓企业建设智慧物流平台。对此，受访业内人士认为，建设智慧物流平台不仅可以提升海外仓的管理水平，为外贸企业解决物流难题，更能助力外贸企业提升智慧获客能力，对推动外贸高质量发展有着重要意义。

1. 智慧物流平台好处多

借助智慧物流平台，位于中国的商家可以跨越重洋，对海外仓里的货物进行实时管理与动态监控。一旦库存出现任何异常，系统将迅速提醒商家及时补货或清理库存。同时，商家还可以在网上一键获悉跨境物流的履约详情，以及海外仓储配送报价测算。6月14日，菜鸟海外仓智慧供应链系统"货运参谋"正式上线。该系统由菜鸟自主研发，集海外仓储配送价格测算、备货指导、库存管理、优品建议等多重功能于一身，受到外贸企业好评。

佛山某大型家具厂商负责人表示，此前公司在菜鸟某海外仓备货的一款沙发销量低于预期，令人着急。在购买了"货运参谋"服务后，该系统利用算法与公开数据，拟合类比了头部电商平台上相同品类的销售数据和消费者反馈，提供了产品改进建议。公司根据建议对沙发进行了改良，如增加了沙发坐垫厚度等，改良后的产品销量显著提升。

这仅仅是智慧物流平台给外贸企业开展业务带来利好的一个缩影。宁波豪雅进出口集团有限公司常务副总裁蔡井泉在接受国际商报记者采访时表示，智慧物流平台形式多样，其核心在于运用信息化和智慧化手段提升海外仓管理的效率，实现降本增效，不仅为外贸企业带来便利，也能为外贸高质量发展赋能。

首批入选"商务部优秀海外仓实践案例"的艾姆勒海外仓储深圳有限公司，也在加快建设智慧物流平台。作为一家专注于俄罗斯电商市场的第三方供应链服务商，公司总经理张文廷在接受国际商报记者采访时表示，智慧物流平台是通过数字化技术和大数据，将外贸企业与海外仓的物流、信息流等全面打通，实现全程可视化，外贸企业可实时了解货物的运输及库存状态。而且数据打通后，海量数据流将产生更大价值，如作为保险公司降低保费或银行授信的依据等。

2. 从外贸企业需求出发

国内一站式国际物流服务平台"运去哪"通过互联网、数字化技术，打造了一个"一站式"在线服务平台，成功连接跨境供应链中的各个节点，积极推动智慧物流平台和海外仓的深度融合，已助力大量外贸企业实现降本增效。该平台创始人兼首席执行官周诗豪在接受国际商报记者采访时表示，在支持外贸高质量发展方面，智慧物流平台至少可发挥三重作用：一是融合跨境供应链上的更多环节，为外贸企业提供丰富多样的物流解决方案和产品，助力企业降本增效；二是可以让发货企业更直观、迅速地了解货物流转、仓储等各节点动态，提高对物流和货物的管理、规划效率；三是便于整合物流、信息流、商流，帮助外贸企业更精准、高效地捕捉商机。

周诗豪还表示，"运去哪"目前正加快布局海外仓建设，推动海外仓和智慧物流平台的融合发展，以惠及更多外贸企业。其主要经验做法包括：通过智慧物流平台加强产业链各环节资源的连接与融合，为更多外贸企业提供全链路服务；加大数字化产品的研发力度，比如船期预测、物流追踪等，以降低运输、流转过程中产生的损耗；利用数字化技术手段提升海外仓与国际物流头程配送环节的衔接效率，进而提升跨境电商业务的物流效率。

资料来源：

中工网. 智慧物流平台：让海外仓更聪明 [EB/OL]. (2022 - 6 - 16) [2023 - 10 - 11]. https://www.workercn.cn/c/2022 - 06 - 16/6980485.shtml.

5.1 物流平台信息系统规划与建设

物流平台整合了政务服务信息、出行服务信息、安全服务信息、物流供需信息和其他相关信息等各类信息资源。物流平台所提供的多元化物流服务正是建立在物流信息资源整合和共享的基础之上。通过对物流信息资源的整合和共享，物流平台促进了用户之间的信息交换，实现了信息的高效流动，为物流资源的整合与共享奠定了基础，得以承接和支持各种物流活动，并使不同物流活动环节能够有效衔接，从而优化物流运作，提升运作效率，最终实现物流系统整体效益最大化。因此，物流平台必须高度重视其信息系统的规划与设计，以支持其各种服务功能的实现。

5.1.1　物流平台信息系统概述

物流平台信息系统是专为物流平台设计的管理信息系统。其覆盖范围广泛，基本涵盖了行业监管（服务）类用户、物流提供方和需求方用户、增值服务提供方用户等平台上所有类型的用户，实现了物流、商流、信息流和资金流的"四流合一"。

1. 物流平台信息系统的内容

物流平台信息系统的内容包括以下几个方面。

（1）**公共基础信息服务**　物流平台信息系统负责收集平台上所有使用者的基础信息，以及与物流活动相关的所有信息，包括物流作业环节直接或间接产生的物流活动信息、各类物流资源的信息、对物流活动有影响的法律、政策、行业、政务等相关信息，以及增值服务相关信息等。物流平台信息系统将这些信息收集后进行整理分类，并提供给有需求的信息使用者。

（2）**整合信息资源，支持物流服务方案的实现**　除提供基础信息服务以外，物流平台信息系统还能将平台上各个用户自身的物流信息系统联系起来，通过平台信息系统在数据层面实现互联互通，提供统一的数据接口，以提高各用户之间的数据互联水平，为物流服务方案的设计和实施提供决策支持，进而提升物流服务提供方和需求方用户的满意度。

（3）**支持行业监管（服务）类用户的公共服务和监管**　物流平台信息系统设置了与政府、物流领域的行业协会和科研院所的对接通道，实现了信息、数据的双向流通。通过接入平台的信息系统，一方面可以及时为物流服务提供方用户和需求方用户提供各种电子政务服务，支持物流活动的正常开展，保护各方正当权益；另一方面还可以通过物流平台信息系统采集物流市场信息，帮助政府、行业协会、科研院所更加准确地了解物流行业发展的实际状况，从而制定出有利于物流业发展的法律法规、政策、标准，提供更为精准有效的技术支持。此外，物流平台运营企业通过平台信息系统采集平台运营信息、数据，可以及时掌握物流平台的运行动态，对平台运行过程中出现的各种问题做出快速反应，确保平台在正确的轨道上运行，并合理地制定物流平台发展的长远规划，推动物流平台的可持续发展。

（4）**降低金融、保险增值服务风险**　通过物流平台信息系统全面、深入地采集物流活动相关信息，可以更好地了解物流供需双方的资质状况和诚信水平，掌握物流活动进展动态，降低金融、保险增值服务方用户的资金投入风险，为物流服务提供方和需求方用户提供安全、充裕的资金支持。

2. 物流平台信息系统的作用

物流平台信息系统的作用体现在多个方面，如下所示。

（1）**提高政府、行业协会等相关管理主体对物流市场进行管理、控制的能力**　物流平台信息系统实现信息数据等资源的共享，为政府、行业协会等相关管理主体提供了充分、及时的市场信息，使得管理、控制决策的出台有据可依，从而提高了政府、行业协会等相关管理主体对物流市场的管理、控制能力。

（2）**提高社会物流资源的利用效率**　通过物流平台信息系统，可以储备大量的物流供需信息，提高供需主体匹配成功率，从而最大限度地盘活社会闲散物流资源。同时，物流平台的信息系统还能实现平台上不同用户物流信息系统的整合，以信息、数据为基础，更好地设计、实施物流活动方案，从而使得投入的物流资源得到更为充分的利用。

（3）**提高物流企业信息化建设水平**　对于没有能力自建物流信息系统的中小型物流企业而言，物流平台可以提供云计算服务，有效提升这些企业的信息化建设水平。对于其他已构建完成物流信息系统的物流企业来说，为满足接入物流平台信息系统、使用平台服务的需要，它们需要从技术层面提高内部信息技术基础设施和信息系统的建设水平；从应用层面扩大物流信息系统的功能覆盖范围和应用场景；从管理层面制定适应平台需要的信息化战略和机制，从而提高自身的信息化建设水平。

3. 物流平台信息系统的特点

物流平台信息系统的特点包括层次性、交互性、统一性和开放性几个方面。

（1）**层次性**　物流平台信息系统具有技术系统的一切特征，包括结构上的层次性和功能上的层次性。从技术系统的基本构造来看，物流平台信息系统可以理解为由基本信息单元、中间信息单元、高级信息单元三个层次构成，具有自下而上的"套箱式"结构。

（2）**交互性**　物流平台信息系统的交互性包括横向交互性和纵向交互性两个方面。横向交互性是指不同的物流信息系统之间可以进行交互；纵向交互性则是指不同层次的物流平台信息系统之间可以进行交互，既有上级对下级的指挥控制，又有下级对上级的信息反馈，上下之间互为信源和信宿。

（3）**统一性**　统一性即信息一体化，包括功能一体化和结构一体化两个方面。功能一体化是指过去由若干单独的物流信息系统分别来完成的职能，现在改由同一个平台系统来完成；结构一体化则是指物流平台信息系统具有统一的信息格式、数据接口、文本协议、操纵环境等结构，使得物流平台信息系统的使用和开发能够按统一标准进行，确保横向和纵向的兼容性，保证技术系统的可持续发展。统一性是交互性的基础，有了统一性就可以通过各级物流平台和数据链实现化零为整。

（4）**开放性**　开放性是指物流平台信息系统的功能、结构、层次等结构要素本身是发展变化的，是一个开放的复杂系统，表现为系统功能的不断扩张和信息处理能力的不断提高。未来，物流平台信息系统将向智能化发展，形成全新的智能信息系统。因此，物流平台信息系统是不断演进的，其本身并没有最终的形态。

5.1.2　物流平台信息系统规划

信息系统规划（Information System Planning，ISP）是基于经营战略制定的，面向组织信息化发展的远景，关于信息系统的整个建设计划。这一规划包含信息系统的发展方向和目标、IT 方案、实施策略和计划、预算等内容。物流平台信息系统的规划同样遵循这一框架。

1. 物流平台信息系统规划的概念及目标

物流平台信息系统的规划是根据物流平台用户的系统开发需求，进行初步调研，以明确问题所在，并确定系统目标、总体结构以及分阶段实施的进度安排，然后进行可行性研究。

物流平台信息系统规划的主要目标是根据物流平台的发展目标与战略，制定出信息系统建设的长期发展规划，从而决定信息系统在整个生命周期的发展方向、规模和进程。物流平台信息系统规划一般既包括 3 ~ 5 年的长期规划，也包括 1 ~ 2 年的短期规划。

2. 物流平台信息系统规划的内容

物流平台信息系统规划旨在帮助平台充分利用信息技术来规范内部管理，提高组织工作效率，提升顾客满意度，并积极开拓市场，扩大用户基数，使物流平台在与同类型平台的竞争中获取竞争优势。物流平台信息系统规划的内容包括以下几项。

（1）**物流平台内外部信息化建设现状分析**　内部现状是物流平台运营企业的内部视角；外部现状则基于物流平台上各种类型用户的角度，特别是物流供给方用户。信息化建设现状分析主要从技术、应用、管理三个层面来展开。

（2）**物流平台业务流程的现状、存在问题分析及在新技术条件下的流程重组**　根据物流平台的三台组织结构，围绕如何更有效地服务于前台各服务职能集合承担的业务，提高业务运作效率，分析平台信息系统需要给予的支持。同时，结合新技术的特点，分析现有业务流程存在的问题、需要改进的环节，乃至是否需要对原有业务流程进行根本性的重新思考和设计。

（3）**对影响规划的信息技术发展的调研与预测**　信息技术主要包括计算机硬件技术、网络技术及数据处理技术等。目前信息技术的发展水平、未来趋势与方向，以及可能会出现的重大乃至革命性的信息技术创新，都将给物流平台信息系统的开发带来影响（如处理效率、响应时间等），并决定未来系统性能的优劣，因此需要进行充分的调研与预测。

（4）**物流平台信息系统的目标、约束及总体结构**　信息系统的目标明确了物流平台信息系统应该实现的功能；系统的约束包括物流平台信息系统实现的环境和条件（如硬件设备、技术要求、人力资源需求、资金预算、管理规章制度等）；系统的总体结构则指明了物流平台上信息的主要类型和主要子系统。

（5）**物流平台信息系统建设方案的制定** 在明确上述内容之后，需要以此为基础制定详细的建设方案。方案具体内容包括物流平台信息系统建设的重点；建设阶段的划分以及每个阶段应达成的阶段性目标；实现阶段性目标的途径设计；所需资源的获取与配置方式；阶段性目标的达成效果检验。

3. 物流平台信息系统战略规划的制定方法

自 20 世纪 60 年代起，ISP 开始受到重视，许多专家在实践基础上提出了不同的方法。物流平台信息系统建设可采用的规划方法包括以下几种。

（1）**面向低层数据的规划方法** 面向低层数据的规划方法就是传统的以数据为中心的规划方法，注重数据的准确性和一致性，偏重数据实体或数据类的定义、识别、抽取，以及数据库逻辑分析、设计等方面的技术分析。这种规划方法在组织业务流程建模以及数据库逻辑分析和设计方面有独到之处，但在组织战略分析方面的功能相对比较薄弱。典型的方法有企业系统规划法（Business System Planning，BSP）和战略系统规划法（Strategic System Planning，SSP）。

（2）**面向决策信息的规划方法** 这是以支持组织战略决策信息为核心进行组织信息系统战略规划的方法。这类方法在处理组织战略与信息系统战略相互关系方面的功能比较强，但在组织业务流程建模等方面的功能较弱。典型的方法有战略目标转移法（Strategic Set Transformation，SST）和关键成功因素法（Critical Success Factors，CSF）。

（3）**面向组织内部流程管理的规划方法** 面向组织内部流程管理的规划方法通过分析业务流程链及其价值创造情况，对流程进行优化，增强流程链上的活动之间的匹配度，寻求业务流程的最大价值创造，达到增强组织竞争力的目的。典型的方法有业务流程再造（Business Process Reengineering，BPR）、价值链分析法（Value Chain Analysis，VCA）等。

小链接

互联网时代业务流程再造的 4 大原则

所谓流程再造（Business Process Reengineering），简称 BPR，就是指根据公司战略调整及商业模式变化，从根本上重新考虑产品或服务的提供方式，再造新流程。常见的流程再造技巧主要包括：价值链重组、战略转型、业务流程外包等。

根据互联网时代的特性，我们将互联网时代业务流程再造的原则归结为以下四个方面：用户、产品、速度、平台。

1. 用户

这是互联网时代企业业务流程再造的核心要素，任何忽视用户（包括外部客户、终端用户、内部客户）满意度的所谓业务流程再造都是徒劳。

（1）"用户是神"与传统企业中"顾客是上帝"的观念不同，在互联网时代，我们更倾向于讲"用户是神"。"顾客是上帝"体现的是传统的经营思维，它意味着被动地、无底线地迎合顾客；而"用户是神"则代表了一种全新的互联网思维，它要求企业主动地、有选择地去满足用户的某些核心需求。

（2）得"草根"者赢天下　从崔健的"蓝色骨头"手机到罗永浩的"锤子手机"，再到小米手机，这些产品的成功案例无不彰显了"草根"用户群体的巨大影响力。在互联网时代，那些能够真正关注并重视"草根"用户的企业必将获得成功。

2. 产品

"酒香不怕巷子深"，在任何时代，产品为王的定律始终不会被改变。只不过在互联网时代，企业在打造产品的时候与之前相比发生了根本性的变化。如：传统企业强调性价比，而现在更加强调极致；传统企业强调多功能、一体化，而现在更加强调简约；传统企业做产品是企业内部的事，现在则转为让用户参与产品研发与生产、销售全过程，以提升客户体验；传统企业强调"推"的策略（即企业通过大力的广告宣传、促销手段吸引客户购买），互联网时代则主张"拉"的策略（即得"草根"者赢天下，好产品会说话）；等等。以上这些改变，足以说明在互联网时代产品本身的重要性更加凸显。

3. 速度

在互联网时代，信息传播的速度之快使得天下没有新鲜事。海尔集团的张瑞敏先生曾经说过，现在企业的竞争不是大鱼吃小鱼，而是快鱼吃慢鱼，精鱼吃傻鱼。这句话用在互联网时代更加切合，这是互联网时代的特征，因此企业在进行业务流程再造的时候一定要记得：速度，速度，还是速度！因为有了速度，小鱼也可以吃大鱼，有了速度，傻鱼也可以吃掉精鱼。

4. 平台

在互联网时代，所有的企业都将趋向于平台化，企业不再是以投资方为核心招聘员工执行任务，而是要将公司视为一个由投资方与员工共同打造的平台。在这个平台上，员工不再抱着"打工心态"来做事，而是把公司看作是自己展示才华和实现人生价值的平台。

资料来源：

水藏玺. 业务流程再造（第 5 版）[M]. 北京：中国经济出版社，2019.

（4）**面向供应链管理的规划方法**　这一方法实质上是将原本面向组织内部流程管理规划的方法进一步向企业的上下游方向拓展，借助与合作伙伴的联盟，依托供应链的整体优势提升企业竞争力。这类规划方法以价值链成分或项目为研究对象，通过分析成分或项目的风险和收益，制定相应的策略，以帮助组织获得竞争优势。典型的方法是战略网络模型法（Strategic Grid Model，SGM）。

5.1.3　物流平台信息系统建设过程管理

物流平台信息系统的建设过程管理包括软件质量管理和配置管理两部分内容。

1. 软件质量管理

软件质量是指软件产品中能满足给定需求的各种特性的总和。这些特性被统称为质量特性，包括功能度、可靠性、易用性、时间经济性、资源经济性、可维护性和可移植性等。

软件质量管理贯穿软件开发全过程，而非仅仅局限于测试这一特定环节。事实上，测试只是软件开发全过程质量管理的最后一道关口。

要保证物流平台信息系统软件开发的质量，必须依托一定的管理模型或标准。常用的软件质量管理标准或模型包括 ISO 9000 系列标准和 CMM 软件能力成熟度模型，它们可以为物流平台信息系统的软件开发提供全过程的质量管理支持。

（1）**ISO 9000 系列标准**　ISO 9000 系列标准是由国际标准化组织（International Organization for Standardization，ISO）于 1987 年颁布的一套在世界范围内通用的质量管理系列标准。该系列标准包括五个部分：ISO 9000、ISO 9001、ISO 9002、ISO 9003 和 ISO 9004。

其中，ISO 9000 标准作为 ISO 9000 系列标准的选用导则，主要阐述了质量术语的基本概念及其相互关系、质量体系环境的特点、质量体系国际标准的分类、质量体系国际标准在质量管理中以及合同环境中的应用等内容。

在 ISO 9001、ISO 9002、ISO 9003 三种标准中，以 ISO 9001 建立的质量标准体系最为全面且具有普遍性。ISO 9001 是一个适用于所有类型组织的标准，它提供了一个宏观的质量管理体系框架，并描述了一般质量系统的需求，适用于硬件、软件、流程材料和服务四大领域。

（2）**CMM（Capability Maturity Model for Software，软件能力成熟度模型）**　CMM 是专门针对软件行业的质量管理国际标准，由卡耐基梅隆大学软件工程研究院于 1987 年推出，用于评估开发组织在软件开发过程中的能力成熟度。

① "成熟"（mature）是指软件开发是依据明确的过程准则来实施的；软件开发实施过程控制，整个开发过程可预测；以往软件开发项目中获得的经验得以累积，并可系统地运用于当前和未来的软件开发项目中；开发结果较少依赖于个人能力和自然因素；软件质量借助客观定量化的数据得到有效监控。

② "不成熟"（immature）是指软件开发过程缺乏准则可循；没有健全的过程控制及质量控制体系，无法对软件开发过程进行预测；过往软件开发项目的成功经验没有得到有效积累和应用；开发结果主要依赖于软件开发项目小组及个人的主观能力和发挥；软件开发质量未得到有效监控。

CMM 将软件开发过程中的能力成熟度划分为初始级（Initial）、可重复级（Repeatable）、定义级（Defined）、管理级（Managed）和优化级（Optimizing）共 5 个等级。每一级由完全相同的内部结构组成，包括软件成熟度等级、关键过程域、公共特性和关键实践。如图 5-1 所示。

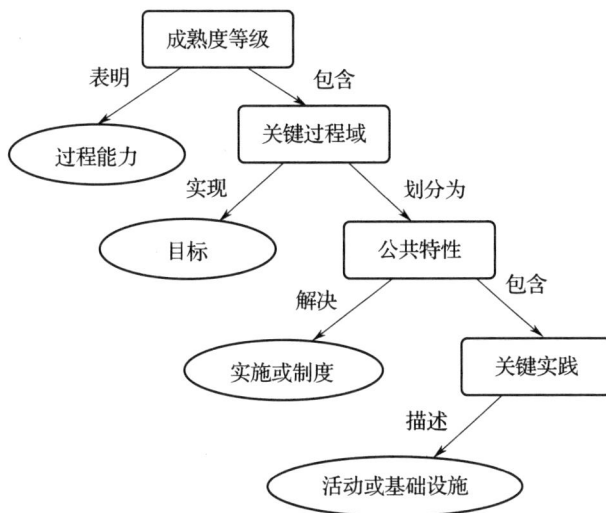

图 5-1　CMM 的内部结构

CMM 关键过程域的分类如表 5-1 所示。

表 5-1　CMM 关键过程域分类表

成熟度等级	成熟度名称	关键过程域		
		管理方面	组织方面	工程方面
1	初始级	无过程		
2	可重复级	需求管理 软件项目计划 软件项目跟踪和监督 软件分包合同管理 软件质量保证 软件配置管理		
3	定义级	综合软件管理 组间协调	机构过程焦点机构 过程定义培训大纲	软件产品工程同 级互查
4	管理级	定量管理过程		软件质量管理
5	优化级		技术更新管理过程 变更管理	缺陷防止

（3）**CMMI**（Capability Maturity Model Integration，**能力成熟度模型集成）**　CMMI 是 CMM 软件能力成熟度模型的新版本，由专业的认证公司和评估师按照 CMMI 模型对软件开发过程进行检查，以确认其是否达到了 CMMI 某个级别的要求。

CMMI 将软件开发过程的能力成熟度划分为初始级、已管理级、已定义级、量化管理级和优化管理级五个等级。

① 初始级：软件开发过程呈现无序状态，有时甚至陷入混乱，对过程几乎没有定义；项目的成功取决于个人努力；管理往往是被动且反应式的。

② 已管理级：设计了基本的软件开发项目管理流程来跟踪费用、进度和功能特性；制定了必要的软件开发过程纪律；能重复早先类似软件开发项目所取得的成功经验。

③ 已定义级：已将软件开发管理的过程文档化、标准化，并据此来组织软件开发过程。软件产品的生产在整个软件开发过程中是可见的。

④ 量化管理级：依据详细的量化数据，对软件开发过程和软件测试质量进行分析与控制。软件开发的全过程质量管理均以客观事实为依据，因而可以以定量的方式预测软件产品性能。

⑤ 优化管理级：可集中精力改进软件开发过程；在软件开发过程中采用新技术、新方法；可以识别软件开发过程的薄弱环节并加以改进，防止软件产品出现缺陷；能有效采集软件开发过程中的统计数据，并进行分析，从而得出软件开发的最佳方法。

2. 配置管理

配置管理是指在一个信息系统或软件中对配置项进行的管理活动，包括对配置项的定义、存储、跟踪和修改等一系列活动。配置项可以是硬件设备、软件组件、系统设置、网络配置等。配置管理旨在确保在不同时间点或环境下，信息系统或软件配置项的正确性和一致性。通过配置管理，我们可以追溯信息系统或软件配置项的变更历程，帮助管理人员更好地理解信息系统或软件的演变轨迹，并对变更过程进行审计和控制。配置管理也是软件开发中的一个重要环节，可以确保开发团队的代码、文档、版本号等信息得到妥善管理。

（1）**配置管理的步骤**　配置管理的主要步骤如下所示。

① 识别需要受控的配置项：确定在整个信息系统或软件生命周期内需进行控制的项目、部件、文档、数据等。

② 为每个配置项分配唯一的标识号：在识别出需受控的配置项后，需要为每个配置项分配一个独一无二的标识号，以便在整个信息系统或软件生命周期中对其进行追踪、记录、管理和控制。

③ 定义每个配置项的重要特征：针对每个配置项，定义其名称、版本、状态、所有者、负责人、描述、相关文档、所需工具、所需环境等特征。

④ 确定每个配置项的所有者及其责任：明确每个配置项的所有者及其责任，以确保配置项得到恰当的管理和控制，并保持一致性和可追溯性。

⑤ 确定配置项进入配置管理的时间和条件：确定配置项何时以及在何种条件下进入配置管理过程，以确保对配置项的管理能够自其投入使用开始，并持续至配置项被废弃为止。

⑥ 建立并控制基线：基线代表特定时点或阶段的配置项版本或状态，是进行配置管理的重要依据。因此，需要在适当的时机建立基线，并在整个信息系统或软件生命周期中对其进行控制。

⑦ 维护文档、组件修订与产品版本之间的关联：在配置管理过程中，需要确保各种文档、组件的修订和版本控制与产品版本之间的关系保持一致，以便能够快速、准确地定位、检索和恢复所需版本。

（2）**配置管理的角色与职责**　配置管理涉及多个角色，每个角色都承担着不同的职责和任务。以下是常见的配置管理角色及其职责。

① 配置管理员：配置管理员是配置管理团队中最重要的角色，负责配置管理计划的实施、配置项的标识、配置库的维护、配置项变更的控制和配置报告的编制等工作。

② 配置审计员：负责审核配置项的变更请求，确认变更的正确性和有效性，并进行审核记录，以确保所有变更都得到审计。同时，配置审计员还需确认所有配置项的实施是否符合规定，并识别出所有未经授权或无法追踪的配置项变更。

③ 配置工程师：负责配置项的开发、测试、维护和实施工作，并负责评估系统需求，确定所需的配置项及其属性。

④ 项目经理：负责确定配置管理项目范围，制订计划和时间表，协调和管理配置管理团队，确保项目成功完成并满足业务需求和用户期望。

⑤ 业务所有者：负责识别和定义配置项，确保配置项符合业务需求，并审批所有变更请求。

⑥ QA（Quality Assurance，质量保证）经理：负责确保配置项和相关文档的质量符合标准，并确保所有变更请求和实施过程都符合既定标准和政策要求。

5.2　物流平台信息系统技术实现

物流平台信息系统的体系结构反映了平台信息系统所具有的特点和功能，其合理性对于信息系统能否充分发挥其对物流平台业务的支持作用至关重要，因此，必须科学组织其开发过程。

5.2.1　物流平台信息系统的体系结构

物流平台信息系统是为满足信息采集、处理、存储、分析、传递等需求而构建的综合体系。物流平台信息系统虽然是组织信息流的综合载体，但其结构并不拘泥于组织的树形结构，而一般多为网状结构。随着信息技术的发展，物流平台信息系统的结构也经历了由低级向高级、由简单到复杂、由单项到综合的发展过程。

在物流平台信息系统体系结构设计中，应遵循以下原则：确保系统的开放性、模块化和适应性；保障平台各部分之间数据的完整、安全交换；系统内使用通用的数据定义、信息格式及通信协议，以确保不同部门各自独立开发的子系统具有互操作性；尽可能兼容现有技术及已开发的系统，并为未来新技术的引入预留空间。

1. 概念结构

物流平台信息系统的概念结构由四大核心部件组成，即信息源、信息处理器、信息使用者和信息管理者，如图 5-2 所示。

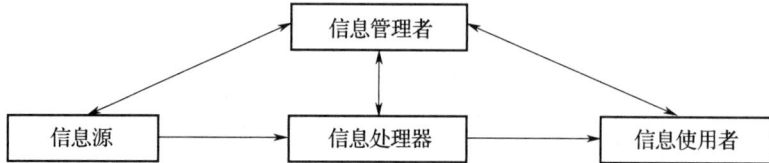

图 5-2　物流平台信息系统的概念结构

信息源是原始数据的产生地，也是物流平台信息系统的基础。在物流平台信息系统中，信息主要源自物流平台用户发布的各类信息、物流服务过程中的业务信息和后台资源池提供的各类信息。

信息处理器利用计算机软硬件技术，对原始数据进行收集、加工、整理和存储，将其转化为有价值的信息，再将信息传输给信息使用者。

信息使用者是信息的用户，他们根据收到的信息进行决策。

信息管理者负责管理信息系统的设计和维护工作，在信息系统实现以后，还要负责协调信息系统的各个组成部分，保证信息系统的正常运行和使用。

2. 层次结构

根据决策的内容差异和层次高低，管理活动可分为三个不同的层次：战略层、管理服务层和操作层。一般来说，下层的工作量比较大，上层的工作量相对小一些。不同层次的管理活动需要不同的信息服务，由此可以把物流平台信息系统相应划分为战略层、管理服务层和操作层三个层次，不同层次的信息系统部分在数据来源和所提供的信息服务方面存在显著差异。

（1）**操作层**　前台服务职能集合处于物流平台的操作层，利用平台资源开展的业务活动在一定时期内具有较为稳定的内容和运作流程，相应的管理活动也较为固定。因此，物流平台信息系统操作层的数据主要来源于各类业务活动，所提供的信息服务主要集中在事务处理、报告生成和查询响应等方面。具体流程为：首先将处理请求输入到处理系统中，系统自动从数据库中搜寻相关的信息进行分析处理，最后输出处理结果或报告。

（2）**管理服务层**　组织中台和业务中台处于物流平台的管理服务层，根据后台开发的各种资源、制定的运作规则和宏观调控策略，对前台进行管理，为前台业务活动的开展提供支持。物流平台信息系统管理服务层的数据来源主要有三个渠道：控制物流平台业务活动的预算、标准、计划等文件；业务活动所产生的实时数据；以及市场动态等其他信息。这一层次提供的信息服务主要包括提供决策所需模型，对前台各服务职能集合业务的预测和计划，对计划执行情况的定期和不定期的偏差报告，对问题的分析评价，对各项查询的响应等。

（3）**战略层**　后台处于物流平台的战略层。物流平台信息系统战略层的数据来源比较广泛，除了平台内部数据，还包括大量的外部数据，如当前社会的政治形势、经济发展趋势、国家对于物流产业发展的政策、物流市场发展状况、物流技术研发进展、物流平台在国内外市场上所处的位置和竞争能力等。这一层次提供的信息服务主要围绕后台行使职能展开，具有高度的概括性和综合性。例如，在资源池开发过程中，信息系统可对物流平台运行状况、业务能力、市场需求、竞争对手实力进行全面评估和预测，从而为资源池的建设方向和建设内容提供科学决策依据。

3. 功能结构

按照物流平台商业模式的内涵，我们可以将物流平台信息系统划分为两类。

第一类为信息数据服务型信息系统。这类信息系统主要提供基础物流信息服务，通常表现为公共物流平台形式，没有特定的服务对象，而是面向全体物流信息需求者提供广泛服务，其主要形式为各级物流公共信息平台。

第二类为聚合型公共平台信息系统。这类信息系统提供了一个公共信息平台，将物流平台用户的信息系统整合至公共信息平台之上，特别是聚合了物流服务供给方用户拥有的为其专业物流服务而设计的物流信息系统。聚合型公共平台信息系统提供开放的数据接口，实现多个信息系统的互联互通。聚合型公共平台信息系统通常都是针对所依存物流平台的具体物流业务，或者针对某些特定客户开发的，具有较强的专业性。

（1）**信息数据服务型信息系统的功能结构**　由于这类系统的主要功能是数据集成，因此在功能结构上相对比较简单。其主要任务是收集来自各方面的信息，经过整理和分类处理后，按客户需求提供数据服务。

信息数据服务型信息系统主要功能结构如图 5-3 所示。

（2）**聚合型公共平台信息系统的功能结构**　聚合型公共平台信息系统提供了一个公共的信息平台，将物流平台用户的信息系统整合至公共平台之上，为它们提供数据共享接口，以便于各信息系统之间进行数据交换，实现物流平台上不同用户之间的数据传输和共享。

聚合型公共平台信息系统的金字塔结构如图 5-4 所示。

4. 软件结构

软件结构是指支持物流平台信息系统各种功能的软件系统或软件模块所组成的结构，可用功能——层次矩阵来表示：在水平方向列出信息数据服务、业务支持、网络货运等具体物流项目，在垂直方向列出战略计划、管理控制、运行控制、业务处理等管理层次。例如，针对网络货运这一项目，物流平台信息系统中的相关软件或模块可以组成一个软件结

信息发布	政策信息	企业信息	技术服务信息	物流市场信息	其他信息
物流服务	订舱	运输	仓储	流通加工	包装
通关服务	报检	报关	报关报检信息查询	配载信息查询	保税退税
货物跟踪	车辆定位	货物报关报检状态跟踪	货物在途状态跟踪	货物配载状态跟踪	
信息咨询服务	船期信息	航班信息	物流行业动态	税率信息	政策法规信息	通关手册
金融保险服务	代理保险	在线支付	货差货损理赔	运费管理	合同管理	担保交易	结算
企业级应用服务	客户关系管理	采购管理	车辆管理	仓储管理	外贸业务管理	运输配送管理
企业商业信息评价	服务质量评价	资金交易信用评价	服务价格评价	服务响应时间评价	
政府决策支持服务	行业数据处理	企业信用评价管理	政策法规信息发布	企业业务数据挖掘	辅助决策统计分析
危险品物流管理	运输车辆信息	存储设备信息	车辆监控	车辆调度	历史轨迹	危险品监督	承运商信息

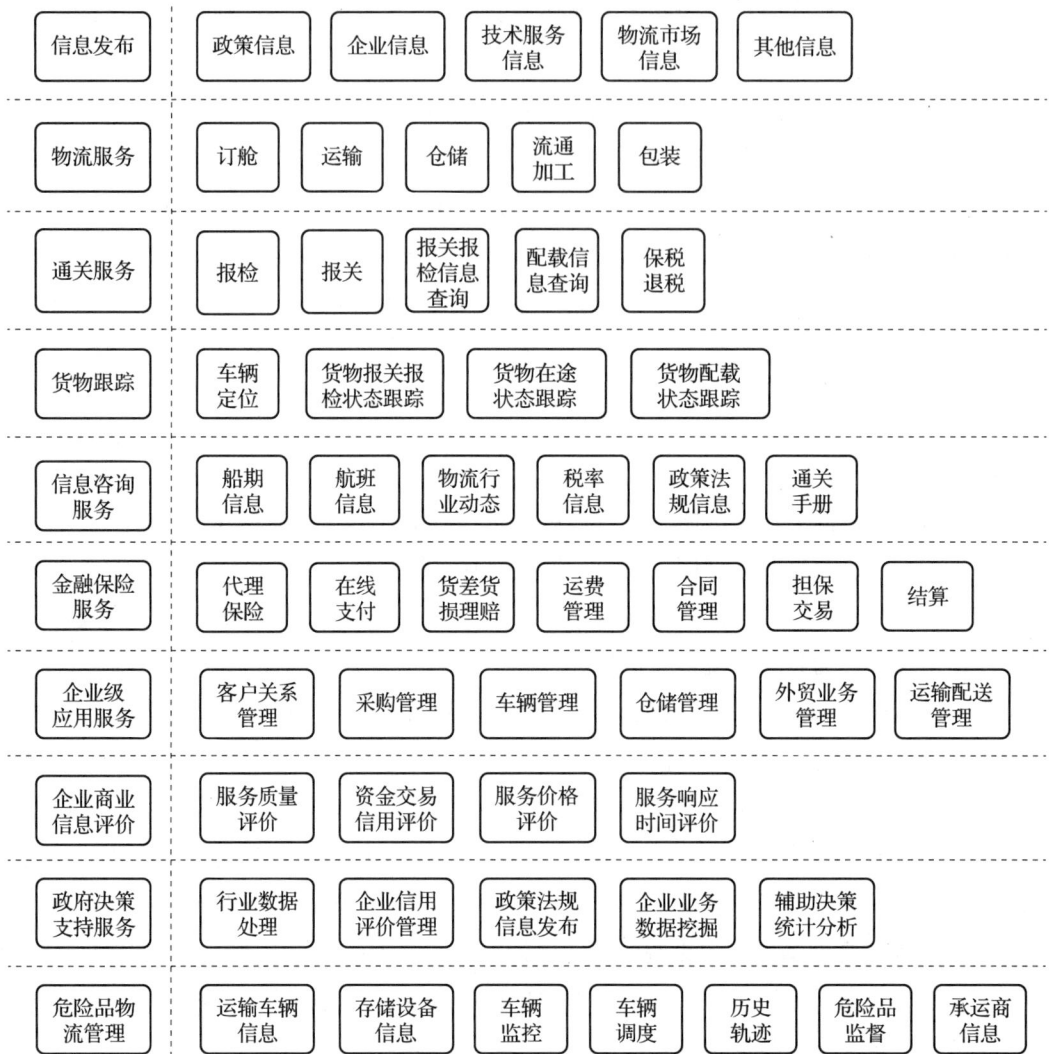

图 5-3   信息数据服务型信息系统主要功能结构

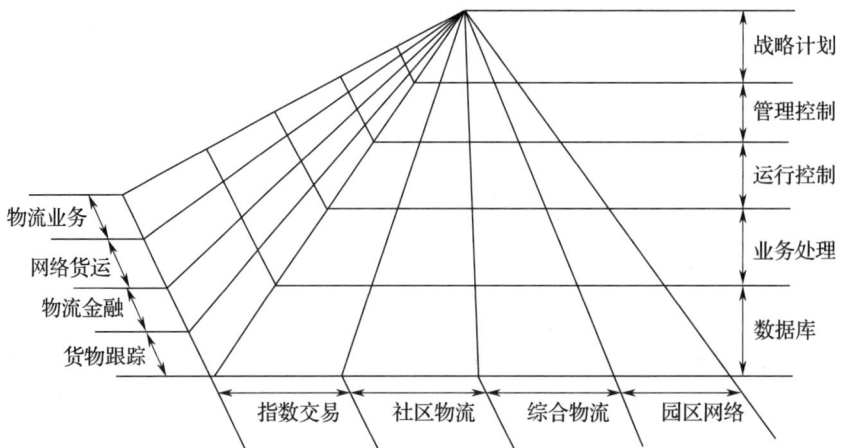

图 5-4   聚合型公共平台信息系统的金字塔结构

构，该软件结构由支持战略计划的模块、支持管理控制的模块、支持运行控制的模块、支持平台业务处理的模块以及它专属的数据文件所组成。同样地，对于信息数据服务，物流平台信息系统中的各类业务数据、公用数据、专用数据以及公用模块等都可以组成相应的数据服务软件结构。该软件结构也同样可以用于支持政府和企业的各项具体活动。

此外，物流平台信息系统的软件结构中还包括为全系统所共享的数据和程序资源，包括公用数据、公用程序、公用模型库及数据库管理系统，如图 5−5 所示。

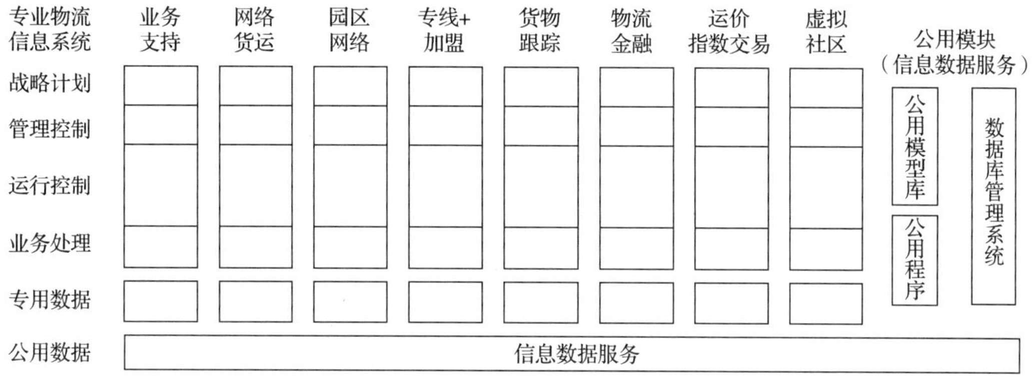

图 5−5　物流平台信息系统的软件结构

5. 物理结构

信息系统的物理结构是指忽略信息系统各部分的实际工作和软件结构，只抽象地考察其硬件系统的拓扑结构。

与其他类型信息系统相类似，物流平台信息系统的物理结构包括以下几种类型。

（1）**集中式**　集中式结构由一台主机连接若干终端，运行多用户操作系统以供多个用户同时使用。主机承担系统所有的数据处理、数据存储和应用管理，因此必须具备大存储容量、超高速 IVO 传输速率。不同的主机机型通常配有专用的多用户操作系统，一般由小型机甚至中大型机担任。终端一般是非智能的，没有信息处理能力，仅负责将键盘输入的信息传递给主机，并将主机输出的信息显示在屏幕上。集中式系统结构的优点在于数据高度集中，便于管理控制；其缺点是系统灵活性差，扩展能力有限，且维护难度较大。一旦主机出现故障，整个系统都将陷入瘫痪。为保证系统的可靠性，通常需采用高成本的双机系统或容错机。

（2）**分散—集中式**　分散—集中式结构使用微机或工作站运行应用软件和数据库管理软件，通过局域网与一台或几台作为整个系统的主机和信息处理交换中枢的小型机乃至大型机相连。这种结构的优点在于，主机主要作为文件服务器，负责根据用户的请求读取和传送文件，并集中管理共享资源。这使得各个工作站既能相互独立地处理各自的业务，必要时又能成为一个整体，可相互传递信息、共享数据，因而这种结构较为灵活且易于扩展；其缺点在于文件服务器提供服务的能力有限，它仅以将整个文件在网络中传输的方式提供服务，这导致网络通信负荷较重，系统维护也相对困难。

（3）**分布式**　分布式结构由微机、工作站充当客户机，负责执行前台功能，如管理用户接口、采集数据和报告请求等；由一台或分散在不同地点的多台微机、工作站、小型机或大型机充当服务器，负责执行后台功能，如管理共享外设、控制对共享数据库的存取、接收并回答客户机的请求等，再用总线结构的网络把客户机和服务器连接起来。

分布式与分散—集中式的区别在于，它将系统的任务一分为二，即客户机承担每个用户专有的外围应用功能，负责处理用户的应用程序；而服务器承担数据库系统的数据服务功能，负责执行数据库管理软件。这样，两种设备的功能更加明确，可以高度优化系统的整体性能。数据库服务器处理客户机的请求后，仅返回结果，这大大减轻了网络的传输负担，避免了网络堵塞。这种结构任务分布合理，资源利用率高，具有较强的可伸缩性和可扩展性，系统开发与维护较为方便，而且可靠性也相对较高。

（4）**浏览器/服务器式**　浏览器/服务器式结构是对客户端/服务器式结构的一种改进。在这种结构下，软件应用的业务逻辑完全在应用服务器端实现，用户界面则完全在 Web 服务器呈现，客户端只需要浏览器即可进行业务处理，这种结构已成为当今应用软件的首选体系结构。

浏览器/服务器式结构具有分布性特点，用户可以随时随地进行查询、浏览等业务操作；业务扩展简单方便，只需增加网页即可增加服务器功能；维护也极为简便，只需更新网页即可实现所有用户的同步升级；开发过程简单且共享性强。然而，这种结构也存在一些不足：个性化特点明显降低，难以实现具有个性化的功能需求；操作以鼠标为最基本的操作方式，无法满足快速操作的要求；页面动态刷新导致响应速度明显降低；功能相对弱化，难以实现传统结构下的某些特殊功能要求。

目前，在物流平台信息系统的构建中，物理结构一般采用分布式结构。通过手机 APP、小程序或电脑客户端与系统服务器相连，实现数据信息的快速传递和处理，以及不同物流平台用户之间的业务信息协同。

5.2.2　物流平台信息系统的开发过程

物流平台信息系统的开发过程大致可以分为可行性研究、系统分析、系统设计、系统实施和系统维护与评价五个阶段。

1. 可行性研究

物流平台信息系统在开发之前，为了减少和避免决策失误所造成的人、财、物等方面的损失，事先必须组织平台相关部门中有实际工作经验的领导和管理人员，从资源、财务和管理三个维度对拟开发的物流平台信息系统进行全面深入的调查、研究、分析和比较，在此基础上，提出若干可行方案，并向决策者推荐其中投资少、进度快、效益高的最佳方案。这一过程即为可行性研究。

可行性研究的作用主要表现在四个方面：为系统开发提供决策依据；为筹集资金提供

依据；为与有关单位/人员签订协议、合同提供依据；为系统验收提供依据。

可行性研究的内容主要包括：开发目的、新系统的界定、开发技术规范、开发时机和时间、开发方式、投资总额、预期效益以及系统初步设计方案等。此外，还需研究所开发的信息系统是否与现行管理模式相兼容，若不兼容则应该提出解决方案。

2. 系统分析

系统分析的主要任务是在详细调查的基础上，通过对现行信息系统的深入分析，结合物流平台的用户需求、管理需求、发展战略等要素，从数据和功能两个层面进行抽象，从而确定新系统的逻辑模型。

逻辑模型的设计不涉及或较少涉及具体的物理设备和软件，而是关注系统的构成成分（即"结构"），以及各构成成分所能完成的工作（即"功能"）。因此，在进行系统分析时，分析人员必须纵观全局，抓住关键，避免陷入细节设计的泥潭。

3. 系统设计

系统设计阶段的主要任务是根据新系统的目标以及系统分析阶段所建立的逻辑结构，确定新系统的软件总体结构和功能模块之间的关系，设计系统实现的物理方案。这一阶段的主要工作内容包括以下四个方面。

（1）**系统的平台设计**　根据系统逻辑模型，提交包含硬件平台和软件平台在内的多个方案，供决策者选择。从实用、经济的角度出发，相同条件下优先考虑现有物流平台已使用的较为成熟的信息系统平台设计方案。

（2）**软件结构设计**　根据系统逻辑模型和所选用的平台设计方案，按照软件工程思维，对实现功能的平台内部模块进行设计，包括模块的分解、调用关系设计以及每个模块的详细设计，并以功能模块为单位形成程序设计说明书。程序设计说明书是程序员进行程序设计的依据，必须清晰明确，确保程序员能正确无误地理解。其具体内容应该包括：程序名称、所属子系统、程序的功能描述、数据关系图、输入输出文件的格式、程序处理过程说明（包括计算公式、控制方法等）以及所使用的计算机语言等内容。

（3）**输出/输入设计**　系统设计的顺序通常是先进行输出设计，然后再进行输入设计，正好与信息传递的方向相反。

输出设计的内容包括：输出信息的内容（如输出项目、位数和数据形式）；输出设备的选择（如打印机、终端屏幕和卡片输出机等）；输出介质的选用（如磁盘、磁带和输出用纸）；输出报告的格式。

输入设计的内容包括：选择数据输入设备；输入数据格式的设计；输入数据正确性校验；联机系统的输入屏幕设计。

（4）**安全设计**　根据业务要求，选择并确定合适的安全技术措施。

4. 系统实施

物流平台信息系统的实施阶段包括程序编码、程序和系统调试、新旧系统转换等几个方面。

（1）**程序编码**　程序编码是一项工作量庞大的工作，一般由多位程序员分工合作完成。

（2）**程序和系统调试**　程序调试包括功能调试和逻辑检查两部分。功能调试按功能模块分别进行，以确保模块内部控制关系的准确性和数据处理内容的正确性。进行逻辑检查时，需要输入一些测试数据，这些数据分为有错误的和无错误的两类，用以考查程序的正确性。系统调试包括主控调度程序调试和系统程序总调，以检查控制通路和参数传递的正确性，并对系统的各种功能使用形态及其组合进行全面考察。

（3）**新旧系统转换**　物流平台信息系统开发的最后一项工作是新旧系统转换。系统转换的方式有直接转换、并行转换、分段转换和试运行转换。对于物流平台信息系统而言，采用并行转换方式比较合理，即让新旧两个系统同时运行一段时间。这样一方面可以利用旧系统验证新系统的正确性，另一方面在新系统试运行期间出现差错时，可以由旧系统及时予以弥补，避免造成损失。

5. 系统维护与评价

物流平台新信息系统投入使用后，还需要对系统进行维护与评价。

（1）**系统维护**　系统维护是物流平台信息系统开发周期中的最后一个阶段。系统维护是指在系统已经交付使用以后，为了改正错误、完善系统或满足新的应用需求而修改系统的过程。严格来说，系统维护工作往往包括调查、分析、设计和实施等多个环节，是一个不断迭代和完善的过程。系统维护可能涉及修正数据或更改软件。修正数据常常由环境的改变引起；更改软件可能涉及界面、程序或系统结构本身的调整。

按照系统维护对象划分，物流平台信息系统维护可以分为硬件维护、软件维护和数据维护三部分；按系统的组成划分，物流平台信息系统维护可以分为平台维护、应用程序维护和数据库维护三部分；按维护的时间划分，物流平台信息系统维护可以分为日常维护和新系统开发两种；按影响的程度和投资的多少划分，物流平台信息系统维护可以分为校正性维护、完善性维护和适应性维护三种。

（2）**系统评价**　物流平台信息系统评价一般采取召开专家和管理人员鉴定会的方式进行。评价的内容主要包括三个方面。

① 性能方面：如功能是否达到预期目标、输出信息的可靠性和精确度、处理的速度、工作人员操作的繁简程度以及扩展性等。

② 技术资料方面：主要指技术资料、文件是否完善和具备规格化。

③ 经济效益方面：包括一次性投资、使用维护费用、给生产和管理活动带来的经济效益等。

对于物流平台信息系统而言，其直接的经济效益不易显现，间接效益又难以衡量，因此，在进行评价时，应该以发展的眼光和全局的观点去看待和分析，以便更好地应用物流平台信息系统并充分发挥其作用。

5.3　物流平台信息系统技术服务模式 ⟲

对于物流平台信息系统而言，其物理结构一般都采用分布式结构，并随着技术的进步而不断变化和改进。目前，许多物流平台已开始通过其信息系统向用户提供基于云计算的技术服务模式。

5.3.1　基于云计算的技术服务模式

1. 云计算的概念

云计算（cloud computing），是一种分布式计算技术。云计算通过网络"云"将庞大的计算处理程序自动拆分成无数个较小的子程序，再交由多部服务器所组成的庞大系统进行处理，将计算任务分布在大量的分布式计算机上，而非本地计算机或远程服务器，然后将处理结果回传给用户。通过这项技术，网络服务提供者可以在数秒之内处理数以千万计甚至亿计的信息，提供和"超级计算机"同样强大效能的网络服务。最简单的云计算技术在网络服务中已经随处可见，例如搜寻引擎、网络信箱等。用户只要输入简单指令，即能得到大量信息。

云计算是多种技术混合演进的结果，加之企业、开发者、IT 服务商等行业要素的助力，技术演进极为迅速，未来发展空间巨大，带来了新一轮的 IT 变革，彻底改变了用户对计算资源的获取和使用方式，具有革命性的影响。

2. 云计算的特点

（1）**超大规模**　Google 云计算已经拥有 100 多万台服务器，Amazon、IBM、微软、Yahoo 等公司的"云"也均拥有几十万台服务器。企业私有云一般拥有数百上千台服务器。"云"能赋予用户前所未有的计算能力。

（2）**虚拟化**　云计算支持用户在任意位置、使用各种终端获取应用服务。所请求的资源来自"云"，而不是固定的有形实体。应用在"云"中某处运行，但实际上用户无需了解或担心应用运行的具体位置。只需要一台笔记本或者一部手机，就可以通过网络服务实现所需要的一切功能，甚至包括超级计算这样的任务。

（3）**高可靠性**　"云"采用数据多副本容错、计算节点同构可互换等措施来保障服务的高可靠性，使用云计算比使用本地计算机更加可靠。

（4）**通用性**　"云"支撑下可以构建出千变万化的应用，同一个"云"可以同时支撑不同的应用运行。

（5）**高可扩展性**　"云"的规模可以动态伸缩，满足应用和用户规模增长的需要。

（6）**按需服务**　"云"是一个庞大的资源池，用户可以按需购买和计费。

（7）**成本低廉**　"云"的特殊容错措施使得可以采用极其廉价的节点来构建云；"云"

的自动化集中式管理降低了企业的数据中心管理成本；"云"的通用性使资源的利用率较之传统系统大幅提升，因此云计算具有明显的成本优势。

目前，云计算的主要服务模式有三种：软件即服务（SaaS）；平台即服务（PaaS）；基础设施即服务（IaaS）。

5.3.2 SaaS

SaaS是一种基于云计算的软件交付模式。

1. SaaS 的概念

SaaS的含义是软件即服务。SaaS服务商集中化托管一个或多个软件应用程序，这些应用专为网络交付而设计，用户通过互联网连接和使用这些基于云的应用程序。

SaaS服务为企业提供实现信息化所需要的所有网络基础设施、软件以及硬件运作平台，并负责所有前期的实施、后期的维护等一系列服务，企业无需购买软硬件、建设机房或招聘IT人员，即可通过互联网使用各类软件和信息系统。

2. SaaS 的基本特征

不同于传统的软件服务，为网络交付而设计的SaaS具有很多独有的特征。

（1）**云部署** SaaS服务是基于云服务的应用型产品，与传统软件的本地部署模式截然不同。

（2）**网络供应（分发）** 与"云部署"相呼应，因为部署在云端，所以每个客户都是通过互联网来分发和使用产品。

（3）**集中托管** 集中托管也被称为"多租户单实例"（Multi-Tenant），可以简单理解为不同客户的数据并未做物理层面的隔离。而对应的"单租户多实例"概念则是私有云部署。

（4）**按需（on-demand）供应** 中小企业对软件和信息系统的使用需求可能在短时间内会发生较大幅度的变化，SaaS服务的多租户单实例特征使得SaaS服务可以实现对中小企业的按需供应。物流平台信息系统由此可以向我国物流业现实存在的大量资金、技术实力有限的中小型物流企业，甚至个体物流从业者提供物流信息服务。

（5）**服务化** SaaS服务是按月/年付费的，这种商业模式决定了产品必须不断和企业用户进行交互。交付产品只是一个起点，持续的服务能力才是SaaS服务的核心竞争力。

3. SaaS 与传统软件的区别

SaaS和传统软件最大的区别就在于按需供应和提前（on-premise）部署，其他细化差异都是基于此衍生出来的。下面主要从企业的不同角色来论述SaaS服务和传统软件产品的差异。

（1）**高层管理者** 对于企业高层管理者而言，他们更为关心企业在软件服务方面的支出、收益以及产品的适配度问题。

在企业支出方面，任何产品的投入都有回报周期，SaaS 服务的订阅制商业模式相对于传统软件而言，具有压倒性的优势。

① 没有实施成本：SaaS 服务免去了传统软件冗长的本地部署流程，在公司正式开始使用产品前，几乎没有任何沉默成本（不考虑机会成本）。

② 产品试错成本低：按月付费的投入方式明显低于传统软件的一次性投入，即使购买的 SaaS 服务没有达到预期的效果，也能以较低的成本切换到下一个意向产品。

③ 减少现金流压力：从长远来看，SaaS 服务的累计付费必定高于传统软件的一次性支出，但按月结算的方式可以有效减少对企业特别是中小企业现金流的压力。

在企业收益方面，SaaS 服务的收益一般分为两类。

① 使用 SaaS 服务后，节省企业在事务审核、资料管理、合同签署、通信、政府审批等方面的组织运作成本而带来的收益，如腾讯电子签、钉钉等提供的考勤服务。

② 使用 SaaS 服务后，通过改进采购、生产和销售工作，帮助企业增加收入。如有赞、微盟等服务商，可提供社交电商、门店管理和其他新零售领域的营销类 SaaS 服务，全面帮助商家解决在移动互联网时代遇到的推广获客、成交转化、客户留存、复购增长、分享裂变等问题。

在适配度方面，SaaS 服务具有更好的通用性，而且会不断基于客户群体的反馈进行优化升级，产品迭代的思路已经逐渐和互联网产品趋同；而传统软件产品的本地化部署方式使得版本的优化变得漫长且笨重，而且大多数传统软件产品的升级需要额外付费。当然，传统软件产品拥有更好的定制化能力，但是定制和通用的界线本身没有那么清晰，合理的定制需求必然具备通用性。对于广大的中小企业而言，定制的需求并不强烈；而对于大型企业而言，定制是必不可少的，SaaS 服务可尝试通过私有云和混合云部署的方式来解决这一问题。

（2）**一线员工** 对于基层的一线员工而言，他们更在意的是软件产品的功能和用户界面的友好性。虽然他们是使用产品最多的群体，但由于并不是付费主体，所以早期并未获得服务厂商的重视，导致传统软件产品的使用体验不如 SaaS 服务。

（3）**IT 支持部门** 大公司一般设置有专门的 IT 支持部门，小公司也需要设置相关职能岗位。使用传统软件产品时，仅本地部署服务器的日常维护和运营工作量就非常繁重，这加大了 IT 支持部门的工作压力并提高了运营成本。而基于 SaaS 服务的非本地化部署方式，IT 支持这项服务已包含在 SaaS 服务的商务范畴之内，通过 CSM（Customer Success Manager）岗位来完成，从而减少了用户 IT 支持部门的工作负担。

4. SaaS 的技术架构

SaaS 的技术架构主要包括表现层、调度层、业务层和数据层。

（1）**表现层** SaaS 架构的表现层主要是浏览器和各种本地客户端。如果是浏览器，则表现层需要使用 HTML5 技术、CSS3 技术、Ajax 技术等 Web 界面技术和交互技术；如果是本地客户端，则需要使用远程桌面技术、软件交互技术等。

（2）**调度层**　SaaS 架构的调度层负责识别每个用户请求并对每个请求进行 AAA 认证，然后根据后端业务处理服务器的负载及其业务特征进行合理的调度。通过这样的架构，SaaS 平台可以实现横向扩展。此外，为了满足平台横向扩展对存储、缓存的要求，调度层自身必须具有良好的可扩展性。

（3）**业务层**　SaaS 架构的业务层负责接收调度层转发过来的请求并执行真正的业务逻辑。一般而言，即使业务逻辑再复杂，一台服务器也足以承载，因此业务层实际上是由一排对等的服务器组成的，每台服务器都执行相同的业务逻辑。

（4）**数据层**　SaaS 架构的数据层通过数据库集群处理存储关系性很强并且对事务性要求很高的业务数据。这类数据往往很难采用 NoSQL（non－SQL，非关系数据库）技术解决，因此目前还不得不借助传统的数据库集群技术来解决，主要是根据业务特征制定数据拆分方案。同时，分布式数据库用于存放海量但关系性不强的数据。

5.3.3　PaaS

PaaS 是一种基于云计算、将平台作为一种服务来提供的模式。

1. PaaS 的概念

PaaS 的含义是平台即服务。PaaS 服务商将软件研发的平台作为一种服务提交给用户，供用户进行应用软件研发。

PaaS 也可以看作是 SaaS 模式的一种应用。但是，PaaS 的出现可以加快 SaaS 的发展，尤其是能够加快 SaaS 应用的开发速度。

2. PaaS 的特点

PaaS 服务整合了现有的各种业务能力，完成了基础程序代码的编写，并储备了硬件资源，然后通过 API（Application Programming Interface，应用程序编程接口）开放给用户。PaaS 服务主要具备以下三个特点。

（1）**提供基础平台**　在传统的观念中，平台由软件服务提供商搭建和维护，并向用户提供软件应用服务，平台本身不向用户开放；而 PaaS 服务颠覆了这种概念，将软件开发的基础平台以服务的方式提供给用户。

（2）**提供支持服务**　PaaS 服务商最了解其所运营的基础平台，在用户开发应用软件时，PaaS 服务商的技术咨询和支持团队可以为用户提供技术支持以及应用软件优化等服务，从而提高用户所开发的应用软件的质量。

（3）**提供平台级服务**　PaaS 服务商运营了强大而稳定的基础平台。一方面，其"云"特征使得平台可提供的编程元素种类极为丰富，拥有多元化且覆盖各种场景的业务逻辑，这为用户应用软件开发带来了极大的便利，并提高了开发效率、节约了开发成本。另一方面，平台的稳定、持续运营可以为用户提供持续服务，这有利于用户所开发应用软件的后期优化升级。

3. PaaS 的优势

（1）**缩短应用开发周期**　PaaS 服务可以通过内置于平台中的预设应用程序组件（如工作流、数据库、数据分析、搜索等），大幅度地削减研发新应用所需要的时间。

（2）**无需增员便可提高开发能力**　PaaS 服务组件可以拓展开发团队的能力，使企业无需增加具有基础软件开发技能的员工。

（3）**更敏捷地面向多种平台进行开发**　PaaS 服务提供了面向多种平台（例如计算机、手机和浏览器）的开发选项，使企业能够更快速、更轻松地开发跨平台应用。

（4）**节约技术、工具的评估与购买成本**　使用 PaaS 服务时，PaaS 服务商已经预先完成了对软件开发技术和工具的评估，并将其内置于平台上供用户调用，因此用户无需再投入成本去评估和购买这些软件开发技术和工具。

（5）**提高应用软件的质量**　PaaS 服务商投入了大量的资源来开发和维护 PaaS 服务，使它们具有很高的可靠性和可用性，从而使利用这些服务所开发的应用能够建立在一个安全可靠的平台基础之上，进而自然地提高了用户所开发应用软件的质量。

5.3.4　IaaS

IaaS 是一种基于云计算，将 IT 基础设施作为一种服务提供的模式。

1. IaaS 的概念

IaaS 的含义是基础设施即服务。IaaS 服务商将 IT 基础设施作为一种服务通过网络对外提供，并根据用户对资源的实际使用量或占用量进行计费。

在这种服务模式中，普通用户无需自行构建数据中心等硬件设施，而是可以通过租用的方式，按周、月或年的时间周期支付费用，通过互联网从 IaaS 服务商处获得包括服务器、存储和网络等在内的计算机基础设施服务。在使用模式上，IaaS 与传统的主机托管有相似之处，但是在服务的灵活性、可扩展性和成本等方面 IaaS 具有很强的优势。

IaaS 是最简单的云计算交付模式，它通过虚拟化操作系统、工作负载管理软件、硬件、网络和存储服务的形式交付计算资源，也可采用操作系统和虚拟化技术实现管理资源的交付。

2. IaaS 的特点

IaaS 服务的特点可以归结为以下五点：

（1）**虚拟租赁**　用户使用 IaaS 服务时，可以即时访问所需资源。然而，在租赁过程中，用户只是获得了对硬件设施的使用权，实际的硬件设施仍放置在 IaaS 服务商的数据中心。

（2）**自助服务**　自助是 IaaS 服务的一个关键特性，它允许用户通过自助服务门户获得 IT 基础设施资源，如服务器和网络等。这种自助服务门户类似于一台银行自动取款机（ATM）模型，用户可以通过自助服务界面轻松处理多个重复性任务。

（3）**动态缩放**　动态缩放是指资源能按照工作负载或任务需求自动扩展或缩减。当用户需求的 IT 基础设施资源数量超过预期时，可以即刻获得而无需等待或申请。IaaS 服务商通常会对硬件、操作系统进行优化，并进行资源自动扩展或缩减的环境配置，以确保动态缩放能力足以支撑更为巨大的工作负载。

（4）**许可创新**　公共 IaaS 服务实现了许可（非用户和云提供商之间的许可）和支付模式的创新。例如，一些 IaaS 服务商允许用户在传统环境和云环境两种环境下使用 IaaS 软件，并提供即用即付的支付模式。

（5）**计量收费**　IaaS 服务商确保根据用户所需要的资源种类和使用状况来收费。除了使用服务的基本费用外，IaaS 服务商还会根据存储、数据传输和可选用服务（如安全性增强、技术支持等）来收取额外费用。

3. IaaS 的优势

IaaS 的优势表现为以下五个方面：

（1）**规模和性能**　使用 IaaS 服务时，扩展应用程序和 DApp（Decentralized Application，去中心化应用程序）都更容易，可以有效应对应用程序需求的意外激增。

（2）**降低成本**　使用 IaaS 服务可以大幅降低建立和管理 IT 基础设施资源的硬件成本。

（3）**可靠性和稳定性**　使用 IaaS 服务无需担心软件或硬件的维护和升级，因为 IaaS 服务商会处理这些问题。

（4）**创新支持**　使用 IaaS 服务时，IT 基础设施可以即刻就绪到位，从而更好地支持用户的创新行为。

（5）**安全性**　在大多数情况下，IaaS 服务商可以为用户基于所使用的 IT 基础实施之上的应用程序提供更高程度的安全性。

5.3.5　SaaS、PaaS、IaaS 的区别

SaaS、PaaS、IaaS 既有一定的相似之处，也表现出了各自的特点。表 5-2 展示了 SaaS、PaaS 和 IaaS 在概念理解上的对比。

表 5-2　SaaS、PaaS 和 IaaS 的对比

标准写法	IaaS	PaaS	SaaS
英文全称	Infrastructure as a Service	Platform as a Service	Software as a Service
词语释义	基础设施即服务	平台即服务	软件即服务
公司提供什么？	IaaS 服务商提供场外服务器、存储和网络硬件等	PaaS 服务商提供应用程序开发的环境或部分应用	SaaS 服务商提供完整可直接使用的应用程序
使用者要做什么？	所有的环境配置、应用程序开发均需自行完成	用户需自行开发部分或全部的应用程序	通常用户登录后即可使用程序
产品举例	AWS	Google App Engine	简道云

表 5-3 则描述了 SaaS、PaaS 和 IaaS 在概念之外的其他差异之处。

表 5-3 SaaS、PaaS 和 IaaS 的差异

	特点	技术	服务对象	成熟度	核心能力	发展现状	主要提供者
IaaS	属于基础设施，涵盖网络光纤、服务器、存储、防火墙设备等	最底层，提供基础硬件平台、网络服务等	开发者和企业客户	在应用层成熟后兴起，成熟度较高	帮助企业或开发者快速拥有存储、计算等资源	竞争激烈，垂直领域亦有发展空间	电信运营商、IT厂商、互联网公司等
PaaS	在 IaaS 上集成的操作系统、数据库、服务器程序、中间件等。	提供中间层服务，如支付、安全、大数据等中间件	开发者	起步最晚，成熟度最低	帮助开发者的产品快速获得某种功能	潜力最大，融资集中在早期A、B轮	互联网公司、创业企业等
SaaS	将软件作为服务来提供，不再作为产品来销售，一般以按月度收费为主	提供最上层的业务服务	最终用户	发展最早，成熟度最高	帮助企业优化业务流程	企业级市场活跃，融资集中在 C 轮及以上	软件服务提供商

SaaS、PaaS 和 IaaS 均属于云计算的服务类型，三者各有侧重，在实践运用中应根据自身的需求进行合理选择。

小案例

揭秘 12306 怎样扛住流量高峰的"集中轰炸"

每年春运期间，铁路网上订票系统 12306 堪称世界上最繁忙的系统，与公众的日常生活密切相关。在 2024 年春运中，铁路 12306 平台每秒出票 300—500 张，高峰时段更是达到了 1000 张左右，用户从提交购票需求到完成出票仅需 2.8 秒；单日最高售票量达到了 2090.1 万张，最高访问量达 838.8 亿次。12306 网站成功抵御了大规模并发请求的"集中轰炸"，其中很重要的一个因素是采用了阿里云的技术。

12306 网站在迁云之前主要面临以下三个方面的问题：

1. 查询性能

火车票查询业务占据了 12306 网站整体流量的 90% 以上，业务高峰时期请求量极为密集。查询性能作为业务系统中的核心环节，也是往年导致网站拥堵的主要原因之一，如何支撑住峰值流量显得无比重要。

2. 安全防范性

12306 网站对于安全防护的要求极高，需要对互联网各类工具产生的流量进行精准的分析和识别，以确保网站的安全运行。

3. 系统可用性

12306 对系统可用性的要求极为严格，必须确保 7×24 小时不间断地提供服务，绝不能出现非计划性的宕机情况。

通过采用阿里云的混合云方案，12306 网站顺利解决了高并发、大流量的难题。

12306 网站将余票查询系统从原有的后台系统中分离出来，在"云上"独立部署了一套全新的余票查询系统。借助阿里云平台的强大支撑能力，这套系统能够轻松应对余票查询环节的海量访问量（占 12306 网站近 90% 的流量），并根据系统压力情况随时动态扩容服务器，从而解决了往年峰值流量导致的网站拥堵问题。

通过运用混合云架构，阿里云为 12306 网站自有机房的容量提供了有效扩展。余票查询系统做到了按需获取所需要的服务器资源，并可以动态调整网络带宽，利用这些可扩展的资源解决了高流量和高负载情况下系统因无法快速弹性扩展而导致的性能瓶颈和系统崩溃问题。

此外，多数据中心的混合云模式还显著提升了 12306 网站的灾备能力。云上云下互为灾备的设计，使得业务在面临突发情况时能够迅速切换至备用系统，从而极大地提高了业务的持续服务能力。

资料来源：

搜狐. 揭秘 12306、天猫双十一怎样扛住流量高峰的"集中轰炸"[EB/OL]. (2020 - 10 - 25)[2023 - 10 - 15]. https://www.sohu.com/a/424882336_100269177.

5.4 物流平台信息系统建设关键技术 ○

物流平台信息系统建设的关键技术可以分为应用软件开发关键技术和应用支撑关键技术两大类。应用软件开发关键技术是指在物流平台信息系统中开发用户身份认证管理系统、计费系统、物流资源交易系统等各种应用软件时使用的技术。应用支撑关键技术是指能够帮助物流平台实现相关功能和服务的技术。

5.4.1 物流平台信息系统应用软件开发关键技术

常见的物流平台信息系统应用软件开发关键技术包括 SOA 技术、Web Services 技术、J2EE 技术、.NET 技术等。

1. SOA 技术

在物流平台上，各种业务均是基于互联网环境展开的。为确保平台多项功能的顺利实现，采用 SOA 技术显得尤为重要。

（1）**SOA 技术的概念**　SOA 技术，也称为面向服务架构技术，它旨在满足互联网环境下业务集成的需求，通过连接能完成特定任务的独立功能实体，实现这些实体间的交互。SOA 是一个组件模型，通过这些服务之间定义良好的接口和契约，SOA 将应用程序的不同功能单元（称为服务）联系起来。接口是采用中立的方式进行定义的，独立于实现服务的硬件平台、操作系统和编程语言。这使得构建系统中的各种服务可以按照统一和通用的方式进行交互。

SOA 采用面向服务的商业建模技术和 Web Services 技术，实现系统之间的松耦合，以及系统之间的整合与协同。对于面向同步和异步应用、基于请求/响应模式的分布式计算而言，SOA 无疑是一场革命。在 SOA 中，应用程序的业务逻辑或某些独立功能被模块化，并作为服务展现给消费者或客户端。这些服务的关键特性在于它们的松耦合性，即服务的接口和实现相互独立。应用开发人员或系统集成者可以通过组合一个或多个服务来构建应用，而无需了解服务的底层实现细节。

（2）**SOA 技术的基本特征**　SOA 技术的基本特征包括完全独立的服务功能实体、大数据量低频率访问和基于文本的消息传递等。

① SOA 架构强调架构中提供服务功能实体的完全独立自主能力，并通过事务处理（transaction）、消息队列（message queue）、冗余部署（redundant deployment）和集群系统（cluster）等技术的运用，使实体具备较好的自我管理和恢复能力，从而赋予 SOA 架构良好的稳定性。

② 大数据量低频率访问对于 . NET Remoting、EJB 或 XML-RPC 等传统分布式计算模型而言，它们的服务提供通常是通过函数调用的方式进行的，一个功能的完成往往需要通过客户端和服务器之间进行来回多次的函数调用。在企业内网（Intranet）环境下，这些调用给系统的响应速度和稳定性带来的影响都可以忽略不计，但是在互联网环境下，这些因素往往是决定整个系统是否能正常工作的关键因素。在 SOA 架构中，实现了大数据量低频率访问，即采用大数据量的方式一次性完成信息交换。

③ 互联网中存在大量的异构系统，不同语言、不同平台对数据甚至是一些基本数据类型的定义都不尽相同，这为不同服务之间传递对象带来了极大的困难。SOA 架构中采用基于文本而非二进制的消息传递方式，而基于文本的消息本身不包含任何处理逻辑和数据类型，从而有效解决了兼容性的问题。

此外，对于服务而言，互联网与局域网的一个显著区别就是在互联网上进行版本管理极其困难。传统软件采用的升级方式在这种松散的分布式环境中几乎无法实施。而采用基于文本的消息传递方式，数据处理端可以只选择性地处理自己理解的那部分数据，而忽略其他数据，从而获得极佳的兼容性。

2. Web Services 技术

Web Services 是一种新兴的 Web 应用程序分支，是自包含、自描述、模块化的应用，可以发布、定位，并通过 Web 进行调用。Web Services 可以执行从简单请求到复杂商务处理的任何功能，一旦部署完成，其他 Web Services 应用程序便可以发现并调用其部署的服务。

（1）**Web Services 技术的概念** Web Services 是一种应用程序，使用标准的互联网协议，如 HTTP 协议（Hypertext Transfer Protocol，超文本传输协议）和 XML，将功能纲领性地展现在互联网和企业内部网上。可将 Web Services 视作 Web 上的组件编程。

（2）**Web Services 技术的特点** Web Services 技术具有内容更加动态、传输内容类型更加多元化、数据处理能力更强、应用范围更广等特点。

① 一个 Web Services 能够整合多个不同来源的内容，包括股票、天气、新闻等非传统环境内容以及存货水平、购物订单或目录信息等传统环境内容，从而使内容更加动态丰富。

② Web Services 可以分发各种类型的内容，包括数字、文字、音频、视频流等，传输内容类型更加多元化。

③ Web Services 使用数据库、LDAP 协议（Lightweight Directory Access Protocol，轻量目录访问协议）、缓冲和负载平衡软件等技术保持可扩展能力。可以智能化处理大量数据，具有更强的数据处理能力。

④ Web Services 不要求客户使用某一特定版本的 Windows 传统浏览器，不要求指定的各种设备和平台，能适用于更多的浏览器类型。

3. J2EE 技术

目前，Java2 平台有三个版本，分别是适用于小型设备和智能卡的 Java2 平台 Micro 版（Java2 platform micro edition，J2ME），适用于桌面系统的 Java2 平台标准版（Java2 platform standard edition，J2SE）和适用于创建服务器应用程序和服务的 Java2 平台企业版（Java2 platform enterprise edition，J2EE）。

（1）**J2EE 技术的概念** J2EE 技术是一种利用 Java2 平台来简化企业解决方案的开发、部署和管理相关复杂问题的体系结构。J2EE 技术的基础是 Java2 平台的标准版。J2EE 不仅巩固了标准版中的许多优点，如"编写一次、随处运行"的特性，方便存取数据库的 JDBC API、CORBA 技术，以及能够在互联网应用中保护数据的安全模式等，同时还提供了对 EJB（Enterprise Java Beans）、Java Servlets API、JSP（Java Server Pages）及 XML 技术的全面支持，成为一个能够使企业开发者大幅缩短投放市场时间的体系结构。

J2EE 体系结构提供了中间层集成框架，可满足低费用、高可用性、高可靠性及扩展性的应用开发需求。通过提供统一的开发平台，J2EE 降低了开发多层应用的费用和复杂性，同时提供了对现有应用程序集成的强有力支持，完全支持 EJB，有良好的向导支持打包和部署应用，添加目录支持，增强了安全机制，提高了性能。典型的 J2EE 应用服务器有开放源代码的 Tomcat、Oracle 的 BE Weblogic、IBM 的 Websphere 等。

（2）**J2EE 技术的优势** J2EE 为搭建具有可伸缩性、灵活性、易维护性的物流信息系统提供了良好的机制。

① 在业界广泛的支持和一些重要的"企业计算"领域供应商的参与下，J2EE 为用户提供了不用完全放弃原有信息技术资产即可移植的 J2EE 领域升级路径。由此，J2EE 技术非常适合物流平台根据市场需求变化，以渐进的（而不是激进的、全盘否定的）方式构建和改进信息系统。

② J2EE 技术允许把一些通用的、烦琐的服务端任务交给中间件软件供应商去完成，如状态管理服务、持续性服务、分布式共享数据对象缓存（cache）服务等。这样物流平台信息系统应用软件的开发人员可以集中精力在创建商业逻辑上，从而相应地缩短开发时间，提高开发效率。

③ 基于 J2EE 技术开发的应用程序不依赖任何特定操作系统、中间件和硬件。因此，设计合理的、基于 J2EE 技术的程序只需开发一次就可部署到各种平台。这在物流平台这种典型的异构企业计算环境中是十分关键的。以操作系统为例，基于 J2EE 技术开发的应用程序可被部署到高端 Unix 与大型机系统，这种系统单机可支持 64 ~ 256 个处理器（这是 NT 服务器所望尘莫及的）。J2EE 标准还允许客户订购与 J2EE 技术兼容的第三方现成的组件，把它们部署到异构环境中，节省了自行开发的费用。

④ J2EE 领域的供应商提供了更为广泛的负载平衡策略，能消除系统中的瓶颈，允许多台服务器集成部署，部署规模可达数千台，这使得系统具备较高的伸缩性，满足物流平台发展的需要。

⑤ 一个服务器端平台必须能 24 小时运转以满足公司客户、合作伙伴的需要。J2EE 技术部署到可靠的操作环境中后，具有稳定的可用性，较好地契合了物流平台全时空提供物流服务的需求。

4．.NET 技术

.NET 是微软的新一代技术平台，用于为敏捷商务构建具有标准、联通、适应变化、稳定和高性能特征的各种应用系统。

（1）**.NET 技术的概念** .NET 是微软用来实现 Web Services、SOA 和敏捷性开发的技术框架，其核心是 .NET 框架，包括创建 .NET 应用的集成开发环境的 Visual Studio .NET 技术，创建基于 Word 和 Excel 等文档的 .NET 解决方案的 VSTO（Visual Studio Tools for Office）技术，支持高级 Web Services 标准的 .NET 类技术 WSE（Web Services Extensions），支持企业级 .NET 应用程序开发的、可重用的应用程序模块等一系列技术。

（2）**.NET 技术的特点** .NET 技术的特点在于连通性、敏捷性。

① .NET 技术具有良好的连通性。.NET 技术可以将所有的事物都连接起来。不管是人、信息、系统，还是设备；不管是一个企业的内部员工、外部合作伙伴，还是客户；不

管是 Unix、Windows，还是 Mainframe；不管是 SAP、Siebel，还是 Oracle ERP 套件；不管是个人电脑、手机，还是手表，只要在一个异构的信息技术环境里，.NET 技术都能够将不同的系统连接起来。.NET 技术的这种特点可以较好地支持物流平台追踪、掌握物流服务执行动态的管理需求。

② 采用 .NET 技术开发应用能带来较好的敏捷性。敏捷性包括商务敏捷性和信息技术敏捷性两个方面。.NET 技术是基于 SOA 思想和原则设计的，并且采用了 XML 和 Web Services 等支持应用整合和系统互操作的开放标准。由此，.NET 技术平台非常适合用来创建支持 SOA 体系结构的信息技术系统，并通过这些系统的开发、部署和运行达到信息技术和商务的敏捷性：既便于企业洞悉市场，做出战略上的调整，也有利于将新的计划付诸实行，从而获得商业上的成功。

5.4.2　物流平台信息系统应用支撑关键技术

常见的物流平台信息系统应用支撑关键技术包括 RFID 技术、北斗/GPS 技术、GIS 技术、EDI 技术、移动电子商务技术等。

1. RFID 技术

作为一种自动识别技术，RFID 技术在金融支付、物流、零售、制造业、医疗、交通、航空和军事等多个领域的应用越来越广泛，是物联网发展的技术和硬件基础之一。

（1）**RFID 的概念**　RFID（Radio Frequency Identification，射频识别）技术通过无线射频方式进行非接触双向数据通信，对记录媒体（电子标签或射频卡）进行读写，从而达到识别目标和数据交换的目的。

RFID 技术的基本工作原理并不复杂：标签进入阅读器识别范围后，接收阅读器发出的射频信号，凭借感应电流所获得的能量发送存储在芯片中的信息（Passive Tag，无源标签或被动标签），或者由标签主动发送某一频率的信息（Active Tag，有源标签或主动标签），阅读器读取信息并解码后，发送至中央信息系统进行有关数据处理。

（2）**RFID 的特点**　与传统条形码技术相比较，RFID 在实时更新资料、存储信息量、使用寿命、工作效率、安全性等方面都具有明显优势。此外，RFID 的载体普遍具有防水、防磁、耐高温等特点，从而确保了 RFID 技术在应用过程中的高度稳定性。

① 适用性方面，RFID 技术依靠电磁波进行通信，无需连接双方的物理接触。这一特性使得它能够穿透尘、雾、塑料、纸张、木材以及各种障碍物建立连接，直接完成通信。

② 高效性方面，RFID 系统的读写速度极快，一次典型的 RFID 传输过程通常能够在不到 100 毫秒的时间内完成。高频段的 RFID 阅读器甚至可以同时识别并读取多个标签的内容，极大地提高了信息传输效率。

③ 独一性方面，每个 RFID 标签都是独一无二的，通过与产品的严格对应关系，我们可以清晰地追踪每一件产品的后续流通情况。

④ 简易性方面，RFID 标签结构简单，识别速率高且所需读取设备也相对简便。尤其是随着 NFC 技术在智能手机上逐渐普及，每个用户的手机都将成为最简单的 RFID 阅读器。

（3）**RFID 的种类**　射频识别技术依据其标签的供电方式可分为三类，即无源 RFID、有源 RFID 以及半有源 RFID。

① 无源 RFID。在无源 RFID 中，电子标签通过接收射频识别阅读器传输的微波信号，并利用电磁感应线圈获取能量来对自身进行短暂供电，从而完成信息交换。因为省去了供电系统，所以无源 RFID 产品的体积可以缩小至厘米量级甚至更小，同时其结构简单，成本低廉，故障率低且使用寿命较长。然而，无源 RFID 的有效识别距离通常较短，因此更适用于近距离的接触式识别。无源 RFID 主要工作在 125kHz、13.56MkHz 等较低频段。

② 有源 RFID。有源 RFID 通过外接电源进行供电，主动向射频识别阅读器发送信号，其体积相对较大，但也因此拥有了更长的传输距离与更高的传输速度。一个典型的有源 RFID 标签能在百米之外与射频识别阅读器建立联系，读取率可达 1700read/sec。有源 RFID 主要工作在 900MHz、2.45GHz、5.8GHz 等较高频段，且具备同时识别多个标签的功能。

③ 半有源 RFID。半有源 RFID 又称为低频激活触发技术。在常规状态下，半有源 RFID 产品处于休眠模式，仅对标签中用于保持数据的部分进行供电，因此耗电量较小，可维持较长时间的运行。当标签进入射频识别阅读器的识别范围后，阅读器首先利用低频信号进行精确定位，随后再利用高频信号快速传输数据。其典型应用场景为：在一个高频信号所能所覆盖的大范围区域内，于不同位置安置多个低频阅读器用于激活半有源 RFID 产品。这样既能实现精准定位，又能高效地完成信息的采集与传递。

在物联网时代，RFID 将获得更大规模的普及化应用，成为智慧物流领域中的物品识别 DNA，用于标示物流过程中的全部可能物品。

小资料

RFID 技术发展历史和应用领域

1. 射频识别技术的发展历史

20 世纪 40 年代，哈里·斯托克曼在无线电工程师协会（Institute of Radio Engineers）学报上发表的《利用能量反射进行通讯》（*Communication by Means of Reflected Power*）奠定了 RFID 技术的理论基础。然而，这种技术实际上从 20 世纪 80 年代中期才开始出现，并随着大规模集成电路技术的日益成熟，射频识别标签的体积逐渐小型化，RFID 技术这才真正开始进入实用化的阶段。

无线电的出现和发展，为 RFID 技术的实现提供了前提条件。限于技术等原因，早期的射频识别技术更多地被应用在大型的、特定的行业和场合。

（1）**IFF 系统**　在第二次世界大战期间，为了避免误伤友机，人们开发出了飞机的敌我目标识别（Identification Friend or Foe，IFF）系统。IFF的原理是利用射频电波携带一段加密的编码，当友机收到后，会立刻利用加密机制解码并发回相应的信息，而敌机则无法做出回应。目前，这种飞机身份无线识别系统依然被广泛应用在民用航空领域，也仍被称为IFF。

（2）**AIS系统**　AIS（Automatic Identification System，船舶自动识别）系统是射频识别技术在海事领域的大规模应用。该系统经IFF发展而来，由岸基（基站）设施和船载设施共同组成。船载设备配合全球定位系统（GPS），可将船位、船速、改变航向率及航向等船舶动态资料结合船名、呼号、吃水及危险货物等船舶静态资料由甚高频（VHF）频道向附近水域及基站进行广播，使邻近船舶及基站能及时掌握附近海面所有船舶的动、静态资讯。如果发现周围海域船舶出现异常或有相撞危险，可以立刻互相通话协调，采取必要避让措施，这对船舶安全和管理有很大的帮助。

2. RFID的应用领域

经过半个多世纪的发展，RFID技术已经从军事领域转向民用领域，并且越来越趋于成熟和多样化。目前，RFID在金融支付、物流、零售、制造业、医疗、身份识别、防伪、资产管理、交通、食品、动物识别、图书馆、汽车、航空和军事等行业都已经实现不同程度的商业化使用。如表5-4所示。

表5-4　RFID在多个行业的应用

序号	行业	应用
1	物流	物流过程中的货物追踪、信息自动采集、仓储应用、港口应用、快递
2	零售	商品销售数据实时统计、补货、防盗、结账
3	制造业	生产数据的实时监控、质量追溯、自动化生产
4	服装业	自动化生产、仓储管理、品牌管理、单品管理、渠道管理、申货管理
5	医疗	医疗器械管理、病人身份识别、婴儿防盗
6	身份识别	电子护照、身份证、学生证等各类电子证件
7	防伪	贵重物品（如珠宝、酒、烟、药品）、票证的防伪
8	资产管理	各类资产（贵重的、数量庞大的、相似性高的或危险品等）的管理
9	交通	智能交通、高速收费、出租车管理、公交车枢纽管理、铁路机车识别等

资料来源：
韩洁，李雁星，等. 物联网RFID技术与应用 [M]. 武汉：华中科技大学出版社，2019.

2. 北斗/GPS技术、GIS技术

（1）**北斗**　北斗卫星导航系统是中国基于国家安全和经济社会发展需求，自主建设运行的全球卫星导航系统，致力于为全球用户提供全天候、全天时、高精度的定位、导航和授时服务，是国家至关重要的时空基础设施。

北斗卫星导航系统由空间段、地面段和用户段三部分组成。空间段由若干地球静止轨

道卫星、倾斜地球同步轨道卫星和中远地球轨道卫星等组成；地面段包括主控站、时间同步/注入站和监测站等若干地面站，以及星间链路运行管理设施；用户段包括北斗兼容其他卫星导航系统的芯片、模块、天线等基础产品，以及终端产品、应用系统与应用服务等。

北斗卫星导航系统具有以下特点：① 北斗系统空间段采用三种轨道卫星组成的混合导航星座，与其他卫星导航系统相比，其高轨卫星数量更多，因此抗遮挡能力更强，尤其在低纬度地区的性能优势更为明显；② 北斗系统提供多个频点的导航信号，能够通过多频信号组合等方式进一步提升服务精度；③ 北斗系统创新融合了导航与通信能力，具备定位导航授时、星基增强、地基增强、精密单点定位、短报文通信和国际搜救等多种服务能力。

自北斗导航系统投入服务以来，它已在交通运输、农林渔业、水文监测、气象测报、通信授时、电力调度、救灾减灾、公共安全等多个领域得到广泛应用，为国家的重要基础设施提供了有力支撑，并产生了显著的经济效益和社会效益。在物流领域，基于北斗卫星导航系统的"公路基础设施安全监控系统""港口高精度实时定位调度监控系统"等已投入实际应用，同时，在货运车辆、船舶和航空器上装置北斗卫星导航系统以取代 GPS 的比例也越来越高。随着北斗卫星导航系统的不断发展和完善，其在物流领域的应用成本将进一步降低，应用范围将会更广，技术也将更加成熟。

（2）**GPS** GPS 是指利用 GPS 卫星，向全球各地全天候、实时性地提供三维位置、三维速度等信息的一种无线电导航定位系统。

GPS 的前身是 1958 年美国军方研制的一种子午仪（Transit）卫星定位系统。1973 年，美国国防部着手设计并试验"导航卫星定时和测距全球定位系统"，简称全球定位系统，该系统于 1994 年全面建成，具有在海、陆、空进行全方位实时三维导航与定位的能力。GPS 以其全天候、高精度、自动化、高效益等显著特点，在大地测量、工程测量、航空摄影测量、运载工具导航和管制、地壳运动监测、工程变形监测、资源勘察、地球动力学等多种学科领域得到了广泛应用。

GPS 主要由空间部分（GPS 卫星）、地面监控部分和用户设备部分三部分组成。空间部分（GPS 卫星）可连续向用户播发用于进行导航定位的测距信号和导航电文，并接收来自地面监控系统的各种信息和命令，以维持系统的正常运转。地面监控系统的主要功能是跟踪 GPS 卫星，对其进行距离测量，确定卫星的运行轨道及卫星钟改正数，进行预报后，再按规定格式编制成导航电文，并通过注入站送往卫星，调整卫星的轨道及时钟读数，修复故障或启用备用件等。用户则利用 GPS 接收机来测定从接收机至 GPS 卫星的距离，并根据卫星星历所提供的观测瞬间卫星在空间的位置等信息，计算出自己的三维位置、三维运动速度和钟差等参数。

（3）**GIS** GIS 是 20 世纪 60 年代开始迅速崛起的地理学研究技术，是多学科交叉融合的产物。在计算机硬、软件系统的支持下，GIS 结合地理学与地图学、遥感技术以及计算机科学，对整个或部分地球表层（包括大气层）空间中的有关地理分布数据进行采集、储存和管理，形成地理空间数据库，并采用地理模型分析方法，对多种空间、动态的地理信息进行运算、分析和显示，是一种为地理研究和地理决策服务的计算机技术系统。GIS 技术实现了地图的视觉化效果、地理分析功能与一般数据库操作（例如查询和统计分析等）的有机结合。

GIS 具有以下三个方面的特征：① 具有采集、管理、分析和输出多种地理空间信息的能力，具有空间性和动态性；② 以地理研究和地理决策为目的，以地理模型方法为手段，具有区域空间分析、多要素综合分析和动态预测的能力，能够产生高层次的地理信息；③ 由计算机系统支持进行空间地理数据管理，并由计算机程序模拟常规的或专门的地理分析方法，作用于空间数据，产生有用信息。

根据功能的不同，GIS 可以分为专题地理信息系统（Thematic GIS）、区域地理信息系统（Regional GIS）和地理信息系统工具（GIS Tools）。而按照内容来划分，GIS 可以分为城市信息系统、自然资源查询信息系统、规划与评估信息系统和土地管理信息系统等。

小案例

基于北斗的农田信息采集处理系统

1. 系统简介

该系统综合采用远程数据采集技术、北斗卫星定位通信技术、GIS 地理信息技术和卫星遥感技术，实现了对土壤含水量、温湿度和地理位置的实时监测、旱情综合分析、土地面积和距离丈量等多种农田信息的综合采集。借助 GIS 系统强大的图形图像管理功能和叠加显示分析功能，该系统为工作人员和决策者打造了一个可视化的操作与决策平台，为土壤墒情、环境状况和地理位置等多维动态信息的实时采集及综合应用提供全面且先进的解决方案。

2. 系统功能

系统的功能包括以下几个方面：① 采集农田土壤、位置、环境等信息；② 前端传感器采集各类数据并实时传输到控制中心，再由控制中心整理后传输给农户；③ 利用地理空间数据库对采集到的数据进行综合管理；④ 以网页的形式为广大农户提供数据平台服务；⑤ 结合农业管理系统，根据产量的空间差异性，深入分析原因，做出准确诊断，并提出科学的调控建议，为用户提供决策支持服务。

3. 系统结构

基于北斗的农田信息采集处理系统主要由前端监测点、应用服务平台、用户端三个部分组成，如图 5-6 所示。

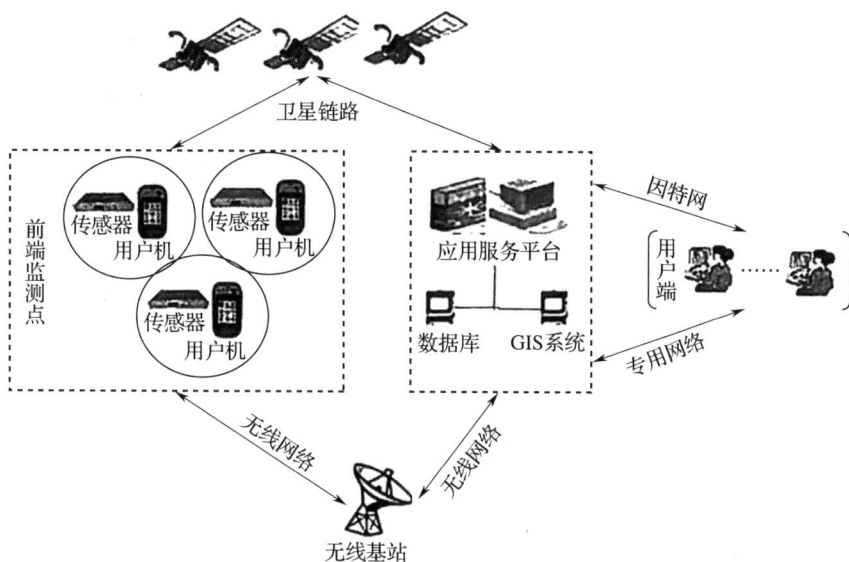

图 5-6　农田信息采集处理系统结构图

资料来源：

田建波，陈刚，等. 物联网 RFID 技术与应用 [M]. 武汉：中国地质大学出版社，2017.

3. EDI 技术

EDI 是指按照统一规定的一套通用标准格式，将标准的经济信息通过通信网络进行传输，在贸易、运输、保险、银行和海关等多个领域间实现数据的高效交换和自动处理，从而完成以贸易为中心的全部业务流程。由于使用 EDI 能有效地减少乃至最终消除贸易过程中的纸质单证，因而 EDI 也被称为"无纸交易"。

EDI 系统由通信模块、格式转换模块、联系模块、消息生成和处理模块四个基本功能模块组成。

EDI 的技术要素主要包括：① 通信协议：包括 AS2、OFTP（2）、FTP（s）、Web Services、RNIF 等；② 标准格式：包括 ANSI X. 12、EDIFACT、RosettaNet、ebXML、CSV/TXT、XML 等；③ 传输内容：包括订单、预测、订单变更、订单确认、发货通知、对账单、发票等。

使用 EDI 的主要优势如下：①大幅降低纸张文件的消耗；② 显著减少重复劳动，提升工作效率；③ 使贸易双方能够以更快捷、有效的方式进行交易，极大简化了订货与存货过程，使双方能及时、充分地利用各自的人力和物力资源；④有助于改善贸易双方的关系，厂商可以准确地预测未来商品的需求量，货运代理商可以简化大量的出口文书工作，商业用户则能提高存货效率，增强竞争力。

然而，EDI 多种技术标准并存给国际应用带来了诸多不便。经过多年发展，由欧洲提出的 EDIFACT 逐步发展成为获得国际大多数国家和机构支持的 EDI 国际标准。联合国基于此标准建立了 UN/EDIFACT 标准。EDIFACT 标准提供了一套完善的语法规则结构、互动交流协议，以及一套支持多国和多行业的电子商业文件交换的标准消息格式。

物流系统的信息由作业过程中的实时数据构成，包括物料购进流程信息、生产状态信息、产品库存信息、装运及新到订货信息等。物流系统对外需要与供应商、金融机构、运输商及顾客等就订货装运和相关单据事宜进行沟通，而对内则可能用于生产计划的制订和控制等。这些处理均可通过 EDI 技术来实现。

4. 移动电子商务技术

移动电子商务（Mobile Business）是电子商务的一个分支。它是指通过移动通信网络进行数据传输，并且利用移动信息终端参与各类商业经营活动的一种新型电子商务模式，是新技术条件与新市场环境下的电子商务新形态。

移动电子商务具备以下特点。

（1）**即时性**　即时性意味着用户的需求是突发的，并且希望可以立刻得到满足。就物流平台而言，这体现为：货主刚到一批货需要立刻运输；司机返程需要立刻获取返程货物；司机中途车辆故障需要找拖车等。

（2）**碎片性**　碎片性是指让用户可以在短暂或不完整的时间片段内，完成交互或使用，满足用户利用这些碎片时间的需求。就物流平台而言，典型的碎片时间可能是车辆临时停顿等短暂的时间。

（3）**地理位置定位**　借助手机信号或 WiFi 信号，可以准确定位用户当前所在的地理位置，甚至定位用户所在的室内位置，帮助用户在物理世界中定位。

（4）**摄像头应用**　借助手机摄像头，可以识别用户当前所对准的物体，通过光学识别技术获取物体信息，从而洞悉手机用户当前的意图和需求。

（5）**麦克风功能**　手机麦克风能够捕捉物理世界中的声音信息，某些技术甚至可以实现音频与其他设备间的数据传输。

（6）**运动感应**　手机可以感应运动加速度，从而判断用户当前是否处于运动状态以及运动的距离等。

移动电子商务凭借其随时、随地、随心的便利性，与物流行业的实时流动性高度契合，在物流领域得到快速发展和大规模应用。目前，许多物流平台特别是服务综合程度较高的物流平台均提供基于移动端（大部分是手机）的 APP 供用户下载使用，为移动电子商务在物流领域的应用推广提供了很好的案例借鉴。

小案例

物易云通的"司机宝"

武汉物易云通网络科技有限公司（简称"物易云通"）成立于 2015 年 6 月，其总部位于湖北省武汉市东湖高新区。物易云通致力于将产业互联网思维与新一代信息技术深度融合，并广泛应用于煤炭、建筑、再生资源三大业务领域，以标准化、场景化、数字化的供应链综合服务解决方案，服务于生产制造、贸易物流等企业和个体司机，旨在开创互联网化的"供应链技术＋物流服务＋金融场景"的产融协同新生态。

司机宝是物易云通打造的无运输工具（无车、无船、无火车）物流服务能力的基础平台，同时也是公司布局产业互联网的基础赋能工具。司机宝利用大数据、云计算、AI 等先进技术，为物流上下游各节点提供信息注册、货源发布、司机调度、运输监控和在线结算等一系列服务。

具体而言，司机宝的功能包括以下几个方面。

1. 车货匹配：货主在线发布运输需求，司机在线完成接单，车货高效对接；
2. 运力监管：承运人资格审核，运单状态、运单进度查询，车辆实时监控；
3. 在线结算：资金账户银行托管，费用在线划拨自主操作，结算简单高效。

资料来源：
数据、信息整理自物易云通官网，https://www.wyyt.com/pages/industry/driver.html.

本章小结

物流平台信息系统是专为物流平台设计的管理信息系统，其服务内容广泛，包括为物流平台的所有用户提供公共基础信息服务、整合并优化物流平台的所有信息资源以支持物流服务解决方案的顺利实施、为行业监管（服务）类用户提供公共服务和有效监管，以及降低风险并助力金融、保险等增值服务顺利实施。

在物流平台信息系统的实际应用中，根据信息处理的内容及决策层次的不同，管理活动通常被划分为三个不同的层次：战略层、管理服务层和操作层。

物流平台信息系统的开发过程大致可以分为可行性研究、系统分析、系统设计、系统实施以及系统维护与评价五个阶段。

目前，许多物流平台已开始通过其信息系统向用户提供基于云计算的技术服务模式。云计算的主要服务模式有三种：软件即服务（SaaS）；平台即服务（PaaS）；基础设施即服务（IaaS）。

物流平台信息系统建设的关键技术可以分为应用软件开发关键技术和应用支撑关键技术两大类。应用软件开发关键技术是指开发物流平台信息系统中用户身份认证管理系统、计费系统、物流资源交易系统等各种应用软件系统的技术，包括 SOA 技术、Web Services 技术、JavaEE/J2EE 技术、.NET 技术等。应用支撑关键技术是指能够帮助物流平台实现相关功能和服务的技术，如 RFID 技术、北斗/GPS 技术、GIS 技术、EDI 技术、移动电子商务技术等。

关键名词

物流平台信息系统 物流平台信息系统规划 软件质量管理 配置管理 概念结构 层次结构 信息数据服务型系统 聚合型公共平台信息系统 集中式 分散—集中式 分布式 云计算 SaaS PaaS IaaS 应用软件开发关键技术 应用支撑关键技术

章末 案例

苏州传化公路港 SaaS 平台应用

1. 项目调研

苏州传化公路港是传化公路港物流连锁经营布局长三角地区的关键一环，其地理位置得天独厚，东临虎泉路，南至金筑街，西邻京杭大运河，北靠黄花泾河，占地总面积 39.2 公顷，总投资 10 亿元，服务苏州市及周边地区工商企业。

在经过针对苏州传化公路港项目涉及的 157 家中小型物流企业问卷数据调研后，我们从企业基本情况、企业运输车辆情况、货物运输情况、用地建筑情况、经营情况和痛点建议这六个方面发现了很多问题，尤其是针对零担物流企业，缺乏统一的政策规划，多为散户经营，且物流企业规模小、组织化程度低、信息化水平落后、工作效率不高。只有极少数规模较大的物流企业自行投资开发或购买信息系统，但这些系统往往仅服务于企业自身，数据无法共享和对接，导致这类规范性强的企业与其他规模小、资金匮乏的小企业之间的鸿沟越来越大。关于企业信息化建设，受访企业所关注的方向较为分散，从一定程度说明企业对自身的信息化建设没有清晰的规划。多数企业信息化水平比较初级，甚至尚未考虑或规划信息化建设问题。而物流园本身也并没有对应的物流信息系统平台为园区租户提供服务。由此可见，传化公路港的模式在不断升级换代的过程中，网络化、信息化、标准化已经成为发展中亟待突破的关键。

2. SaaS 平台的构建

针对苏州传化公路港的现状，我们构建了供多租户使用的 SaaS 平台，实现了统一的人机交互。基于 SaaS 的零担物流信息系统平台的解决方案实现步骤包括：选择适合的 SaaS 服务商；根据零担物流企业用户的自身运营特点以及业务需求，合理配置 SaaS 远程服务器，并定制专有物流信息模块；搭建良好的网络通路，使终端物流企业用户可以通过登录账号的方式，访问建立于远端服务器上的物流信息系统平台；在远端服务器处理系统中，建立多任务调度机制，从而保证其软件能够服务于不同企业用户；建立数据安全备份系统，定期检查服务器软硬件正常运行情况，确保系统安全运行。

因为整个零担物流系统平台是基于 SaaS 建立的，所以 SaaS 的架构至关重要。SaaS 平台的开发架构逻辑层次分明，共分为四层（如图 5-7 所示）。

（1）**统一界面层（UUI）** 该层为不同的租户提供统一的人机交互界面，处理企业用户与系统之间的交互，支撑起整个平台的复杂界面处理。

（2）**协作控制层（CCL）** 该层为以上提到的专有物流功能模块的选择设计提供支撑，完成控制协调功能，为企业提供可配置自定义的功能，如元数据读取、业务流程的自定义等。SaaS 应用面向多租户，因此需要处理大量的服务请求。该层功能主要是通过一定的分配策略将请求均匀地分配到不同的运行实例上，来满足大量用户的并发访问需求。

（3）**业务逻辑层（BLL）** 该层负责平台的业务逻辑处理，如按业务规则对数据进行有效验证、分布式计算处理、与数据访问层进行数据交换等。同时也支撑着不同用户的业务需求以及分布式数据库等。

（4）**数据访问层（DAL）** 该层直接执行数据库的读写操作，即从数据库提取数据交给业务逻辑层，或接收业务逻辑层提交的数据写入数据库，从而实现多租户数据的独立存储。

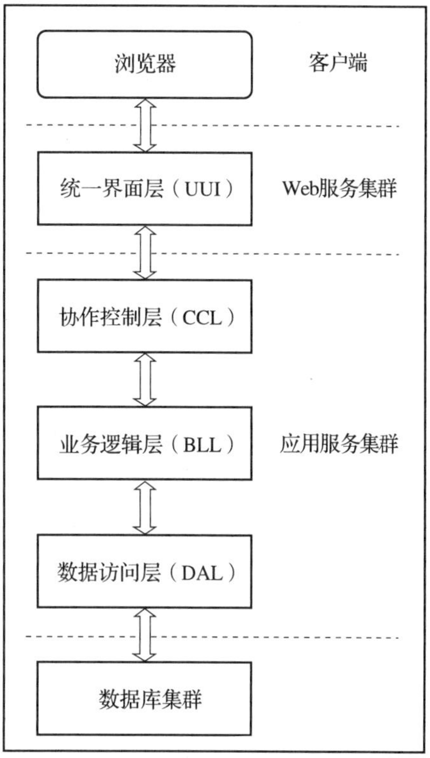

图 5-7 SaaS 平台开发架构

其中，针对传化公路港的零担物流企业管理平台专有的功能模块设计，囊括基本资料、运输管理、统计报表、费用结算、数据交换、系统管理等几个模块，物流企业可根据自身的业务侧重点需求有针对性地选用。

3. SaaS 平台的价值

基于以上 SaaS 模式下的多租户物流信息平台构想，其为社会各方带来的价值是值得深入探讨的。

（1）**物流企业** 针对中小企业用户，这种模式平台的选择所带来的最直观的好处就是性价比高，无需其在软硬件设施购买以及配置等环节投入费用，减少了定制软件的时间周期成本。企业用户作为平台租户，无需拥有自有独立软件，便能在整个供应链环境下，及时与客户进行信息共享，缩短了物流业务处理时间。以较低的成本提升企业物流业务的信息化水平，提高了管理及业务协同能力，增强了供应链物流中的响应能力，真正实现降本增效。

（2）**物流园** 针对像苏州传化物流港这样的物流园，物流平台的建立有助于促进园区资源的整合，推动园区物流规模发展。一个统一的平台将园区内原本散乱的中小零担物流企业的信息汇集在一起，对园区内外的物流需求进行整合，提高园区的服务效率。园区中的各个企业可以依靠信息平台扩展与实现联合作业。如果某一区域内的物流园区都建有统一的信息平台，那么不同园区的物流企业就能够通过信息平台发布或获取货源、车源等信息，实现不同园区的业务合作，无形中拓展了经营规模。

（3）**政府**　如果各个物流园都能实现网络信息平台化，那么对整个物流业的发展无疑具有重要意义。基于 SaaS 模式下的多租户物流信息平台如果在多个物流园成功建立，那么将有利于政府在宏观上制定针对性的物流园政策，因为系统化的数据信息一目了然，哪个方面出现问题都能清晰可见。此外，这也十分利于我国物流市场结构从分散走向集中，形成"零而不乱、散而有序"的新业态。

资料来源：

高亮. 基于 SaaS 零担物流信息系统平台建立的探索 [J]. 苏州科技大学学报（工程技术版），2020，33（S1）：41-46.

案例思考

1. 中小物流企业信息化建设的重要性体现在哪些方面？
2. SaaS 平台的价值是如何实现的？

复习参考题

1. 物流平台信息系统包括哪些方面？
2. 物流平台信息系统的作用主要体现在哪些方面？
3. 物流平台信息系统的特点主要表现在哪些方面？
4. 物流平台信息系统规划的内容包括哪些方面？
5. 常见的物流平台信息系统战略规划制定方法有哪几种？
6. 物流平台信息系统建设过程管理中的配置管理由哪些步骤组成？
7. 物流平台信息系统的体系结构由哪几部分组成？
8. 试阐述物流平台信息系统层次结构中操作层、管理服务层、战略层之间的差异。
9. 请分别阐述信息数据服务型系统与聚合型公共平台信息系统之间所呈现出的不同特点。
10. 如何理解分散—集中式和分布式这两者之间的差异？
11. 客户端/服务器模式与浏览器/服务器模式有什么不同？
12. 试阐述物流平台信息系统开发过程中不同阶段的主要内容。
13. 物流平台信息系统的实施阶段由哪几个方面组成？
14. 物流平台信息系统维护方式有哪些类别？
15. 物流平台信息系统评价的内容主要包括哪些方面？
16. 如何理解 SaaS、PaaS、IaaS 这三者之间的区别？

17. SOA 技术的基本特征包括哪些内容？

18. RFID 技术的特点包括哪些方面？

19. 北斗卫星导航系统的特点包括哪些内容？

20. EDI 常用的标准格式有哪几种？其中哪一种已成为更为国际化的标准？

21. 试比较不同类型移动 APP 的优缺点。

本章实训

1. 实训目的

(1) 掌握物流平台信息系统的体系结构，了解物流平台信息系统的技术特点。

(2) 通过资料解读，了解某一领域内某一类型物流平台信息系统的构建状况。

(3) 锻炼通过事物表象发现问题、分析问题、解决问题，以及收集资料、团队协作、PPT 制作和语言表达等能力。

2. 实训内容

由指导教师提供若干不同类型物流平台信息系统资料，由学生自主选择某一类型物流平台，对其信息系统进行剖析，描绘信息系统结构，分析其所采用技术的特点。

3. 实训组织

(1) 指导教师布置实训项目，提示相关注意事项及要点。

(2) 将班级成员分成若干小组，成员可以自由组合，也可以按学号顺序组合。小组人数划分视修课总人数而定。每组选出组长 1 名，发言代表 1 名。

(3) 各小组利用课外时间完成分析工作。

(4) 以小组为单位，撰写书面分析报告，制作课堂演示 PPT。

(5) 各小组发言代表在班级进行汇报演示，每组演示时间以不超过 10 分钟为宜。

4. 实训步骤

(1) 指导教师布置任务，指出实训要点、难点和注意事项。

(2) 演示之前，代表本小组发言的组长或小组成员对本组成员所承担的工作进行介绍陈述。演示结束后，征询本组成员是否有补充发言。

(3) 由各组组长组成评审团，对各组演示进行评分（组长须回避本组评分），取评审团成员评分的平均值为该小组的评审团得分，满分 50 分。评分依据包括分析质量、PPT 制作水平、PPT 展示水平等。

(4) 指导教师对每一小组任务完成情况进行总结点评，并为各小组评分，满分为 50 分。

(5) 取各小组的评审团评分加上指导教师的总结评分作为该组的最终得分，并计入学生的平时成绩。

参考文献

[1] 黄有方. 物流信息系统[M]. 北京：高等教育出版社，2010.

[2] 朱耀勤，孙艳艳，郭昕，等. 物流信息系统[M]. 北京：北京理工大学出版社，2017.

[3] 陈威，陈茜，龙敏. "三重一大"制度数字化监管信息系统平台构建与运用研究[J]. 重庆理工大学学报（社会科学），2022，36（5）：105 - 112.

[4] 刁瑞强. 条码技术在管理信息系统中的运用[J]. 信息与电脑（理论版），2022，34（16）：176 - 178.

[5] 张庆龙，方汉林. 数智化企业司库管理信息系统平台构建[J]. 财会月刊，2022（15）：33 - 40.

[6] 张旭，崔涛. 基于条码技术的现代仓储管理系统设计[J]. 数字通信世界，2022（6）：30 - 32.

[7] 王先庆. 智慧物流——打造智能高效的物流生态系统[M]. 北京：电子工业出版社，2019.

[8] 魏学将，王猛，张庆英. 智慧物流概论[M]. 北京：机械工业出版社，2020.

[9] 王猛，魏学将，张庆英. 智慧物流装备与应用[M]. 北京：机械工业出版社，2021.

[10] 傅莉萍. 物流信息系统管理[M]. 北京：清华大学出版社，2017.

[11] 修桂华，姜颖. 物流信息系统[M]. 北京：北京大学出版社，2011.

[12] 杨保华，陈昌. 区块链原理、设计与应用[M]. 北京：机械工业出版社，2017.

[13] 陈雪萍，马欢，张鹏飞. 基于 RFID 物联网技术的智能仓库系统设计[J]. 计算机技术与发展，2023，33（4）：96 - 101.

[14] 王瑞娜. 基于 RFID 技术的智能仓储管理系统研究[J]. 湖南邮电职业技术学院学报，2023，22（1）：29 - 31 + 36.

[15] 卢灵秀，向想. 基于 RFID 技术以及北斗定位技术对智慧公交系统方案的建设研究——以张家界的公交系统为例[J]. 无线互联科技，2022，19（24）：46 - 48.

[16] 成志平. 疫情防控背景下基于 WSN 和 RFID 技术的陕西省冷链物流系统设计[J]. 湖北农业科学，2022，61（18）：188 - 190 + 195.

[17] 朱艳. 物流信息平台商业模式的国外经验借鉴[J]，商业经济研究，2015（20）：26 - 28.

[18] 史官清，欧阳天治，杜鑫可. 城市智慧物流公共信息平台的功能设计研究[J]. 物流科技，2023，46（1）：60 - 63 + 76.

[19] 张美岩. 搭建农产品物流信息平台 打造绿色供应链体系[J]. 全国流通经济，2022（25）：23 - 26.

[20] 周望德，胡飞. 智慧物流公共信息平台信用体系下物流企业发展策略研究[J]. 全国流通经济，2020（31）：33 - 35.

[21] 邹梦婷. 共享经济背景下车货匹配型物流信息平台发展研究[J]. 经济研究导刊，2020（15）：133 - 134 + 139.

[22] 王晓平，郑忠义，李文龙，等. 基于第四方物流信息平台的农产品流通体系构建[J]. 商业经济研究，2018（23）：111 - 113.

[23] 冯耕中，吴勇，赵绍辉. 物流平台信息平台理论与实践[M]. 北京：科学出版社，2014.

[24] 韩洁，李雁星，等. 物联网技术[M]. 武汉：华中科技大学出版社，2019.

[25] 孔宪光，等. 工业互联网技术及应用[M]. 武汉：华中科技大学出版社，2022.

[26] 田建波，陈刚，等. 北斗导航技术及其应用[M]. 武汉：中国地质大学出版社，2017.

[27] 邓明镜，刘国栋，徐金鸿，等. 全球定位系统（GPS）测量原理及应用[M]. 成都：西南交通大学出版社，2014.

[28] 郑溪. 空间规划 GIS 应用基础案例实习教程[M]. 昆明：云南大学出版社，2020.

[29] 孙静，芦亚柯. 电子商务技术基础[M]. 北京：北京理工大学出版社，2017.

第6章 ▶ 物流平台运营管理

引 例

优步平台的需求价格弹性和补贴策略

Uber 中文译作"优步"，是一家美国硅谷的科技公司，因旗下同名打车软件而名声大噪。Uber 在全球范围内覆盖了 70 多个国家的 400 余座城市。该软件为乘客出行时提供预订车服务，以此填补出租车服务的闲置时间。

优步是一个典型的双边市场。平台 APP 尝试通过补贴来快速增加市场占有率，建立竞争门槛。当进入新区域的时候，优步会用不同的手段去吸引服务提供者(司机)和服务消费者(乘客)，并且针对双方的运营活动都是同步的，保证交易双方的交叉网络外部性。当平台的市场占有率达到一定程度，乘客会发现总是能够打到车，就会越来越相信这样的服务。随着双边市场用户的不断增长，当平台企业通过合并而实现垄断以后，市场就实现了供需双方的正循环，同时也基本不再补贴用户。

优步作为一个盈利的互联网企业平台，充分利用了乘客与司机之间的交叉网络外部性。通过补贴把用户吸引到平台上来，一方面实现规模经济，另一方面每个用户在使用平台交易的过程中都会产生正外部性，降低其他用户使用平台的交易成本，提升平台对其他用户的吸引力。比如在乘客端，优步会将乘客约车的价格设定为负，其通常做法是只要顾客注册平台，就送券给顾客免费乘坐优步的车。在司机端，司机的每一次接单被视作一个任务，每完成一个任务有任务奖励可以领取，而且优步还要求司机接单率达到 80% 以上才有补贴，高峰时期的补贴力度更高，完成一定数量的接单还可以额外获取补贴奖励。

事实上，优步在发展的早期主要将运营的精力放了吸引司机上，而对于消费者，则主要是通过发放优惠券的方式进行运营。这是因为即使在没有司机的区域，消费者的出行需求也是持续存在的，而当新的区域从没有司机变成有很多司机的时候，消费者非常容易被唤醒。在这种情况下，乘客的数量急剧上升，当乘客大量存在时，就意味着司机的交叉网络外部性高于乘客的交叉网络外部性。同时由于潜在客户群的飞速增长，平台对司机的吸引力将大大提升，平台便可以对司机收取相对较高的价格。可见，优步平台不断拉拢交易双方的这一过程，其实质就是网络外部性的内化。优步作为盈利平台不断积累双边市场用户，其创造的整体社会福利将高于非盈利平台产生的福利效应。

资料来源：

蔡万刚，钟榴，刘姜，等. 基于双边市场的互联网平台企业倾斜定价模型与策略[J]. 上海理工大学学报，2019，41（1）：52-57.

6.1　物流平台运营原则

物流平台将企业、政府、社会组织和个人聚合于平台之上，实现信息、数据、物流能力等资源的共享，以及物流业务流程中众多业务主体相互间的协同作业。物流平台的建设和运营是一项复杂的社会系统工程，需要遵循一定的机制及规范以保证平台的有序、安全、稳定运行。物流平台的建设和运营应遵循以下原则。

6.1.1　以交易和服务为核心的原则

交易和服务是物流平台建设与运营的核心。物流平台创建的宗旨是为物流服务需求方和供给方提供交易的场所，消除信息不对称，使供需双方能在公平透明的环境中完成物流资源的交易，并通过平台、行业监管（服务）方和增值服务提供方为交易的顺利完成提供保障，以提高物流作业效率。政府部门、物流领域的各类行业协会、与物流相关的科研院所等行业监管（服务）方也可通过平台获取所需信息，以发挥自身的行业监管和服务功能。通过交易和服务的支持，实现物流平台和用户的共同成长。

6.1.2　以业务模式和营销模式设计为关键的原则

业务模式和营销模式是物流平台建设和运营的关键要素。优化业务模式设计可以更好满足用户的需要，为用户带来更多价值回报；优化营销模式设计可以吸引更多的企业、政府部门、其他类型组织和个人加入平台，并成为平台的稳定、活跃用户。

1. 业务模式设计

围绕如何满足用户需求，在进行物流平台的业务模式设计时需要注意以下三个方面。

（1）**用户需求**　物流平台的建设与运营以交易和服务为核心，而用户是否选择物流平台完成交易和服务的关键在于其是否能满足用户的基本需求。因此，在进行物流平台的业务模式设计时，应坚持以用户需求为核心的设计理念，通过大数据分析、用户画像等方法认真研究用户的需求，包括需求的种类、内容，方式等。

物流业在我国已经发展成为万亿级的庞大产业。据中国物流与采购联合会发布的《2023年全国物流运行情况通报》显示，2023年我国全社会物流总额已达352.4万亿元。随着物流业的发展，物流需求不仅总量越来越大，需求细分程度也越来越高，围绕物流业务流程衍生出丰富的分支。国内物流业的巨大体量，即使只聚焦于某一分支，对于物流平台运营方而言也可以获得较好的回报。因此，在设计物流平台的业务模式时，运营方不一定要将用户需求调研的范围设置得过宽过广，应结合自身实际情况做出合理选择。

同时，随着经济、社会的发展，各个领域新业态、新产品、新方式不断出现，推动物流需求的不断更新、变化。因此，对用户需求的调研是一个长期性的工作，需要持续进行，并不断地对业务模式进行调整。时至今日，一些物流平台还仅仅局限于简单的物流信息发布功能，对于物流供需双方用户围绕交易产生的订单管理、费用结算、可视化监管、融资、保险等需求视而不见，其逐渐被市场淘汰也就不足为奇了。

（2）**资源的支持**　在我国，物流平台的发展已取得了长足的进步。物流平台的类型日趋多元化，功能也越来越丰富，出现了不少综合性的大型物流平台。究竟选择哪一种业务模式，首先应考虑的是物流平台运营方所拥有的资源能否支持平台正常运营以及满足相应的用户需求。如果没有充沛、有力、适合的资源支持，即使是市场前景好的业务模式也不应轻易选择。反之，如果具备业务模式所需要的资源，则物流平台发展的可持续性较好，有利于在与同类型物流平台的竞争中占据有利地位。

以采用物流业务流程整合模式的园区网络型物流平台为例，平台为用户提供流程化的多种服务，内容覆盖物流服务链若干个环节。选择这种模式需要运营平台的企业具有较高的物流业务操作能力、充裕的运作资金以及政府部门在土地资源、配套政策和电子政务等方面的支持。

（3）**技术能力的支持**　不同于传统的线下物流企业，物流平台的技术特性表现得更为明显。在通信、物联网、以云计算为基础的大数据、人工智能等领域的技术储备和更新迭代能力，是物流平台建设和运营的生命线。因此，技术能力的支持是物流平台业务模式设计时又一关键影响因素。

以同城货运平台为例，如果在物联网、大数据、运输路径优化算法、通信、人工智能等方面拥有更为雄厚的技术基础，可以在更短的时间内响应客户需求，可以基于实时路况、天气设计更为优化的运输路线，指导司机在更短时间内完成订单，可以实时监控订单的完成情况，由此吸引更多客户、更多司机集聚于平台，形成良性循环，在与同类型其他物流平台的竞争中获得优势地位，并通过不断的技术升级维持这一优势地位。

2. 营销模式设计

为吸引更多的企业、政府部门、其他类型组织和个人加入平台，并促使他们成为平台的活跃用户，我们在进行营销模式设计时需要注意以下五个方面。

（1）**优质的服务**　物流平台只有为用户提供优质的服务，用户才会对平台产生信任度和忠诚度，进而成为平台的长期稳定、活跃用户。

（2）**良好的用户关系**　良好的用户关系也是提高用户黏度的关键。物流平台应借助电子邮件、短信、信息推送、公众号等各种渠道，保持与用户的密切联系，积极与平台用户沟通，及时回应用户反馈的问题和建议。

（3）**提供个性化的服务**　服务的个性化是提高用户黏度的有效手段。物流平台可以通过对内部业务数据和外部市场数据的分析，了解用户的兴趣、偏好和需求，为客户提供个性化的服务。例如，根据用户使用平台和浏览平台的记录，为用户推荐相关服务，进而提高用户的满意度和忠诚度。

（4）**有效的用户奖励**　物流平台可以通过实施有效的用户奖励手段来激励用户，如为忠诚度高的用户提供优惠券、礼品等，划定用户等级并给予不同的权益待遇，让用户感受到企业的关心和重视，从而增强用户对平台的依赖和归属感。

（5）**提供网络社交空间**　微信、微博、抖音、网络论坛等网络社交平台的巨大成功充分说明了网络社交空间对于用户的吸引力，网络"大咖"们的带货能力对于销售的促进作用也已为实践所证明。除专门的虚拟社区型物流平台外，其他类型的物流平台也应顺应潮流，在平台上适时推出适合本物流平台特点的网络社交服务。

6.1.3　以资源开发、建设为基础的原则

资源的开发、建设是物流平台建设与运营的基础。没有资源的支持，物流平台的业务模式将无法正常实施，服务功能将无法正常提供。为此，物流平台的后台组成中设计了资源池建设部分，包括物流基础设施资源、物流设备资源、用户资源、信息数据资源和各种基础技术资源的建设。

除去在组织机构方面的相应设计，在物流平台的运营过程中也要高度重视资源的开发、建设。其中，尤其要重视用户资源的建设，特别是物流服务供给方和需求方用户资源的开发、建设。前者所能提供的社会服务资源是物流平台业务依托的基础资源，体现了互联网平台整合社会资源的核心特征；后者是物流平台利润的来源。此外，无论物流平台是由政府主导运营还是由企业主导运营，政府或企业均没有能力独立完成所有资源的开发、建设，因此物流平台运营时需要注意寻找外部合作者，有效地引入、整合外部资源，并通过市场化运作方式，充分发挥资源作用，提高资源使用效率，达到物流平台与外部资源拥有者共赢的局面。

6.1.4　以政府的支持和推动为辅助的原则

政府的支持和推动是物流平台运营和建设的有力辅助，对于信息数据服务型物流平台而言，甚至是其建设与运营的前提。政府的支持和推动主要体现在两方面：一是在物流平台建设阶段提供的政策、土地、资金等资源支持；二是在物流平台运营阶段提供的电子政务、信息等功能支持。

例如，当政府指定某物流公共信息平台为推荐平台时，该平台即可获得政府的资金扶持，并凭借政府的权威性和信誉度在特定区域的物流行业内进行快速推广，从而在较短的时期内积累起可观的用户规模。

6.1.5　以创新和发展为硬道理的原则

创新和发展是物流平台建设与运营的硬道理。创新和发展不仅是一个企业长久发展的基石，同样也是物流平台持续健康发展的保障。随着社会物流应用水平的不断提升、用户服务理念的不断深入和新兴技术的日新月异，物流行业必然会出现大量的个性化服务需求，以及更加多样的物流服务内容。因此，物流平台必须紧跟时代发展的步伐，在业务类型、服务功能等方面持续不断地创新和发展，以更好地满足变化中的用户服务需求，实现物流平台的可持续发展。

6.2　物流平台运营战略设计 ○

物流平台作为平台经济学的一种具体表现形式，其运营方案应遵循平台经济学的一般规律，即打造以运营为基础、以物流服务为核心的价值链体系和物流生态圈。

采用平台经济学运营模式，物流平台需要考虑如何设计平台的各种运营机制，合理划分运营阶段，设定不同阶段的运营目标，以扩大用户规模，丰富用户类型，密切用户之间的关联，加强用户对平台的依赖。

6.2.1　运营机制

物流平台的运营机制是指平台的运作机理及运作管理方式，主要包括交易机制、诚信机制、业务机制、营销机制、会员机制、隔绝机制、绩效机制和激励机制。

1. 交易机制

交易机制的确立是物流平台运营机制建立的核心。物流平台通过整合物流资源，缩短传统物流外包的链条，拉近货主和最终承运人的距离，撮合双方在平台完成物流资源的交易。在这一过程中，我们需要考虑多种因素来匹配物流资源需求和物流资源供给信息。匹配成功后，在物流业务执行过程中平台还需要提供服务、进行监控，最后通过平台完成物流费用的结算，整个交易过程才算结束。图 6-1 列举了一个典型的实现公路运输物流资源匹配的物流平台交易机制确立过程。

根据物流资源的交易全过程，物流平台的交易机制中应包含物流供需信息的发布与检索、用户之间的交互与匹配、供需双方以及平台利益保障、物流业务执行过程中的服务与监管、物流费用结算等内容。

在交易机制中，用户之间的交互与匹配是其核心内容，主要通过交易工具的使用来完成。物流平台应为交易双方提供多元化的交易模式和多样化的交易工具。交易模式包括：平台搜索匹配运输资源提供给用户决策交易、平台搜索匹配运输资源并代为决策交易、混

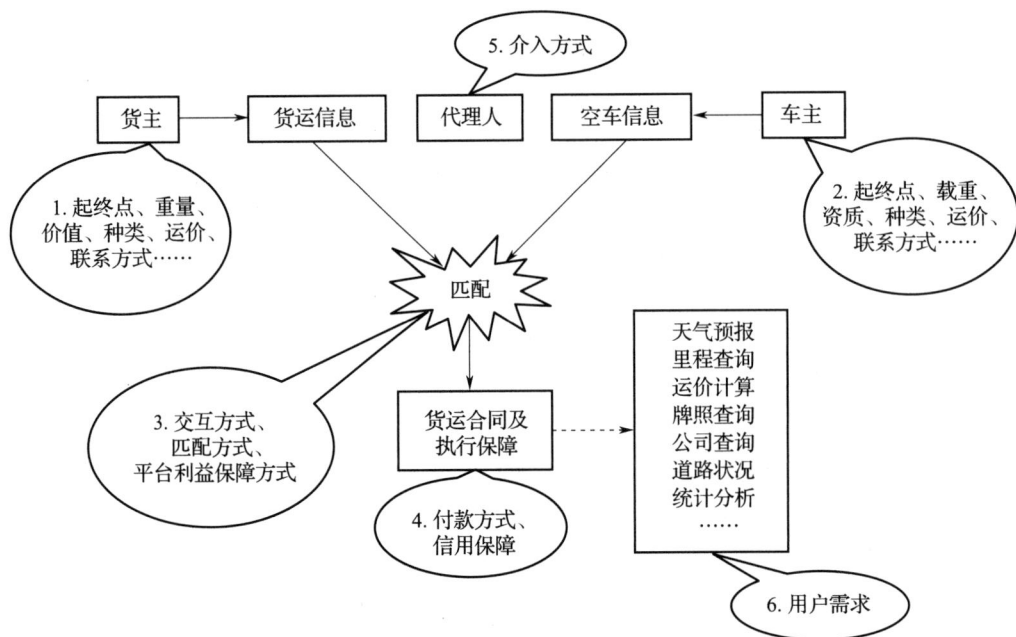

图 6-1　物流平台交易机制确立过程

合模式等；交易工具包括在线拍卖、招投标、电子化询价、挂牌交易、专场交易、交易社区等多种方式，以适应不同的用户需求。

2. 诚信机制

在任何一个市场中，交易能够顺畅进行从而保证市场长期、正向发展的前提就是建立健全的诚信体系和法律体系。法律体系具有事前威慑、事后处理的作用，法律之外的道德及行业约束则需要诚信体系来加以管控。物流平台诚信机制在平台的运营中尤为重要。一旦平台上出现不诚信用户，可能会引发各种欺诈行为，对平台的声誉和形象产生负面影响。因此，物流平台必须建立完整、可靠、可信的诚信体系来规范用户行为，保障物流平台正常的运营秩序。一个完备的物流平台诚信机制包括用户身份鉴定、诚信准入、信用公布与奖惩三个部分。

（1）**用户身份鉴定**　用户身份鉴定是最为基础的用户过滤机制。物流平台应要求用户必须以真实身份注册账号，并提供身份证、手机号码、企业营业执照、车辆照片、资质等级等资料，从而有效提升物流平台用户的可靠程度，也为后续的诚信准入、信用公布与奖惩制度奠定基础。物流平台可以制定出一套科学合理的奖励机制，为提供真实资料的用户给予一定的奖励，如通过平台用户资料核实后的用户可以在平台上享有更多的权益，在进行交互、匹配时能够得到优先推荐等。看似简单的身份核实机制，实际上蕴含着多重目的，即在提升用户自身声誉的同时，也让用户更加依赖物流平台生态圈，增加系统黏性。

（2）**诚信准入**　在诚信准入部分，物流平台应当通过与外部征信系统的对接，采集用户在平台以外的信用记录；同时，将用户在平台上的交易行为以及使用平台各项功能的行为记录在案，形成历史数据积淀，再将两者结合建立平台征信系统。在此基础上，由物流平台会同政府相关部门、金融、保险企业共同设计评价制度，划定等级，规定不同诚信等级可参与的平台业务范围和差别性平台待遇，在平台上进行公示，并不断进行动态的调整更新。

（3）**信用公布与奖惩**　在诚信公布与奖惩部分，根据平台征信系统提供的数据，物流平台可定期公布平台用户的诚信记录情况，奖励遵信守约，惩戒失信违约。对于失信的平台用户，根据其行为的严重程度，采取不同等级、不同层次的惩戒措施，包括予以一定数额的经济处罚、降低其诚信等级、降低金融和保险企业的扶持力度，以及政府相关部门给予处罚、取消资质等。

物流平台可以参照目前已有的一些规则来建立平台的诚信机制。例如，参照中国人民银行信用评价规则构建诚信机制；参照购物网评规则制定诚信机制；参照企业评价规则完善诚信机制等。

小资料

征信

征信是专业化、独立的第三方机构为企业或个人建立信用档案，依法采集、客观记录其信用信息，并依法对外提供信用信息服务的一种活动，它为专业化的授信机构提供了一个信用信息共享的平台。征信业务是指对企业、事业单位等组织（以下统称企业）的信用信息和个人的信用信息进行采集、整理、加工、保存，并向信息使用者提供的活动。

国务院于 2012 年 12 月 26 日颁布的《征信业管理条例》（中华人民共和国国务院令第 631 号），自 2013 年 3 月 15 日起正式施行。为配合《征信业管理条例》的实施，中国人民银行陆续颁布了《征信机构管理办法》《征信业务管理办法》等相关规定。

目前，中国人民银行已建设了企业信用信息基础数据库和个人信用信息基础数据库。2020 年 5 月，二代征信系统正式上线运营，全面提升了数据采集能力、产品服务能力、系统运行性能和安全管理水平，目前已推出互联网查询、银行 APP 查询等多种查询方式。中国人民银行数据统计显示，截至 2023 年末，中国人民银行征信系统共收录 11.6 亿自然人、1 亿户企业和其他机构的信用信息；个人征信接入机构达 5328 家、企业征信接入机构达 5115 家。

征信相关法律法规的完善和信用信息基础数据库的建设，为物流平台诚信机制的建设提供了强大的制度保障和基础数据支持。

资料来源：

根据多方渠道资料整理。

小资料

中国物流与采购联合会物流信息平台诚信公约

近年来，物流行业正加快转型升级、集约化整合，物流信息平台在经历萌芽、探索和调整阶段后，迎来了战略发展机遇。为建立健康诚信、互联互通、共同发展的物流信息平台交易环境，提升物流信息平台公共服务和公共管理水平，推动自上而下的行业自律自治，中国物流与采购联合会联合物流信息平台及相关交易方共同发布"中国物流与采购联合会物流信息平台诚信公约"，内容如下：

一、物流信息平台诚信公约：

（一）向平台交易各方宣传"诚信为本"的理念，辅助各方建立诚信品牌；

（二）强化行业自律，维护市场秩序，抵制恶性竞争；

（三）维护交易双方权利，建立产品和服务质量保证机制；

（四）加强平台间互联互通，建立诚信信息互认与披露机制；

（五）加强公共管理，完善诚信体系，促进投诉的积极解决；

（六）树立行业诚信服务标杆，警示失信服务行为，促进行业自律；

（七）保持客观、准确、公正，保证披露信息的合法性、真实性；

（八）自愿接受社会公众、主管部门及新闻媒体的监督。

二、物流服务方诚信公约：

（一）宣传"诚信为本"的理念，牢固树立司机等员工的诚信意识，倡导关爱司机的行为；

（二）依法经营，诚实信用，规范操作，文明从业；

（三）保证企业信息和服务信息的真实性，不误导、欺骗客户，确保公平交易；

（四）杜绝虚假承诺，重视合同履行，提高服务质量，勇于承担责任；

（五）恪守商业信誉，避免发生损害客户利益的行为；

（六）如发生交易纠纷，积极主动解决，不推诿回避；

（七）如发生失信行为，自愿接受警示惩戒。

三、物流需求方诚信公约：

（一）重视商业诚信，与服务方建立良好的合作伙伴关系；

（二）保障公平交易，重视服务方权益，杜绝霸王条款；

（三）杜绝虚假承诺，重视合同履行，不拖欠运费；

（四）保证需求信息的真实性和准确性，不损害服务方利益；

（五）如发生交易纠纷，积极主动解决，不推诿回避；

（六）如发生失信行为，自愿接受警示惩戒。

四、司机诚信公约：

（一）遵守道路运输相关法律、行政法规、规章，保证道路运输安全；

（二）诚实信用，规范操作，文明从业；

（三）保证个人信息和服务信息的真实性，不误导、欺骗客户，确保公平交易；

（四）杜绝虚假承诺，重视合同履行，提高服务质量，勇于承担责任；

（五）恪守商业信誉，不发生损害客户利益的行为；

（六）如发生交易纠纷，积极主动解决，不推诿回避；

（七）如发生失信行为，自愿接受警示惩戒。

物流信息平台的诚信建设不仅决定了平台的发展质量和前景，更关乎整个物流行业相关交易方及交易环境的良性发展。我们愿同心携手，共同承担诚信责任使命，营造讲诚信、明责任、重维权的行业生态，共筑物流行业的诚信长城。

资料来源：

中国物流与采购联合会. 关于发布《物流信息平台诚信公约倡议书》的通知[EB/OL]. （2015 - 9 - 14）[2023 - 10 - 17]. http://www.chinawuliu.com.cn/lhhzq/201509/14/305172.shtml.

3. 业务机制

业务机制是物流平台运营的重要内容，由目标市场调研、平台生态描绘、业务和服务功能、使用方式等几部分组成。

（1）**目标市场调研**　物流平台的业务机制要求对目标市场进行广泛而深入的调研、分析。以经营公路货运业务的网络货运服务型物流平台为例，该平台主要为公路货运物流供需双方提供在线物流交易服务，因此需要掌握我国公路货运市场的基本态势。首先，我国公路货运市场的一个显著特点是运力资源较为分散，大部分运力掌握在个体运输从业者手中，如图 6 - 2 所示。其次，由于不同地区公路运输市场成熟度的不同，占据公路货运服务链主导地位的主体也各不相同：北京以公路货运信息部为主导；广州以专线运输企业和"黄牛"为主导；上海则呈现"势均力敌"的局面，第三方物流企业、专业运输企业、信息部均占据了相当的市场份额。此外，还要调研政策变化、业务特点对公路货运市场形势的影响，如取消燃油税，会增强卡车司机的谈判能力；需求总量降低，不利于成本较为刚性的公路运输专线；利润空间降低，物流公司和货主有动力跨环节与卡车直接衔接等。以上这些内容都需要通过深入调研、分析，为物流平台的业务运营提供指引。

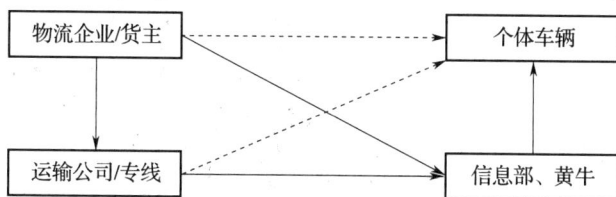

图6-2　公路货运服务链

注：实线为传统的公路货运服务链，虚线为引入物流平台后的公路货运服务链

（2）**平台生态描绘**　在图6-3中，圆圈中的物流平台是交易服务的中心，两边是平台最基本的使用群体，即物流服务的需求方和供给方，构成了基础的双边模式。以双边模式为基础，物流平台需要制定能够纳入多边群体的策略，尽可能地满足每一方使用者的需求，形成物流生态体系，提高平台在激烈市场竞争中的生存能力。

图6-3　物流平台双边模式基础概念图

调研获得目标市场相应的数据后，根据获得的信息、数据，确定物流平台对应的需求方和供应方用户，然后以这两类用户为核心，关联其他类型用户，从而描绘出平台的生态状况，展示不同类型用户之间的关系。同时，要确定各种类型用户对于物流平台服务的需求内容和数量，以便有针对性地设计平台的业务和服务功能。

仍以经营公路货运业务的网络货运型物流平台的服务功能为例，需求方用户可划分为大型生产、流通、贸易企业等整车运输用户，以及中小生产、流通、贸易企业、个人等零担运输用户；供给方用户则包括第三方物流企业、公路零担运输企业、快递企业、专线运输企业、个体公路运输从业者等。以需求方用户和供给方用户为核心进行扩展，可以关联金融、保险、货运信息部、运输中介（代理人）和路政、工商、税务等政府部门等其他用户。在平台上，对于服务功能，需求方用户的关注重点在于：实时了解可用运输资源信息；关注对车辆管理、资质和身份的审查与认证；实时了解货物运输状态、在途状态；实时了解货物交接状态；及时获得运输方提供的业务量及费用结算清单。在平台上，对于服务功能，个体和中小型供给方用户的关注重点在于货源信息的获取、费用结算、在线融资、在线购买保险、网上报检通关、网上报税等；大型物流企业则更侧重于车辆追踪、费用结算，以及资质和身份的审查与认证。

小案例

中储智运物流平台生态体系

从业务角度来看，在技术应用和公共信息平台的支撑下，中储智运吸引了众多主体加入，从而聚集了各类信息、技术及资源，满足了多元化需求，建成了囊括物流及物流大数据、物流金融、物流新消费四大板块业务的"新物流生态圈"，如图6-4所示。

物流业务

这是生态圈的主体业务。简单来说，就是以无车承运人方式吸引其他物流仓储企业加入，优化资源配置，强化运输、仓储、装卸、搬运、包装、流通加工、配送等环节的协作水平，达成提升物流效率、降低物流综合成本这一根本目标。

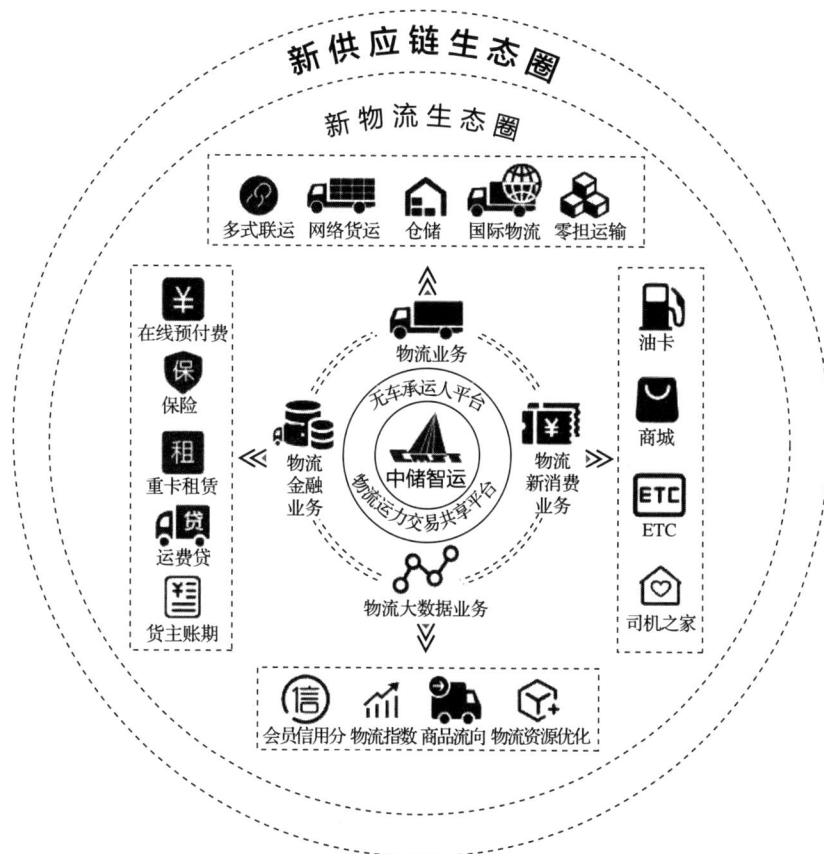

图 6-4　中储智运物流平台生态体系结构

物流新消费业务

开展线上 ETC、加油卡、零配件购买这类业务的目的并非仅仅为了增加消费或者为平台所有者增加额外收入，而是为"圈内"各主体更好地参与物流活动提供便利，有助于增强生态圈企业用户黏性。

物流大数据业务

发展数字经济是产业升级的必然结果。随着物流业务的不断开展和生态圈的不断扩张，必然会积累下海量的数据资源，这是核心企业（一定程度上也是圈内各参与主体）的一笔重要资产，对于业务优化、服务改善、成本控制等都很有价值。

物流金融服务

核心企业与金融机构进行合作，基于圈内各参与主体的协作关系设计、推行各类金融产品来帮助中小企业克服经营困难，当然，最终目的还是为了保障物流供应的安全有序。另外，物流大数据（如信用积分等）的价值在金融产品设计中再次得到了体现。

资料来源：

知乎. 生态圈新玩家：物流业如何构建开放创新的生态系统? [EB/OL]. (2021-6-16)[2023-10-17]. https://zhuanlan.zhihu.com/p/381059532.

（3）**业务和服务功能**　通过前几步的分析，明确了不同类型用户的不同需求以后，物流平台则可对目标市场进行细分，有针对性地设计业务项目和服务功能。

（4）**使用方式**　随着时代和技术的发展，通过移动端登录物流平台已成为主流。因此，合理的使用方式是基于移动端登录的"全天候、简单便捷、全面、安全"：用户可以通过手机、PAD等移动终端，随时随地登录物流平台，操作简单便捷，能使用平台的所有服务、各项操作，特别是有充分安全保障的合同订立、资金支付结算。

4.营销机制

吸引更多的企业、政府部门、其他类型组织和个人参与，并让其成为物流平台的稳定用户是物流平台营销机制的核心目标。

（1）**采用"鼠标加水泥"的营销模式**　一个从事网络销售的经营实体被称为拥有多渠道销售模式的公司，即"鼠标加水泥"公司。实践证明，多数市场的最终胜出者都采用了"鼠标加水泥"的方式。

在国内外物流平台的发展过程中，那些将一定数量的线下实体园区与线上平台相结合的园区网络型物流平台，以及将线下公路货运站、铁路货场、港口、机场、物流园区等物流节点、枢纽与线上平台相结合的专线＋加盟型物流平台往往发展较好。物流园区、物流节点、物流枢纽内往往汇集了大量车辆和货源信息，这些可以被视为"水泥"，而物流平台则作为"鼠标"，共同构成了"鼠标加水泥"的物流平台营销模式。同时，依托物流园区、物流节点、物流枢纽的另一个优势是有利于吸引政府、金融、保险等行业监管（服务）和增值服务提供方用户的进驻。

（2）**设定付费方和补贴方**　双边模式赋予了物流平台在定价方面的弹性，物流平台可选择补贴某一边用户，以促进其使用者数量的增长，进而吸引另一边用户群体支付更多的费用。

作为买方市场，物流服务需求方用户一般是被补贴方，物流平台需要制定一定的补贴策略来吸引需求方用户的入驻。而物流服务供给方用户一般更愿意支付一定的费用来获取物流需求信息。因此，物流平台可以向物流供给方用户收取一定的费用。但是，作为公共基础设施，物流平台不能如此简单地设置收费方式，并将其作为主要盈利来源，而是要根据实际情况，综合考虑区域环境来制定合适的补贴策略。

（3）**虚实结合**　物流平台的目标是拉近物流需求和物流资源的距离，从而整合资源、提高效率。如果能够掌握货源信息和物流资源信息，就可以为物流平台的运营和市场推广打下良好的基础。由于物流园区、物流节点、物流枢纽和各种专业市场内聚集了大量的资源信息，因此可把物流园区、物流节点、物流枢纽和各种专业市场视为"实"；把物流平台视为"虚"，在物流园区、物流节点、物流枢纽和各种专业市场内设立物流平台的服务中心，实现虚实结合。

具体而言，虚实结合的方式包括以下几种：① 以物流园区、物流节点、物流枢纽和各种专业市场为落地点，成立物流平台服务中心；②在地级城市成立物流平台分中心，管理区域内各物流平台服务中心；③ 在省会城市成立大区域物流平台中心，管理区域内各物流平台分中心。

（4）**业务模式快速复制、快速推广**　物流平台利用互联网的便利性，在社会上已有的物流园区、物流节点、物流枢纽和各种专业市场落地服务，可采用免费提供应用系统的方式发展客户，实现快速推广。在推广过程中，还可以采用与各地物流协会或知名企业共建的方式，或者同国外的相关组织和协会建立联盟，实现"应用系统推广到哪里，服务和交易就延伸到哪里，网络就覆盖到哪里"的目标。

（5）**建立统一、规范的形象**　物流平台要建设统一的交易规则、结算规则、推广模式、价格体系，确保物流平台具有"统一品牌、统一形象、统一业务规则"。

5. 会员机制

目前，基于会员制模式收取的会费是国内许多物流平台收入的主要来源，也是物流平台的基础收入来源。会费收入虽然相对不稳定，且不能设置过高的门槛，但交易费用、服务费、服务佣金、广告推广收入等收入来源都是建立在用户成为会员的基础上，因此会员机制的建设对于物流平台来说十分重要。

物流平台的会员分为免费会员和收费会员，免费会员一般无需注册，通常只能浏览平台上有限范围内的信息，能使用一些基本的功能。而收费会员则需要注册并缴纳年费，根据不同等级可以查看到不同的信息，所能使用的平台服务也不一样。收费会员大致可以分为普通会员和核心会员两种（具体等级划分不同的物流平台有所不同），其中核心会员是最高等级会员。

（1）**普通会员**　普通会员在平台上能获得的待遇较为有限。普通会员多来自中小货主企业、中小型物流企业以及物流个体从业者。

接下来，以物流在线交易服务为例，说明普通会员所能获得的待遇。

在物流资源待遇方面，普通会员等级的物流服务需求方用户需要自行查找和选定相应的运输、仓储等物流资源，对方企业的信誉和诚信保证也需要用户自行进行查证；对车辆和货物的监控由会员自行负责。物流平台对货物运输、仓储过程中出现的问题不予保证。同样地，普通会员等级的物流服务供给方在平台上能获得的待遇与需求方用户类似，需要自行接洽货主企业，相关信誉和诚信保证由会员自行进行查证，在交易过程中出现的问题物流平台不予保证。

在订单管理、费用结算、增值服务等方面，物流平台一般不为普通会员提供订单管理服务，费用结算双方可以通过平台进行结算，也可以自行结算。普通会员获得的物流平台增值服务较为有限。

近年来，随着物流平台行业竞争的日趋激烈，为了吸引普通会员向核心会员升级，普通会员能获得的待遇日趋提高。在一些物流平台上，普通会员也可以通过平台征信系统查看对方诚信记录。

（2）**核心会员**   为了确保物流交易服务各方的安全，物流平台建立了核心会员准入制度。核心会员主要面向有一定实力的企业。一般而言，物流平台会要求企业签订物流平台、企业、银行参与的三方合同，并承诺在平台上通过指定银行代办结算所有以合同形式确定的交易，才能成为核心会员。

核心会员在物流平台上能获得的待遇较好。下面仍以物流在线交易服务为例，说明核心会员可以获得的核心会员待遇。

一般而言，核心会员等级的物流服务需求方用户可获得的待遇如下：① 多元化的交易模式和多样化的工具，帮助核心会员进行物流交易服务；② 物流服务社区，可在平台的物流服务社区享受各种社区服务，寻找商业合作伙伴；③ 诚信保证，平台可提供对方企业的详细诚信记录和资料，并提供诚信担保，物流服务提供方用户失信后，平台先行赔偿；④ 提供车辆、货物的跟踪和监控详细信息，保证货物安全、准确、及时到达；⑤ 代收代付，提供第三方支付结算功能，收款付款过程都在第三方支付平台的监控之下，从而保证双方的诚信交易；⑥ 订单管理、费用结算、增值服务方面的全方位、多层次服务。

6. 隔绝机制

用户脱离平台，不仅意味着物流平台业务来源的损失，同时也意味着平台前期投入的损失。为了吸引用户，许多物流平台会选择对某一边的用户进行补贴。一旦用户脱离，则前期巨额的资金投入就"打了水漂"。因此，物流平台必须建立有效的隔绝机制，以防止用户流失。建立隔绝机制的核心是提高用户转换平台所需付出的转换成本。所谓"转换成本"，是指当用户离开物流平台时（往往是加入竞争对手的平台），用户所需要承担的经济、时间、精力和情感上的成本，特别是经济方面的成本。当转换成本较高时，即使用户并不完全满意物流平台的服务，或者面临其他同类型物流平台的"诱惑"时，也会在放弃原有平台时产生较大的犹豫。

小案例

容易"跑路"的"快狗"

快狗打车是亚洲主要的线上同城物流平台，在亚洲五个国家及地区（中国内地、中国香港、新加坡、韩国及印度）的 340 多个城市开展业务。快狗打车在线上同城物流领域拥有并经营两个品牌：中国内地的快狗打车和亚洲其他国家和地区的 GOGOX。根据 Fastdata 极数的统计，2019 年 1 月至 4 月快狗打车以 24.6% 的市场份额位列中国内地第二。

滴滴货运在 2020 年 6 月开始强势切入同城货运赛道，发起了新一轮的补贴大战。在司机端，滴滴货运提供拉新奖励来吸引司机入驻，司机在滴滴货运 APP 注册就可得 50 元，拉一个新人司机可得 200 元。滴滴货运还通过一系列活动进一步向司机提供补贴，包括接单奖、早高峰奖、热区接单奖等各种奖励。在服务费方面，滴滴货运也给予司机优惠。在用户端，滴滴货运给出首单 1 分钱、5 折券和 100 元券等开城优惠券。根据弗若斯特沙利文的统计，滴滴货运扩展到北京等城市时，快狗打车最初并未推出用户福利，价格战开始几天后才推出如"99 减 10"，"388 减 30"等力度较小的优惠券。对司机端快狗也推补贴，但由于资金限制，快狗对司机的奖励比滴滴货运小很多。2020 年快狗打车在中国内地线上同城物流的市场份额下降至 5.5%。2021 年市场份额继续下滑至 3.4%，被滴滴货运赶超。

市场份额的变化反映出同城物流平台上用户/司机切换平台的成本很低：用户切换平台只需要下载别的平台的 APP 并注册即可，切换平台的成本接近于 0；司机切换平台只需将货车上前平台的标签撕去，并在新平台注册即可。虽然撕掉前平台的标签被发现后会被罚款，但罚款金额也仅在 200 元人民币左右。较低的产品差异和低切换成本意味着用户和司机流动性会偏高，价格会是线上同城物流的核心竞争要素。低价格能有效帮助公司从竞争对手处抢夺客户，低抽佣率 + 对司机地补贴则能较为有效地从竞争对手处挖来司机。

资料来源：

知乎. 物流行业之快狗打车专题研究：深耕线上同城物流，海内外齐发力［EB/OL］.（2022 - 2 - 19）［2023 - 10 - 18］. https://zhuanlan.zhihu.com/p/469431614.

---

7. 绩效机制

绩效管理是通过管理者与员工之间持续不断的业务管理循环过程实现业绩的改进。在传统的绩效管理中，往往存在考核缺乏针对性，与员工工作内容脱节；以结果为导向，过程中缺乏对绩效考核指标的实时监控与分析；考核标准模糊，主观性强；忽略与被考核者的及时沟通及反馈，员工很难进行持续改进等问题。

造成这一系列问题的根本原因在于传统绩效管理缺乏数字化管理手段，没有充分的量化绩效数据，难以针对员工具体的工作内容进行考核；难以对基于过程的考核指标进行观察、计量、监督，实现实时考核、实时决策；绩效考核指标更多依赖于考核者的主观经验判断。这些弊端在非业务部门表现得尤为明显。以 KPI 考核为例，对于生产制造或是销售部门员工，其工作指标容易采集，如销售收入、销售利润、毛利、回款、销售费用、客户数量、成品率、废品率以及单耗等；而对于非业务部门的考核则因为没有明确的业绩成果，又难以采集量化绩效数据，考核往往流于形式，"跟着感觉走"，"人为"色彩较为浓厚，造成非业务部门员工激励不足。

（1）**物流平台绩效机制内涵——绩效维度颗粒化**　绩效维度的颗粒化，即以数字化管理为手段，物流平台将绩效管理视角从传统的宏观定性观察，深入聚焦到微观领域（比如人的行为）的定量观察，采集绩效数据，进行多维解析。由此，物流平台颗粒化绩效考核把绩效数据的采集范围从组织和个人的绩效结果，深入到员工、平台用户个人的工作行为、工作过程，沿着业务流程时间轴进行精密、全面的信息采集，并基于所采集的量化数据，通过模型算法的处理，实时考核、实时决策，及时反馈。

绩效维度的颗粒化不仅包括对业务流程与环节的高度细分、全过程绩效数据的采集、绩效指标的甄选与权重分配等，还包括大数据的积累以及数据算法的构建与检验等大量技术性的信息处理。而这些技术处理有益于实现物流平台绩效管理的多元性、公平性、系统性和实时性，极大地提升绩效管理的透明度，为更精准的管理改进提供决策依据。

（2）**物流平台绩效管理的特性**　借助数字化的绩效管理手段，物流平台可以实现绩效维度的颗粒化，物流平台绩效管理由此体现出多元、公平、系统和实时等多种特性，如图 6-5 所示。

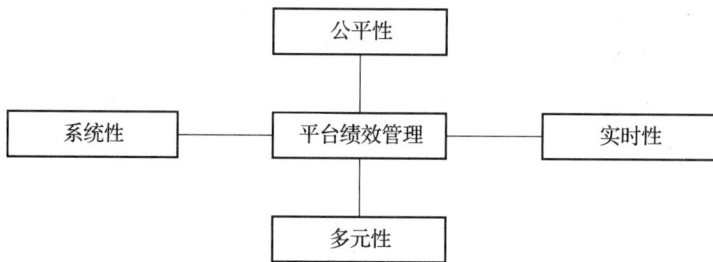

图 6-5　物流平台绩效管理的特性

①多元性。物流平台绩效管理的多元化首先表现在绩效管理对象的多元化上，既包括平台运营企业内部的部门、员工，还包括平台用户，绩效管理的边界日趋模糊。其次，物流平台绩效管理的多元性还表现在数据维度的多元化上。部门、团队的整体数据，员工和用户的成果、能力、态度、团队精神、自我追求等都可以作为一个维度的数据被记录。这种多维度的数字化管理系统不仅可以使平台内部的绩效管理变得精准、及时和通透，还可以管理平台上多种类型的用户，对其表现进行考核并及时反馈考核结果，给予相应激励。

以滴滴平台的"按劳付酬"为例，平台不仅将出行时间、距离等服务量化内容作为绩效考核依据，还通过用户评价对司机进行绩效考核。司机可以随时通过手机端查看自己服务的里程数，以及服务的乘客对自己的评价；司机可以知道是否因服务不好被扣业务分成收入，或者因为提供了超出客户预期的服务获取了哪些额外奖励。司机的服务态度等非量化内容也纳入了考核依据范围。滴滴平台上司机获取的奖励都是实时的，平台对司机的激励也是实时的，这使得司机的服务行为能够通过实时考核、反馈和激励马上调整，从而改变绩效结果。

数据多元化也使得绩效考核的方法实现多元化，除常见的按劳付酬和按业绩付酬，还有按交易量付酬、按交易率付酬、按点击率付酬以及按服务时长付酬等。

② 公平性。公平理论是美国行为科学家约翰·斯塔西·亚当斯（John Stacey Adams）1962 年在《工人关于工资不公平的内心冲突同其生产率的关系》中所提出的："员工的积极性取决于他所感受的分配上的公平感，而员工的公平感取决于一种社会比较或历史比

较。"对于物流平台而言，这种比较包括三个方面：员工与用户感知的绩效表现与组织认定的绩效表现之间的比较；组织绩效考核标准与员工、用户认为合理的绩效考核标准之间的比较；员工、用户感知的绩效表现与激励之间的比较。

通过绩效维度颗粒化考核，物流平台对员工、用户的工作表现进行了精密、全面的数据采集，并及时反馈给员工，由此员工、用户自我认定的绩效表现和物流平台认定的工作表现之间更为吻合，提升了员工、用户的公平感。

通过绩效维度颗粒化考核，物流平台可以依据积累的海量历史数据，对员工与用户的能力、技能、资历、工作成果的数量和质量等因素进行综合建模分析，设置不同因素的权重比，提高平台设定的绩效考核标准的合理性，引导员工、用户对于绩效考核标准合理性的认知，提升员工、用户的公平感。

通过绩效维度颗粒化考核，物流平台积累了不同员工对报酬效用、投入价值评价、薪资和晋升效果的不同认识，通过建模分析，有针对性地给予相应的激励方式，使得员工、用户在比较自身绩效表现和平台给予的激励时感觉收获最大化，提升公平感，带来更优绩效。

③ 实时性。传统的绩效考核和反馈缺乏及时性，而以互联网化、数字化和智能化为特征的物流平台数字化绩效管理与此截然不同。借助数字化手段实现绩效维度颗粒化后，物流平台的绩效管理将评估周期大幅度缩短，数据的沉淀以分钟或者秒为单位，优于传统以周、月、季或年为基础周期进行的考核。

绩效管理的闭环不断缩短，使得物流平台可以实现以分秒为单位进行考核和反馈。工作中，智能设备通过对过程和各时间节点的目标完成情况进行即时监督，及时反馈给员工；部门、员工借助于智能设备的提醒，及时调整行为，最终改善绩效。

④ 系统性。物流平台的数字化绩效管理利用人工智能和类似"千人千面"的大数据技术，通过建模分析历史时期的投入和产出比，清楚了解到不同岗位员工和不同类型用户的哪些行为因素会增加平台价值。系统将根据这些因素及时调整考核方向和标准，从而正确引导员工和用户，并通过建模分析寻找各个部门员工的投入与企业长期价值和短期价值的因果关系，计算关键因素，如平台各个组成部分的投入权重，管理、研发、服务与销售之间的价值分配，系统性地调整绩效考核的方法和标准，达到长期价值和短期价值平衡，以及各个组成部分与平台整体利益的平衡，解决物流平台前台、中台和后台的协调与利益分配，从而体现物流平台绩效管理的系统性。

随着管理生态 SaaS 服务行业的快速发展，推进物流平台绩效数字化管理，实现绩效维度颗粒化内涵，所需要数字化手段的实施成本越来越低，甚至可以免费获取，功能却日益强大。例如"钉钉考勤"的智能移动考勤和自动汇总报表功能大幅度缩减了人力资源部每月考勤统计的天数。以往，请假、出差、外出等申请审批数据需由企业人力资源部门手动汇总至考勤统计表中，而在"钉钉"里完成的审批数据可以自动同步到员工的考勤统计表中。过去，多个门店或者多个考勤地点的考勤数据需要人工收集，手动汇总到考勤统计表中，而"钉钉考勤"可以通过人脸识别或刷卡收集信息，自动汇总所有部门的考勤数据。管理人员可以在手机端实时查看考勤汇总信息，借助自动生成的考勤排行榜，团队之前需要"拍脑袋"定性分析的考核目标，现在可以借助钉钉捕捉、反映员工的行为数据，从而进行定量分析。钉钉考勤帮助企业降低了30%以上的考勤管理成本。

小链接

"千人千面"

至2018年，中国真正掌握并成熟运用"千人千面"技术的只有淘宝和京东两家。随着拼多多在2018年的成功上市和独立APP的发展，拼多多成为中国第三家具备"千人千面"技术的电商公司。(腾讯和今日头条同样拥有"千人千面"技术，但相较于电商，资讯类平台的实现难度要相对小一些。)

"千人千面"技术也可以简单理解为"推荐算法"，它是一种基于用户行为的大量样本统计和协同过滤，对用户需求进行预测的技术。由于电商涉及"转化率"指标，"推荐算法"需对此负责，所以实现难度较资讯类大得多。从买家角度而言，这种技术会让用户真正高效地获取需要的、感兴趣的商品；从卖家角度而言，则可以扩展竞争维度，减少单一维度（排名）的竞争压力，以更少的投入获得更高的销售额。最重要的是，长尾商品通过"千人千面"技术能真正公平地展示在消费者面前并促成购买。

让我们从简单的场景来理解"千人千面"技术：比如你用高德地图导航到大润发，购买了大米、油和方便面并用支付宝付款，下次你再打开淘宝时，首页就会出现盒马和面条等一些商品的推荐；比如你和女友在微博私信提到想换新手机，打开天猫便能看到最新款手机的推荐；比如女友在微信发了个朋友圈说好喜欢新款LV包，然后第二天便看到了LV在朋友圈的新款女包的广告。诸如此类，都属于"千人千面"的"推荐算法"根据个人的行为数据精准推荐相应的商品和信息。

但同时，这些场景也会让人产生个人隐私信息被泄露的感觉。其实像淘宝、京东、天猫这样的电商平台以及微信、微博这样的社交工具和社交媒体本身并不会窃取你的个人隐私，但是你的行为数据会让平台了解你的需求，进而通过"算法"进行商品和信息的推荐。

电商平台会采集更多个人行为数据，比如：使用过的手机、上过的APP、看过的新闻、打车的频率、发红包的金额及次数、银行贷款情况、地图数据等，这些都会构成一个人数以万计的事实标签。

资料来源：

搜狐.【干货】传统电商与社交电商 社区团购们的"千人千面"[EB/OL]. (2019－6－17)[2023－10－18]. https://www.sohu.com/a/321238432_100020617.

（3）**物流平台绩效管理实施** 物流平台的绩效管理可以分成三个阶段来实施，分别是：数字资源建设、数据分类与萃取和数据建模。

在数字资源建设阶段，以平台经营相关业务数据、设备物联数据、外部数据等为来源构建数据仓库，沉淀管理大数据，形成数据资源。

在数据分类与萃取阶段，要分析数据内在机理，进行数据分类与萃取，在这一过程中要注重时效性以避免断续，提高数据质量，满足低容错性要求。

在数据建模阶段，通过数据建模进行绩效持续管理，包括界定绩效指标的定义、计算公式、评价标准等指标要素；规范每项绩效指标的采集流程、统计口径及数据表单；明确各部门的数据收集责任，将指标数据采集落实到人；建立绩效指标数据管理办法，进行绩效数据的采集、稽查及管理；完善公司各项业务流程和管理制度，绩效管理系统信息化。

8. 激励机制

作为互联网平台的一种，物流平台内用户之间、平台组织结构各部门之间的协作呈现出更为复杂的网络状态，要准确计算各个部门、团队、员工的贡献存在一定难度，这使得激励机制的设计变得更为困难。

（1）**物流平台薪酬模板设计** 无论激励方案如何设计，员工最直观的感受都来自自己的薪酬。只有明确了薪酬模板，才能在此基础上进行激励方案设计。在物流平台的薪酬模板里，为了激励员工的绩效表现，应该降低员工的固定薪酬比例，增加浮动薪酬的比例。按照这一理念，物流平台的薪酬模板可以分为三个部分，如图 6-6 所示。

传统金字塔组织 | 岗位工资+绩效工资+奖金 |

物流平台 | 基本酬劳+对赌酬劳+超利分享 |

图 6-6 传统金字塔组织与物流平台薪酬结构对比

① 基本酬劳。基本酬劳是按照《劳动法》的规定，结合行业内薪酬现状和当地生活水平，给予员工的报酬。

② 对赌酬劳。物流平台的员工拿出自己应发工资的一定比例与企业对赌，达到对赌业绩点，这部分工资就返还给员工，还可能获得"溢价"，但如果没有达到对赌业绩点，这部分工资则被完全罚没。在国内，海尔、万科等企业也有类似操作。与传统的绩效考核相比，对赌酬劳显得非常刚性，不仅体现在指标更加刚性上，也体现在考核结果的应用上。传统绩效考核是决定绩效工资发放多少，大多数时候只要不犯错误，都是全额发放，而对赌酬劳考核达成与否一目了然，并直接决定了这部分薪酬是否发放。

③ 超利分享。超利分享是指员工因为参与了对赌，所以有资格参与物流平台超额利润（其他条件保持社会平均水平下，超过市场平均正常利润的那部分利润）的分享。超利分享是不封顶的，分享的数量来自用户价值的实现。共同投入，共担风险，共享收益，

形成了平台与员工典型的合伙关系（partnership），可以更好地激励员工释放个人和组织的潜能。

物流平台薪酬模板的调整会使得能力较弱的员工收入减少，而能力较强的员工收入会大幅增加。收入的变化使得新的薪酬模板在推行之初会遭遇一定的压力，因此应该注意合理制定推行步骤，特别是限制对赌范围，以减轻员工的压力。

在制定员工参与的对赌比例时，物流平台可以参考两个指标：名义杠杆率和实际杠杆率。名义杠杆率代表的是当员工投入一元钱进行对赌时，企业绩效考核政策规定的所能得到回报的比率；实际杠杆率是员工最终实际获得的回报与投入的比例。根据实践经验，当名义杠杆率大于3时，大多数员工是愿意接受对赌的。举例而言，某员工的薪酬是30万元，按10%的比例也就是3万元进行对赌。当名义杠杆率为3时，员工达成业绩目标可以返还9万元，总收入达到39万元，未达到业绩目标也还有27万元。潜在收益远大于潜在损失，员工是愿意尝试的。

（2）**前台分配逻辑设计**　物流平台的前台是整个平台利润的来源，因此前台分配机制的设计显得尤为重要。按照物流平台薪酬模板设计的理念，在物流平台中，员工最终的角色应该是"合伙人"，而员工最终收入的主要部分来自于超利分享部分。因此，前台分配机制的设计主要是围绕超利进行的。

① 从职能集合到员工个人的"漏斗式"分配方式。在超利的分配过程中，可采用从职能集合到个人的"漏斗式"分配方式，即按照逐层往下切分超利，直到超利分享至员工个人，如图6-7所示。整个分配层次一共分为3层：第一层是基于项目的超利，由负责项目的前台服务职能集合与物流平台进行切分；第二层是基于职能集合分得的超利包，由服务职能集合内的各职能团队进行切分；第三层是基于职能团队分得的超利包，由职能团队内的员工个人进行切分。

每个层面上的超利分享都有两个充分必要条件：一是每一层获得了可以分享的超利包；二是参与切分的主体达成了基本的业绩要求。没有可以分享的超利包，自然无从切分；没有达成基本的业绩要求，说明该主体没有业绩贡献，让"搭便车"者参与分享有失公允。

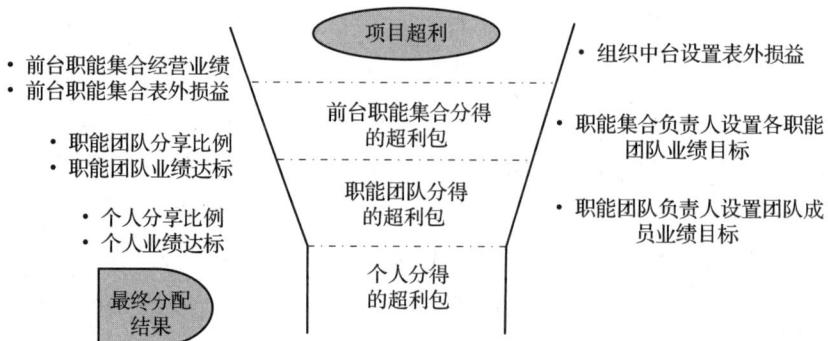

图6-7　项目超利分配漏斗

② 服务职能集合超利包分享。服务职能集合只有达成了业绩目标，才能获得超利包。业绩目标包括表内损益目标和表外损益目标两个方面。表内损益目标是指经营业绩目标，如毛利水平等；表外损益目标由组织中台设置，一般是非经营业绩目标，如在线用户平均数、活跃用户数、成交用户数等。需要注意的是，表外损益目标不能仅仅考虑本集合负责项目，还要考虑维护其他集合甚至是整个物流平台的利益。

③ 职能团队和员工个人超利包。职能团队获得超利包的条件是达到了服务职能集合负责人设置的团队业绩目标；员工个人获得超利包的条件是达到职能团队负责人设置的个人业绩目标。职能团队和员工个人的业绩目标同样包括表内损益目标和表外损益目标两部分，具体目标内容则是来自对上层目标的分解。

职能团队、员工个人具体可以获得的超利包数额取决于对应的分享比例。确定分配比例的基本理念是优先考虑分享主体的重要性，再适当考虑其他因素的影响。重要性主要参考能力门槛、职责范畴、对绩效影响程度等因素；其他因素包括认领业绩水平、投入对赌额度、对物流平台的战略损益等。

（3）**组织中台的分配逻辑**　在物流中台中，组织中台的身份较为特殊：一方面，它要融入前台服务职能集合，为业绩目标的达成提供经营知识服务；另一方面，它又要按照后台要求，履行组织中台的管理职责。因此，组织中台需要完成两类目标才能按比例分享超利包：一类是前台服务职能集合负责人设定的职能团队业绩目标；另一类是按照后台部署需要完成的工作任务目标。

（4）**业务中台的分配逻辑**　在物流平台中，业务中台的职责是向前台服务职能集合提供专业资源、专业知识支持。业务中台的工作表现如何，需要由前台服务职能集合来评价。因此，业务中台分享超利包的条件是其提供的支持、服务必须达到前台服务职能集合的要求，并获得认可。超利包具体的形式可以是前台服务职能集合业务项目的利润抽成，也可以是按使用"中间件"次数的收费。

（5）**后台的分配逻辑**　在物流平台中，后台对于平台整体效能或关键战略目标负责。后台的职责有三个方面：一是负责资源池的建设；二是负责运作规则的设计；三是负责整体运营发展的宏观调控策略。后台的职责比较宏观，周期长，见效不直观、明显，很难按照前台、中台的分配方式进行分配。我们可以考虑从两个方面设计后台的分配逻辑：一是基于物流平台整体效能的分配，如后台财务部门对财效负责，当 ROI、ROE 等考核指标达标后，可分享来自前台服务职能集合的超利包；二是完成阶段性战略级资源项目开发后，分享物流平台在预算内设定的"战略拨备金"。

6.2.2　运营阶段划分

物流平台的运营将紧紧围绕平台运营企业发展战略分阶段展开。物流平台的运营一般可分为三个阶段。

第一阶段（2~3年）：物流平台核心业务建设阶段。在这个阶段，物流平台的运营团队基本成型，物流平台的各项运营机制建设完毕并开始运作，形成一定规模的平台运营网络。物流平台成为区域内有一定的影响力的服务品牌。

第二阶段（2~3年）：运营网络设点与布局阶段。在这个阶段，物流平台的运营网络基本完善，在物流平台自有运营网络建设的基础上，实现对区域内大多数平台外部物流园区及专业市场运营网络的全覆盖。

第三阶段（4~5年）：运营网络跨区域扩张阶段。随着物流平台运营水平的不断提高和运营规模的不断扩大，物流平台运营网络的覆盖范围不断拓展，实现从区域性平台向跨区域平台，乃至全国性平台的转变。

6.3 物流平台信息系统维护与管理 ⚙

物流平台通过实现用户与用户、用户与平台之间信息的高效流动，实现物流资源的整合、共享，承接和支持各种物流活动，并使不同物流活动环节能够有效地衔接，提升物流活动效率。因此，有效地维护与管理物流平台的信息系统十分重要。

6.3.1 物流平台信息系统维护与管理方案

为了维护与管理好物流平台的信息系统，需要制定合理的内部管理制度，并建立负责维护与管理的专职人员队伍，在发生运行故障时能按照预先设定的流程有效处理。

1. 内部管理制度

物流平台信息系统的内部管理制度包括机房日常管理和机房巡检两部分内容。

（1）**机房日常管理** 建立机房值班制度，派专人值班，定时进行机房巡检；所有出入机房的人员，严格执行机房签到制度；各开发商的调试和部署需严格执行提前预约制度。

（2）**机房巡检** 定时检查服务器等硬件设备面板及系统的报警情况，发现报警和异常及时解决；定时检查网络联通情况，发现故障和异常及时解决；利用现有的系统监控软件，监控整个子项相关软硬件设备运行情况，发现报警和异常及时解决。日常巡检情况需记录在案，预警、故障和异常状况要及时上报。

2. 专职人员队伍

针对工作要求，由负责后台资源池建设的技术部门建立专职人员队伍，负责物流平台信息系统的维护与管理。后台技术部门根据内部管理制度要求，确定岗位设置和职责分工，并按照相应岗位的要求配备所需不同专业、不同层次的人员，组成分工明确、高效协作的专职人员队伍。一般来讲，专职人员队伍组成包括服务台值班人员、系统管理员、系统维护员、网络与安全技术员、文档管理员等。

3. 运行故障处理

机房故障可以分为两类，即自查和用户申告。两类故障的处理流程基本一样，包括自查故障/用户申告故障、故障分析、故障处理、处理结果验证、处理过程记录、故障上报管理单位等，具体流程如图 6-8 所示。

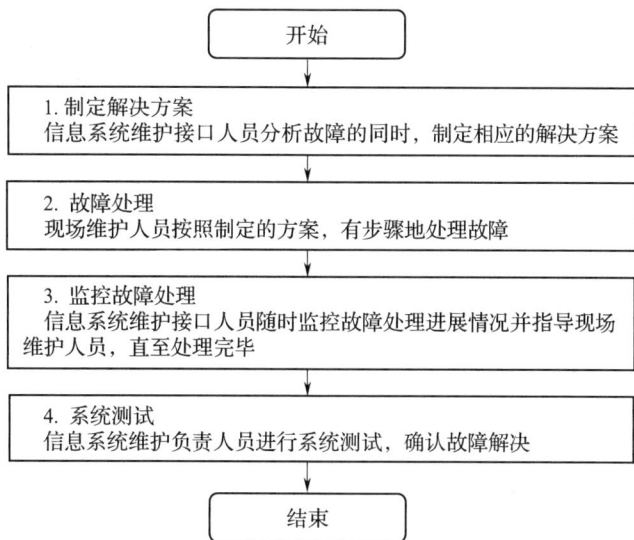

图 6-8 运行故障处理流程

当系统发生网络故障时，首先由系统维护负责人员通知信息系统维护接口人员，再由信息系统维护接口人员通知现场维护人员赶往机房，同时联系机房重启设备。当信息系统维护接口人员或现场维护人员联系不上时，则联系第二维护接口人员或第二现场维护人员。

如果属于主机或网络设备的硬件故障，则由信息系统维护接口人员联系厂家进行现场维护或更换硬件，由维护人员现场配合。

现场维护人员必须随身携带机房出入许可证，一旦发生故障，应在第一时间赶往机房。公司事先预留加盖公章的授权书，当需要重启设备时，可以及时传真到机房，以确保在最短的时间内重启设备。

6.3.2 物流平台信息系统维护与管理人员培训方案

为了提高工作能力，保障物流平台信息系统的正常运行，应对专职人员进行培训。物流平台信息系统维护与管理人员的培训包括管理人员培训、数据运行维护人员培训和系统运行维护人员培训三个方面。

1. 管理人员培训方案

为了能够更好地开展工作，管理人员需要掌握物流平台信息系统运行的基本内容（如数据标准、项目管理标准等）、相关的操作说明及安全保障等相关制度，这就需要对管理人员进行培训，具体的培训内容和课时如表 6-1 所示。

表 6-1　管理人员培训表

培训内容		课时	单位	授课人员	受训人员数量	费用	地点
标准	数据资源标准						
	数据质量标准						
	项目管理标准						
操作	系统使用说明						
制度	安全保障制度						
	其他相关制度						

2. 数据运行维护人员培训方案

为了保障系统的数据量及数据的更新维护程度能够满足需求，需要对数据运行维护人员进行围绕数据资源建设标准、数据库维护管理流程及安全保障等相关制度的培训，具体的培训内容和课时如表 6-2 所示。

表 6-2　数据运行维护人员培训表

培训内容		课时	单位	授课人员	受训人员数量	费用	地点
标准	数据资源标准						
	数据质量标准						
流程	数据库建设流程						
	数据库更新流程						
制度	安全保障制度						
	其他相关制度						

3. 系统运行维护人员培训方案

物流平台信息系统的正常运转需要相关软硬件的支撑，而软硬件在具体的操作过程中有一些相关的注意事项和操作说明，同时为了实现数据的共享和交换需要一些必备的知识，这些都需要对相关人员进行培训，以保障系统能够正常运转，具体的培训内容和课时如表 6-3 所示。

表 6-3　系统运行维护人员培训表

培训内容		课时	单位	授课人员	受训人员数量	费用	地点
操作	软件使用说明						
	硬件操作说明						
制度	安全保障制度						
	其他相关制度						

本章小结

物流平台的建设和运营应遵循以下原则：以交易和服务为核心的原则；以业务模式和营销模式为关键的原则；以资源开发、建设为基础的原则；以政府的支持和推动为辅助的原则；以规范行业和树立品牌（做强做大）为目标的原则；以创新和发展为硬道理的原则。

物流平台的运营机制是指平台的运作机理及运作管理方式，主要包括交易机制、诚信机制、业务机制、营销机制、会员机制、隔绝机制、绩效机制和激励机制。

物流平台的运营一般可分为三个阶段：第一阶段，物流平台核心业务建设阶段；第二阶段，运营网络设点与布局阶段；第三阶段，运营网络跨区域扩张阶段。

为有效地维护与管理物流平台的信息系统，需要制定合理的内部管理制度，并建立负责维护与管理的专职人员队伍，在发生运行故障时能按照预先设定的流程有效处理。同时，从管理人员培训、数据运行维护人员培训和系统运行维护人员培训三个方面开展对相关人员的培训。

关键名词

交易机制 诚信机制 业务机制 营销机制 会员机制 隔绝机制 绩效机制 激励机制 绩效维度颗粒化 对赌酬劳 "漏斗式" 分配方式 运营阶段 运行维护与管理

章末案例

传化物流平台运营管理之道

在我国，公路货运的主力是那些依附于大大小小的停车场进行运营的、被称为"马路货运"的传统货运市场，其分布零散，规模较小，经营松散，信息滞后。虽然中国公路物流市场规模已达到万亿级别，但其中95%以上是小而散的第三方物流公司，"货找不到车，车找不到货"是常态，导致了高达40%的卡车空载率。在这种公路货运背景下，一种新的物流模式——公路港模式应运而生。在该模式下，通过大型公路港平台集聚与整合物流资源，实现物流企业和社会车辆这两大物流主体在平台内"集约化经营、信息化管理"的目标。公路港模式的本质是搭建一个区域性的物流公共信息平台，吸引各级中小型物流企业加盟，使过去中小型物流企业各自为政、单兵作战的松散经营模式变为现代化的集成化管理模式，形成以信息化、集约化为特征的现代物流企业群。

公路港模式由浙江传化集团投资的传化公路港物流有限公司（简称传化物流）所开创，经过多年的探索和实践，已形成了完整的运营体系。传化物流的公路港模式也被称为无水港模式、路港模式，其中，传化物流基地是传化物流公路港模式的实体承载体，传化物流平台是公路港模式的网络承载体，两者共同构成传化物流公路港的"鼠标＋水泥"模式。

1. 传化物流平台运营机制

（1）**目标市场**　传化公路港以第四方物流集成服务商作为自身的发展定位，致力于提升中国公路物流效率，从供应链角度解决中国公路物流中货与车信息不畅的难题。传化公路港以网络化来形成"公路港"效应，从而达到"路港专线"能够辐射全国的效果。多元化的网络化发展是传化物流公路港模式实施的一个战略化方向。这里的多元化是指新的物流节点可以由传化公路港自己来建，也可以采取别人建成而由传化来管理的模式，同样还可以采取共同开发建设的合作共赢模式。

（2）**目标客户**　传化物流平台的目标客户定位于以公路运输为主的中小型物流企业和社会车辆。传化物流定位于公路运输，这是由平台创建的目的和目标决定的。传化公路港的服务对象（客户群）包括总包型物流企业、零担企业、仓储企业、社会货运车辆司机、三产经营户、汽配汽修户，以及轮胎、车辆制造商等配套供应商。以传化公路港现有的三个基地来看，其服务范围辐射长江三角洲地区、大西南和苏南地区。将中小型企业作为优先发展的对象，究其原因，首先是因为目前我国第三方物流企业基数庞大，将它们聚集到一起，为他们提供优质的服务，可使平台获得长尾经济效益。其次，中小型企业有加入物流公共信息平台的需求，虽然聚集在同一区域，但它们之间的最大困境就是渠道不畅通。物流信息的畅通流动，对提高区域物流运作效率至关重要。通过加入公平中立的第三方物流服务平台，中小型企业可以打通渠道，获得双赢，而且中小型企业管理灵活、反应迅速、容易接受新生事物，所以很适合开展物流电子商务。因此，开发中小型企业市场，利用长尾经济理论拓展新的利润空间，并以此提高平台覆盖率和达到信息化规模效应是传化物流公共信息平台运营初期的主要策略。

除了中小型企业之外，进入传化物流基地的客户还包括政府职能部门、中介机构和企业，这些附加客户可为物流企业提供工商、税务、运管、银行、保险、通信、网络、商务、培训、咨询等一条龙体系化的平台支持服务。传化物流除了具备营销职能直接为客户提供服务之外，还可以通过引进政府职能部门和中介服务机构等外部力量来实现其"一站式"服务。其中，政府服务职能有"工商、税务、运管、公安"等，中介服务机构有"银行、保险、通信、邮政"等。随着这些职能和机构的逐一引进，进港的中小型物流企业和社会车辆逐渐享有了原本只有大客户才能享有的"一站式"服务，而且最终促进了"公路港服务于中小型物流企业群和社会车辆，中小型物流企业群和社会车辆服务于工商企业群"这一产业服务链的形成。

（3）**服务产品和功能**　传化公路港单个平台的业务种类和功能布局是：通过集聚与整合物流服务资源、物流需求资源和物流载体资源，为物流价值链提供服务，其核心是运用信息化手段为第三方物流企业与货运车辆之间搭建一个快速、透明、安全的车货匹配平台。公路港物流平台的基本功能模块在传化公路港萧山基地具体体现为"6＋1"功能模式，即通过"管理服务、信息交易、运输、仓储、配送、零担快运"六大服务及完善的配套服务功能模块，最终形成专业化运营的公路港物流服务平台，为吸引、整合、集聚资源创建一个有形的载体。以"公路港物流"作为平台的运营方式，通过大型公路港平台对物流资源的集聚和整合，传化物流平台成功地解决了困扰公路物流的"物流企业创业发展难、工商企业物流业务外包难、社会车辆停车配货难"的问题，实现了物流企业和社会车辆（包括两大物流主体在内）的平台集约化、信息化管理的目标。因地制宜，每个基地分别设立了具有自身特点的管理服务、物流信息交易、智能停车、零担快运、仓储配送、后勤配套、展示展销、物流商务八大中心。

2. 传化物流平台服务流程

（1）**价格撮合机制**　传化物流平台的价格撮合机制主要包括固定价格和议价两种方式。物流企业在平台上发布固定运费供货主选择，货主一旦选定某个物流公司和对应的线路后即可下单交易。少量不满意固定价格的货主还可以与物流企业取得联系，进入议价流程。议价过程是双方争夺和协调利益的过程，成交与否取决于双方的技巧和耐心，最后可能以低于平台的固定价格成交，也可能不成交。

（2）**诚信机制**　传化物流平台拥有自己的诚信管理系统，以保证诚信交易，减少货物丢失或者货车司机拿不到运费的现象。在这个诚信管理系统中，每一个物流公司都被建立了相应的档案，每一个司机都可以举报不诚信的行为。系统中的车辆也得到了相应的诚信车辆认证服务，通过对车辆牌照、驾驶证、车主或者司机身份证三位一体的权威验证，保障货主不被骗货。在传统的货运停车场中，监督管理机制是不健全的，货物丢失、司机权益被侵犯的情况常有发生。传化物流基地的诚信交易管理系统，不仅建立起了一个统一便捷的信用监督体系，更是为当代货运市场的监管指引了未来的发展方向。

平台通过会员的诚信管理系统，对会员的信用进行评价，利用会员管理机制展开自评、行业协会评价、第三方评价。运输的车辆也要进行车辆的诚信认证服务，建立诚信车辆认证系统，对车辆牌照、驾驶证、车主或司机身份证进行权威的验证，这样避免了货主被骗货的可能。对于诚信车主来说，也可以通过申请诚信车辆的认证，加入到诚信车辆数据库中来提升自己的公信心和竞争力。通过诚信管理系统的认证，传化物流平台也为实现网上交易、网上结算创造了信用保证。

3. 流程整合

传化物流平台的流程整合优势在于信息化与实体物流基地的无缝结合。空车返程一直是困扰我国公路运输的最大问题。传化物流平台通过建立物流基地，将物流产业链上的各种资源聚集到一起，同时提供准确及时的货源信息，有效地提升了车货匹配效率。而按需供应、即付即用的云计算业务流程也为其他物流信息平台的模式创新提供了很好的流程整合模式。

资料来源：

冯耕中，吴勇，赵绍辉. 物流公共信息平台理论与实践[M]. 北京：科学出版社，2014.

案例思考

1. 传化物流平台在市场开拓、发展过程中体现出什么样的特点？

2. 试分析传化物流平台在设定目标市场、目标客户、服务产品和功能过程中的成功之处。

3. 试分析传化物流平台的诚信机制建设特点。

复习参考题

1. 如何理解物流平台以交易和服务为核心的原则？

2. 如何理解物流平台以业务模式和营销模式为关键的原则？

3. 试阐述物流平台交易机制确立过程，并解释物流资源交易的核心所在。

4. 试阐述物流平台诚信机制的组成内容。

5. 如何描绘物流平台的生态体系？

6. 如何理解物流平台营销机制中在整合物流资源过程中的虚实结合？

7. 试阐述物流平台会员机制中核心会员与普通会员在诚信待遇方面的差异。

8. 物流平台在运营过程中为什么要设立隔离机制？转化成本可以以哪些形式出现？

9. 现有的绩效考核方式为什么不适应物流平台？

10. 如何理解物流平台绩效机制中绩效维度颗粒化的内涵？

11. 如何理解借助数字化的绩效管理，实现绩效维度颗粒化后物流平台绩效管理的特性？

12. 物流平台的薪酬模板是如何构成的？

13. 物流平台各个层面超利分配的充要条件是什么？

14. 为什么超利包分享条件需要考虑表外损益的因素？

15. 如何合理设定参与者分配比例？

16. 试阐述物流平台中台和后台的分配逻辑。

本章实训

1. 实训目的

（1）理解物流平台运营机制的构成，特别是交易机制、业务机制、会员机制、诚信机制。

（2）通过调研，了解物流平台运营机制的具体组成内容。

（3）锻炼通过事物表象发现问题、分析问题、解决问题，以及团队协作、PPT 制作和语言表达等能力。

2．实训内容

由指导教师带领，探访物流平台运营企业，对物流平台运营机制进行调研，掌握机制的构成和具体内容，由学生自主选择运营机制的某一方面展开深入分析。

3．实训组织

（1）指导教师布置实训项目，提示相关注意事项及要点。

（2）将班级成员分成若干小组，成员可以自由组合，也可以按学号顺序组合。小组人数划分视修课总人数而定。每组选出组长 1 名，发言代表 1 名。

（3）各小组利用课外时间完成分析工作。

（4）以小组为单位，撰写书面调研报告，制作课堂演示 PPT。

（5）各小组发言代表在班级进行汇报演示，每组演示时间以不超过 10 分钟为宜。

4．实训步骤

（1）指导教师布置任务，指出实训要点、难点和注意事项。

（2）演示之前，代表本小组发言的组长或小组成员对本组成员所承担的工作进行介绍陈述。演示结束后，征询本组成员是否有补充发言。

（3）由各组组长组成评审团，对各组演示进行评分（组长须回避本组评分），取评审团成员评分的平均值为该小组的评审团得分，满分 50 分。评分依据包括分析质量、PPT 制作水平、PPT 展示水平等。

（4）指导教师对每一小组任务完成情况进行总结点评，并为各小组评分，满分为 50 分。

（5）取各小组的评审团评分加上指导教师的总结评分作为该组的最终得分，并计入学生的平时成绩。

参考文献

［1］冯耕中，吴勇，赵绍辉．物流平台信息平台理论与实践［M］．北京：科学出版社，2014．
［2］邢大宁．双边市场视角下物流平台运营机制研究［D］．北京：北京交通大学，2019．
［3］琚春华，蒋长兵．浙江省港口大宗商品交易平台运行机制研究［M］．杭州：浙江工商大学出版社，2017．
［4］张威威．基于区块链的众包物流可信交易机制研究［D］．镇江：江苏大学，2023．
［5］张凯．全国统一市场下多元主体水权交易：框架设计与机制构建［J］．价格理论与实践，2023（9）：187－192．
［6］乐承毅，李佩佩，曾亚，等．众包平台下用户的诚信交易机制研究［J］．管理评论，2021，33（2）：187－194．
［7］罗娟娟．基于区块链技术的物流企业诚信机制构建［J］．物流科技，2021，44（8）：61－63．
［8］王一鸣．JC 公司 B2B 国际物流电商平台的企业信用风险管理研究［D］．大连：大连海事大学，2023．
［9］舒辉，胡毅．农业物流生态圈协同发展机制及路径——基于江西淘鑫的单案例分析［J］．南开管理评论，2021，24（4）：16－28．

[10] 张娟. 新零售时代智慧物流生态体系的建设与转型[J]. 商业经济研究, 2021(24): 126-129.

[11] 李立望, 黄德海. 基于价值共创的智慧物流平台生态体系构建研究[J]. 生态经济, 2022, 38(7): 79-84.

[12] 李艳. HJ 社区团购平台营销策略优化研究[D]. 南昌: 江西财经大学, 2023.

[13] 李杰. 基于电子商务平台的物流企业营销策略探讨[J]. 商业经济研究, 2024(6): 96-98.

[14] 刘洋, 邓前前, 樊治平, 等. 网约车平台峰时补贴策略研究[J]. 中国管理科学, 2022, 30(7): 210-220.

[15] 钟超. 大数据环境下电商平台的消费者补贴策略研究[D]. 成都: 西南财经大学, 2023.

[16] 刘卓琦, 彭赓. 用户增速萎缩下平台补贴性策略的可持续性分析[J]. 运筹与管理, 2023, 32(11): 33-39.

[17] 刘川. 互联网跨界经营的三种隔绝机制[J]. 江汉论坛, 2019(4): 22-27.

[18] 陈莹. 电商平台对卖方用户企业的治理机制研究——以品牌依恋理论为视角[J]. 上海财经大学学报, 2019, 21(2): 106-123.

[19] 忻榕, 陈威如, 侯正宇. 平台化管理: 数字时代企业转型升维之道[M]. 北京: 机械工业出版社, 2020.

[20] ADAMS J S, ROSENBAUM W B. The relationship of worker productivity to cognitive dissonance about wage inequities[J]. Journal of Applied Psychology, 1962, 46(3): 161-164.

[21] 穆胜. 平台型组织: 释放个体与组织的潜能[M]. 北京: 机械工业出版社, 2020.

第7章 ▶ 物流平台企业文化

引例

利他

1. 传化智联

在传化智联的企业文化中，提出如下理念。

（1）**成就客户** 为客户提供优质的产品、服务和解决方案，助力客户依托传化平台，以更可靠、更高效的方式实现商业成功和事业梦想。

（2）**幸福员工** 致力于为员工搭建一个可持续发展的事业平台，营造公平公正、简单阳光的企业氛围，让员工通过勤奋工作实现个人价值和人生幸福。

（3）**引领产业** 顺应产业发展导向及社会发展趋势，以技术进步和模式创新推动所在产业的转型升级和区域经济发展。

2. 顺丰

在顺丰的企业文化中，其核心价值观明确表述为"以成就员工、成就客户为己任"。

3. 中外运物流

在中外运的企业文化中，其企业宗旨表述如下。

（1）**成就客户，创造价值** 这是企业存在的唯一理由。

（2）**不忘成就客户的初心，牢记创造价值的使命** 这是我们永远坚守的企业宗旨，我们始终聚焦客户深层次的商业压力和挑战，持续创造商业价值和社会价值。

（3）**成就多维客户** 成就我们产品的客户、平台的用户和生态圈的关联方。

（4）**创造** 为客户创造价值，为员工创造机会，为股东创造回报，为社会创造福祉。

资料来源：

相关表述来自各企业官网。

7.1 组织文化概述 ⟳

组织的正常运作和发展，以及各项管理职能的有效行使，除了受到合理的运作模式和组织架构影响外，还得益于一种无形的软力量的协调和凝聚作用。这种无形的软力量影响深远，渗透到组织的各个角落，以至于被称为"管理之魂"。它就是组织文化。美国著名管理学家哈罗德·孔茨（Harold Koontz）曾对组织文化在组织运行中的重要影响做出了清晰阐释，指出"组织的效力也受组织文化的影响。组织文化影响着计划、组织、人事、领导和控制等各项管理职能的实施方式"。

7.1.1　组织文化的概念与分类

对组织文化的研究始于 20 世纪 70 年代末。随着时间的推移，研究日趋精进，取得了丰硕成果，组织文化理论愈加完善。组织文化在提升组织建设水平方面发挥了越来越显著的作用。

1. 组织文化的概念

组织文化属于文化的一种，具有文化的一般特征，也有自己独特的特点。

（1）**文化的含义**　在西方，"文化"一词源于拉丁语 cultura，其原意是"耕种"和"植物培育"。随着西方社会的发展，其内涵逐渐从物质生产领域延伸至精神领域。被誉为"人类学之父"的英国人类学家爱德华·泰勒（Edward Tylor）在 1871 年出版的《原始文化》一书中最早提出了现代意义上的"文化"概念：文化是一个复杂的总体，包括知识、信仰、艺术、道德、法律、风俗以及人类在社会里所有的一切能力与习惯。美国人类学家赫斯科维茨（Melville Jean Herskovits）在《文化人类学》（1955）一书中进一步提出，文化是一切非自然原生态的，由人工创造的环境。荷兰管理学者吉尔特·霍夫斯泰德（Geert Hofstede）指出，文化会影响人们对外界环境的关注重点、判断人或事物的方式，以及完成行动的方式。

在中国，很早就有人关注了文化现象，并进行了细致的观察和深入的思考，剖析其内涵。最早在《易经》中就将"文"和"化"联系了起来，出现了"观乎天文，以察时变；观乎人文，以化成天下"的表述。其大意是：观察天地运行的规律，以认知时节的变化；注重伦理道德，使人们的行为合乎文明礼仪。

在《辞海》中，对文化的概念有广义和狭义两种阐释。广义的文化是指人类社会历史实践中所创造的物质财富和精神财富的总和；而狭义的文化则是指社会的意识形态以及与之相适应的制度和组织机构。

> **小链接**
>
> ### 诗、书、礼、乐与修身、齐家、治国、平天下
>
> 1. 诗、书、礼、乐
>
> 儒家本有"六经"：《诗》《书》《礼》《乐》《易》《春秋》。《乐经》到西汉时失传。汉武帝建元五年（公元前 136 年）设五经博士，"五经"之名首次出现。唐太宗时期，孔

颖达等人奉诏撰修《五经正义》，完成了"五经"内容上的统一，即为《诗经》《尚书》《礼记》《周易》《春秋左传》，与《论语》《大学》《中庸》《孟子》组成了儒家经典著作的"四书五经"。

2. 修身、齐家、治国、平天下

修身、齐家、治国、平天下来自《礼记·大学》："古之欲明明德于天下者，先治其国；欲治其国者，先齐其家；欲齐其家者，先修其身；欲修其身者，先正其心；欲正其心者，先诚其意；欲诚其意者，先致其知，致知在格物。物格而后知至，知至而后意诚，意诚而后心正，心正而后身修，身修而后家齐，家齐而后国治，国治而后天下平。"

这段文字可以解释如下：古时那些要想在天下弘扬光明正大品德的人，先要治理好自己的国家；要想治理好自己的国家，先要管理好自己的采邑；要想管理好自己的采邑，先要修养自身的品性；要想修养自身的品性，先要端正自己的思想；要端正自己的思想，先要使自己的意念真诚；要想使自己的意念真诚，先要使自己获得知识，获得知识的途径在于研究万事万物。通过对万事万物的研究，才能获得知识；获得知识后，意念才能真诚；意念真诚后，心思才能端正；心思端正后，才能修养品性；品性修养后，才能管理好采邑；采邑管理好了，才能治理好国家；治理好国家后天下才能太平。

（2）**组织文化的含义**　组织文化（organizational culture）是指在所处特定环境下，组织按照一定目的和模式，在构建形成和发展过程中逐渐形成的具有独特个性的意识形态、价值观和行为哲学。由组织文化的概念可以看出，组织文化的形成受到组织所处外部环境和组织发展过程的深刻影响，带有本组织特征的鲜明烙印。组织文化萌生、发展，并逐渐积淀、转化为全体组织成员共同具有的意识形态，以及共同接受和遵循的价值观和行为方式。通过观察组织成员"所说、所做"等外在行为，可以推测出组织的文化理念。

（3）**了解组织文化的途径**　美国哈佛大学商学院兰杰·古拉蒂（Ranjay Gulati）教授等认为，对组织文化的考察应基于全面的视角，从多方面入手去掌握组织文化的本质。

① 组织发展的历史轨迹。组织文化是组织在所处特定外部环境下成长的过程中逐步形成的。观察组织发展的历史轨迹，有助于更好地理解组织文化的内涵。

② 组织的意识形态、价值观、行为哲学。组织文化的核心是组织的意识形态、价值观和行为哲学。通过收集组织的相关文字表述，观察、分析组织在处理内部问题和与外部交往时的行为方式，可以了解这个组织的意识形态、价值观和行为哲学。

③ 组织的边界。通过观察一个组织事务活动的范围，有助于了解对于该组织而言什么是有价值的，从而对组织文化进行一定程度的推测。

④ 组织的权力结构。组织中权力是如何分布、行使的，在什么情境下权力会丧失，这代表了该组织对权力内涵的认识，可以反映该组织在意识形态、价值观和行为哲学方面

的潜在共识。

⑤ 组织中的工作制度与惯例。组织运作过程中制定的正式工作制度，以及非正式的工作惯例，是组织意识形态、价值观和行为哲学在组织机制层面的反映。

⑥ 组织的奖惩机制。通过观察组织的奖惩机制，可以了解什么是组织所推崇的，什么是组织所否定的，从而从另一个角度增强对组织文化的理解。

2. 组织文化的分类

由上述组织文化的概念可以发现其内涵是十分丰富的，因此对组织文化的分类也有多种不同的标准。

（1）**按组织文化的内在特征分类**　美国埃默里大学的杰弗里·桑南菲尔德（Jeffrey Sonnenfield）按组织文化的内在特征将组织文化划分为四种类型，包括学院型、俱乐部型、棒球队型和堡垒型。

① 学院型组织文化。学院型组织倾向于培养专门人才，在特定的职能领域内从事专业化的工作；对于成员的年龄、资历和经验并不十分看重。学院型组织对新人比较友好。典型的学院型组织有美国的 IBM 公司、可口可乐公司和宝洁公司等。

② 俱乐部型组织文化。俱乐部型组织倾向于把管理人员培养成通才；非常看重成员的年龄、资历和经验。同时，俱乐部型组织强调成员对组织的适应、忠诚和承诺。典型的俱乐部型组织有政府机构、军队等。

③ 棒球队型组织文化。在棒球队型组织中，成员有较大的自由度，组织鼓励他们去冒险、革新和发明创造，一旦成功则给予巨额奖励。俱乐部型组织对成员的年龄和经验并不在意，一切薪酬和晋升以成员的才干和所取得的绩效为准。典型的棒球队型组织在会计、法律、投资银行、咨询、广告、软件开发、生物研究等领域比较普遍。

④ 堡垒型组织文化。学院型、俱乐部型或棒球队型组织在遇到困难衰落后，会转型成为堡垒型组织，其关注重点在于组织的生存。这类组织虽然工作安全保障不足，但对于喜欢流动性和挑战性的成员来说具有一定的吸引力。

（2）**按组织文化对组织成员的影响力分类**　美国哈佛商学院教授约翰·科特（John P. Kotter）和詹姆斯·赫斯科特（James L. Heskett）按组织文化对成员的影响力，将组织文化分为三种，包括强力型、策略合理型和灵活适应型。

① 强力型组织文化。强力型组织通过强化组织文化建设，向成员灌输组织推崇的共同意识形态、价值观、行为哲学，保证成员思想认识的统一性，激励成员为组织使命、目标的达成而奉献。

② 策略合理型组织文化。在策略合理型组织中，并不推崇统一不变的组织文化，而是强调根据组织所处的环境选择合适的组织文化，认为只有如此才能发挥组织文化的最大功效，提高组织运作效率。

③ 灵活适应型组织文化。在灵活适应型的组织文化中，提倡成员保持高度自信和相

互支持、信赖；鼓励成员不畏风险，勇于发现问题、解决问题；同时也要求组织成员注重行为方式。

（3）**按组织文化所涵盖的范围分类**　组织是作为一个整体存在的，但组织内部还存在按照组织结构或运作流程划分出来的各种正式的子系统，以及按其他因素组成的非正式群体。由此，组织文化又可以分为主文化和亚文化两种。

① 主文化（dominant culture）。主文化是基于整个组织层面的文化，为组织绝大多数成员所接受和践行。通常所说的组织文化一般都是指主文化。

② 亚文化（sub culture）。亚文化是在组织的主文化大环境之下，存在于正式的组织子系统或非正式群体之中的文化。亚文化与主文化之间关系比较复杂：亚文化可能脱胎于主文化，是主文化的延伸、发展，也有可能独立于主文化发展而来；亚文化可能是主文化的有益补充，也可能与主文化相悖。但无论如何，亚文化是客观存在的，其影响力不容忽视。

（4）**按权力的集中度分类**　美国学者卡特赖特（Cartwright）和科伯（Cooper）按权力的集中度将组织文化划分为四种类型，包括权力型、作用型、使命型和个性型。不同类型的区别在于组织中权力是集中的还是分散的，组织运行过程以关键人物为中心还是以要完成的职能或任务为中心。

① 权力型组织文化，又称独裁文化。权力型组织中组织结构和工作流程建设水平较低，或者虽然进行了建设但没有充分发挥作用，通常由一个人或一个小团体把持所有的权力。权力型组织文化在组织的初创期，或者组织面临动荡的外部环境时效果比较好，但随着组织规模的逐渐扩大，权力型组织文化的弊端会越来越明显，会影响组织运作效率甚至导致组织分崩离析。

② 作用型组织文化，又称角色型组织文化。作用型组织是一种典型的传统官僚型组织，强调组织层级、规章制度、工作流程的建设和运用，重视坚持原则和专职专责。作用型组织文化推崇稳重、持久、忠诚的理念。当外部环境发生剧烈变化需要组织变革时，作用型组织文化往往会产生负面影响作用。

③ 使命型组织文化，又称任务文化。使命型组织中没有明确的领导核心，成员之间地位平等。组织存在的使命就是完成设定的任务，一切组织活动都是围绕任务展开。为达成使命，鼓励成员之间的竞争。当组织内不同团队争夺重要资源或特别有利的项目时，容易产生恶性竞争。

④ 个性型组织文化。个性型组织文化强调以人为导向，成员之间彼此平等，允许成员按照自己的兴趣工作，鼓励创造、创新。在个性型组织中，组织运作取决于个人意愿，容易为个人所左右。

（5）**按文化、战略与环境的配置分类**　根据文化、战略和环境的配置，组织文化可以分为适应型、愿景型、小团体型和官僚制型四种类型。

① 适应型组织文化，也称企业家精神型组织文化。适应型组织文化鼓励、支持成员对外部环境的变化做出快速反应，根据客户需求灵活应对，大胆变革，高度评价并激励改革、创造性和风险行为。

② 愿景型组织文化。愿景型组织文化适用于那些关注外部环境中的特定顾客但不需要迅速改变的组织，其特征在于管理者建立一种共同愿景，使组织成员都朝着一个目标努力。

③ 小团体型组织文化。小团体型组织文化强调组织成员的参与和共享，共同面对外部环境的快速变化并取得优异绩效。

④ 官僚制型组织文化。官僚制型组织文化具有内向式的关注中心和对稳定环境的一致性定位，提倡组织活动的程序化，不轻易改变根据历史传承确定下来的政策和行为方式。

7.1.2　组织文化的特征

组织文化是组织经过长期实践逐渐培育和积累而形成的。不同的成长环境下，组织文化发展中形成的意识形态、价值观、行为哲学有一定的差异性，各自具有其特定的共享价值观、共同的精神取向和群体意识。由此，组织文化首先具有长期性、可塑性和独特性。除此之外，组织文化还具备以下特征：

1. 精神性

从本质上讲，组织文化是存在于组织内部的一种群体意识现象、意念性行为取向和精神观念。基于组织文化的精神性，相对于组织的设施、设备等有形资产，组织文化可视为组织的一种无形资产。

2. 系统性

组织文化的内涵包括意识形态、价值观、行为哲学等多种内容，彼此之间相互联系、相互支持。同时，组织文化可表现为文化内核和外在形式之间的多个层次，不同层次之间同样具有高度的关联性和一致性。因此，组织文化具有系统性的特征。

3. 相对稳定性

组织文化具有一定的稳定性，一旦形成，不会因为组织成员的变更、发展战略的转移、组织结构的变化以及组织活动的调整而发生频繁或大幅度的变化。然而，组织文化的稳定性又是相对的，当外部社会、经济环境发生较大变化时，组织文化必须与时俱进，主动进行相应的调整。落后于时代、僵化不变的组织文化将阻碍组织的健康可持续发展，甚至危及组织的生存。

4. 融合性

任何组织都处于一定的社会文化的大环境中，组织文化的形成和发展必然受到所处区域历史、民族、政治等社会文化因素的影响，体现组织文化和社会文化的融合性，带有特定区域社会文化的鲜明烙印。例如，美国的组织文化强调个人奋斗、竞争和效率，而中国的组织文化则强调团队合作、集体利益高于个人利益。同时，组织文化的融合性还体现在跨区域的文化融合，组织文化可以和其他区域优秀文化相融合，吸收世界上最新的文明成果，从而提升组织文化的先进性。

7.1.3　组织文化的影响因素

组织文化形成、发展的过程中会受到内外部多种因素的影响。

1. 外部因素

外部因素包括民族文化、制度文化、外来文化等。

（1）**民族文化**　民族文化是指世界上各民族在其长期历史发展过程中创造和积累起来的具有本民族特征的文化，其中既包括衣着、住宅、生活用品、生产工具等物质文化，也包括语言文字、文学艺术、风俗习惯等精神文化。组织活动于社会大系统之中，组织成员也具有一定的民族属性，组织文化的形成和发展自然会受到特定民族文化环境的影响和制约，具备该民族文化的鲜明特征。实践证明，组织文化的内容与特征越是与所在区域民族文化相吻合，越容易得到组织成员和社会大众的认可、接受。

（2）**制度文化**　制度文化是指人类适应自身生存和社会发展需要而主动创建的规范体系，其核心内容是国家的政治制度、法律制度和经济制度。国家的政治制度、法律制度和经济制度是国家为组织发展划定的范围。任何一个组织的文化都不能违背国家的制度文化，逾越制度文化划定的范围，还必须通过保持与国家制度文化的一致来获得国家政治制度、法律制度和经济制度的认可、支持。因此，制度文化是影响组织文化形成和演进的重要因素。

（3）**外来文化**　外来文化是指其他国家、民族、区域、行业、组织的文化。如前所述，组织文化融合性的特征使得组织文化必须吸收外部环境中各种文化的优秀发展成果。在经济全球化的背景下，随着各个国家、地区之间经贸往来的日益密切，不同文化之间也在不断碰撞、相互交流、相互影响。组织文化的意识形态、价值观和行为哲学必然会受到外来文化的冲击，需要组织主动地、有意识地借鉴和吸纳外来文化中的有益元素，才能够不断发展组织文化，增强组织对外部环境的适应能力。

2. 内部因素

内部因素包括领导者素质、组织成员素质、组织发展不同阶段等。

（1）**领导者素质**　一个组织在创立和成长初期，创始人的价值观念、经营哲学、行为方式及人格特征等领导者素质对于组织文化的形成会产生直接而重要的影响。组织文化的相对稳定性使得这些理念会在相当长的时期内保留在组织文化内，甚至贯穿组织的整个生命周期。当组织发生重大人事更迭，且更换的高层领导人理念与组织文化有较大背离时，组织文化即有可能发生大幅度变化。

（2）**组织成员素质**   组织文化是所有组织成员达成共识并共同遵循的价值标准、基本信念、行为准则。组织成员的素质直接影响了组织文化的形成、发展的方向和具体内容。同时，组织文化的传播、贯彻也依赖于组织成员的素质：既依赖于高层管理人员的综合素质、行为举止与组织文化保持相对一致，也依赖于全体成员对组织文化的精髓高度理解、认可和执行。

（3）**组织发展不同阶段**   一般而言，组织的生命周期都要经历初创期、成长期、成熟期和衰退期几个阶段。在组织生命周期的不同阶段，面临的内外部环境有所不同，需要应对的挑战也会有所差异，因此组织文化建设的要求也并不相同。一方面，核心的组织文化理念和优秀的组织文化传统需要积累、传承下来；另一方面，组织也需要适时对组织文化做出一定调整。在组织的初创期，组织文化建设处于萌芽和成形阶段，此时应注重对基本的意识形态、价值观和行为哲学的提炼和总结。在组织的成长期，组织各项事业快速发展，应抓紧时间确立组织的意识形态、价值观和行为哲学，便于长久传承。当组织进入成熟期以后，组织文化基本形成，可能会出现惰性、僵化的现象，不适应组织发展的要求，此时应果断对组织文化进行调整、变革和升华，防止对组织产生负面影响。

7.1.4   组织文化的构成

与文化一样，组织文化也由物质层（表层文化）、制度层（中层文化）和精神层（核心文化）三个基本层次构成。

1. 物质层

物质层是组织文化的表层部分。它以外在的、可见的形态存在，既涵盖组织活动过程、组织行为、工作流程、工作语言、做事风格等外在表现形式，也包括组织实体性的文化设备和设施等，如带有本组织特色的商标、雕塑、广告牌、图书馆、俱乐部等。物质层的组织文化是精神层的组织文化和制度层的组织文化的载体。

2. 制度层

制度层是组织文化的中间层次。通过制度层，组织的物质层文化和精神层文化融合成一个有机整体。制度层的组织文化主要是指组织中的各种规章制度、道德规范和行为准则，也包括组织活动中形成的各种工作惯例。制度层的组织文化是组织成员的行为规范指南，对组织成员的行为进行约束。

3. 精神层

精神层是组织在其长期发展过程中形成的组织成员群体心理定式和价值取向，是制度层组织文化和物质层组织文化设计、实施所依据的文化内涵。精神层组织文化涵盖了所有组织成员认可、接受和践行的意识形态、价值观、行为哲学等。精神层组织文化是整个组织文化的核心和灵魂，是维系组织生存与发展的精神支柱。

7.1.5　组织文化的功能

组织文化的功能，指的是组织文化对组织发生作用的能力。组织文化通过不同层次文化的作用，统一组织成员的思想，规范组织成员的行为，从而对组织的生存和发展产生影响。组织文化的功能既有可能对组织产生正面影响，体现组织文化的正功能；也有可能对组织产生负面影响，体现组织文化的负功能。

1. 组织文化的正功能

组织文化的正功能包括导向功能、凝聚功能、激励和约束功能、辐射功能、调适功能等。

（1）**导向功能**　通过组织的制度层和表面层文化，精神层组织文化的意识形态、价值观和行为哲学不断向组织成员的思想进行渗透和内化，引导、规范成员个人的价值取向和行为取向，使其符合组织发展的整体规划，为了组织的目标共同努力。组织文化的这种对组织成员的自我调控机制，体现了组织文化的导向功能。

（2）**凝聚功能**　组织文化的建设培育了全体组织成员共同的理想、信念和情操，并赋予了他们为了组织目标一起奋斗的动力。在奋斗的过程中，组织成员培养和激发了群体意识，强化了彼此之间的认同感和对组织的归属感，建立起组织和成员之间、成员和成员之间相互信赖、相互依存的关系。由此，每一个组织成员与组织融为一体，体现了强大的组织向心力，这也正是组织文化的凝聚功能的体现。

（3）**激励和约束功能**　通过组织文化的塑造和引导，组织成员从思想上认可和接受了组织推崇的信念、理想和价值观，从而激发了组织成员为组织付出的奉献精神，在工作中表现出最大程度的积极性、主动性和创造性。这就是组织文化的激励功能。同时，通过组织文化的建设，在组织内部形成了统一的文化氛围、工作制度、行为准则和道德规范，规范了每一个组织成员的思想和行为，体现了组织文化的强制性和改造性，这也正是组织文化的约束功能的体现。

（4）**辐射功能**　组织作为一种系统，时刻与外部环境发生交换和互动。在交换和互动的过程中，组织内部形成的组织文化通过各种渠道向社会传播、辐射，对社会产生影响。辐射功能的发挥有利于树立组织在社会公众中的良好形象，推动组织更好地发展，这体现了组织文化的辐射功能。

（5）**调适功能**　组织文化的调适功能是指组织文化可以帮助新加入组织的成员尽快适应组织，使自己的个人价值观更好地与组织需要相匹配。在组织变革中，组织文化也能够帮助组织成员尽快适应变革后的局面，减少因为变革而带来的压力和不适应感。

2. 组织文化的负功能

（1）**变革的障碍**　在社会环境发生重大变化之际，组织势必需要进行相应的变革。此时，组织文化的各个层次，特别是精神层组织文化中的意识形态、价值观、行为哲学，可能会与组织变革的要求不相符合。而经过建设的组织文化已经固化于组织的各个结构和组织成员的思想之中，形成思维定式，由此对组织变革产生抵触，成为组织变革的障碍，使得组织变革的过程中出现各种各样的问题。当问题发生的频率、范围和危害达到一定程度时，组织文化的障碍作用可能导致组织变革的夭折。

（2）**多元化的障碍**　在开放的现代社会和全球化背景下，组织成员的特点日趋多元化，不同民族、不同区域、不同文化背景的个体聚集在组织内部，带来信念理想、价值观、思维模式和行为方式等方面的差异。这本来可以成为组织的优势，组织可以利用成员的多元化特点更好地应对客户的个性化需求，为组织谋取竞争优势。然而，处于相对强势地位的组织文化对组织成员思想和行为的统一塑造作用，可能会削弱成员的多元化特点，进而导致多元化优势的丧失。因此，组织文化的建设应把握好一定平衡，既要强调组织文化的统一性，又要在此基础上允许保留一定程度的组织成员多元化特点。

（3）**并购的障碍**　传统的组织并购过程中，决策者考虑更多的因素是产品、服务的协同性，以及融资的优势。而现在，理论研究和实践发现，合并的两个组织的组织文化是否兼容也极大地影响了并购的成功率。特别是在进行跨国并购时，组织文化的兼容性显得尤其重要。

7.1.6　组织文化塑造的基本过程

组织文化塑造是指组织有意识地发扬其积极、优良的文化，摒弃其消极、劣性的文化的过程。这一过程也是组织文化不断优化和升华的过程。组织文化塑造的基本过程如下。

1. 选择价值观

价值观位于组织文化的精神层，是组织文化的核心和灵魂，代表了组织对价值和获得价值方式的基本认识，在某种程度上决定了组织发展的战略方向。因此，塑造组织文化的首要任务便是选择价值观。在这一过程中，要秉持以下几个原则。

（1）**体现组织的发展方向和目标**　价值观的选择过程实质上就是组织发展愿景的确定过程，因此在价值观的表述中应明确反映组织的发展方向和目标。在选择价值观时，应根据组织所处的环境、组织的宗旨使命，结合组织的性质、规模、特点、资源储备和成员构成，确定价值观的内容，以利于在组织内部达成共识。

（2）**与组织文化各要素之间相互协调**　在选择价值观时，要注意与组织所处的外部环境、组织发展的历史传承、组织在社会公众心目中的已有形象、组织业已树立的模范典型、组织文化建设网络和方式等组织文化要素相互协调，相互配合，以利于价值观的后期推广。

（3）**为组织成员和社会认可与接受**　塑造价值观的目的是引导、规范成员个人的价值取向和行为取向，培育全体成员共同的理想、信念和情操，激发为组织目标共同奋斗的动力，激发奉献精神，规范个人思想、心理和行为。实现上述目的的前提是组织成员认可、接受组织选择的价值观。同时，组织文化的对外传播作用会影响组织在社会公众心目中的形象，进而影响社会公众对组织的支持力度。因此，所选择的价值观还必须为社会认可与接受。在选择价值观的过程中，要广泛听取组织成员的意见，进行反复沟通，选择与组织成员素质相吻合的价值观。同时，价值观中还应体现社会责任感，符合社会主流的文化传统和价值观。

2. 强化认同

在选择确立了组织的价值观和文化模式以后，即进入强化认同阶段。组织通过多种方式对全体成员进行强化灌输，务使其深入人心，可以转化为组织成员的自觉行动。

（1）**广泛宣传** 利用组织中一切可以利用的媒体资源，如内部报纸、杂志、电视、宣传栏、公众号、APP 等，广泛传播组织文化的内容和精髓，创造浓厚的舆论环境氛围。

（2）**树立典范** 组织通过识别、树立、表彰奖励那些符合组织文化理念的部门和成员，作为其他部门和成员学习的典范，感染、号召其他部门和成员深刻理解和体会组织文化的实质，并在工作中表现出来。

（3）**加强培训和教育** 组织通过开展系统的、以传播组织文化为目的的内部培训与教育活动，辅之以各种组织文化互动，让组织成员强化对组织文化的认识，更好地接受组织文化，做到"内化于心，外化于行"。

3. 提炼定格

组织价值观和文化模式的选择、确立和建设并不是一个简单的线性过程，往往需要多轮的反复摸索和实践，才能最终成型定格。

（1）**精心分析** 组织价值观和文化模式经过多种形式的强化认同以后，组织应对实施效果进行评价，并对反馈意见进行分析。通过这一过程，发现原定方案与实际效果之间的差距和问题所在，并收集可以吸收、借鉴的意见和建议，还可以邀请相关专家进行论证。

（2）**全面归纳** 在系统分析的基础上，进行综合整理、归纳、总结和反思。采用去粗取精、去伪存真、由此及彼、由表及里的方法，摒弃那些落后的、不为组织成员所认可的组织文化内容和形式，而对于那些进步的、卓有成效的、组织成员普遍接受的内容则予以保留和发扬。

（3）**精练定格** 对于经过分析、论证保留下来的组织价值观和文化模式，从理论上进行升华，并用优美、精练的语言进行表述，形成条理化、格式化的表述方式。

以上选择、强化认同、提炼定格的过程反复进行几次以后，即可获得较为成熟的组织价值观和文化模式，并固定下来成为组织的核心竞争力之一。

4. 巩固完善

组织价值观和文化模式沉淀、固定下来以后，需要进一步的巩固完善，进入常态化的组织文化建设状态。

（1）**建立规章制度**　组织价值观和文化模式是精神层面的组织文化。组织成员思想、精神的转变不是一朝一夕的事情，一开始需要通过依据组织价值观和文化模式制定相应的规章制度去强制组织成员接受。经过一段时期规章制度的强制执行以后，组织价值观和文化模式就会逐渐转变为全体组织成员的自觉习惯和行为准则。

（2）**领导者率先垂范**　领导者是组织成员关注的中心，在组织文化的塑造过程中起着决定性的引领作用，对成员有比较强的感召力和示范效应。因此，领导者必须以身作则，时刻注意自己的言行与组织文化保持一致，并率先垂范，积极参加各种组织文化活动，带领组织成员为建设良好的组织文化而奋斗。

7.2　物流平台企业文化内涵 C→

企业是较为常见的一种组织类型，因此在企业内部也同样有文化的存在。企业文化脱胎于全体企业成员的意识形态、价值观和行为，并将在一定时期内引导企业的思想和行为。

7.2.1　物流平台企业文化的概念与分类

物流平台的本质是互联网企业。作为新兴互联网企业，物流平台的企业文化既具有企业文化的一般特征，也有自己的独到之处，并对物流平台的发展起着重要的影响作用。

1. 物流平台企业文化的概念

企业文化是一个企业在采购、生产、销售、客户服务、内部管理等各种实践活动中长期形成的，为企业全体成员所共同认可，并在所从事的实践活动中贯彻执行的价值观念和行为准则。

从组织属性来说，物流平台仍归属于企业组织的范畴。因此，物流平台的企业文化概念基本可以承袭企业文化的一般定义。然而，物流平台自身的特点又赋予其企业文化一定的独特之处。

传统企业的产品或服务皆由企业自行生产或提供，并交付给客户使用。传统企业在生产产品或提供服务的过程中践行企业文化理念，提高工作效率和效果，从而带给客户更好的产品或服务使用体验。

在物流平台中，平台本身并不提供服务，或者说其核心的、基本的服务并不是由平台"制造"的，而是来自物流平台基本价值的"生产者"和使用平台基本价值的"消费者"，即物流企业和货主企业。物流平台和其他类型用户为"生产者"和"消费型"之间的物流交易提供支持与帮助。"消费型"用户的服务使用体验并不是由物流平台内部员工的工作表现来决定的，而是主要取决于"生产型"用户。只有物流平台和平台用户秉持共同的价值观和行为准则，"生产型"用户、"消费型"用户和其他类型用户才能更好地实现利益契合，促进物流平台业务规模的扩大，实现平台的价值和竞争力，推动平台发展。因此，物流平台企业文化建设追求的是，平台运营企业和平台所有用户共同认可并贯彻执行的价值观念和行为准则。

2. 物流平台企业文化的分类定位

对物流平台的企业文化进行分类定位，其目的在于根据物流平台的特点，指明物流平台企业文化建设的方向。参照组织文化的分类标准，可以对物流平台企业文化的分类定位如下。

（1）**按组织文化的内在特征**　按组织文化的内在特征分类定位，物流平台企业文化可以定位为棒球队型组织文化。

物流平台以互联网为运作载体，网络时代用户需求极具广泛性、复杂性、个性化和动态性。物流前台服务职能集合直面用户，需要较大的自由度，才能不断根据用户需求的变化改变工作模式，创新物流服务的形式和内容，把握转瞬即逝的市场机会。业务中台根据前台的需要，不断推出或改进所提供的"中间件"；而直接和前台服务职能集合并肩作战的组织中台 BP 团队，其工作的创新性要求更无需赘言。后台虽然更新迭代的要求没有前台和中台那般迫切，但也需要适时调整资源库的建设规划，修订平台运作规则和宏观调控策略。

同时，物流平台的服务是由"生产者"用户提供的。面对"消费者"用户需求的不断变化，"生产者"用户同样需要不断创新服务，予以应对。物流平台会鼓励这种行为，并为之提供条件，以保证平台能不断向市场推出新的服务。

综上所述，物流平台的企业文化鼓励革新和发明创造，给予平台内部工作人员和平台用户较大的自由度，所以其企业文化可以定位为棒球队型组织文化。

（2）**按组织文化对组织成员的影响力**　按组织文化对组织成员的影响力分类定位，物流平台企业文化可以定位为灵活适应型组织文化。

在互联网经济时代，市场问题频发，且出现的时间、场合更为多变，企业需要直面这种复杂局面。解决问题的过程本身也是满足用户需求、抓住市场机会的过程。物流平台属于服务型企业，其能否满足用户需求，特别是"消费型"用户的需求，关乎平台的生存与发展。平台运营企业、"生产型"用户和其他类型用户都需要去研究、去适应"消费型"用户的需求变化。因此，物流平台需具备极高的市场适应度，其企业文化可以定位为灵活适应型组织文化。

（3）**按权力的集中度**　按权力的集中度分类定位，物流平台企业文化可以定位为使命型组织文化。

一方面，物流平台中没有正式的领导者，中台、后台与从事具体市场业务的前台之间并不是传统企业组织结构中上下级之间的领导与被领导关系，所体现更多的是服务与被服务的关系。同时，物流平台鼓励革新和发明创造，给予平台内部工作人员和平台用户较大的自由度。因此，物流平台中的权力相对较为分散。另一方面，物流平台中也确实存在资源争夺的问题，如在网络货运型物流平台中，开发电商物流业务和开发传统线下商业实体物流业务的不同前台服务职能集合，在运力资源、仓储资源分配中很有可能发生冲突。这就需要后台制定有效的平台运行规则和宏观调控策略予以调节、管理，避免混乱和冲突。

（4）**按文化、战略与环境的配置**　按文化、战略与环境的配置分类定位，物流平台的企业文化可以定位为适应型组织文化。

物流平台的前台直面用户，与用户进行交互并理解用户的需求，然后组织平台上的各类资源，形成对应的服务方案，实现平台预设的功能，是平台利润和价值的主要创造者。如果不能及时捕捉用户的需求并将其转化为市场机会，物流平台的利润和价值将无法实现。中台和后台的服务也是为了帮助前台完成这一职能。因此，物流平台的战略一定要将重点聚焦于外部环境。同时，物流平台鼓励革新和发明创造，以适应平台海量用户带来的庞大、多类型、动态变化的需求。因此，物流平台应将自身的企业文化定位为适应型组织文化。

7.2.2　物流平台企业文化的特征

物流平台的企业文化具有组织文化的一般特征，包括独特性、长期性、可塑性、精神性、系统性、相对稳定性、融合性等。在秉持一般特征的基础上，经过发展和凝练，物流平台企业文化发展呈现出一定的独特特征。

1. 利他

利他，是一种人类美德。19 世纪法国社会学家奥古斯都·孔德（Auguste Comte）针对利己（egolism）的概念，结合拉丁语中"外在的"（alter）词源，创造出了"利他"（altruism）一词。孔德认为，"利他是一种为他人而生活的愿望或倾向"，是一种与利己相对应的倾向，它强调的是他人的利益，提倡为了增进他人的福利而牺牲自我利益的奉献精神。

日本著名企业家稻盛和夫曾说："为对方着想似乎伤害了自己的利益，却能带来意想不到的成果。"

利他理念是合作的基础。通过利他，保障合作各方的利益，合作就能有效地进行，发挥出最大效益，为合作双方创造最大的价值。反之，过多的"内心计算"意味着合作双方的钩心斗角，将导致效益和效率的双重受损。

物流平台上核心的、基本的物流服务来自"生产型"用户。当物流平台上聚拢了更多、更优质的"生产型"用户时，物流服务的种类将更丰富，质量将更优良、便利，价格也将更低廉，从而吸引更多的"消费型"用户，也为"生产型"用户带来更多的业务机会。由此，实现双方价值、利益的最大化。同时，随着平台的用户规模和交易数量的扩大，物流平台和其他用户的利润和价值也随之提升。

　　然而，这种多赢局面实现的基础在于，物流平台各项物流服务流转过程中，所有用户的利益都得到了保障。唯有如此，用户与用户之间、用户与平台之间的合作才能顺利完成，发挥最大效益，创造最大价值。由此，物流平台的企业文化中必须坚持、贯彻利他的理念，彰显利他的文化特征，以利他理念为指导，通过规则、机制、功能等的设计和实施，让利他成为物流平台和平台所有用户的共同价值准则。

小案例

吃亏是福？天津友发钢管集团基于利他主义的企业群落无边界进化

　　成立于2000年的天津友发钢管集团，于2020年12月4日在上海证券交易所主板上市。该集团年产量近2000万吨，也是全球唯一一家千万吨级焊接钢管制造企业，连续14年蝉联焊接钢管全国产销量第一，连续15年跻身中国企业500强、中国制造业500强。其产品行销至世界66个国家，被业界公认为是行业第一品牌。友发集团的独特之处就在于公司秉持的利他理念，并将这一理念深植于公司经营的每个角落，成为公司成绩的最坚实支撑。

　　在企业成立之初，董事长李茂津就把"关心员工、做帮助他人的事"作为企业的行动指南。

　　1. 在企业内部

　　李茂津做的第一件事就是让高层领导团队带头实践利他主义。言传身教下的耳濡目染让李茂津的核心高管团队逐渐领悟到利他的意义。在李茂津的影响下，企业越来越多的领导者开始接受利他主义。

　　李茂津做的第二件事就是以"挣钱，顺心，提高"为员工待遇的目标，始终让员工获得"本地不同行业同岗位中最高"和"不同地区同行业中最高"的"两高"工资，为员工提供平等的就业、培训和晋升机会。

　　李茂津做的第三件事就是通过制度建设，打造以利他为底色的友发集团企业文化。今天所有的友发员工都能熟练地背诵出"友发人精神"——律己利他，合作进取。友发内部定期多次开展企业文化的宣传活动，为员工提供培训和发展的公平晋升机会等。从董事长、总裁到班组组长、副组长，每一级领导都要向下一级传达企业文化和利他理念。友发甚至组织了专门的考试，以检验利他文化的落实情况。

　　2. 对于合作伙伴

　　除了对员工的利他，还有对经销商、供应商、社会等群落成员的利他。这实际上形成了以友发为核心的充满利他主义的企业群落。

　　对经销商的利他支持不仅体现在实惠的资金援助上，更多地体现在管理支持和理念支持上。首先，友发集团对经销商最直接的帮扶体现在资金支持上。对于有财务困境的经销商，友发集团均以各种方式大力协助，或直接出资解决，或帮助寻找融资渠道。对于经销商的一些暂时困难，友发集团也能本着信任精神予以理解和支持。其次，管理支持既包括友发集团主动出资帮助经销商企业改善经营管理，提升经销商企业的业务能力，也包括在产品售后等问题上承诺提供直达终端使用者的服务。

友发集团在与上游供应商合作期间，不仅从来没有欠过款，而且还曾给予过资金上的支持帮助。某轧辊厂是友发集团薄板的业务伙伴。2016年9月，正值该厂产品的销售淡季，月底完成本季度的业务指标十分困难。在向几家客户求助遭到回绝后，该厂领导抱着最后的希望向友发集团求助。友发集团领导者在通过调查分析排除了市场风险后一致认为，虽然友发集团会因此现金流压力增大，资金周转量暂时减小，但考虑到这笔资金对于该厂来说意义重大，而且友发集团也将在日后获取一定的收益，最终决定给予对方支援，帮助其渡过难关。经过此事，该厂领导十分感激，成为友发集团长期业务合作伙伴，并以绝对优惠的价格优先将轧辊供给友发集团。可以说，这一次看似损失眼前利益的利他之举为友发集团带来了长期的成本降低，提高了产品的市场竞争力。

资料来源：

吕峰. 吃亏是福？天津友发钢管集团基于利他主义的企业群落无边界进化[J]. 清华管理评论，2021（5）：95-104.

2. 赋能

在2017年财富全球论坛上，腾讯公司创始人、董事会主席兼首席执行官马化腾表示，腾讯在互联网时代要做去中心化的赋能者，并不试图去掌握别人的命脉。他为自己在商业生态中扮演的角色打了一个通俗的比喻："我们不是出租房屋，而是请你来建房子。建完房子就是你的，客户、粉丝都是你的，不需再交月租，也不需每年涨价。"

在移动互联、大数据、云计算、人工智能、区块链等技术快速发展的背景下，企业与各类利益相关者有效连接而构建成的商业生态系统会形成巨大的竞争优势，很多物流平台已将"富生态"建设作为平台的愿景和战略目标。物流平台达成"富生态"目标的根本在于平台服务的数量、类型和质量是否能满足"消费型"用户的动态需求。而要做到这一点，可以选择的基本路径有两种：一种是物流平台不断引进新的"生产型"用户和合作伙伴；另一种是提升现有"生产型"用户和合作伙伴的能力水平，开发新的业务能力。前一种路径的优势在于"即插即用"，但"引流"需要一定的时间周期，融入平台也需要一定时间，需要付出一定的交易和管理成本。后一种路径同样需要一定的时间，因为能力的提升不是一朝一夕之事，但作为平台的老用户，无需付出额外的交易和管理成本。选择后一种路径就意味着物流平台需要不断进行赋能的工作。当然，物流平台自身也需要不断成长，为此对企业内部员工也需要不断赋能。

因此，在物流平台的企业文化中，赋能是一个需要坚持、贯彻的理念，以及需要彰显的文化特征。物流平台不仅要在内部进行赋能，更重要的是要将赋能的范围扩展到物流平台的用户，在能力、认知、资源等方面帮助他们成长，从而增强物流平台的整体竞争优势。常见的赋能做法包括综合服务赋能、金融赋能、无形资产赋能、供应链赋能、数据赋能、技术赋能以及政府关系赋能等。

物流平台对平台用户的赋能在短期内可能无法带来直接效益回报。但从长远来看，赋能所带来的服务类型、范围、水平方面的供给能力提升，需求质量、数量方面的需求能力提升，以及物流平台经营管理能力的提升，都将有助于扩大平台的业务规模，使物流平台"生态圈"的所有主体从中获益。

小案例

交互赋能视域下海尔成长为工业互联网平台企业的过程

1. 融合共创阶段（2000 年至 2016 年）

（1）**空间形态演变**　该阶段，海尔对企业集群其他节点企业的控制相对宽松，以相对松散的方式开展合作创新，同时需要大力吸纳合作创新资源和市场渠道资源，以地理空间上的产业集群为主。部分企业集群参与者会率先与工业互联网平台企业对接，而大量潜在参与者保持观望态度。随着数字营销、模块采购、智能生产、智慧物流等多个业务环节的变革与发展，数字化虚拟产业集群开始形成。

（2）**作用载体演变**　海尔在 2000 年成立国内首家 B2C 电子商务平台，其 IT 部门从业务协同者转变为变革驱动者，大胆进行互联网化变革。2016 年，海尔以生产定制化和供应链整合为切入点，面向家电行业发布 COSMOPlat 平台，由家电生产商向服务商转变。

（3）**成长机制演变**　海尔吸引多元企业集群参与者加入 COSMOPlat 平台，加速生产方式柔性化、经营管理平台化、产品服务生态化，逐步形成制造业创新生态共同体雏形，带动产业集群整体智能化转型。

2. 成长共生阶段（2016 年至 2019 年）

（1）**空间形态演变**　经历一段时间后，与海尔首批合作的部分企业其技术能力、市场地位得到极大提高，既可以选择与海尔共创价值，也可以在自身能力积蓄到一定程度后自立门户。因此，该阶段海尔进一步布局延伸价值链，逐步严格控制企业集群，开展网络治理，对企业集群中首批合作企业加强激励与约束，开展垂直化整合，提高价值网络控制能力，获得数字孪生空间，逐步扩大数字化虚拟产业集群影响力。

（2）**作用载体演变**　2017 年，COSMOPlat 平台正式对外提供社会化服务。2019 年，海尔依托 COSMOPlat 打造内部创业孵化平台，共建国家高端智能家电创新中心，形成若干细分行业领域的商业平台系统，包括专注于智能制造的智造云、具有海尔管理特色的智企云、助力企业数字化营销的智数云等。

（3）**成长机制演变**　海尔鼓励企业集群中的首批参与者共同投入专用性资产，带动相关传统家电制造业企业向社会化生态企业转型，推进全场景、全链路的数字化升级，不断完善创新生态网络，推动家电智能制造各项标准体系建设和智能制造共性技术研发，突破关键技术，占领智慧家庭领域的技术制高点，实现家电产业核心技术升级与品牌整体升级。海尔开始尝试将工业互联网解决方案提供给不同行业的传统制造业企业，形成超大规模、分工协作、价值共享、利益分成的制造业生态圈。

3. 成熟共演阶段（2019年至今）

（1）**空间形态演变**　海尔牢牢掌握平台技术并不断创新，建立众多离岸创新创业基地，为企业集群提供线上线下全场景、供产销全链路的数字化服务与支持技术，形成数据驱动的价值链闭环，数字化虚拟产业集群竞争力逐步提高。

（2）**作用载体演变**　2019年，海尔COSMOPlat平台成为首批国家级工业互联网示范平台，面向全球发布了首创的"智能+5G"大规模定制验证平台，形成跨行业、全场景的数字化商业操作系统，"规模化"和"小微化"数据中心协同发展，覆盖汽车、电子、服装、农业等11个行业，吸引了Oracle、SAP、菲尼克斯、亚马逊等20多家世界一流企业，聚集了3亿多用户和380多万家企业。

（3）**成长机制演变**　海尔着力集聚工业资源，集成工业数据，优化工业生产与服务载体，推动制造业企业跨行业、跨领域创新，向全球开放7大服务模块，为其他行业制造业企业客户推荐全流程、全方位的智能制造解决方案，实现跨行业、跨区域复制。例如，淄博市淄川区依托COSMOPlat平台建立陶业产业基地，开展资源整合与流程再造，将135家制陶中小型企业整合为20余家，使得制陶产业从传统中低端制造业向中高端智能制造业升级。

资料来源：
朱国军，王修齐，孙军. 工业互联网平台企业成长演化机理——交互赋能视域下双案例研究 [J].
科技进步与对策，2020，37（24）：108 – 115.

---

3. 通透协作

企业文化所指的通透协作可分为两部分：内部通透与外部通透。

内部通透是指企业内部不同层次的成员，彼此共享状态、能力、目标甚至是个人偏好，提高相互熟悉程度，更好地取长补短。内部通透是衡量企业各部门配合能力的重要指标。

外部通透是指在企业业务生态圈内所有成员之间实现信息的自由流通，互通有无、公开分享。通过信息的公开、透明，挖掘出彼此间更契合的利益分享点与更合适的合作方式。

因此，在物流平台的企业文化中，还需要坚持、贯彻通透协作的理念，彰显通透协作的文化特征。在物流平台内部，通过贯彻执行通透协作的理念，前台、中台、后台之间提高协作水平，以随时洞察用户需求的变化并及时响应；在物流平台与用户、用户与用户之间，通过贯彻执行通透协作的理念，使得平台上的各种核心交互得以顺利完成，充分体现平台价值和竞争力，并为非核心交互向核心交互转换创造条件。

4. 共赢

共赢思维是指在多元关系中，在相互信任的基础上，换位思考，相互理解，相互支持，使得多方利益分配趋于合理化，使得各个利益群体的需求得到最大化地满足，从而形成相互依存的伙伴关系。

对于物流平台而言，在企业文化的建设过程中，应坚持、贯彻双赢的理念，彰显双赢的文化特征，让双赢成为物流平台和平台用户的共同思维方式。

在物流平台的运营过程中，平台之间、平台内部和平台用户之间都存在竞争关系。在平台之间，服务内容相类似的物流平台不可避免地存在竞争，比如服务覆盖范围重叠的两个专线＋加盟型物流平台为了争夺专线运力和专线运输客户会进行竞争。在平台内部，不同部门之间在业务、资源方面会出现竞争，特别是在业务范围出现重叠的前台服务职能集合之间这种竞争会更加激烈，如在园区网络型物流平台中，承担平台承运服务和承担交易撮合服务的两个服务职能集合在业务范围上有重叠，为争取用户资源会出现激烈的竞争。在平台用户之间，提供相同或相似物流服务的提供方用户会进行竞争；具有相同或相似物流服务需求的需求方用户会进行竞争；为平台提供相同或相似增值服务的增值服务提供方用户同样会进行竞争。

物流平台通过推行共赢的文化理念，使得竞争双方或多方有意识地考虑对方的利益需求，主动进行合作，可以有效减少竞争的负面影响，实现共赢效果。举例而言，专线＋加盟型物流平台上的提供同一条专线公路运输服务的提供方用户，或提供不同专线但专线节点有重合的公路运输业务的提供方用户，可以在自身运力繁忙时共享业务信息，进行业务转包；可以联合揽接大规模业务订单；可以合并零散业务或转包零散业务以实现合作参与方的规模化运输，降低运输成本。

此外，共赢的理念还可以体现在非竞争的合作方之间。如物流平台在选择金融、保险企业合作伙伴时，双方不应按照零和思维行事，过于关注合作的短期利益，而应从共赢的视角出发，服务好平台用户，促进平台发展壮大。这样，物流平台和金融、保险企业都可以从中获得更大回报。

小案例

英特尔为什么不愿意 AMD 破产

提起竞争对手间的共生之道，则不得不提及主导整个半导体行业半个世纪发展轨迹的英特尔公司与 AMD 公司。其实，英特尔和 AMD 的创始人都来自传奇的仙童半导体。半个多世纪以前，他们本是同门兄弟，AMD 只比英特尔晚创办了一年时间。在 PC 芯片市场，AMD 一直扮演着麻烦制造者的角色——以高性价比产品持续给芯片巨头英特尔施加市场压力，甚至一度迫使英特尔借助垄断地位实施非竞争措施。

然而面对这样的老对手，英特尔却始终保持敬畏与尊重，甚至几度对处于破产边缘的

AMD 施以援手，使其免于覆灭之灾。究其原因，有这么几点：其一，出于对自身发展的不断鞭策，如若没有了竞争对手，无人敲打的状态很有可能让英特尔沉溺于一家独大的现状，导致企业发展停滞不前。其二，在于美国的反垄断法，法律很可能会对英特尔进行高额罚款，甚至进行分拆，这是他们无论如何也不愿意经历的。

由此可见，留有对手、尊重对手、直面对手，与其在长期的竞争中良性共生，绝对是一家伟大企业的不凡见识。

资料来源：

忻榕，陈威如，侯正宇. 平台化管理：数字时代企业转型升维之道［M］. 北京：机械工业出版社，2020.

7.2.3　物流平台企业文化的影响因素

物流平台的企业文化同样受到民族文化、制度文化、外来文化等外部因素，和领导者素质、组织成员素质、组织发展不同阶段等内部因素的影响，但与传统企业相比，其影响因素呈现出一些不同之处。

1. 民族文化和外来文化

从发展实践来看，物流平台的运营具有很强的区域性。如目前国内的物流平台运营区域基本局限于中国大陆地区；美国的 Transwork Platform 平台主要为美国和加拿大用户提供交易撮合服务；韩国的韩国综合物流平台所处理的海路、公路、铁路和航空四种物流业务基本都来自韩国国内用户。除了 FedEX、UPS、DHL、TNT 等四大国际快递物流平台，能同时跨多个区域展开运营的物流平台比较少见。因此，物流平台的企业文化主要受到所在区域内部民族文化的影响，而外来文化的影响相对较弱。以国内物流平台为例，我国是一个多民族国家，在党和政府的关怀、指导下，民族融合程度较高，民族凝聚力、向心力强，因此民族文化表现出较强的共性，形成了较为统一的中华民族传统文化，国内的物流平台企业文化主要受到中华民族传统文化的影响。

2. 制度文化

制度文化的核心内容是国家的政治制度、法律制度和经济制度。在不同的国家政治制度、法律制度和经济制度下，组织的意识形态、价值观会有很大差异。在我国，社会主义制度是我国的根本制度，中国共产党领导是中国特色社会主义最本质的特征。因此，和国外企业的企业文化不同的是，我国企业的企业文化还受到党的思想理论的影响和指引。在企业文化建设的过程中，必须体现党的思想理论特点，符合党的思想理论要求，物流平台也不例外。例如，在党的二十大报告的第十部分"推动绿色发展，促进人与自然和谐共生"中强调，必须牢固树立和践行绿水青山就是金山银山的理念，推进生态优先、节约集约、绿色低碳发展，并且要加快推动交通运输结构调整优化，推进交通等领域清洁低碳转型。因此，物流平台在建设企业文化的过程中，要将"绿色、低碳、环保"的理念贯彻其中。

3. 平台用户的素质

物流平台企业文化建设追求的是平台运营企业和平台所有用户所共同认可并贯彻执行的价值观念和行为准则。物流平台企业文化所倡导的价值观、理念能否在平台的日常运营中真正得到体现，不仅取决于平台运营企业自身，还取决于平台用户。此时，平台用户的素质水平将直接影响他们对物流平台企业文化的理解、接受程度，以及在日常使用物流平台过程中践行企业文化理念的能力。因此，在企业文化的建设过程中，物流平台必须充分认识平台用户素质的重要性，并通过多种渠道和方式来提高平台用户的素质水平。提高物流平台用户素质的过程也是对平台用户的一种赋能。

7.2.4　物流平台企业文化的构成

物流平台的企业文化同样由物质层（表层文化）、制度层（中层文化）和精神层（核心文化）三个基本层次构成。

1. 物质层（表层文化）

从是否有线下业务的角度来看，物流平台可以分为纯线上平台和线上线下相结合平台两种类型。纯线上物流平台的表层文化以组织行为、工作流程、工作语言等形式来表达，网站、主页、LOGO 的设计也是纯线上平台表层文化的表达形式之一；而线上线下相结合物流平台除了采用纯线上物流平台的表达形式以外，由于拥有线下实体场所作为载体，其表层文化还可以通过实体场所的作业环境布置、雕塑、服装等实体性的文化设备和设施来表达。

图 7-1 展示的是提供 SaaS 和 PaaS 服务的物流平台——美华系统的 LOGO。该标志以三个飞翔的翅膀代表了美华、客户、员工三位一体，携手翱翔蓝色天空的共赢理念。

图 7-1　美华系统 LOGO

图 7-2 展示的是杭州传化公路港入口处矗立的集装箱雕塑：集装箱造型表明了传化公路港的物流行业从业者身份，红色集装箱上喷绘的"公路港"字样界定了传化公路港公路运输的业务范围，而蓝色集装箱上喷绘的"城市物流中心"则向外传递了传化公路港的发展愿景。在这一雕塑中，红色象征传化智联企业文化中成就客户、实现商业成功和事业梦想，以及实现员工个人价值和人生幸福的核心理念；蓝色代表睿智与专业，象征传化智联企业文化中为客户提供优质产品、服务和解决方案，为员工搭建可持续发展事业平台，以及通过技术进步和模式创新推动产业升级和区域经济发展的坚定信念。

图7-2   杭州传化公路港入口

2. 制度层（中层文化）

物流平台的中层企业文化包括一系列的规章制度、道德规范和行为准则。物流平台正是通过这些规章制度、道德规范和行为准则的建设与完善，来推广平台所推崇的企业文化理念。

例如，在物流平台企业文化中，我们希望在平台内部和平台用户中推广利他的文化理念。除了主观上各参与主体要多为对方的利益着想以外，还需要平台制定相应的规章制度予以保障。目前，很多物流平台着力打造的平台诚信管理机制，就是为了推广这一利他文化理念而提供的制度保障。

又如，在物流平台企业文化中，我们希望在提供相同或相似物流服务的提供方用户中推广共赢的文化理念。为此，物流平台可以从在线交易、订单管理、费用结算、增值服务等多个方面做出具体的制度安排，鼓励提供方用户共享业务信息、联合揽接大规模业务订单、合并或转包零散业务。

3. 精神层（核心文化）

精神层面的组织文化是组织文化的核心所在，是维系组织生存与发展的内在精神支柱。政府独资运营型和政府控股委托运营型物流平台介于公益性组织和企业之间，因此其精神层文化内涵不够清晰。这一点从两种类型物流平台网站主页上难以发现关于企业文化的表述便可见一斑。相比之下，社会资本控股运营型和社会资本独资运营型物流平台的性质清晰，其组织文化可以准确被界定为企业文化，在其网站主页一般可以找到关于精神层企业文化的表述。

此外，一些建设水平较低的物流平台，如网络上大量存在的仅仅具备信息发布功能的物流平台，它们往往对于企业文化建设不够重视，导致其精神层企业文化没有被准确提炼。

表7-1列出了国内部分较为知名的物流平台企业的精神层企业文化内容。

表 7-1　部分物流平台企业的核心文化

物流平台企业	核心文化内容
美华系统	创新、诚信、共赢、忧患
车满满	客户成功，才是我们的成功！
卡行天下	学习、超越、共赢、共享
运钢网	诚信、感恩、责任、协作
京东物流	客户为先、诚信、协作、感恩、拼搏、担当
菜鸟网络	极致、高效、创新
货拉拉	激情、坚毅、谦卑、执行
传化智联	成就客户：为客户提供优质的产品、服务和解决方案，助力客户依托传化平台，以更可靠、更高效的方式实现商业成功和事业梦想 幸福员工：致力于为员工搭建一个可持续发展的事业平台，营造公平公正、简单阳光的企业氛围，让员工通过勤奋工作实现个人价值和人生幸福 引领产业：顺应产业发展导向及社会发展趋势，以技术进步和模式创新推动所在产业的转型升级和区域经济发展

7.3　物流平台企业文化建设 🔗

和其他类型企业类似，物流平台企业文化的建设也要经历选择价值观、强化认同、提炼定格和巩固完善的流程。

7.3.1　物流平台企业文化建设要点

在物流平台企业文化建设的过程中，鉴于物流平台运作的特点，以及其建设和发展的实际要求，有以下几个要点需要引起重视。

1. 充分认识企业文化与经营绩效之间的关系

物流平台的经营者，特别是物流平台的所有者和高层管理者，应充分认识企业文化与经营绩效之间的关系。研究领导力理论的哈佛商学院教授约翰·科特（John P. Kotter）与其研究小组用了 11 年时间，研究了企业文化对企业经营绩效的影响力。研究结果显示：凡是重视企业文化因素特征（如消费者、股东、员工）的公司，其经营业绩往往胜于不重视企业文化建设的公司。企业文化对企业长期经营绩效具有重大作用，这个作用不是促进，而是直接提高。企业文化的本质，其实就是在企业经营和管理中，种种决策背后的依据和信念。

2. 以利他理念为基本价值观

组织价值观是整个组织文化的核心和灵魂，选择正确的组织价值观对于组织的发展具有重大战略意义，因此，选择价值观是塑造良好组织文化的首要任务。物流平台企业文化的特征包括利他、赋能、通透协作以及共赢。其中，利他是最为核心的理念，以利他为基础，才有可能实现赋能、通透协作，并最终达到共赢。目前，许多物流平台都将"以客户为中心"纳入企业文化的基本价值观中，这正是利他价值观的一种体现。

物流平台企业文化建设追求的是，平台和平台所有用户所共同认可并贯彻执行共同的价值观念和行为准则，因此，利他价值观的推广对象既包括物流平台内部的员工，也包括平台的用户。

在这两种对象中，应以物流平台内部员工作为推广的重点对象，因为员工是最先感知企业文化的群体，同时向平台用户进行企业文化推广也要依靠员工的积极参与。物流平台应通过各种企业文化建设方式，首先让员工接受并认同利他的理念，进而在其实际工作中践行这一理念。

在利他价值观向员工推广的过程中，以下两个因素值得注意。

（1）**员工与管理层利益的一致性**　物流平台内部员工与物流平台所有者、各级管理者利益的一致性程度越高，员工的责任感、使命感就越强，会更多地为企业的利益着想，有利于利他基本价值观的推广。为此，不少企业推行员工持股、股权期权激励等做法，以提高员工与管理层利益的一致性。

（2）**对待平台用户的方式**　物流平台对待平台上的各种用户的方式，在很大程度上会影响平台员工对利他基本价值观的接受程度。如果物流平台只关心平台自身利益，总是使用各种方式侵占、掠夺用户的正当利益，那么很难想象员工会在多大程度上接受利他的理念。相反，如果平台能够坚持以实际的行为解决用户的问题，帮助用户成长，这种"利他"的举动会极大地感染员工，在员工思想中建立起高度的价值认同。在这方面，星巴克的做法值得物流平台借鉴。星巴克在与咖啡豆种植农民的合作过程中，不仅仅按照传统的商业模式来处理与这些农民之间的关系，还从公益活动的角度出发，关注咖啡豆种植农民的利益。投入资金在当地发展教育、建设公共基础设施、改善医疗条件。由此，星巴克得到了持续的、足量的优质咖啡豆供应。

3. 物流平台企业文化建设的基本途径

物流平台企业文化建设的基本途径有两种：一种是通过表层文化的建设方式，另一种是通过中层文化的建设方式。

常见的表层文化建设方式包括组织行为、工作流程、工作语言等外在形式，网站、主页、LOGO 的设计也是其中之一，此外，还可以通过实体场所的作业环境布置、雕塑、服装等实体性的文化设备和设施来表达。

通过中层文化的建设方式，主要是依靠相关流程、规则和制度的建设来推进，包括物流平台各种业务流程、业务运作必须遵循的规则、考核制度、利益分配制度、激励制度等。以制度来规范、指引物流平台相关主体行为，体现并倡导物流平台所推崇的企业文化。

在这两种途径中，尤以第二种途径更为重要。没有制度的保证和支持，表层文化的建设方式容易沦为空谈。

4. 在员工中达成集体共识

当物流平台的企业文化理念在平台的所有者和高层管理者中形成共识后，如何将其进一步推广到基层员工并形成合力呢？这需要通过一系列步骤来实现，具体如下。

（1）**沟通企业现状**　人事部门要和员工沟通了解企业文化的现状（包括员工整体氛围、员工工作满意度、企业文化落实及接受情况等），进行企业文化诊断。企业文化诊断有很多方法，包括员工访谈、结构性问卷、内部数据提取等。诊断工具可以采用双 S 诊断模型、奎因企业文化导向诊断模型、丹尼森组织文化模型等。了解企业的现状与分析问题的本质是文化重塑的起点。

（2）**让员工参与其中**　物流平台可利用识别系统的规范、办公设备的统一和工作环境的设计形成共用事物的外部氛围；在讨论合作、解决问题时，创造并利用通用的内部语言，帮助大家形成共同亲密的认同感；通过周例会、月例会等会议的参与，以及培训员工在人际交往、客户互动、工作流程上注重质量标准与细节，培养共同的行为习惯；最后，通过频繁的互动讨论寻求共识，将日常行为内化和外化，形成共同的感觉和认知。

（3）**进行企业文化培训**　物流平台可采用以下几种方式进行企业文化培训。

① 入职培训：在员工入职时，宣传、推广物流平台利他的核心理念、使命、愿景以及思维方式等。

② 导师制：从上到下推动各部门老员工带领新进员工，了解企业文化、了解业务、了解流程。

③ 通过新媒体培训：通过微信群、腾讯会议等新媒体平台组织线上学习、发布学习任务、督促学习进度、开展学习竞赛。

④ 企业学习中心：创办企业学习中心，邀请领导者、外部专家作为教师，对物流平台各级别员工进行企业文化培训，系统地阐述、讲解和传承企业文化理念，促进将企业文化理念根植于员工的日常行为与习惯之中。

5. 在平台用户中达成集体共识

物流平台的竞争力和价值归根结底来自用户，以利他为基本价值观的物流平台企业文化还需要在平台用户中达成集体共识。

物流平台的用户可以分为行业监管（服务）类用户、物流服务提供方用户、物流服务需求方用户以及增值服务提供方用户四种。

行业监管（服务）类用户主要是政府，还包括物流领域的各类行业协会，以及与物流相关的科研院所等。这类用户不属于企业性质，其本身定位属于公益性、服务性组织。以利他为基本价值观的物流平台企业文化与这些用户自身的组织文化契合度较高。

物流服务提供方用户可以细分为物流企业、物流节点经营企业、提供物流服务的个体经营者三种。对于前两种物流服务提供方用户，推广物流平台企业文化的主要方式是通过制度约束，或者采取加盟、长期契约、参股持股等方式将其纳入物流平台内部体系，再进行企业文化的推广建设。而对于提供物流服务的个体经营者，由于其数量较多、分布广泛，且合作关系不稳定、流动性强的原因，只能以制度约束的方式来推广物流平台企业文化。

物流服务需求方用户包括生产企业、商业流通企业、货代企业以及少量的个人用户等。增值服务提供方用户主要是提供金融、保险服务的相关企业。对于这两类用户，主要通过制度约束来推广物流平台的企业文化核心理念。

近年来，随着物流平台功能的日趋多元化，不少物流平台获得了金融、保险从业的相关资质，或与金融、保险企业合资成立从事金融、保险业务的子公司，从而将原有的增值服务提供方用户转化为物流平台下属部门，可以与物流平台其他下属部门一样，采用相同的方式进行企业文化建设。

7.3.2 物流平台企业文化建设保障

鉴于企业文化对企业经营绩效的重要性，物流平台在进行企业文化建设的过程中，需要从组织、机制、能力、氛围四个方面给予有力保障。

1. 组织保障

组织保障是指物流平台在建设企业文化的过程中，应明确相关人员的企业文化建设职责，并在平台中设立专职或兼职岗位，避免出现空喊企业文化建设人人有责，实际却无人承担的局面。具体来说：① 前台、中台、后台各部门的"一把手"是企业文化战略落地、文化建设、文化理念践行的第一责任人；② 中台的人力资源部门是企业文化建设的具体设计者和执行者，应设置专职的企业文化建设岗位；③ 在中台的其他组织和前台的职能集合中选拔人员，担任兼职的"文化官"，在各项业务与文化相关的关键节点中发挥作用；④ 在物流平台和平台用户中选聘"文化大使"，与平台一起参与文化活动的策划，并发掘、传播文化事件、宣传标杆人物。

2. 机制保障

在物流平台企业文化建设的过程中，可在业务规则、考核制度、利益分配制度、激励制度等制度的具体设计中，主动、有意识地加入企业文化建设内容。

在各项制度中将企业文化核心理念外化成行为标准，作为组成部分之一加入到制度中，在制度的执行过程中潜移默化，使企业文化核心理念融入物流平台各参与主体的思想意识中。具体来说：① 在员工招聘，特别是"一把手"和关键岗位的招聘过程中，将价值观测试作为面试的一部分；② 在考核制度中，根据企业文化核心理念外化而成的行为标准，将物流平台内部员工、平台用户的价值观表现作为考核内容的组成部分之一；

③ 在利益分配、激励制度中，对于物流平台内部员工、平台用户价值观表现设置专项奖励，如标杆奖励、文化专项表彰等。

3．能力保障

在物流平台企业文化建设过程中，内部员工的作用非常关键，应确保员工具备企业文化建设的能力。具体来说：① 对于干部，企业文化建设能力的重点在于实现个人使命、并且使组织使命与物流平台使命"共振"；② 对于骨干员工，企业文化建设能力的重点在于从组织管理的角度，通过企业文化建设持续追求高绩效；③ 对于普通员工，企业文化建设能力的重点在于从业务价值链的角度，识别业务中企业文化的正负行为；④ 对于新员工，企业文件建设能力的重点在于形成对物流平台企业文化的共识，在工作过程中有效规范自身行为。

4．氛围保障

在物流平台上形成良好的企业文化氛围，有利于平台内部员工和平台用户更好地融入、接受物流平台企业文化核心理念。具体来说，可以通过以下方式营造氛围：① 开发文化周边产品，包括表情包、手办、礼盒、徽章等；② 建设传播矩阵，包括订阅号、海报、全员邮件、小程序、抖音、微博等；③ 开展文化活动，包括故事大赛、音乐节、体育活动、夏令营、文化盛典等。

7.3.3　物流平台企业文化建设中需要处理好的矛盾关系

丹·丹尼森（Dan Denison）和金·卡梅伦（Kim Cameron）在讨论企业文化的对立性和有效性时指出，无论企业的类型、规模、行业和地域的差异如何，企业文化都是矛盾的统一体。可以理解为，一个企业的企业文化会表现出若干表面上有一定矛盾的特征。最终成功的企业文化都是在对立的矛盾关系中找寻到均衡的状态。

对于物流平台而言，其企业文化中的矛盾特征表现为：开放和秩序、创新和守成、灵活和规则，如图 7-3 所示。

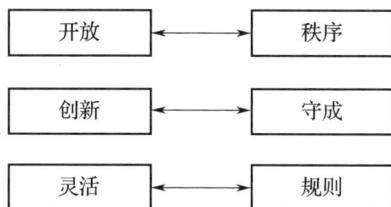

图 7-3　物流平台企业文化中的矛盾关系

1．开放和秩序

物流平台向所有参与主体开放，实现信息、数据、资源的自由流动和共享，但如果没有一定的秩序加以约束，平台将会陷入无序、混乱的状态。由此，开放和秩序形成了一对矛盾的文化特征。

（1）**开放** 物流平台属于互联网平台的一种，而互联网的一大特性就是高度开放。物流平台只有保持高度的开放性，才能拥有旺盛的活力和强大的竞争力。物流平台企业文化所倡导的"开放"理念，表现为两方面。

一方面，是物流平台内部的开放。物流平台内部的开放意味着在物流平台内部的前台、中台、后台之间，信息、数据、资源能够顺畅、透明地流动，同时各种意见、建议也能够无阻碍、迅速地在三台之间进行传递。如此，物流平台可以迅速对外界政治、经济、市场环境的变化，对平台业务执行中出现的异常情形，以及用户使用平台服务的反馈做出迅速反应，从而敏锐地捕捉市场机会，并及时、有效地解决物流平台运营中出现的问题。

另一方面，是对物流平台用户的开放。物流平台为全体平台用户打造了高度开放的环境。不同类型的用户都可以在平台上发布、共享信息，使用物流平台上的数据、资源，碰撞出思维火花，创造出更多有价值、创新的交互功能，为用户实现更大价值，同时也为物流平台带来丰厚的利润回报，发掘新的商业机会。以 Facebook 为例，该平台以 Open Compute Project 的形式向外部开放自己的云计算技术文档，并公开了涉及服务器和数据中心的信息，甚至是服务器和数据中心的 CAD 设计图纸，邀请外部合作伙伴在 Facebook 平台上共同创新，实现共赢。

（2）**秩序** 物流平台倡导开放的价值观，但并不意味着无条件、无边界的无序开放，在开放的同时要建立相应的规则，并要求所有平台参与主体遵守规则，在平台内形成井然有序的局面。否则，开放将给物流平台造成混乱，带来运营风险。

以物流平台前台服务职能集合为例，为了实现各自的绩效目标，不同的职能集合会努力争取获得更多优质资源。如果物流平台在资源的开放过程中，没有制定有效的规则，保证资源的正当有序调用，必然导致资源使用的混乱，降低资源使用效率。比如，在园区网络型物流平台中，承担平台承运服务和承担交易撮合服务的两种服务职能集合都会努力争夺货主企业、物流企业、卡车司机等市场资源。如果没有规则的约束和规范，有可能出现低价竞争、过度囤积资源等不当行为。

又如，平台用户可以在平台上发布信息。如果没有规则的约束，用户有可能发布虚假信息，或者发布与物流平台业务不相干的无关信息，甚至信息中含有不当内容。这将降低信息流动效率，给物流平台带来运营风险。

在物流平台的企业文化中，既要将"开放"的理念贯彻到底，特别是注意培养管理者的开放意识，为实现平台内部的开放和对平台用户的开发奠定思想基础；又要在平台内部和平台用户中宣传"秩序"的理念，树立秩序意识，让建立秩序、遵守秩序成为平台所有相关主体的自觉意识。

2. 创新和守成

创新和守成是又一对矛盾的文化特征。创新是所有企业的生命源泉，但创新离不开守成，守成为创新提供了基础，创新取得的成果需要通过守成来巩固继承。

（1）**创新**　物流平台从组织结构、业务模式到服务本身，都是创新的结果。在物流平台的发展过程中，从最早的单一信息发布、交换功能，发展到具备数据交换功能，再发展到为中小型物流企业提供物流云计算服务；从只能进行信息发布，发展到可以为物流供需双方提供在线交易、订单管理、费用结算、增值服务等在线物流交易服务，再发展到货物跟踪、物流金融和供应链金融、通信、社交等服务。物流平台不断发掘出的新服务，使得平台集聚的用户规模越来越大，用户类型日趋多元化，业务范围也不断拓展，为用户和平台创造了更大的价值。这一过程正是物流平台不断创新的有力证据。因此，物流平台企业文化中必须坚持创新的理念。

物流平台不仅要鼓励平台内部的创新，还要鼓励平台用户的创新行为，这是因为用户是平台基本价值的创造者。平台内部创新和平台用户创新相互影响，相互支持：内部创新为平台用户创新提供了更大的空间和更好的平台；平台用户创新则为平台内部创新指引了方向。

（2）**守成**　守成不是对组织运作历史和现状一成不变地全盘接受，而是在对传统进行全面分析的基础上，择其精髓进行传承，包括组织结构、理念、机制等。没有守成，创新就失去了基础，成了"空中楼阁"，无论是创新的方向还是创新的内容都有可能脱离组织实际状况，难以落实，或给组织发展造成伤害。

物流平台的创新是一个循序渐进的过程，所有的创新行为都必须事先审视、分析平台原有组织结构、业务模式、服务项目。否则，盲目的创新或摒弃行之有效的平台组织结构、运作理念与机制，以及已获得的市场优势、已集聚的忠诚用户，而另起炉灶，将会增大失败的风险；无助于解决物流平台现有问题，弥补物流平台现有不足。盲目创新不仅不能达到目的，体现创新的原有意义，反而会浪费资源，甚至将物流平台的发展引向错误的方向。

因此，物流平台一方面要积极倡导"创新"的理念，在物流平台上营造鼓励创新的文化氛围，并为之提供制度保障和资源支持；另一方面也要引导平台员工和用户重视"守成"，不断发掘既有经验的闪光点，将优秀的理念、做法传承下去。

3. 灵活和规则

灵活和规则是相互对立的矛盾文化理念。如何平衡灵活和规则，找到一个合适的平衡点，是企业必须思考的问题。

（1）**灵活**　传统企业通常都建立了一整套的工作规则，并要求员工严格遵守。规则灵活性较小，以督促、约束员工的工作行为，期望能获得更高的工作效率，达成业绩目标为目的。然而，工作条件、工作重点和员工特质的变化使得过于僵化的规则已不符合企业发展的要求。就工作条件而言，网络信息技术的发展，使得沟通更为便利，无需强制要求员工必须在办公时间留在办公地点。就工作重点而言，技术的发展极大地减少了事务性工作的比重，工作的重心转向创新性要求更高、更具挑战性的部分，这需要在工作上给予员工更大的灵活空间。就员工特质而言，90后、00后的员工与老一代员工差异很大，新一代的员工更加追求个性，喜欢多样化、富有挑战性的工作内容，同时非常注重生活的品质，不愿受到过多规则的束缚。为了激发这一代员工的工作热情，释放他们的自我驱动力，平衡好工作与生活，在管理规则上扩大灵活度，加大员工自我管控的空间是非常必要的。

"灵活"不仅让员工个人的勤奋更加具有价值，也让企业的付出得到更好的回报。对于个体来说，可以减少时空与硬件条件的束缚，多线程完成任务；对于企业来说，最大化地利用个人价值就是直接提高整体效益。

（2）**规则**　在强调"灵活"的同时，也需要制定一定的规则确保工作任务的如期完成，工作目标的顺利实现。失去规则约束的过度"灵活"将会走向反面，体现出负面作用，滋生自由散漫、逃避责任的现象，影响企业的正常运作和发展。

物流平台作为一种互联网企业，其大部分业务可以通过网络完成。物流平台面对远比传统企业更为庞大的用户规模，用户需求和使用平台的行为更具动态性，工作具有更大的挑战性。因此，物流平台应赋予员工更大的工作灵活度。

同时，在灵活和规则矛盾关系的处理上，由于受到传统企业金字塔层级组织结构和集权式管理的影响，物流平台的中台、后台的管理者往往不习惯于"灵活"，平衡点更倾向于"规则"。因此，在企业文化的建设中，应以中后台管理者为重点，采用多种形式培育其"灵活"意识。

4.尊重员工

除了以上三对矛盾关系以外，物流平台企业文化建设中还要突出尊重员工的理念。

在决策过程中，行业经验和专业知识对决策结果具有重要影响，但是在多数企业中，决策往往还是与权力挂钩，而不一定是取决于专业知识和行业经验。对于传统企业而言，不可否认的是，很多中高层管理者往往具有较为丰富的行业经验和一定的专业知识。然而，物流平台是互联网企业，作为一种新型的企业形态和商业模式，物流平台所依托的互联网环境始终处于高度的动态变化之中，此时行业经验往往掌握在一线员工手中，而不是管理者。同时，从某种程度而言，物流平台属于技术密集型企业，技术水平的高低和更新迭代速度决定了平台的市场竞争力，而对技术最为敏感的通常是物流平台的前台、中台员工。因此，在物流平台的企业文化中，必须将对员工的尊重提高到更高的地位。

要真正做到尊重员工，意味着在物流平台中要自上而下地打破传统的"官本位"文化，不再以职级头衔、行业资历以及工作年限评判是非对错，而应以知识储备、专业素养和工作表现作为评价员工的主要标准；职位再高的领导在实践问题中也要倾听一线员工的专业意见；工龄再久的员工面对不懂的新兴事物时也要虚心向年轻的同事请教；只要表现足够优秀就应该得到充分的认可。

本章小结

物流平台企业文化建设追求的是，让平台运营企业和平台所有用户共同认可并贯彻执行一套共同的价值观念和行为准则，其独特特征包括利他、赋能、通透协作、共赢等。

物流平台的企业文化受到民族文化、制度文化、外来文化等外部因素，和领导者素质、组织成员素质、组织发展不同阶段等内部因素的影响。物流平台的企业文化由物质层（表层文化）、制度层（中层文化）和精神层（核心文化）三个基本层次构成。

在物流平台企业文化的建设过程中，应充分认识企业文化与经营绩效之间的关系，以利他理念为基本价值观，以表层文化和中层文化作为企业文化建设的基本途径，在员工中达成集体共识，在平台用户中达成集体共识，还应从组织、机制、能力、氛围四个方面给予有力保障，并处理好开放和秩序、创新和守成、灵活和规则等矛盾关系。

关键名词

棒球队型组织文化 灵活适应型组织文化 使命型组织文化 适应型组织文化 利他赋能 通透协作 共赢 物质层（表层文化） 制度层（中层文化） 精神层（核心文化） 开放和秩序 创新和守成 灵活和规则

章末案例

从一个 11 年的调研说起——用友企业文化建设

用友是亚洲最大的、全球领先的企业云服务与软件提供商。用友作为全球企业级应用软件 TOP10 中唯一的亚洲厂商，入选了 Gartner 云 ERP 全球市场指南，并在中国云 ERP 市场中占有领先地位。用友产业创新平台是在传统 ERP 基础上升级发展而来的，其提供的服务涵盖采购管理、生产制造管理、库存/仓储管理、供应链管理、人力资源管理、财务管理等各项功能和业务场景。

依托研发中心和研究中心等后台支持，用友建立了 IUAP 中台体系，包括业务中台、数据中台、职能中台、低代码开发中台、技术中台、连接集成中台等，这一中台体系可以支持建立大规模生态，涵盖金融、能源、烟草、汽车、钢铁冶金、食品饮料、制药与医药流通、装备制造等在内的行业云服务，以及包含 WMS、TMS、GSP、SPC、货物追踪、条码管理、智能工厂测评、智慧园区管理等在内的 ISV 生态；同时，还包括咨询、实施、开发、运维等在内的专业服务生态。以生态建设为基础，用友可以提供供应链、采购、制造、营销、研发、资产、人力、财务、协同等领域的场景化服务。由此可以看出，用友具有典型的平台企业特征。

哈佛商学院教授约翰·科特（John P. Kotter）与其研究小组用了 11 年时间，对企业文化对企业经营绩效的影响力进行了深入调研。调研结果显示：凡是重视企业文化因素特征

（如消费者、股东、员工）的公司，其经营业绩往往胜于不重视企业文化建设的公司。在用友的发展过程中，一直非常重视企业文化建设，建立了完整的企业文化内涵体系。

1. 用友精神层企业文化

使命：用理想与技术推动商业和社会进步。

愿景：全球领先的企业云服务与软件提供商；员工快乐工作、成就事业、分享成功的平台。

核心：用户之友、持续创新、专业奋斗。

原则：发展方针、产品方针、服务方针、研发方针、客户方针、伙伴方针、员工方针、股东方针、管理方针、干部方针。

2. 用友制度层和物质层企业文化

为了推广企业文化并保证其落地实施，用友建立了组织保障、机制保障、能力保障、氛围保障四大保障机制，内容具体且丰富。例如，在氛围保障方面，用友以员工为对象，组织春季/秋季马拉松比赛、爱在用友婚纱照拍摄、草坪音乐节等活动；以干部为对象，拍摄以用友真实案例为基础的电视剧《使命的力量》，组织干部与专家夏令营、CEO友约等活动；以组织为对象，举办重大创新成果表彰大会、十佳用友人颁奖典礼、文化盛典、故事终极大秀等活动。

用友企业文化建设为企业发展指明了方向，设立了企业发展的愿景和目标，凝聚了"人心"，规范和约束了行为，其功效在用友发展所取得的成就中得到了充分证明。

资料来源：
数据、信息整理自用友官网及其他渠道。

案例思考

1. 如何理解用友企业文化使命、愿景和核心之间的关系？
2. 试分析用友的氛围保障机制是如何有利于落实其企业文化的。
3. 用友企业文化建设对于物流平台企业文化有什么启示？

复习参考题

1. 如何理解组织文化的含义？
2. 如何理解俱乐部型组织文化与棒球队型组织文化的差异？
3. 如何理解组织文化中物质层（表层文化）、制度层（中层文化）和精神层（核心文化）三个层次之间的关系？
4. 如何理解物流平台企业文化的概念？
5. 试分析物流平台企业文化与传统企业的企业文化之间的差异。

6. 试阐述物流平台企业文化的分类定位。

7. 如何理解物流平台企业文化特征中的利他与赋能、通透协作、共赢之间的关系？

8. 物流平台组织文化的影响因素作用有什么不同之处？

9. 影响物流平台员工接受利他基本价值观的因素有哪些？

10. 试阐述物流平台企业文化建设的基本途径。

11. 对于物流平台用户如何达成对企业文化的集体共识？

12. 试阐述物流平台企业文化建设保障的具体内容。

13. 如何理解物流平台企业文化建设中需要处理的三对矛盾关系？

本章实训

1. 实训目的

（1）理解物流平台企业文化的不同层次内容，掌握物流平台企业文化建设的保障措施。

（2）通过调研，了解某一领域内某一类型物流平台的企业文化建设状况。

（3）锻炼通过事物表象发现问题、分析问题、解决问题，以及团队协作、PPT 制作和语言表达等能力。

2. 实训内容

以小组为单位，选择某一领域内某一类型物流平台作为调查对象，对物流平台企业文化建设状况进行调研，掌握企业文化各个层次内容和建设保障措施，由学生对企业文化和保障措施建设效果展开进一步分析。

3. 实训组织

（1）指导教师布置实训项目，提示相关注意事项及要点。

（2）将班级成员分成若干小组，成员可以自由组合，也可以按学号顺序组合。小组人数划分视修课总人数而定。每组选出组长 1 名，发言代表 1 名。

（3）各小组利用课外时间完成分析工作。

（4）以小组为单位，撰写书面调查报告，制作课堂演示 PPT。

（5）各小组发言代表在班级进行汇报演示，每组演示时间以不超过 10 分钟为宜。

4. 实训步骤

（1）指导教师布置任务，指出实训要点、难点和注意事项。

（2）演示之前，代表本小组发言的组长或小组成员对本组成员所承担的工作进行介绍陈述。演示结束后，征询本组成员是否有补充发言。

（3）由各组组长组成评审团，对各组演示进行评分（组长须回避本组评分），取评审团成员评分的平均值为该小组的评审团得分，满分 50 分。评分依据包括分析质量、PPT

制作水平、PPT 展示水平等。

（4）指导教师对每一小组任务完成情况进行总结点评，并为各小组评分，满分为 50 分。

（5）取各小组的评审团评分加上指导教师的总结评分作为该组的最终得分，并计入学生的平时成绩。

参考文献

[1] 哈罗德·孔茨，海因茨·韦里克. 管理学（第十版）[M]. 张晓君，等译. 北京：经济科学出版社，1998.

[2] 兰杰·古拉蒂，安东尼 J. 梅奥，尼汀·诺里亚. 管理学[M]. 杨斌，等译. 北京：机械工业出版社，2014.

[3] 托马斯·贝特曼，斯科特·斯内尔. 管理学（第三版）[M]. 王雪莉，侯骁容，译. 北京：中国人民大学出版社，2014.

[4] 王俊柳，邓二林. 管理学教程[M]. 北京：清华大学出版社，2003.

[5] 周三多等. 管理学（第三版）[M]. 北京：高等教育出版社，2010.

[6] 周三多等. 管理学（第五版）[M]. 北京：高等教育出版社，2018.

[7] 邱小平，谭海燕. 物流企业文化（第二版）[M]. 北京：经济管理出版社，2017.

[8] 陈安娜. 互联网企业文化研究[M]. 杭州：浙江工商大学出版社，2019.

[9] 孔德民. 中国互联网平台企业伦理规范构建研究[D]. 上海：上海财经大学，2023.

[10] 陈岩，赵若言. 阿里巴巴精神：传奇巨头进化中的文化哲学[M]. 北京：石油工业出版社，2018.

[11] 李芏巍，甘盖凡，薛战雷. 顺丰而为　王卫[M]. 北京：中国经济出版社，2020.

[12] 忻榕，陈威如，侯正宇. 平台化管理：数字时代企业转型升维之道[M]. 北京：机械工业出版社，2020.

[13] 王旭东，孙科柳. 企业文化落地：路径、方法与标杆实践[M]. 北京：电子工业出版社，2020.

[14] 何建湘. 企业文化建设实务（第二版）[M]. 北京：中国人民大学出版社，2019.

[15] 王吉鹏. 企业文化建设（第六版）[M]. 北京：中国人民大学出版社，2021.

第8章 ▶ 物流平台服务质量

引例

达达的众包物流服务

  达达快送是达达集团旗下国内领先的本地即时物流配送平台，它通过众包模式，可以为即时配送中订单的频繁波动合理匹配运力，高效应对全年中各个订单量的峰值时段。达达快送已覆盖全国上千个县区市，日单量峰值约 1000 万单。

  达达平台主要包括达达商家客户端和达达客户端两个分别面向发包方和网络用户接包方的端口。达达商家客户端是专门为商家发单使用的手机客户端，有发单需求的客户可以通过手机客户端或者专门的网页，在线注册成为达达商家并发布需求订单。达达客户端则是针对网络用户设计的，网络用户可以利用闲暇时间注册成为达达配送员，通过兼职完成配送任务并取得相应的报酬。网络用户如果要注册成为达达配送员，需要先下载达达手机客户端，并上传手持身份证自拍照，待审核通过并完成在线学习之后即可成为达达配送员。达达手机客户端方便网络用户利用闲暇时间查看附近需要配送的订单详情。在参与达达配送前，配送员需要自备电动车等交通工具，并持有在"达达商城"购买的达达保温箱。在接单之前，众包配送员需要经过线上培训并通过考试，才能进一步刷新订单和接单。

  达达众包物流平台上配送的订单类型包括以餐饮外卖订单为主的餐饮外卖平台订单，以商超生鲜为主的"京东到家"订单和京东商城订单，以及以全程直送、远距离为主的同城快送订单。此外，达达平台将订单分为普通订单和优质订单，基础运费分别以 2 元起和 4 元起分别定价，服务和设备要求也有所差别，以进一步细分配送服务市场，满足客户的个性化需求。

  为了让"更多的包裹"能够"更快地送达"，达达平台在配送路线优化、配送订单合并、系统供需调控方面下足了功夫。达达"智慧物流"系统可以在复杂交通路况下，为骑士实时规划最优的配送路径，让骑士可以用更短的时间完成订单配送。此外，"智慧物流"系统还能为骑士选择合适的品类订单或者顺路订单，在不影响配送时效的情况下进行合并，让骑士可以同时配送更多订单，从而提高效率。

  达达平台采用达达客户端实时配置系统。达达客户端实时配置系统包含服务端、Android 端和 iOS 端。客户端实时配置系统针对不同类型的用户执行准确、及时和差异化的业务逻辑，对客户端按照城市和用户维度提供不同类型的配置。比如，通过控制功能显示或隐藏，对优质配送员开放达达商城供其购买达达装备等，或者根据不同运营策略和发展战略实时调整文案；客户端实时配置系统通过不断更新来解决配置变更产生的高并发性问题和低客户端使用率问题。

资料来源：

段佳乐. 众包物流商业模式研究［D］. 开封：河南大学，2017.

8.1 物流平台服务质量内涵 ○

物流平台作为互联网经济时代物流业运作的重要形态之一，其运营管理有着不同于传统物流企业的特点，但提供高质量的服务仍然是物流平台追求的重要目标之一。

8.1.1 物流平台服务质量的概念

物流服务质量（Logistics Service Quality，LSQ）的概念是在服务质量理论基础之上，结合物流行业特性而逐渐形成的。

1. 物流服务质量的概念

学术界对物流服务质量的研究始于 20 世纪 60 年代。早期对于物流服务质量概念的研究多基于企业（供应商）视角，从操作层面进行界定。最具代表性的是由佩罗（Perreault）和鲁斯（Russ）在 1974 年提出的 7Rs 理论。该理论认为，物流服务质量是指企业能在恰当的时间（Right Time）和正确的场合（Right Place），以合适的价格（Right Price）和方式（Right Channel or Way），为合适的客户（Right Customer）提供适合的产品和服务（Right Produce），使客户的个性化需求（Right Want or Wish）得以满足、价值得以提高的活动过程。随着经济的发展，第三方物流企业开始出现，传统的以产品运作为基础的物流服务质量的定义发生了变化。拉隆德（LaLonde）和津泽（Zinszer）在 1976 年将物流服务质量定义为：满足客户需求的活动；确保客户满意的绩效测量；公司承诺的哲学（文化）。这一定义从市场营销层面对物流服务质量进行了阐述，将客户满意度作为提升物流服务质量的目的，但这一定义仍然是从物流供应商的角度来定义物流服务质量的，忽略了接受物流服务的客户的感知。

1989 年，门策（Mentzer）、戈麦斯（Gomes）和克拉普菲尔（Krapfel）提出，物流服务包括用户营销服务（Marketing Customer Service，MCS）和实体配送服务（Physical Distribute Service，PDS）两个部分，同时指出传统理论更多关注于物流服务过程中实体产品的管理，现在应更多集中于用户感知价值等方面。他们发掘了货物可用性、时间性和质量这三个因素来代表物流服务质量，但这三个因素都来自配送阶段，并不适合对物流服务质量进行整体评价。

1997 年，比安斯托克（Bienstock）、门策（Mentzer）和伯德（Bird）关于物流服务质量的研究指出，物流服务质量由技术质量和功能质量组成，其中技术质量是指服务的结果，功能质量则是指服务的过程，并提出了 PDSQ（Physical Distribution Service Quality，实体配送服务质量）量表。此量表涉及时间性、可得性和完好性 3 个维度共 15 个测量项目。

1999 年，门策（Mentzer）等学者针对美国大型物流服务供应商 DLA（Defense Logis - tics Agency，美国国防后勤局）的客户样本，在前人研究成果的基础上，总结出从客户角度出发评价物流服务质量包含的 9 个维度，包括人员沟通质量、误差处理、货品完好程度、货品质量、货品精确率、时间性、订单释放质量、订货过程、信息质量等，并据此提出了 LSQ 量表。

国内学者针对本土的物流服务质量的内涵也进行了研究，但大多数都是在国外相关理论基础上建立起来的。研究强调物流服务质量是物流企业提供服务时，在时间上、经济上、效率上满足用户需求的水平，是物流服务提供者给用户提供的一种动态性的使用价值，不仅包括实体的物流服务质量，还应包括在物流服务过程中服务人员与用户的沟通质量。

根据国家标准《物流术语》（GB/T 18354—2021）对有关概念的界定，物流服务是指为满足客户需求所实施的一系列物流活动过程及其产生的结果。物流服务质量是指用精度、时间、费用、客户满意度等来表示的物流服务的品质。

综上所述，物流服务是整个物流服务过程和结果的集合，因此物流服务质量应是在整个物流活动过程中基于用户满意程度的一种对物流服务的评价，这种评价既包含物流活动完成的质量，也包括物流活动过程中对客户的服务质量，可划分为有形的物品质量、无形的劳务质量、设施设备质量和服务环境质量 4 个组成部分。

（1）**物品质量**　物品质量在物流服务质量构成中处于基础地位，这是由物流的基本职能所决定的。物流企业如果不能在物流作业活动中保证物品质量，就不能满足客户的基本需求，提高物流服务质量也就成了空谈。

（2）**劳务质量**　提供劳务是一切服务组织的重要职责，是服务质量的重要组成部分。劳务质量主要包括物流企业服务人员的服务态度、言谈举止、仪容仪表，以及服务方式、服务时间、服务内容、服务效果等。劳务质量在很大程度上反映了客户对物流企业信誉和形象的认知，客户对物流服务质量的评价在很大程度上受到劳务质量的影响。

（3）**设施设备质量**　物流活动的实施依赖于运输工具、仓储设施、搬运设备、物流中心、配送中心等服务设施设备。物流活动中使用的设施设备是物流服务的"硬件"基础，直接影响物品质量，因此物流设施设备的质量也是服务质量的重要组成部分。

（4）**服务环境质量**　服务环境质量主要指线上、线下服务场所"环境"的质量。对于开展线下业务的物流企业而言，服务环境的质量体现在接待客户场所的布局设计、装潢、物品陈列、卫生、灯光、温度等方面。对于开展线上业务的物流企业而言，服务环境的质量体现在网站、主页、APP、小程序、公众号等虚拟服务场所界面设计是否美观、使用是否便捷等方面。良好的服务环境有助于提升客户对物流服务的满意度。

小资料

《第三方物流服务质量及测评》（GB/T 24359—2021）国家标准解读

一、标准主要内容

本标准规定了第三方物流服务的基本要求、服务要求、风险与应急管理、投诉处理、主要服务质量指标、服务质量测评及持续改进。相较于 2009 版标准，新修订发布的国家标准对第三方物流服务商增加了一体化方案设计能力、运营资源整合能力、履行社会责任、提高资源利用效率和减少排放等要求，在服务提供方面增加了逆向物流服务质量的相关要求，在服务评价方面增加了质量测评以及持续改进的相关内容，使标准能更好地支撑物流业高质量、可持续发展。

标准的主要内容包括：

1. 明确服务要求

标准对第三方物流服务的中间过程进行规范，包括方案设计、信息服务、作业服务、运输与配送、装卸与搬运、包装与流通、逆向物流以及其他服务。

2. 确定主要服务质量指标

标准确定了第三方物流的 11 个主要服务质量指标，从服务结果、服务感知和服务能力三个方面度量第三方物流服务质量水平。在服务结果方面选取了订单处理正确率、订单按时完成率、账货相符率、货差率、货损率、信息传递准确、信息传输及时率指标；在服务感知方面选取了客户有效投诉率、客户有效投诉处理办结率指标；在服务能力方面选取了订单满足率、紧急订单响应率指标。主要指标的具体解释如下：

（1）**订单处理正确率**   指统计期内，无差错订单处理数占订单总数的比率。

（2）**订单按时完成率**   指统计期内，按时完成客户订单数占订单总数的比率。

（3）**账货相符率**   指统计期内，库存物品账货相符的笔数占库存物品总笔数的比率。

（4）**货差率**   指统计期内，物品累计差错数量占交付物品总数的比率。

（5）**货损率**   指统计期内，物品累计损失数量占交付物品总数的比率。

（6）**信息传输准确率**   指统计期内，准确地向客户传输信息的次数占信息传输总次数的比率。

（7）**信息传输准时率**   指统计期内，准时地向客户传输信息的次数占信息传输总次数的比率。

（8）**客户有效投诉率**   指统计期内，客户有效投诉订单数占订单总数的比率。

（9）**客户有效投诉处理办结率**   指统计期内，在规定时间内处理办结的有效投诉订单数占客户有效投诉订单数的比率。

（10）**订单满足率**　指统计期内，实际发货数量与订单需求数量的比率。

（11）**紧急订单响应率**　指统计期内，有效响应客户紧急需求的订单数占客户紧急需求订单总数的比率。

3. 明确开展服务质量测评的关键要素

明确了开展第三方物流服务质量测评的"测评指标""测评方式"以及"测评流程"等关键要素。

二、标准实施意义

1. 规范第三方物流服务

通过明确第三方物流服务的方案设计、信息服务、作业服务、运输与配送、装卸与搬运、包装与流通、逆向物流以及其他服务环节的服务要求，全面规范了第三方物流服务，从源头控制服务提供质量，有利于降低问题出现的概率，促进行业规范有序发展。

2. 提升第三方物流服务质量

在行业调研与问题分析的基础上，根据目的性、实践性、时代性等基本原则，明确第三方物流服务的主要服务质量指标。通过服务质量指标的设置，明确第三方物流服务的质量提升方向，引导行业的精细化、信息化、智能化发展，有效提升第三方物流服务质量水平。

3. 完善第三方物流服务质量评价体系

明确第三方物流服务质量测评的"测评指标""测评方式"以及"测评流程"等关键要素，有助于完善第三方物流服务质量评价体系，鼓励并指导相关机构开展第三方物流服务质量评价工作，引导行业质量测评工作的健康有序开展。

资料来源：
国家市场监督管理总局标准技术管理司.《第三方物流服务质量及测评》国家标准解读［EB/OL］.（2022 - 8 - 15）［2023 - 10 - 22］. https://www.samr.gov.cn/bzjss/bzjd/art/2022/art_d018166ea98a45558af65741394394c9.html.

2. 物流平台服务质量的概念

基于现有关于物流服务质量概念的研究成果，结合物流平台的实际特点，本书给出物流平台服务质量的概念如下：以用户满意度为衡量基准，综合过程质量和结果质量两个方面，包括构建质量、运行质量、服务可得质量、信息质量、沟通质量、订单处理质量、货品精确和完好质量、时间质量、误差处理质量等组成部分。

（1）**构建质量**　构建质量主要是指物流平台在设计的过程中，平台组成部分设计、划分是否科学，平台界面设计是否美观，导航结构是否合理，平台登录、使用是否便利。同时，是否根据平台业务、功能需要，开发、建设了功能良好的线上线下配套基础设施资源。

（2）**运行质量**　运行质量主要是指物流平台运行目标和规则设计是否合理，平台内部各部门是否有效行使了职能，能否保证物流平台上各种类型用户正常、高效地使用平台预设的各种功能，获得高质量的服务，拥有更好的服务体验，并确保在这一过程中自身正当权益不受侵犯。

（3）**服务可得质量**　出于成本、物流资源储备等主观因素，或者政策、天气、路况等客观因素，物流企业可能不能按照客户的实际需要提供足够数量的物流服务，或者限制用户物流订单的最小规模，从而对客户满意度产生影响。因此，物流平台的服务可得质量表现为平台所能提供物流服务的数量范围。除了数量因素以外，物流平台服务可得质量还可以表现在所提供服务的种类方面。例如，对于网络货运型物流平台，除了常规的公路货运服务以外，平台是否可以提供多式联运服务，是否可以提供危化品运输服务，是否可以提供电子政务服务等。当平台可以满足用户在服务数量、种类方面的要求时，即具备了较好的服务可得质量水平。

（4）**信息质量**　信息质量是基于用户角度，物流平台所提供信息的质量水平。具体而言，包括信息的种类是否覆盖了平台全体用户的需求，信息数量是否充沛，信息细节是否翔实，是否具有较好的时效性。

（5）**沟通质量**　沟通质量是指物流平台前台服务工作人员与用户沟通的质量。相关人员是否具备丰富的专业知识和服务经验，是否具有设身处地为用户着想的服务意识，用户在使用平台的过程中遇到的问题是否得到了解决，都会影响用户对物流平台服务质量的评价，并且这种评价形成于服务过程之中。同时，物流平台上还时刻进行着用户之间的交互，因此物流平台的沟通质量还包括用户之间的沟通质量，包括在交互过程中用户是否可以准确表述各自的需求，信息能否及时、准确地进行传递，交互是否可以实现追溯等。

（6）**订单处理质量**　订单处理是用户与物流平台接口的关键环节，会对用户对于平台服务质量的感知产生很大的影响。如何快速、准确、有效地根据用户交互的结果生成订单，如何为用户提供订单查询、修改、删除、评价等管理服务，如何追踪、掌握订单完成进度等，都体现了物流平台的订单处理质量。

（7）**货品精确和完好质量**　货品精确和完好质量包括货品精确率和货品完好程度两个方面。货品精确率是指货品种类、型号、规格的正确性和数量的准确性。货品精确率高意味着物流过程中出现错误的货品更少，需要补发、退回、替换的比例更低。货品完好程度是指货品在物流过程中受损坏的程度。如果货品有所损坏，那么物流平台应及时寻找原因并采取补救措施。物流平台应通过规则的制定和执行，借助各种管理手段和技术手段，督促物流服务供需双方用户在订单执行过程中努力提高货品精确率和完好程度。

对于提供信息资源共享服务、数据交换服务、物流云计算服务等不涉及实物货品的物流平台而言，服务精确和完好质量体现为服务内容、数量、质量、形式、获取渠道等能契合用户需求，没有缺失，没有偏差。

（8）**时间质量**　时间质量又可称为时效性、时间性。时间质量是指当物流供需双方用户在物流平台上通过交互达成交易意向向平台提交订单以后直至订单完成之间的时间间隔长度。物流平台的时间质量受到运输时间、误差处理时间及重置订单时间等因素的影响。

（9）**误差处理质量**　误差处理质量是指订单执行出现错误后物流平台的处理水平。如果用户收到错误的货品或货品的质量有问题，都会向物流供应商追索更正。物流平台对这类错误的处理方式会直接影响到客户对物流平台服务质量的评价。如果误差发生时物流平台能快速响应，采用得当的方式应对，并且取得了令用户满意的效果，可将误差带来的负面影响降到最低。

8.1.2　物流平台服务质量的特性

一般而言，物流平台服务质量的特性包括以下几个方面。

1. 影响因素的多样性

物流平台在运行的过程中，其服务质量水平的高低受到多种因素的影响。物流平台设计、构建的科学性，运行目标和运行规则设计的合理性，平台工作人员和用户的素质、能力、态度以及用户的数量规模，线上线下配套基础设施的数量、质量等因素都会对物流平台服务质量水平产生影响。

2. 分布的全程性

如前所述，物流平台服务质量以用户满意度为衡量基准，综合了过程质量和结果质量两个方面。对物流平台服务质量的监控必须贯穿于物流平台服务全程的各个环节，直至服务完成。

3. 功能性

功能是指某服务项目所发挥的效能和作用。每一种物流平台都有一类或几类基本服务项目，是平台核心的"主营业务"。这一类或几类服务项目的交付水平是物流平台服务质量体现的基本形式，因此功能性是物流平台服务质量最基本的特性。例如，对于以中小型物流企业物流 SaaS 服务为"主营业务"的物流平台而言，所提供的外包性质的运输、仓储等物流信息系统的服务水平，成为评价该物流平台服务质量的主要因素；对于以撮合物流供需双方用户交易为"主营业务"的网络货运型物流平台而言，交易过程、交易结果、交易单数、交易频次成为评价该物流平台服务质量的主要因素。

4. 安全性

物流平台的安全性包括三个方面，一是用户信息在使用平台服务的过程中能保证在必要的范围内被正确、谨慎使用，不至于被误解、泄露和非法传播，给用户带来不必要的损失；二是货品在物流活动的过程中不受损坏；三是用户资金在使用平台服务的过程中不受损失。

5. 精准性

物流平台服务质量的精准性包括货品的精准性和时间的精准性两个方面。货品的精准性体现在种类、型号、规格、数量等方面。时间的精准性是指物流平台提供的服务及时、准确、省时，能够满足用户需求。为提高在时间精准性上的表现，物流平台要掌握和控制好等待时间、提供时间和过程时间。等待时间是用户等待接受服务的时间；提供时间是平台服务人员向客户提供服务的平均时间；过程时间则是客户看不到的平台内部流程运行时间。

6. 经济性

经济性是指物流平台用户使用平台服务而支出费用的合理程度。这里的费用是指用户接受物流平台服务的全过程中所需要的总费用，即服务周期费用。经济性是每一位用户在接受服务时都要考虑的质量特性。需要指出的是，经济性是一个相对概念，是建立在对功能性、安全性、精准性评价的基础之上的。

7. 舒适性

舒适性是指用户使用物流平台时感受的舒适程度，体现在物流平台登录、各项功能使用、界面设计、平台与用户之间的沟通、用户与用户之间的沟通等各个环节。用户的舒适性感受是建立在上述特性之上的，即使用户在使用物流平台的过程中感觉十分便利，但如果物流服务在功能性、安全性、精准性、经济性等方面不能令用户满意，舒适性的感受也就不存在了。

8.2　物流平台服务质量评价 C→

提高物流平台服务质量对于物流平台的发展意义重大。欲提高物流平台的服务质量，首先需要掌握物流平台服务质量的现状，明确不足之处，找到制约服务质量提升的因素。因此，必须对物流平台服务质量进行有效评价。

8.2.1　物流平台服务质量评价的意义与作用

物流服务质量是客户满意的关键要素。提升物流服务质量，带动客户满意度的提高，有利于物流平台扩大业务规模，获取经济效益和社会效益，实现平台的良性可持续发展。

1. 有利于促进物流平台服务质量理论研究水平的提高

国外关于物流平台服务质量的研究始于20世纪70年代，一大批学者就物流平台服务质量的概念、影响因素、评价指标、评价方法和提升策略等问题展开了研究，并取得了丰硕的成果；国内学者关于物流平台服务质量的研究虽然起步较晚，但也取得了一定的成就。然而，目前关于物流平台服务质量的研究主要局限于众包型物流平台，对物流平台服务质量的研究还不够全面。从更为全面的平台类型出发，对物流平台服务质量评价指标、评价方法和评价体系进行的研究，是对物流平台服务质量理论的完善和补充。

准确理解物流平台服务质量的内涵是有效评价物流平台服务质量的基础，而物流平台服务质量评价的内容又进一步反映了物流平台服务质量的内涵。由此，展开物流平台服务质量评价的研究还有助于深化对于物流平台服务质量概念、内涵的研究。

此外，通过对物流平台服务质量评价的研究，可以带动对物流平台服务质量标准理论的研究，这有利于物流平台构建合理的服务质量标准体系，有效规范服务行为，不断提升服务质量。

2. 有利于物流平台企业推动服务质量改进与创新

通过物流平台服务质量评价，可以将影响服务质量的因素加以系统分析和综合对比。既可通过横向对比找出与其他同类型物流平台在服务质量方面的差距，也可进行纵向比较把握服务质量改进的重点，并制定更有针对性的对策，帮助平台在复杂的竞争环境中改进不足，促进物流平台整体服务质量的提升。

3. 有利于提升用户对于物流平台服务的满意程度

芬兰的格罗鲁斯（Gronroos）在 1983 年创造性地提出了用户感知服务质量（Customer Perceived Service Quality）的概念。他认为服务质量本质上是用户的一种心理感知，由用户的服务期望和感知到的实际服务之间的差距所决定。在物流平台服务质量的评价过程中，以用户期望为导向，深入挖掘用户的真实需求，使评价更有针对性，可以更好地指导物流平台监督、控制、改进服务质量，从而提升用户满意程度，提高用户忠诚度，吸引更多用户加入平台。

4. 有利于加强物流平台服务链上各方联动，打造服务质量改善生态圈

首先，通过物流平台服务质量评价能够推动服务质量标准化进程，使平台和用户、用户和用户之间更好地衔接，提高协调性。同时，通过物流平台服务质量评价体系的推广，有助于物流平台更好地筛选、管理用户，也有助于平台用户之间的相互选择，形成平台与用户、用户与用户之间建立长期、互利的战略合作伙伴关系，营造良好的质量生态。其次，物流平台服务质量评价可以促进第三方服务质量评价机构的发展，带动形成范围更广的物流平台服务质量评价体系，探索完善物流平台服务质量专业评价标准，并加强评价结果的运用。最后，物流平台服务质量评价加强了政府、物流平台、物流平台用户三者之间的联系，以推进评价、提升质量为目的，运用市场监管、认证标准、评价体系、用户公众监督等多重手段，对评价分析结果综合施策，从而重点突破物流平台服务质量短板，提升物流平台服务质量，最终打造出科学、合理、高效的物流平台服务质量改善生态圈。

8.2.2　物流平台服务质量评价的原则

为了有效实现物流平台服务质量评价目标，规范物流平台服务质量评价过程，在进行物流平台服务质量评价时必须遵循目的性、系统性、可操作性、动态性和持续改进原则。

1. 目的性原则

物流平台服务质量评价的目的是通过对物流平台服务过程和结果质量的测评和分析，找出不足或缺陷，并采取针对性方法和措施加以改进，不断提高物流平台服务质量和水平，提高平台用户满意度，提升物流平台市场竞争力和盈利水平。

2. 系统性原则

物流平台具备的服务功能既包括传统的物流要素，也包括伴随物流服务产生的用户需要的其他非物流要素。同时，物流平台服务质量评价既包括对于物流服务过程的质量评价，也包括对于物流服务结果的质量评价。因此，无论是从服务内容的角度，还是从服务过程、结果的角度，对物流平台服务质量进行评价时都应该坚持系统性原则，全面评价物流平台服务的各种要素及其相互作用，坚持从过程到结果的全流程评价，并对物流平台服务质量进行系统分析，使物流平台服务质量达到整体最优。

3. 可操作性原则

可操作性原则表现为三个方面：一是评价内容要客观，符合物流平台的实际情况；二是评价指标要实用，指标数据易于采集，数据的及时性、可靠性和通用性有保障；三是评价方法可行性强。

4. 动态性原则

物流平台的服务是一个动态过程，影响物流平台服务质量的因素是多元、综合和多变的。因此，物流平台服务质量评价的内容、指标、方法、时机必须随着社会经济环境、市场形势、物流要素、技术水平、线上线下配套设施设备和用户需求等因素进行及时调整，不能一成不变。

5. 持续改进原则

物流平台服务质量评价应按照 PDCA 循环控制的思想，遵循计划（P）、执行（D）、检查（C）、处理（A）的流程，形成服务质量评价与控制的长效机制，并持之以恒地贯彻、执行，达到持续评价、持续改进的目的。

8.2.3　物流服务质量评价模型

对物流服务质量评价模型的研究是建立在服务质量评价模型基础之上的。用户感知服务质量模型、PZB 服务质量差距分析模型及 SERVQUAL 量表，对于物流服务质量评价模型的研究起到了较好的指导作用。

1. 服务质量评价经典模型

在服务质量评价模型研究方面，出现较早且对后续研究影响比较大的主要有用户感知服务质量模型和 PZB 服务质量差距分析模型两种。

（1）**用户感知服务质量模型** 1982 年，在梳理前人研究成果的基础上，格罗鲁斯（Gronroos）基于无形性、同时性以及服务是一系列的活动或过程这三个服务的显著特征，提出了服务质量的三大构成要素：企业形象（corporate image）、功能质量（functional quality）和技术质量（technical quality）。格罗鲁斯（Gronroos）于 1984 年又进一步指出服务质量由技术质量和功能质量两个要素构成：技术质量是指服务的产出，也称为结果质量；而鉴于服务提供过程中，服务人员的行为、态度、能力也会直接影响用户对服务质量的感知，服务质量还包括服务的过程，即功能质量，也称为过程质量。结果质量通常可以被客观评价，而功能质量由于是建立在用户主观感受的基础上，一般难以被客观评价。用户感知服务质量模型如图 8-1 所示。

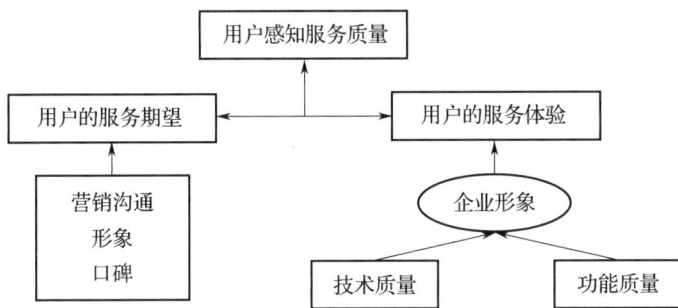

图 8-1 用户感知服务质量模型

人物介绍

服务营销理论之父

克里斯廷·格罗鲁斯（Christian Gronroos）是芬兰瑞典语经济与管理学院教授，服务管理研究中心主任，同时兼任天津师范大学名誉教授，天津师范大学服务管理研究中心名誉主任。芬兰瑞典语经济与管理学院始建于 1909 年，是北欧成立最早的商学院之一。该校的市场营销，特别是服务营销与关系营销学科在世界上享有盛誉。

格罗鲁斯（Gronroos）教授曾在《欧洲市场营销学学报》《工业营销管理》《国际服务管理学报》《营销管理学报》等世界一流的学术刊物上发表上百篇文章，并先后出版了《服务营销学》《工业服务营销学》《战略管理与服务业的营销》《如何销售服务产品》《服务营销：诺丁学派的观点》《公共部门的服务管理》《全面沟通》和《服务管理与营销》等数十部著作。其中，《服务管理与营销》一书曾被翻译成中文、西班牙文、瑞典文和俄文，成为国际各大一流商学院服务营销课程的首选教材。

格罗鲁斯（Gronroos）教授亲手创办了两家服务咨询公司，同时兼任 10 多家公司的营销顾问，并长期为美国电话电报公司、沃尔沃公司、杜邦公司、联合电信公司、斯堪的纳维亚航空公司等企业提供咨询服务。

　　由于在营销学方面的突出贡献，格罗鲁斯教授荣获欧洲最有影响的阿塞尔（Ahlsell）营销学研究奖，受聘为美国斯坦福大学、亚利桑那州立大学的客座教授和美国第一洲际服务营销中心特邀研究员，并数次前往澳大利亚、加拿大、美国、西欧及中国的高等学院访问讲学。作为全球权威管理学家，格罗鲁斯教授被国际学术和实务界誉为"服务营销理论之父""世界CRM大师"。

资料来源：

克里斯廷·格罗鲁斯. 服务管理与营销：服务利润逻辑的管理（第4版）[M]. 韦福祥，姚亚男，等译. 北京：电子工业出版社，2019.

　　（2）**PZB服务质量差距分析模型**　格罗鲁斯（Gronroos）的模型指出，用户接受服务产生对服务的体验，并将这种体验与预先的期望进行对比，从而最终形成对服务质量的感知。在此基础上，帕拉苏拉曼（Parasuraman）、约瑟曼（Zeithaml）和贝瑞（Berry）（简称PZB）进一步认为服务质量是期望的服务质量和实际感知的服务质量之间的差距，并以零售银行（retail banking）、信用卡（credit card）、证券经纪（securities brokerage）和产品维修与保养（product repair and maintenance）四个行业的服务质量为研究对象，研究、开发了著名的服务质量差距分析模型（Gap Analysis Model），如图8-2所示。该模型提出了出现在服务设计和提供不同阶段的5种差距：管理层认识与用户期望之间的差距，管理层认识与服务质量规范之间的差距，服务质量规范与服务传递之间的差距，服务传递与用户沟通之间的差距，用户期望质量与实际感知质量之间的差距，并将这些差距产生的原因定义为质量管理的偏差。该模型指出，前4种差距在大小和方向上的累积作用最终形成了用户期望质量与实际感知质量之间的差距，即决定了服务质量水平的高低。

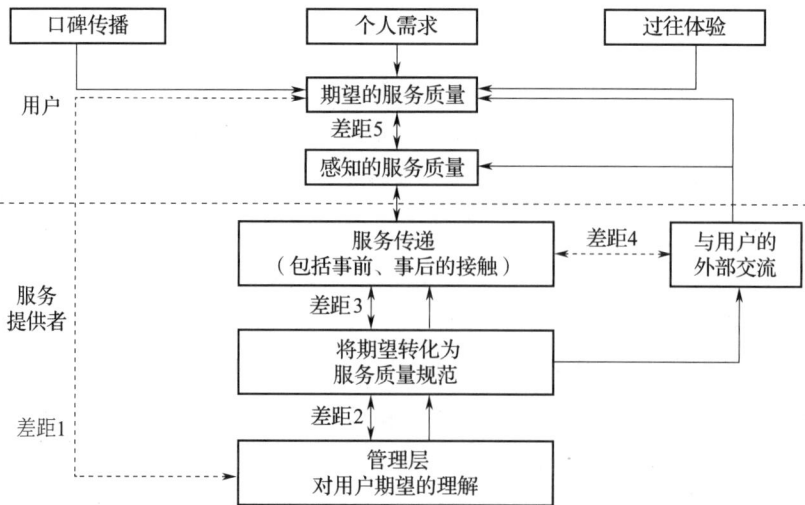

图8-2　服务质量差距分析模型

以模型为理论依据，PZB 于 1988 年提出了 SERVQUAL 评价方法，设置了有形性、可靠性、响应性、保证性和移情性 5 个维度来度量用户感知到的服务质量水平，如表 8 – 1 所示。

表 8–1　SERVQUAL 评价方法的 5 个维度

维度	内容
有形性	有形设施、员工和沟通材料，是服务人员对用户照顾和关心的有形表现
可靠性	准确可靠地履行所承诺服务的能力
响应性	对用户给予帮助且迅速地提供服务的意愿
保证性	员工所具备的知识、礼仪以及表现出的自信与可信的能力
移情性	设身处地地为用户着想和对用户给予特别的关注

围绕这 5 个维度，PZB 设计了相应的 SERVQUAL 量表，如表 8 – 2 所示。SERVQUAL 量表共有 22 个评价项目。指标从用户的主观感受出发，首先度量用户对某一项服务的期望值，然后再度量用户接受该服务后的主观感知水平，并计算出两者之间的差距，将其作为判断服务质量水平的依据。

表 8– 2　SERVQUAL 量表

维度	评价项目
有形性	1. 有现代化的服务设施 2. 服务设施具有吸引力 3. 员工有整洁的服装和外表 4. 公司的设施和所提供的服务相匹配
可靠性	5. 公司对用户所承诺的事情都能及时完成 6. 用户遇到困难时，公司能表现出关心并提供帮助 7. 公司是可靠的 8. 公司能准时提供所承诺的服务 9. 正确记录相关的服务
响应性	10. 不能指望员工告诉用户提供服务的准确时间 * 11. 期望员工提供及时的服务是不现实的 * 12. 员工并不总是愿意帮助用户 * 13. 员工因为太忙以致无法及时提供服务，不能满足用户的需求 *
保证性	14. 员工是值得信赖的 15. 在从事交易时用户会感到放心 16. 员工是有礼貌的 17. 员工可从公司得到适当的支持

（续）

维度	评价项目
移情性	18. 公司不会针对不同的顾客提供个别的服务 * 19. 员工不会给予顾客特别的关怀 * 20. 不能期望员工会了解顾客的需求 * 21. 公司没有优先考虑顾客的利益 * 22. 公司提供的服务时间不能符合所有顾客的需求 *

注：1. 问卷采用 7 分制，7 表示完全同意，1 表示完全不同意，中间分数表示不同的程度；问卷中的问题随机排列。

2. ＊表示对这些问题的评分是反向的，在数据分析前应转为正向得分。

2. 物流服务质量评价的经典模型

进入 20 世纪 80 年代以后，通过引入 SERVQUAL 量表，结合物流服务实际情况，对物流服务质量的研究开始进入服务质量的定量测量阶段。但是，随着研究的进展，学者们发现 SERVQUAL 量表并不完全适合物流业：SERVQUAL 量表将测量的重点置于服务过程之上，而物流服务不仅关注过程，也关注结果。因此，学者们开发了 PDSQ 模型、LSQ 模型等一系列工具。

（1）**PDSQ 模型**　门策（Mentzer）、戈麦斯（Gomes）和克拉普菲尔（Krapfel）（1989）提出了涵盖实体配送服务和客户营销服务两方面共 26 个测量项目的 PDSQ 模型。其中，19 个测量项目涉及实体配送服务，包括 16 个测量实体配送服务效益的项目，3 个测量实体配送服务绩效的项目；还有 7 个测量客户营销服务水平的项目。26 个测量项目最终提炼出时间性、可得性和质量性 3 个测量维度，作为衡量实体配送服务质量的指标。PDSQ 模型的优点在于创新性地从客户角度出发测量物流服务质量，其局限性在于模型测量的范围仅局限于实体配送服务部分，对物流服务质量的测量不够全面，且模型所设置测量维度及相关指标的合理性未得到实证检验。

（2）**新 PDSQ 模型**　由于原有的 PDSQ 模型未进行实证检验，比安斯托克（Bienstock）、门策（Mentzer）和伯德（Bird）（1997）将物流服务质量划分为物流服务过程质量和物流服务结果质量两部分，开发出新的 PDSQ 模型，形成了具体的测量项目。新的 PDSQ 模型仍然是由时间性（内含 6 个测量项目）、可得性（内含 4 个测量项目）、完好性（内含 5 个测量项目）3 个维度组成。

新 PDSQ 模型的贡献在于根据现代质量管理理论，将物流服务质量划分为物流服务过程质量和物流服务结果质量两部分，但新 PDSQ 模型仍然存在物流服务质量测量范围过窄、仅局限于实体配送服务部分的不足。

（3）**LSQ 模型**　门策（Mentzer）、弗林特（Flinth）和肯特（Kent）（1999）的研究认为：基于客户感知的角度，时间、可得性和环境是影响物流服务质量的主要因素；同时，与传统的服务质量研究结果一致，订货过程、人员沟通质量、信息质量、货品精确率、货品完好程度和订单误差处理等因素也会影响客户感知的物流服务质量水平。LSQ 模型整合了客户服务水平的影响因素和 PDSQ 模型中的相关因素，构建了由 9 个物流服务质量要素组成的模型（也称为九维度物流服务质量模型），如图 8 – 3 所示。

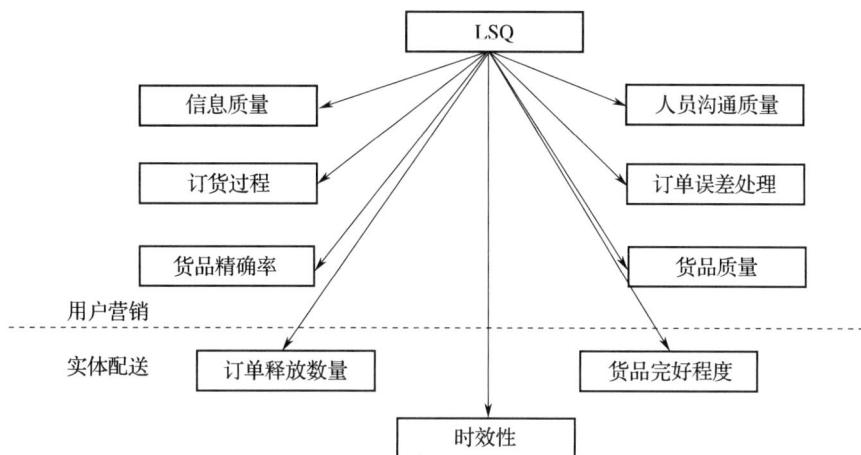

图 8 – 3 LSQ 模型

门策（Mentzer）等以美国国防后勤局（DLA）在药品、燃料、电子、服装/纺织、建筑、生产资料、生活资料供应商和普通供应商等 8 个细分市场上的客户作为研究对象，对客户感知的物流服务质量水平进行调查，经提炼、修正后建立了包括 9 个维度共 25 个评价项目的 LSQ 量表，如表 8 – 3 所示。

表 8 – 3 LSQ 量表

评价维度	评价项目
人员沟通质量	DLA 指定的沟通人员理解了我的处境
	DLA 指定的沟通人员解决了我的问题
	DLA 的沟通人员有足够的产品知识或经验
订单释放数量	要求的订单数量没有改变
	要求的最大的订单释放量没有问题
	要求的最小的订单释放量没有问题
信息质量	有可用的信息
	有足够的信息
订货过程	申请过程很有效
	申请过程容易接受
货品精确率	出货量中错误的物品少
	出货量中不正确的数量少
	出货量中替换品数量少

（续）

评价维度	评价项目
货品完好程度	从 DLA 仓库收到的货物没有破损
	直接从厂商收到的货物没有破损
	由于运输工具原因发生了小破损
货品质量	从 DLA 发送的替代物品运行良好
	从 DLA 订购的产品满足技术要求
	不相容的设备或物件很少
订单误差处理	误差的修正处理令人满意
	误差处理报告的报告过程令人满意
	对误差处理报告的回复令人满意
时效性	请求和接收交付之间的时间间隔短
	在承诺日期交付
	在待发货订单上停留时间短

LSQ 模型的不足之处在于各个维度之间没有按照物流服务的过程和时间顺序进行整理，忽视了各个维度之间的相关性；同时，没有根据不同细分市场的实际情况和差异，相应地设置各个维度的权重，以区别不同维度对物流服务质量水平的影响力。

（4）**基于时间顺序的 LSQ 模型** 基于时间顺序的 LSQ 模型由门策（Mentzer）、弗林特（Flinth）和亨特（Hult）于 2001 年提出。该模型对原有 LSQ 模型进行了改进，按物流服务各环节发生的前后时间顺序建立模型，包括订单下达、订单接受两个阶段，如图 8-4 所示。在基于时间顺序的 LSQ 模型研究过程中，以纺织品、建筑材料、电子产品和生鲜品市场等不同细分市场为对象，研究对比了在不同细分市场上，不同维度对物流服务整体质量水平的影响力差异。研究结果指出，在应用模型时，物流企业应根据不同的行业类型，深入分析客户满意度的影响因素，为各个维度合理配置权重，以保证物流服务质量水平测量的准确性。

除此之外，鉴于研究样本和研究过程的局限性，在应用基于时间顺序的 LSQ 模型时，还要加入更多影响因素，如所在区域的文化背景、社会条件、具体的物流服务内容等，具体的测量项目也有必要根据实际情况进行修正。

（5）**扩展 LSQ 模型** 进入 21 世纪以后，以互联网技术、移动互联网技术、物联网技术、云计算技术、人工智能技术、AR 技术等为代表的信息技术在物流服务活动中的应用越来越广泛、深入，结合越来越紧密。由此，越来越多研究成果指出应将客户对信息技术的感知程度也列入物流服务质量评价的影响因素之中。

因此，2008 年，结合 TAM 模型（Technology Acceptance Model，技术采纳模型），比安斯托克（Bienstock）、罗伊内（Royne）和谢雷尔（Sherrel）等提出了加入物流信息技术使用和感知要素的扩展 LSQ 模型，并通过网络调查进行了检验，如图 8-5 所示。

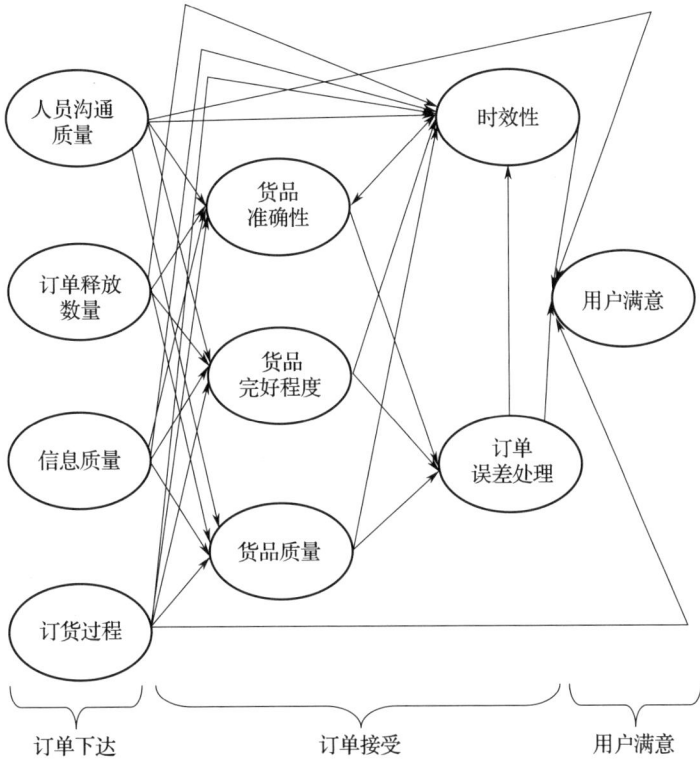

图 8-4 基于时间顺序的 LSQ 模型

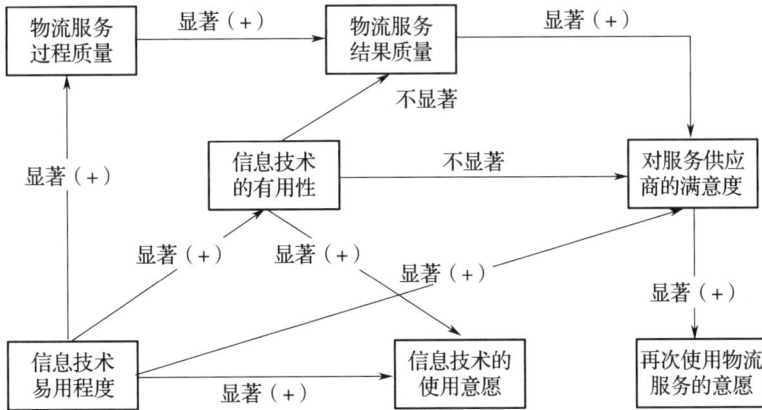

图 8-5 扩展 LSQ 模型

由检验结果可以看出：① 信息技术易用程度对物流服务过程质量、信息技术有用性、用户使用信息技术的意愿以及用户满意度有显著的正面影响，因此在物流服务活动中使用信息技术时要注重提高信息技术使用过程中的便利性；②物流服务过程质量水平的提高可以显著提高物流服务结果质量水平，而物流服务结果质量水平对用户满意度有显著的促进作用，这提示物流服务活动的管理者和实施者要对服务过程给予高度重视；③信息技术既对物流服务结果质量的影响不显著，对用户满意度的影响也不显著，这说明在物流服务活动中，信息技术不仅要"有用"，而且在与其他物流服务供应商的比较中要"更有用"，才能真正体现信息技术的作用。

（6）**修正的 LSQ 模型**　比安斯托克（Bienstock）等还对门策（Mentzer）等提出的 LSQ 模型的评价维度进行了修正，包括：① 重新界定了订单释放数量的含义，并对其进行了扩展，用可得性维度表示；② 将货品准确性和货品质量两个维度进行合并，用准确性维度表示；③ 拓展了时效性的内涵和范围，增加并突出了延期交货对物流服务质量的影响。表 8 -4 展示了修改前后两个模型维度的对比结果。

表 8 - 4　九维度 LSQ 模型与扩展 LSQ 模型的对比

门策（Mentzer）等（1999，2001）		比安斯托克（Bienstock）等（2008）		对比结果
维度		维度		含义及指标的变化
过程质量	订货过程 （ordering procedures）	过程质量	订货过程 （ordering procedures）	否
	人员沟通质量 （personnel contact quality）		沟通质量 （contact quality）	否
	信息质量 （information quality）		信息质量 （information quality）	扩展至服务全程信息
	订单误差处理 （order discrepancy handling）		订单误差处理 （order discrepancy handling）	否
	订单释放数量 （order release quantities，ORQ）		可得性 （availability）	认为 ORQ 与可得性有交叉，故修正为可得性
结果质量	货品准确性 （order accuracy，OA）	结果质量	准确性 （accuracy）	认为 OA 与 OQ 含义接近，故删除了货品质量
	货品质量 （order quality，OQ）			
	货品完好程度 （order condition）		货品完好度 （order condition）	否
	时效性 （timeliness）		时效性 （timeliness）	突出延期交货的影响

小案例

基于 SERVQUAL - LSQ 模型的京东商城农村电商物流服务质量评价指标体系

京东商城作为我国最大的 B2C 电子商务平台之一，深受广大消费者的喜爱。京东商城的购物环境十分宽松，且商品类型丰富，消费者可以在平台购买电子产品、生活用品、家用电器等各式各样的商品。京东商城的服务范围在为消费者提供可靠且性价比较高的商品的同时，也为消费者提供相对较为便捷的物流服务。这使得京东商城无论是在城镇地区还是在农村地区，都有着较强的竞争力。

京东商城有着自营的物流体系，但由于巨额的日常配送量，无法保证每一件货物都使用自营的物流体系进行配送。故其物流模式为"自营物流" + "自营 + 第三方物流"相结合。

基于 SERVQUAL 和 LSQ 模型，经过校验建立了京东商城农村电商物流服务质量评价指标体系，如表 8-5 所示。

表 8-5 京东商城农村电商物流服务质量评价指标体系

维度	评价项目
便捷性	查询货物位置信息便捷 物流企业网点农村地区覆盖全面 电商提供多家物流企业供选择
响应性	下单后商家的响应速度快 咨询客服得到响应的速度快 退换货商家的响应速度快 客户投诉后商家的响应速度快 货物遇到问题时的处理速度快 下单后商家的发货速度快
可靠性	收到货物与订购货物一致 货物在运输中无损坏 到货后通知的农村取货点无误 工作人员业务熟练 货物在指定时间内送达农村
移情性	工作人员态度良好 按时段电话/短信通知村民取件 为农村客户提供个性化服务
经济性	到农村地区物流费用合理 到农村地区退换货费用合理 与其他物流公司相比费用合理

资料来源：

赵茂楠. 基于 SERVQUAL - LSQ 模型的农村电商物流服务质量评价体系研究[D]. 昆明：昆明理工大学，2021.

8.2.4 物流平台服务质量评价模型

以物流服务质量评价模型为基础，考虑物流平台业务活动的实际情况，可以设计物流平台服务质量的评价模型。

1. 物流平台服务质量模型

从目前有关物流平台服务质量评价的研究来看，多数评价模型是基于帕拉苏拉曼等人的服务质量差距分析模型和门策（Mentzer）等学者的 LSQ 模型展开，或者是对其进行修正提出的。但是，服务质量差距分析模型的测量维度指标侧重于对"功能（过程）质量"的评价，LSQ 模型的测量维度指标则偏重于"技术（结果）质量"，均没有兼顾物流平台服务质量的过程质量属性和结果质量属性。

物流平台服务质量模型以基于时间顺序的 LSQ 模型为基础，并根据物流平台服务质量的内涵进行了调整，如图 8-6 所示。

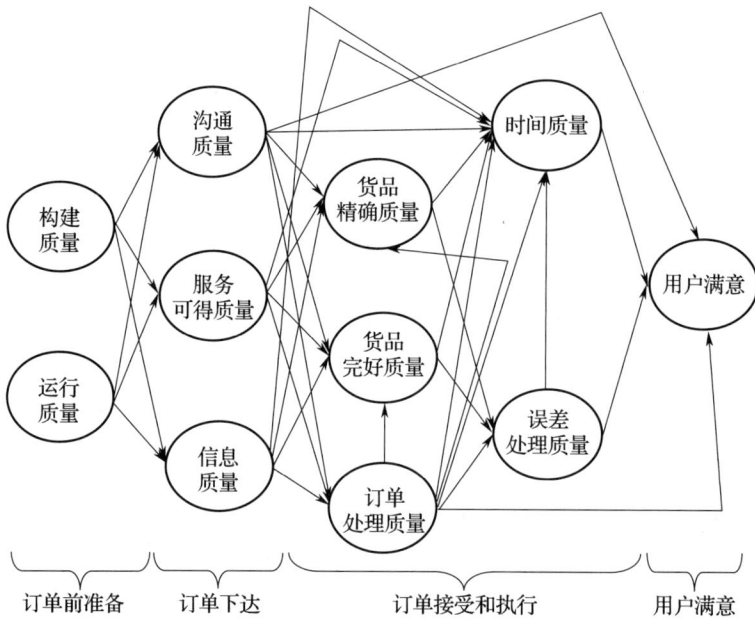

图 8-6　物流平台服务质量模型

物流平台服务质量模型将物流平台服务过程基本按时间顺序分为订单前准备、订单下达、订单接受和执行三个阶段。

（1）**订单前准备阶段**　在订单前准备阶段，物流平台运营企业通过合理设计规划和建设，构建起界面美观，组成部分设计、划分科学，导航结构合理，登录、使用便利的物流平台，并开发、建设功能良好的线上线下的配套基础设施资源。同时，物流平台运营企业要设置合理的运行目标，设计合理的运行规则，确保物流平台各方用户、线上线下配套基础设施和物流平台客户端能按照设计的方向和轨道稳定运行，保障用户交互的正常、高效进行，保护物流平台上用户的正当权益不受侵犯。因此，物流平台的构建质量和运行质量是提升后续的订单下达、订单接受和执行等阶段服务质量水平的基础。

（2）**订单下达阶段**　在订单下达阶段，服务可得质量水平，即平台上物流服务提供方所能提供的物流服务数量范围和种类，是订单生成、下达的基础，将直接影响货品精确质量、货品完好质量、订单处理质量和时间质量。

在订单下达阶段，用户从物流平台获取的信息质量水平，是订单生成下达的前提，也将影响货品精确质量、货品完好质量和订单处理质量，并进而影响到时间质量。

在订单下达阶段，物流平台前台负责用户服务的工作人员凭借自身的专业知识、服务经验和服务意识，与用户进行有效沟通的水平，和平台用户之间在交互过程中的沟通水平，最终将决定订单是否会生成下达，以及后续订单的接受和执行。因此，沟通质量水平不仅会影响货品精确质量、货品完好质量和订单处理质量，还将影响到由订单完成时间决定的时间质量。同时，沟通是用户与平台、平台其他用户直接接触的环节，沟通质量还会直接影响到用户的满意度水平。

（3）**订单接受和执行阶段**　在订单接受和执行阶段，订单处理质量水平，包括生成订单的速度、准确性、有效性，后续的订单查询、修改、删除、评价等管理服务的水平，以及订单追踪的水平，一方面影响着订单的接受，另一方面也对后续订单的执行效果产生影响，从而影响货品精确质量和完好质量。同时，订单处理的时间计入订单完成的总时间，订单处理产生的误差也需要在后续的误差处理过程中进行处理，因此订单处理质量水平还会影响到时间质量和误差处理质量。

订单接受和执行阶段，货品精确质量和完好质量水平，即货品种类、型号、规格的正确性和数量的准确性，货品在物流过程中受损坏的程度，对时间质量、误差处理质量都有较大影响。货品精确质量和完好质量水平越高，订单最终完成的时间越短，需要处理的误差越少。

在订单接受和执行阶段，误差处理质量水平，即订单执行出现错误后物流平台的处理水平，会直接影响到用户对物流平台的满意度水平。同时，误差处理时间也会计入订单执行完成的总时间，从而影响到时间质量。

在订单接受和执行阶段，时间质量，即订单执行完成所需时间，是影响用户对物流平台满意度的重要因素。订单执行时间越短，在同样的条件下，用户的满意度越高。

2. 物流平台服务质量评价量表

根据物流平台服务质量模型，在参考 SERVQUAL 量表和 LSQ 量表的基础上，给出评价量表如表8-6所示。

表8-6　物流平台服务质量评价量表

维度	评价项目
构建质量	平台组成部分设计、划分科学
	平台界面设计美观，导航结构合理，登录、使用便利
	具备功能良好的线上线下配套基础设施资源
运行质量	物流平台运行目标合理
	物流平台规则设计合理

（续）

维度	评价项目
订单释放数量	订货数量不会受到挑战
	不会由最大释放数量产生供货困难
	不会由最小释放数量产生供货困难
	物流平台所提供服务的种类、质量水平能满足用户需要
信息质量	信息的种类覆盖了平台全体用户的需求
	信息数量是充沛的
	信息细节翔实
	信息具有较好的时效性
人员沟通质量	用户服务人员具备丰富的专业知识和服务经验
	用户服务人员具有为用户着想的服务意识
	用户与用户之间可以进行有效的沟通
	用户在使用平台的过程中遇到的问题得到了解决
订单处理质量	能快速、准确、有效地根据用户核心交互结果生成订单
	订单查询、修改、删除、评价便利
	能及时追踪、掌握订单完成进度
货品精确和完好质量	通过物流平台发送的货品种类、型号、规格、数量准确
	通过物流平台发送的货品没有受到损坏
	通过物流平台提供的非实物服务能较好地契合用户需求
时间质量	下达订单申请到接收订单货物或接收到服务之间的时间很短
	货物或服务总能在承诺的日期交付
订单误差处理	纠正交付误差的行为与措施是令人满意的
	误差处理报告是充分、准确的
	对误差处理报告的响应速度和处理方式是令人满意的

8.3　物流平台服务质量管理

对物流平台服务质量进行评价是为了发现物流平台服务活动中存在的不足，锁定妨碍质量水平的要素并分析其背后的原因。在此基础上，通过有效的物流平台服务质量管理，提升服务质量，达到提高用户满意度的目的。

8.3.1　物流平台服务质量管理的概念

物流平台服务质量管理是指从用户的需求出发，采用合理的技术和方法，通过制定方针、目标、职责和程序，建立质量管理体系，对物流平台服务活动持续进行过程管理、质量控制、质量改进，并建立全面的质量考核体系，在降低服务成本的同时，不断改进服务品质。物流平台服务质量管理包含以下几层含义。

1. 以用户为核心

物流平台服务质量管理的目的是提高用户的满意度。在管理过程中，应始终以用户满意度作为衡量物流平台服务质量的最终标准：将用户的需求作为物流平台服务质量管理的起点，将用户的满意度作为终点，在构建物流平台服务质量管理体系时将用户因素作为核心因素考虑进来。

2. 全过程管理

物流平台服务质量管理应贯穿于物流平台各项业务活动全程。为了有效地实施服务质量管理，必须识别从物流平台资源到服务输出的过程，分析过程的组成环节，不同环节的参与主体、参与方式和影响因素，以及其他相关联过程所产生的影响，然后进行覆盖过程全部环节的质量管理。

3. 全面性管理

全面性管理是指从长期和短期两个方面考虑物流平台服务质量管理的效益，包括降低成本等短期效益和提升用户忠诚度、服务信誉、物流平台品牌价值等长期效益。

4. 注重经济效益

虽然物流平台服务质量管理的目的是提高用户的满意度，但在进行质量管理时不能片面强调无条件地满足用户需求，应同时注重对提升物流服务活动质量所需成本水平进行分析，努力寻找并维持物流平台服务质量水平和所付出成本的平衡。

8.3.2 物流平台服务质量管理的内容

物流平台服务量管理可分为市场开发质量管理、服务设计质量管理、服务过程质量管理以及服务质量分析和改进几个阶段。

1. 市场开发质量管理

物流平台服务市场的开发包括确定平台的目标用户群体，分析目标用户群体直接和潜在需求的规模、结构、层次等特征。这一阶段的质量管理主要是围绕以上内容展开，确保目标用户群体选择、定位得当，需求特征把握准确。

2. 服务设计质量管理

物流平台服务设计是决定物流平台服务质量的主要因素。这一阶段的质量管理主要考虑员工、用户、组织和管理结构三种要素。

（1）**员工** 物流平台用户感觉到的服务质量在相当程度上取决于用户对物流平台员工的知识、态度、意识的评价。员工素质、能力和服务表现是物流平台服务的组成部分之一，某种程度而言是物流平台服务质量的决定性因素之一。在物流平台服务设计时，应从满足用户需求的角度出发，合理设定对员工素质、能力、服务表现的详细要求和标准。

（2）**用户**　提升物流平台服务内容和形式设计的质量，需要认真考虑平台用户的需求特征，以及在服务的不同时间、阶段，用户与平台、用户与用户之间的相互作用。

（3）**组织和管理结构**　物流平台服务的质量不仅取决于员工、用户的要素，还受到物流平台的组织和管理结构的影响。三种要素相互配合，才能保证所设计的物流平台服务具有较高的质量水平。因此，首先需要清晰、合理地定义前台、中台、后台各个部分的种类、功能、权利和责任，确保在控制和自由之间达成平衡；其次是在平台运作规则中贯彻质量管理的理念，确保三台之间质量管理手段的协调一致。

3. 服务过程质量管理

物流平台服务过程是指将物流服务从"生产型"用户传递到"消费型"用户的过程，但服务过程的质量控制不仅关系到"生产型"用户和"消费型"用户两个主体，还涉及物流平台运营企业（根据服务过程的要求，某些情况下还有可能涉及行业监管（服务）用户、增值服务提供方用户）。物流平台服务过程的质量管理如下所示。

（1）**对物流平台服务"生产型"用户的评定**　对"生产型"用户的评定主要包括遵守服务规范和出现偏差时配合平台调查和处理情况两个方面，评定工作由物流平台运营企业负责完成。

（2）**对物流平台服务"消费型"用户提供的评定**　物流平台服务"消费型"用户的感知是对物流平台服务质量的最终判定标准。物流平台需要收集"消费型"用户对平台服务过程规范性、偏差幅度等方面的意见。物流平台运营企业将对"生产型"用户的评定与"消费型"用户提供的评定相结合，进行对比，可以更好地发现服务过程质量的不足之处，为采取改进措施提供帮助。

（3）**不合格物流服务的补救**　无论是从理论的角度，还是从实践情况来看，物流服务不可能做到完全可靠，出现纰漏、错误是不可避免的。当物流平台的服务过程中出现质量问题时，"消费型"用户的满意度水平已经受到了一次伤害。此时需要做的是尽快采取行之有效的补救措施，避免质量问题产生的负面影响扩大。因此，对于物流平台而言，不仅要尽可能地提高服务过程的质量水平，还要求建设高水平的补救机制，以备不合格物流服务一旦出现，可以及时采取措施予以纠正，并确保有超过用户期望水平的补救效果。

4. 服务质量分析和改进

竞争的日趋激烈、多变的用户需求和高涨的成本压力使物流平台不得不持续改进物流服务，为用户创造更多的价值。物流平台服务持续改进过程应按照 PDCA 循环控制思想的要求，周而复始地循环计划、执行、检查、处理四个阶段，持续改进物流平台服务质量。持续改进不仅是一种改进措施，它本身也是一种能力，可以弥补平台资源方面的不足，在向用户提供服务的过程中极大地提高用户的满意水平。

8.3.3 物流平台服务质量管理的原则

物流平台推进服务质量管理的过程中可能会遇到各种各样的困难，面对各种各样的复杂局面，必须坚持一定的原则，才能顶住压力，战胜困难，保证质量管理工作在正确的方向和轨道上。

1. 以用户为核心的原则

如前所述，服务质量管理的最终目标是提高用户的满意度。因此，物流平台要明确谁是自己的用户，要调查用户的需求是什么，要研究怎么满足用户的需求。以用户为核心是物流平台推进服务质量工作的最基本原则，是服务质量管理工作中需要坚持的最为核心的理念。只有这样，才能不断地提高用户的满意度水平，培养用户对平台的忠诚度，为物流平台积累、留存最为宝贵的用户资源。

2. 管理者带动原则

实践一再证明，企业中任何一项工作都离不开管理者，尤其是高层管理者的重视和推动。物流平台服务质量管理理念、方法、制度的贯彻实施，需要物流平台运营企业的高层管理者在平台内部树立服务质量管理的统一目标、方向和机制，需要中层和基础管理者在所在部门内为服务质量管理创造合适的环境，并身体力行，带头遵守服务质量管理的各项规章制度。

3. 全员参与原则

除了管理者，要实现全面的物流平台服务质量管理，还必须要求物流平台前中后三台各个部门的全体人员的参与、配合。服务用户、留住用户，并不是一个部门就可以完成的工作。同时，物流平台服务是由平台用户提供的。因此，全员参与的范围需要扩展到平台的用户，通过有效的制度设计和文化建设，将物流平台上物流服务、行业监管（服务）、增值服务等各种服务提供方用户全部纳入服务质量管理体系中，真正实现全面有效的物流平台服务质量管理。

4. 持续改进原则

用户对服务质量的感知不是一成不变的，会随着经济、文化、技术、行业整体水平等因素的变化而不断变化。即使某一阶段物流平台服务质量可以得到用户的认可，也并不意味着可以一直持续下去。因此，物流平台服务质量管理工作应该秉持持续改进的原则，聆听用户意见，根据用户需求的变化不断调整，持续改进，尽量用最快的速度来达到用户的要求。

5. 基于数据的决策方法原则

有效的决策是建立在数据分析基础之上的。用户的需求是什么，自身的资源和能力达到什么水平，物流服务的过程进展状况如何，物流服务质量管理目标是否达成，这些关乎物流平台服务质量管理水平的问题都需要数据来回答，否则物流平台就会陷入盲目决策的不利境地。物流平台各项服务质量管理决策必须建立在对相关数据的有效分析基础之上。

8.3.4 物流平台服务质量管理的基本途径

1. 树立物流服务质量管理的思想

服务质量是物流平台生存、发展的生命线，企业必须将对质量管理的重视程度提升到平台发展战略的高度，质量管理要深入物流平台服务的全过程，切实做好每一个环节的工作。

2. 确定物流平台服务质量目标和质量标准

质量目标是行动的指南，质量标准是行动的依据。物流平台应对平台目标用户需求状况展开广泛、深入的调查，具体分析和研究用户的物流需求特点和行业发展趋势。在全面、准确地掌握用户需求的基础上，结合平台的发展战略、资源状况和内外环境条件，有效地确定物流平台服务质量目标，并分解、细化，转换成具体、客观、量化、重点突出的物流服务质量标准。

3. 明确质量职责与权利，建立和健全物流平台服务质量管理制度

物流平台服务质量是整体的质量，前台、中台、后台和平台用户对最终的物流平台服务质量都有或大或小的影响。因此，物流平台必须事先准确、清晰地确定物流平台各部门、员工和用户在质量管理方面的职责与权利，确保物流平台服务质量形成的全过程都有对应参与主体进行控制。同时，物流平台还必须建立和健全物流平台服务质量管理制度，使得物流平台服务质量的管理有法可依、有章可循，确保职责得到有效履行，权利得到尊重并以合理的方式行使。

4. 优化物流平台服务质量的相关要素

物流平台服务质量的形成和各种相关要素有着密切的联系，这些要素包括人员、技术、设施设备、方法与策略等。人员是直接和间接影响物流平台服务质量水平的业务人员和管理人员，尤其是业务人员，其掌握的专业技能水平和具备的业务素质水平对物流平台服务质量的提高起着决定性的作用。物流平台应制订有针对性的培养计划，通过奖惩制度或晋升机制来激励员工不断提高自身的服务能力，调动他们的工作积极性。

对于依托互联网展开运营、技术密集性特征更为明显的物流平台而言，技术、设施设备对于提高服务质量水平的重要性更加突出。通过建立科学、合理的开发规划和机制，持续研发、投资新技术和高技术水平的物流设施设备，可显著提高物流作业效率，改善作业效果，降低作业成本，实现较高的服务质量水平。例如，使用视频、音频、震动等传感器设备，依托物联网和互联网技术，可以在物流过程中实现对货物的 24 小时全程监控，保

证货物的精确性和质量的完好性。

同时，需要着重指出的是，人员、技术、设施设备的优化不仅局限于物流平台内部，还应包括平台服务提供方的优化。一方面，物流平台要着力发掘优质的平台服务提供方资源，另一方面，通过有效的奖惩机制督促物流服务提供方提升自身人员、设备与技术要素水平。

5. 强化物流服务全过程的控制

物流服务全过程的控制包括事前控制、事中控制和事后控制。事前控制主要是对物流服务设计过程的控制；事中控制主要是对物流服务过程的控制；事后控制主要是对物流服务绩效进行评价和改进。

6. 构建物流平台服务质量管理信息系统

现代物流高度依赖于对大量数据、信息的采集、分析、处理和即时更新。在信息技术、网络技术高度发达的现代社会，从用户资料取得和订单处理的数据库化、代码化，到信息处理的电子化，再到信息传递的实时化和标准化，信息化渗透至物流的每一个领域。因此，信息化已经成为物流平台服务质量管理的重要手段。物流平台必须高度重视质量管理信息系统的开发、建设，打造符合平台自身运营需求和特点的服务质量管理信息系统。通过服务质量管理信息系统，建设物流追踪和评价体系，及时搜集物流服务过程中各种信息，接收用户对于平台服务的意见，从而及时改进和提升服务质量。

8.4 我国物流平台服务质量管理的发展趋势 🔗

加强物流平台服务质量管理建设，要以用户需求为中心，满足用户需求，提升服务水平，才能为物流平台带来可观的利益回报。提升物流平台服务质量水平，是培育物流平台长期竞争优势的重要任务之一。

8.4.1 物流平台服务质量管理数字化

通过智能化和自动化，提升效率和降低成本，是未来企业应当关注的重点，数字化转型正在成为技术、产业发展的新高地。

对于物流平台而言，借助云计算、移动化、大数据、人工智能、物联网、5G 等新技术不断推进物流平台的数字化建设发展，可以有效提升物流平台的服务能力，提高服务质量水平。

数字化赋能物流平台服务质量创新能力。借助云计算和大数据技术，可以更好地观察、捕捉用户的需求，实现服务形式、服务内容的创新；借助人工智能技术，通过深度学习的自我迭代，加速物流服务的自我创新速度。

数字化赋能物流平台服务要素配置。通过数字化打破传统的要素分配方式，实现人员、技术、设施设备等服务要素的优化配置，最大限度发挥各类要素的作用，提升服务质量水平：一方面创新物流人才要素配置，能有效实现全国乃至全球的创意设计、科研服务类人才要素的配置；另一方面创新数字要素配置，能推进物流企业数据、政府信息、公共信息等数据资源开放共享，发展大数据交易市场，促进物流业和其他产业的深度融合。

数字化赋能物流平台服务质量监管模式。借助物联网与 5G 技术，更为紧密地连接人与物的信息，及时发现服务过程和服务结果中存在的问题，发现偏差，分析原因，并及时解决，提高订单处理质量，提高货物精确和完好质量，提高误差处理质量和时间质量，实现物流平台对物流服务全过程的有效管理与控制。

8.4.2　物流平台服务质量管理智能化

随着各类新兴技术的快速发展，服务交付的方式发生了很大变化。以主动、无摩擦、共情、端到端为特征的智能化服务，将成为未来服务交付的主流方式。物流平台必须融入智能化的大趋势中，提升服务智能化程度，从而提高服务质量水平。

在主动服务方面，物流平台可以通过数据挖掘、传感器等数据收集渠道，结合大数据技术，进行有效的挖掘和分析，实现对用户需求的主动识别，并集聚资源，推出相应的服务产品，或开发平台新的服务功能，以在市场竞争中抓住先机。

在无摩擦服务方面，适应物流平台用户对于服务交互简单、直观、主动和个性化的需求，未来的物流平台服务将向着能够实时访问多个相同或不同领域的平台用户，并跨多个渠道进行无缝交互的方向发展。

在共情服务方面，人工智能在服务领域的广泛使用，意味着服务业将向更多共情和认知的方向发展。未来，物流平台可利用人工智能向用户进行服务产品的个性化推荐，执行用户分析以及管理定价；物流平台可利用人工智能协助物流服务提供方用户进行物流活动优化，包括管理库存，优化分销路线、任务分配、调度和运输；物流平台可利用人工智能提供金融增值服务，完成身份认证和验证、银行交易和支付等环节。在与用户的沟通环节，人工智能助手正在接受培训，以更好地检测、分析、理解用户的情绪，更好地与用户建立联系，做出响应。甚至于物流平台可以为用户配置个性化人工智能助手，协助用户之间完成各种交互。

在端到端服务方面，应用程序中普遍使用的多云组件服务、API 接口（Application Program Interface，应用程序接口）和基于云原生架构的技术生态系统使得物流平台可以构建一个更为敏捷、灵活的资源生态系统，根据用户需求，更快地交付新服务。而且，物流平台可以通过实现从无线接入网到核心网的完全虚拟化，摆脱对专用硬件和传统基础设施的依赖，实现服务提供的端到端自动化。同时，通过采用 MEC 计算（Multi‑access Edge Computing，多接入边缘计算），把类似服务器的设备放在更靠近网络边缘的地方，物流平台可以以更快的速度、几乎无延迟地向用户推送丰富的应用和媒体内容。

借助智能化的技术和手段，物流平台可以丰富服务产品类别，创新服务功能，能更好地开发和利用外部优质资源，使服务过程变得更为流畅、简洁、高效，服务结果也更能契合用户期望。由此，物流平台服务质量水平得到全面提升。

8.4.3　物流平台服务质量管理标准化

在国家的重视与引导下，以中国物流与采购联合会为牵头人，政府部门、企业、科研院所、高校积极投身于物流标准化建设工作，我国物流标准化建设工作取得了长足进步。

在物流平台服务质量管理工作中，同样需要重视服务质量标准的建设，以标准作为物流平台服务质量管理工作的执行规范和考核依据。

1. 确定可操作性强的质量标准

管理人员应确定具体、客观、量化、重点突出的物流服务质量标准，以便于执行。例如"产品必须在 24 小时之内送到客户手中"之类的说法显然不够清晰；"产品必须在 × 日 × 时送到客户手中"之类的模糊表述方式不具备可操作性，不能作为标准来执行。

2. 被部门、员工和服务提供方所接受

物流服务质量标准只有被物流平台部门、员工和服务提供方理解并接受，才会得到有效的贯彻和执行。标准制定过程中要鼓励更广泛范围内的部门、员工和服务提供方参与，提高标准的合理性和精准度，以获得部门、员工和服务提供方的支持。

3. 突出重点

物流平台服务质量标准如果过于烦琐，未能突出关键环节、明确责任主体，将导致部门、员工和服务提供方难以聚焦质量管理的重点并给予重点关注。因此物流平台服务质量标准应根据不同服务领域的差异性，分别设置不同的管控重点，以更好地适应物流平台服务质量管理的实际状况。

4. 依据标准进行考核

物流平台服务质量标准建立以后，应依据标准对部门、员工和服务提供方的服务进行考核，否则标准的制定就失去了意义。将考核结果及时地反馈给有关部门、员工和服务提供方，可以有针对性地帮助其提高服务质量。

5. 可行性与挑战性

如果制定的物流平台服务质量标准要求过高，执行标准的部门、员工和服务提供方始终无法达到标准的要求，必然会对标准产生抵触和反对，因此标准需要具有可行性。另外，如果制定的物流平台服务质量标准要求过低，执行标准的部门、员工和服务方提供方可以轻易达到标准的要求，则标准就无法达到督促改进服务的目的。既具有较好的可行性

又具有一定挑战性的物流平台服务质量标准，方能激励部门、员工和服务提供方努力做好服务工作。

本章小结

物流平台服务质量以用户满意度为衡量基准，综合过程质量和结果质量两个方面，包括构建质量、运行质量、服务可得质量、信息质量、沟通质量、订单处理质量、货品精确和完好质量、时间质量、误差处理质量等组成部分。

为兼顾物流平台服务质量的过程质量属性和结果质量属性，物流平台服务质量模型以基于时间顺序的 LSQ 模型为基础，并根据物流平台服务质量的内涵进行了调整。模型将物流平台服务过程按时间顺序分为订单前准备、订单下达、订单接受和执行三个阶段。

物流平台服务质量管理是指从用户的需求出发，采用合理的技术和方法，通过制定物流服务的方针、目标、职责和程序，建立质量管理体系，持续进行过程管理、质量控制和质量改进，对物流平台各种服务活动实施科学的管理，并且对物流平台服务质量进行全面合理的考核，在降低服务成本的同时，不断改进服务品质，进而以高效率和高效益提升用户的满意度。我国物流平台服务质量管理呈现出数字化、智能化、标准化的发展趋势。

关键名词

物流服务质量 物流平台服务质量 用户感知服务质量模型 PZB 服务质量差距分析模型 PDSQ 模型 LSQ 模型 物流平台服务质量模型 物流平台服务质量管理

章末 案例

菜鸟网络——专注物流网络平台服务

阿里巴巴通过建立菜鸟网络来提高物流服务质量，将物流供应链掌握在自己手中。在菜鸟网络中，复星集团负责购买土地、修建仓库；银泰集团管理菜鸟网络的供应链体系和工作人员；富春控股负责菜鸟网络中的干线物流业务；区域性的支线物流以及"最后一公里"配送业务属于"三通一达"；阿里巴巴集团则专注于信息化组织管控。

菜鸟成立初期的战略是构建三张网络（天网、地网和人网），希望通过三张网络加强物流服务效率，提高服务质量。

菜鸟天网主要指通过数据信息构建的网络。菜鸟天网负责构建联通商家、电商平台、物流公司和消费者的物流数据分享平台，利用数据赋能物流行业，提升行业效率，主要产品包括物流预警雷达、菜鸟天地、大数据路由分单、菜鸟鹰眼、大数据反炒信系统等。

菜鸟地网主要指通过综合各类物流基础设置构建的网络。菜鸟地网负责联通全国仓储网络、配送网络和末端驿站等节点，打造菜鸟网络的物流基础设施，有效调配社会物流资源。

菜鸟人网主要指构建快递员和消费者两张服务网络。菜鸟人网一方面负责构建帮助快递员提升工作效率的服务网络，另一方面负责构建直面消费者的线下实体服务网络。

为了更好地为行业赋能，2016 年前后菜鸟调整了发展战略，将战略细化至物流全链条，包括快递、仓配、末端、国际和农村五个方面，其中快递、仓配、末端延续至天网、地网、人网。

快递领域，菜鸟与快递公司合作打造配送网络，自身主要利用数据赋能。仓配领域，菜鸟联合合作伙伴，构建全国范围的仓配网络，提升物流效率。末端领域，基于菜鸟驿站等终端，菜鸟构建直接面对消费者的服务网络。

随着跨境电商市场的不断壮大，阿里巴巴积极推进其国际化进程，2015 年是阿里巴巴的国际化元年。菜鸟也与海外物流企业积极合作，大力发展跨境物流业务，国际网络建设迎合跨境电商趋势，目标定为全球 72 小时必达。

菜鸟网络的跨境物流合作伙伴数量已经有 89 家，覆盖全球 224 个国家和地区，建有跨境仓库 231 个，搭建起一张真正具有全球配送能力的跨境物流骨干网。

2018 全球智慧物流峰会上，菜鸟发布第二个五年发展战略——"一横两纵"。

"一横"指行业数字化升级，主要利用物联网、智能分单等数字化技术，推动行业数智化转型，持续为各个节点赋能，提升行业效率。从菜鸟 2019 年提出的三年数字化目标来看，"一横"主要针对快递行业：其一，将和快递行业一起每年为超过 10 亿人次提供全新寄件服务；其二，菜鸟驿站方面，将和快递行业共建 10 万个社区级站点；其三，菜鸟物联网技术方面，将和快递行业共同连接智能物流终端 1 亿个。

"两纵"指围绕新零售的智慧供应链能力（包括供应链服务、仓配网络和零售通等）和全球化的供应链能力（包括国际小包裹、国际供应链、国际末端网络等），对应菜鸟"全国 24 小时，全球 72 小时必达"的使命。

2019 年，菜鸟在"一横两纵"战略下提出数字化加速计划，数智化趋势逐步落地。2019 年 5 月，在 2019 全球智慧物流峰会上，菜鸟宣布启动智能物流骨干网数字化加速计划，未来三年通过数字化和模式创新、服务创新、物联网技术创新，为行业创造 500 亿元新价值。同时，菜鸟发布物流物联网开放平台，目标打造"每家公司用得起的普惠物联网"，并发布丹鸟物流品牌，致力于利用数智化打造本地生活物流体验。

菜鸟网络的成功得益于它优秀的物流服务和创新的平台服务。在以顺丰、"三通一达"为代表的第三方物流企业已经占领阿里巴巴电商平台一半以上的物流业务的情况下，阿里巴巴没有选择建立自营物流，而是通过建立菜鸟网络来提高物流服务质量，将物流供应链掌握在自己手中，这一步无疑是走得相当创新和正确的。

资料来源：

知乎. 菜鸟网络，数据驱动、社会化协同的科技物流生态 [EB/OL]. (2020 – 2 – 15) [2023 – 10 – 19]. https://zhuanlan.zhihu.com/p/107127809.

案例思考

1. 菜鸟网络的服务主要包含哪几个方面？
2. 案例中菜鸟网络的搭建对阿里巴巴物流服务质量有哪些方面的帮助？

复习参考题

1. 如何理解物流服务质量的概念？
2. 物流平台服务质量由哪些部分组成？
3. 试阐述物流平台服务质量的特性。
4. 进行物流平台服务质量评价有何意义和作用？
5. 物流平台服务质量评价包括哪些原则？
6. 用户感知服务质量模型中技术质量、服务质量与企业形象之间是什么关系？
7. PZB 模型是如何定义服务质量的？
8. 如何理解实体配送服务质量模型的意义和缺陷？
9. LSQ 物流服务质量模型包括哪些细分部分？
10. 基于时间顺序的 LSQ 模型研究结果得到了什么结论？
11. Mentzer 等九维度 LSQ 模型与 Bienstock 等扩展 LSQ 模型之间有什么变化？
12. 物流平台服务质量模型按时间顺序划分为哪几个阶段？
13. 如何理解物流平台服务质量模型中各部分质量之间的关系？
14. 如何理解物流平台服务质量的概念？
15. 物流平台服务质量管理包括哪些内容？
16. 如何理解物流平台服务质量管理的原则？
17. 试阐述物流平台服务质量管理的基本途径。
18. 试阐述我国物流平台服务质量管理的发展趋势。

本章实训

1. 实训目的

（1）加深对物流平台服务质量评价相关理论、模型和量表的理解，提高应用能力。

（2）通过调研，了解某一领域内某一类型物流平台的服务质量水平状况。

（3）锻炼通过事物表象发现问题、分析问题、解决问题，以及团队协作、PPT 制作和语言表达等能力。

2. 实训内容

以小组为单位，选择某一领域内某一类型物流平台作为调查对象，对物流平台服务质量水平状况进行调研，并依据物流平台服务质量评价相关理论，选择模型和量表进行评价，给出提升服务质量水平的措施。

3. 实训组织

（1）指导教师布置实训项目，提示相关注意事项及要点。

（2）将班级成员分成若干小组，成员可以自由组合，也可以按学号顺序组合。小组人数划分视修课总人数而定。每组选出组长 1 名，发言代表 1 名。

（3）各小组利用课外时间完成分析工作。

（4）以小组为单位，撰写书面调查报告，制作课堂演示 PPT。

（5）各小组发言代表在班级进行汇报演示，每组演示时间以不超过 10 分钟为宜。

4. 实训步骤

（1）指导教师布置任务，指出实训要点、难点和注意事项。

（2）演示之前，代表本小组发言的组长或小组成员对本组成员所承担的工作进行介绍陈述。演示结束后，征询本组成员是否有补充发言。

（3）由各组组长组成评审团，对各组演示进行评分（组长须回避本组评分），取评审团成员评分的平均值为该小组的评审团得分，满分 50 分。评分依据包括分析质量、PPT 制作水平、PPT 展示水平等。

（4）指导教师对每一小组任务完成情况进行总结点评，并为各小组评分，满分为 50 分。

（5）取各小组的评审团评分加上指导教师的总结评分作为该组的最终得分，并计入学生的平时成绩。

参考文献

[1] 陈红丽. 物流服务质量管理[M]. 北京：首都经济贸易大学出版社，2016.

[2] 黄福华，张毅. 物流服务质量管理[M]. 武汉：华中科技大学出版社，2022.

[3] 姜岩. 物流服务质量管理：理论及应用[M]. 北京：机械工业出版社，2021.

[4] 全国物流标准化技术委员会. 第三方物流服务质量及测评：GB/T 24359—2021[S]. 北京：中国标准出版社，2023.

[5] 左文明，朱文锋. 分享经济下基于 SERVQUAL 的网约车服务质量管理研究——以滴滴出行和优步为例[J]. 管理案例研究与评论，2018，11(4)：349 - 367.

[6] 胡非凡，李虎. 基于即时配送的众包物流平台服务质量评价研究[J]. 物流科技，2020，43(11)：40 - 44.

[7] 王金妹，郝旭龙. 双重委托——代理关系下网络货运平台物流服务质量问题与激励措施[J]. 西安电子科技大学学报(社会科学版)，2023，33(2)：49 - 55.

[8] 曾守桢，潘燕. 基于模糊后悔理论——TODIM 组合方法的众包物流平台服务质量评价研究[J]. 系统科学与数学，2023，43(3)：629 - 650.

[9] S. 托马斯·福斯特. 质量管理[M]. 何桢，译. 北京：中国人民大学出版社，2018.

[10] 克里斯廷·格罗鲁斯. 服务管理与营销：服务利润逻辑的管理(第 4 版)[M]. 韦福祥，姚亚男，等译. 北京：电子工业出版社，2019.

［11］ GRÖNROOS C. An applied service marketing theory[J]. European Journal of Marketing, 1982, 16(7): 30 – 41.

［12］ GRÖNROOS C. A service quality model and its marketing implications[J]. European Journal of Marketing, 1984, 18(4): 36 – 44.

［13］ PARASURAMAN A, ZEITHAML V A, BERRY L L. A Conceptual Model of Service Quality and Its Implication for Future Research[J]. Journal of Marketing, 1985, 49(4): 41 – 50.

［14］ PARASURAMAN A, ZEITHAML V A, BERRY L L. Seervqual: A Multiple – Item Scale for Measuring Customer Perceptions of Service Quality[J]. Journal of Retailing, 1985, 64(1): 12 – 40.

［15］ MENTZER J T, GOMES R, KRAPFEL R E. Physical distribution service: a fundamental marketing concept?[J]. Journal of the Academy of Marketing Science, 1989, 17: 53 – 62.

［16］ BIENSTOCK C C, MENTZER J T, BIRD M M. Measuring physical distribution service quality[J]. Journal of the Academy of Marketing Science, 1997, 25: 31 – 44.

［17］ MENTZER J T, FLINT D J, KENT J L. Developing a logistics service quality scale[J]. Journal of Business Logistics, 1999, 20(1): 9 – 32.

［18］ MENTZER J T, FLINT D J, HULT C T M. Logistics service quality as a segment-customized process[J]. Journal of Marketing, 2001, 65 (10): 82 – 104.

［19］ BIENSTOCK C C, ROYNE M B, SHERRELL D, et al. An expanded model of logistics service quality: Incorporating logistics information technology[J]. International Journal of Production Economics, 2008, 113 (1): 205 – 222.

［20］ 余庆泽, 杨玉国, 毛为慧, 等. 基于 SERVQUAL 模型的科技金融平台服务质量评测研究——以 P2P 网贷平台为例[J]. 科技管理研究, 2019, 39(11): 113 – 121.

［21］ 计孝楠. 基于 SERVPERF 模型的饿了么外卖物流服务质量评价研究[D]. 大连: 大连交通大学, 2023.

［22］ 张榆淳. 基于 PZB 差距模型的物流终端服务质量研究[D]. 昆明: 云南财经大学, 2024.

第 9 章 ▶ 物流平台竞争力

引 例

美团配送、顺丰同城、达达即时配送平台竞争力评价

即时配送平台竞争力一般会基于双边市场理论提出的三个平台特征（交叉网络外部性、价格结构非对称性和用户需求互补性），并结合即时配送平台的独特性特征，从平台用户规模、平台定价调节、平台运营治理、平台即时履约和平台社会责任这五个维度进行评估。交叉网络外部性强调即时配送平台需要吸引双边用户，增加平台用户规模；价格结构非对称性要求即时配送平台实时调整双边价格结构，优化平台与其双边用户的利益关系；用户需求互补性意味着平台需要强化运营治理以降低信息不对称性和增进双边用户的资源协同。此外，即时配送平台具备较强的及时响应性特征，平台需要立刻响应消费者的即兴服务需求，提供更好的履约配送服务；即时配送平台具有双重社会责任，平台不仅要接受政府监督，还需承担监管消费者与骑手行为的社会责任。

1. 即时配送平台竞争力评价指标体系构建

基于双边市场理论并借鉴参考相关研究与即时配送行业报告（如《中国即时配送行业发展报告》《即时零售履约配送白皮书》等），构建出即时配送平台竞争力评价指标体系。该评价指标体系设置了平台用户规模、平台定价调节、平台运营治理、平台即时履约和平台社会责任五个能力维度，共21个评价指标，如表9-1所示。

表9-1 即时配送平台竞争力评价指标体系

维度		指标	描述
即时配送平台竞争力	平台用户规模能力	平台活跃消费者数量	平台年度活跃消费者数量
		平台活跃消费者数量增长率	平台年度活跃消费者数量增长率
		平台消费者市场份额	平台年消费者数量占即时配送行业消费者数量比率
		平台活跃骑手数量	平台年度活跃骑手数量
		活跃骑手数量增长率	平台年度活跃骑手数量增长率

（续）

维度		指标	描述
即时配送平台竞争力	平台定价调节能力	平台对骑手运力支付报酬比率	平台年度支付骑手费用占总收入比率
		平台消费者每订单基础配送费用	平台订单收费细则中的基础运费
		平台对新用户补贴力度	平台给予新用户消费抵扣最高金额
		平台订单计价规则细分度	平台订单收费细则中包含的收费种类数
	平台运营治理能力	平台近一个月订单投诉率	黑猫投诉平台上平台近一个月投诉订单数量占总投诉量比率
		平台近一个月订单投诉解决率	黑猫投诉平台上平台近一个月投诉订单已完成数占比
		平台网络安全维护检查频率	平台每年开展网络安全检测的次数
		平台运营技术布局领域应用数量	平台在人工智能、IoT、无人配送技术上细分领域的应用数
	平台即时履约能力	平台承诺取件时间	平台骑手接单后取消订单收费的时间
		平台承诺配送时间	平台1公里配送里程预估的配送时间
		平台订单准点送达率	平台平均准点率
		平台即时履约满意度	APP Store 上 APP 评分值占总评分比率
	平台社会责任能力	平台违规状况	平台年度裁判文书数量
		平台廉政建设水平	平台年度开展反腐败道德培训人次
		平台组织骑手培训场次	平台年度组织线下骑手培训场次
		平台组织骑手培训受训人数比率	平台年度线上骑手安全教育培训人数占年度活跃骑手数量比率

2. 即时配送平台竞争力集对分析组合评价模型构建

选取变异系数法、CRITIC 法和熵权法分别对指标进行客观赋权，随后根据各个平台在三种方法下的排名分数与三个名次的标准分数的比对计算，得出每个平台在单一赋权法下排名得分与标准分的同一度，最后，对每个平台在三种评价方法的同一度取均值，将最大均值对应的平台与排名作为三个平台最终的排名结果，即集对分析组合评价结果。

最终，得出评价结果排序为：美团配送，第1名；顺丰同城，第2名；达达，第3名。

资料来源：

方仁欣，张洪. 即时配送平台竞争力评价指标体系构建与组合评价研究 [J]. 物流科技，2024（7）：52 - 57.

9.1　物流企业竞争力 ⊙

物流平台是互联网经济时代出现的新类型企业。我国物流平台自诞生以来，发展十分迅速，各种类型物流平台大量涌现。其中，有的物流平台发展较为成功，取得了良好的经济效益和社会效益，但也有一部分物流平台的发展举步维艰，甚至濒临倒闭。如何提高竞争力，在激烈的市场竞争中立于不败之地，并力争脱颖而出，是每一家物流平台运营企业值得深入思考的问题。

9.1.1　企业竞争力

关于企业竞争力的研究由来已久。在对企业竞争力实践情况进行不断观察、分析、思考的过程中，对企业竞争力内涵的认识也经历了从资源到能力再到市场结构多个阶段的发展。

1. 企业竞争力的概念

1773 年，亚当·斯密（Adam Smith）的《国富论》中提出了分工的概念，认为通过分工实现专业化，可以提高生产效率。史蒂芬·赫伯特·海默（Stephen Herbert Hymer）1960 年在其研究企业跨国经营的博士论文中第一次提出了"国际竞争力"的概念，被视为企业竞争力研究的开拓者。在后续的研究中，逐渐形成了三大理论流派：以理查德·波斯特·鲁梅尔特（Richard P. Rumelt）、伯格·沃纳菲尔特（Birger Wernerfelt）等人为代表的资源学说；以 C. K. 普拉哈拉德（C. K. Prahalad）和加里·哈默尔（Gary Hamel）为代表的能力学说；以迈克尔·波特（Michael Porter）为代表的市场结构学说。

（1）**资源学说**　理查德·波斯特·鲁梅尔特（Richard P. Rumelt）于 1974 年发表了《战略、结构和经济绩效》（*Strategy, Structure and Economic Performance*）一书，提出当一个企业开展相关联的多元化经营时，不同业务间共享研发、品牌和渠道等资源时产生的范围经济或协同效应，将为企业带来竞争优势，同时与企业战略相应的组织结构也是提高企业经营绩效、获取竞争优势的重要资源因素。这一研究成果由此拉开了资源学说研究的序幕。

1984 年，伯格·沃纳菲尔特（Birger Wernerfelt）《企业的资源基础观》的发表被视为资源基础观的诞生。伯格·沃纳菲尔特（Birger Wernerfelt）将企业资源定义为能够展现组织竞争力的任何事物，包括有形和无形的资产。在资源基础观理论中，企业被视为资源的集合体，管理的首要任务则是通过优化现有资源来实现企业价值的最大化。随后，研究者们对组织文化、战略要素、先发优势和资产存量等要素能否成为形成企业竞争优势的资源，以及形成竞争优势的方式进行了研究。研究发现，并不是所有资源都能形成企业的竞争优势。杰伊·B. 巴尼（Jay B. Barney）研究了战略资源要素，即在某种竞争环境中，制定和实施某种有效的竞争战略所必需的资源与能力在不同企业间分配是不均等的。这种不均等性（Heterogeneity）一旦长久持续下去，会使某些企业具有不可模仿的战略，从而为这些企业带来持久的竞争优势和优秀的经营绩效。杰伊·B. 巴尼（Jay B. Barney）还定义了能够形成竞争优势的企业资源特征：价值性、稀缺性、不可完全模仿性和不可替代性。在后续的研究中，学者们认为只要具备这四种特征，组织资源、物质资源、人力资源、基础设施等资源都可以形成企业的竞争优势。资源的价值性、稀缺性、不可完全模仿性和不可替代性被归纳为资源的异质性。

资源基础观的关键假设是组织相对于其他组织的竞争优势是建立在其所拥有的异质性资源基础上。已有的理论和实证研究已经探讨了如何利用优势资源获取竞争优势，但却留下了一个疑问：资源异质性从何而来？这成为资源基础观进一步研究、发展的方向。

（2）**能力学说**　随着研究的深入，学者们发现，资源并不一定能为企业带来竞争优势，资源只是企业获得竞争优势的必要条件而非充分条件。面对这一局面，杰伊·B. 巴尼（Jay B. Barney）发表文章提出了"企业竞争优势的本质是利用资源的能力"的观点。最终，经过深入的研究和讨论，学术界就"企业持续竞争优势来源于无形的能力"这一观点达成了共识。自此，企业竞争力理论的研究视角从资源基础观向能力基础观发生过渡。

以能力基础观为基础，对于企业竞争力的研究取得了丰硕成果，现列举其中较有代表性的几个。

阿尔弗瑞德·D. 钱德勒（Alfred D. Chandler Jr.）将企业竞争力定义为企业在发展过程中充分运用了范围经济和规模经济从而获得了生产、营销和管理能力，并且是一种从企业内部组织起来的物质能力和人力资源能力的集合。

雷纳·弗雷尔（Rainer Feurer）和卡齐姆·查哈巴奇（Kazem Chaharbaghi）从三个能力角度探究企业竞争力，分别是：顾客评价、股东评价和对竞争环境的适应性。

蕾切尔·博斯瓦（Rachelle Bosua）和克里希南·文基塔汉姆（Krishna Venkitachalam）将企业竞争力影响因素划分为快速反应能力、产出加快能力和资源效果能力。

对核心竞争力（Core Competence）的研究被视为企业竞争力理论研究的开始，也是其中最为重要的研究内容之一。C. K. 普拉哈拉德（C. K. Prahalad）和加里·哈默尔（Gary Hamel）首先提出了核心竞争力的定义：就多元化经营企业而言，核心竞争力是一个企业中集体学习与智慧的结晶，是企业的某种显著的竞争力，是协调多种技术和技能的知识体系和能力，具有企业经营活动的基石与核心的作用，广泛应用于企业的不同业务和终端产品中，在很大程度上能界定企业的形象认知。核心竞争力具备三个特征：① 为市场所认可，即能够提供进入相关潜在市场的机会；② 能给客户带来特别的利益，即能够提高企业的效率，帮助企业通过降低成本或创造价值来扩大客户的利益；③ 难以模仿的，可为企业带来持续的竞争优势。只有这样才能保证企业基于核心竞争力的优势得以持续。

乔治·斯托克（George Stalk）等则将核心竞争力理解为"组织成员的集体技能和知

识以及成员间相互交往方式的组织程序"，是一种整体能力观。

关于核心竞争力的种种定义，一般可以分为两类：一是根据核心能力的构成要素进行定义；二是从核心能力的知识性来进行定义。这两种认识各有侧重和优劣之处，但本质上都突出了"核心竞争力是企业一系列知识和技能的结合体，能够为企业带来强劲且持久的竞争力"的观点。

（3）**市场结构学说**　在后续的研究中，学者们发现企业竞争力水平不仅受到自身资源、能力的影响，还受到企业所处市场环境和结构的影响。由此，开拓了市场结构学说的新方向。

在市场结构学说方面，最具代表性的人物是迈克尔·波特（Michael Porter）。迈克尔·波特（Michael Porter）的核心观点归纳如下：企业所进入的行业内部存在非常激烈的竞争，不同行业市场环境和市场结构的差别对行业竞争规则的制定有着非常重要的影响，从而对企业竞争力也有着深远影响。迈克尔·波特（Michael Porter）的贡献还表现在以下三个方面。

① 五力模型。包括新进入者的威胁、现有竞争者的威胁、卖方讨价还价的能力、买方讨价还价的能力和替代品的威胁，通过对这五个方面状况的分析来判断企业竞争力水平的高低。

② 战略模型。基于五力模型提出了三种战略模型：成本领先、专一化和差异化战略，企业可根据市场情况进行选择，以提升企业竞争力水平。

③ 价值链分析工具。企业价值活动分为基本、辅助活动两个部分，以价值链的方式对企业价值活动进行分析，帮助企业提高竞争力水平。

人物介绍

迈克尔·波特

迈克尔·波特（Michael E. Porter）是哈佛商学院的教授，以"竞争三部曲"而闻名。20 世纪 80 年代，他撰写过不少关于商业战略的书籍以及文章，系统地介绍了战略性思维的一些基本技巧，比如"五力模型"和"价值链理论"，其竞争思想也产生了广泛的影响力。20 世纪 90 年代，他更是凭借在商业竞争和政府间竞争问题中的权威专家身份而声名鹊起。1999 年，《财富》杂志称他是"当代乃至迄今最重要的谋略大师"。迈克尔·波特在世界管理思想界可谓是"活着的传奇"，是当今全球第一战略权威，是商业管理界公认的"竞争战略之父"。

迈克尔·波特教授 1947 年出生于美国密歇根州的大学城——安娜堡。波特教授曾先后就读于普林斯顿大学和哈佛大学。他在普林斯顿学的是机械和航空工程，在他后来的学术研究中，还可以看到本科学习留下的痕迹。例如，在"五力模型"和"钻石模型"中便渗透着类似于机械工程式的配合以及协作。这种研究模型和思路以精练而著称，但同时也招致了批评，学术界对波特指责最多的是认为他的研究是准机械式的、静态的，而恰恰是这种特色，酣畅淋漓地展现出普林斯顿的典雅与精致。

1973 年，波特获哈佛商学院产业经济学博士学位，同年，波特开始在哈佛商学院任教，讲授"经营政策"课程。1979 年，在波特 32 岁的时候，哈佛大学慧眼识英雄，授予他"终身教授"的头衔。

迈克尔·波特教授最具影响力的作品有：《品牌间选择、战略及双边市场力量》(1976)、《竞争战略》(1980)、《竞争优势》(1985)、《国家竞争优势》(1990)、《日本还有竞争力吗?》(2000) 等，其中，《竞争战略》《竞争优势》以及《国家竞争优势》被称为"竞争三部曲"，它们的出版最终奠定了波特教授在世界战略研究领域的大师地位。

资料来源：

王京刚. 一看就懂的迈克尔·波特竞争策略全图解 升级版[M]. 北京：北京理工大学出版社，2015.

2. 企业竞争力的特点

企业竞争力具有复杂性、相对性、动态性和有效性等特点。

（1）**复杂性**　企业竞争力的复杂性在两个方面：一方面，企业竞争力受到多种因素的影响，如规模、资本、人才、技术、理念、管理等；另一方面，企业竞争力在企业经营管理的多个领域发挥着重要作用，如战略管理、市场定位、资产收益等。

（2）**相对性**　企业竞争力水平是在与其他企业竞争的过程中体现出来的。在与不同对手的竞争中，企业可以表现出不同的竞争力水平。因此，企业竞争力不是一个绝对概念，表现出相对性的特点。

（3）**动态性**　企业的竞争力并不是一成不变的，而是随着外部宏观环境和企业内部微观环境的变化而变化。从外部宏观环境的角度来看，经济发展水平、行业发展状况、政策法规等因素的变化会对企业竞争力产生深远影响。从企业内部微观环境来看，企业拥有资源的状况、收益能力、经营能力、发展潜力等因素对企业竞争力也有着重要影响。这些内外部因素都在不断地改变，因此，企业竞争力是动态的，具有一定的不稳定性。

（4）**有效性**　有效性是企业竞争力最为重要的特性。资源、能力、市场结构等要素必须具备独特性和价值性，才能在竞争中发挥作用，为企业带来优势地位，成为企业竞争力的组成内容。

9.1.2　物流企业竞争力

物流企业是一种服务型企业。按照企业竞争力的相关理论，物流企业的定义和特点可表述如下。

1. 物流企业竞争力的定义

物流企业竞争力是指在一定的市场结构下，物流企业在提供规划、存储、运输、包装、装卸等服务的过程中，基于物流设施设备、物流技术、物流人才、资金等软硬件资源，在物流战略规划、物流营销、物流服务规划设计、内部运营管理等方面表现出来的不易被竞争对手模仿的独特能力，由此物流企业可以有效应对各类市场威胁，在市场竞争中持续生存和发展并获取利益。

与生产企业不同，物流企业提供的是无形的服务，用户的满意度是评价服务水平的最终标准。因此，无论是资源、能力还是市场结构，在进行物流企业竞争力建设时都应将实现客户效用最大化、提高用户满意度水平作为重点和方向。

2. 物流企业竞争力特点

与企业竞争力相似，物流企业竞争力同样具有复杂性、相对性、动态性和有效性的特点。在此基础上，物流企业竞争力演化出以下特点。

（1）**独特性**　在物流行业的发展实践中，具有较高竞争力水平的物流企业都在资源、能力、市场结构等方面具备竞争对手无法模仿和超越的独特优势。物流企业必须打磨出自己鲜明的经营特色，才能在市场中站稳脚跟，谋求更大的发展。

（2）**比较性**　企业竞争力具有相对性的特点。物流企业在培育竞争力的过程中，不能闭门造车，只和过去的自己相比，而应时刻关注外部宏观经济、社会环境变化对物流服务需求的影响，关注行业发展的最新动态，以国内外头部物流企业为标杆，把握物流资源、能力建设的前沿趋势，从而对自身竞争力水平有更为准确和清醒的认识。

（3）**延展性**　如上所述，企业竞争力始终处于动态变化之中，物流企业竞争力亦是如此。物流企业必须始终紧跟客户需求的变化，研判市场结构，更新、升级资源储备，提升能力水平，保持企业持续竞争力。

9.1.3　物流企业竞争力影响因素

根据物流企业竞争力的概念内涵，选择影响因素和对应的衡量指标，有利于物流企业制定科学、合理、针对性强的竞争力提升策略。

1. 物流企业竞争力影响因素选择原则

在选择物流企业竞争力影响因素之前，首先要确定选择因素的原则，以保证所选影响因素的正确性。

（1）**全面导向性原则**　物流活动涵盖了运输、储存、装卸搬运、包装、流通加工、配送、信息处理等多个环节。各个环节之间相互配合，又相互制约，体现了物流活动的系统整体性。此外，物流活动又是供应链活动的一部分，受到供应链整体运营的影响。因此，物流企业竞争力影响因素组成是十分复杂的。在选择因素时，应充分考虑影响物流企业竞争力的各种内外部因素，力求全面反映物流企业竞争力发展现状。同时，选择影响因素是为了有效评价，进而引导物流企业改进经营管理工作，切实提高物流企业的竞争力水平。

（2）**科学性原则**　选择物流企业竞争力影响因素时必须坚持科学性原则：以科学的理论作为指导和支撑；因素概念界定明确，没有相互重叠和统计上的相关性；因素内容符合物流企业运营现状，数据可采集，真实性有保障。

（3）**可比性原则**　物流企业的竞争力具有比较性的特点，竞争力水平的高低是在同一家物流企业的不同时期或同一时期不同物流企业之间比较而来的，因此所选择的影响因素应具有普适性和持久性，体现可比性的原则。

2. 物流企业竞争力影响因素

物流企业根据其所处产业细分领域和主营业务的不同，可以划分为多种不同类型，所处的外部市场环境也因此存在较大的差异性。所以，按照物流企业竞争力影响因素的选择原则，难以遴选出一整套统一的影响因素。此处给出的是一般性的物流企业竞争力影响因素，在实际应用时，可在此基础上根据物流企业的具体情况进行调整。

依据企业竞争力理论的资源观和能力观，结合现有研究结果，参考全国物流标准化技术委员会2005年开始修订的并于2013年部分修正的《物流企业分类与评价指标》中给出的综合型物流企业评估指标，本书基于一般性的角度选择企业规模、人力资源和营运能力作为物流企业竞争力影响因素。其中，前两种因素主要反映物流企业储备的资源数量和资源所产生的效益水平，第三种因素则主要体现物流企业的能力素养。

（1）**企业规模因素**　企业规模在很大程度上代表了物流企业设施设备、物流技术、资金等资源的储备水平。企业规模越大，所储备的资源数量越多，资源产生的规模经济效应越明显，能为物流企业带来更多的经济效益，帮助企业获得更多的市场份额，巩固企业的市场优势地位，从而印证了物流企业的竞争力水平。在企业规模因素方面，具体的衡量指标可以选择总资本、净资本、年物流营业收入和净利润。其中，总资本、净资本能直观表现企业规模的大小，年物流营业收入和净利润则是企业规模产生的效应。

（2）**人力资源因素**　企业规模所代表的物流企业资源中也包括了人力资源部分，但鉴于人力资源的重要性，此处将其单列为一类因素。对于传统物流企业而言，劳动密集型产业的特征使得企业需要大量的一线从业人员，对人力资源的数量要求很高。拥有数量充沛的人力资源供给，可以支持物流企业实现网点覆盖的广泛性和密集性，为物流企业承揽更多的业务，抢占市场份额，带来一定的竞争优势。随着时代的进步，物流需求的变化，传统物流企业的服务模式、服务手段也在不断变化，如电商物流企业推出前置仓业务，低空经济背景下快递企业使用无人机配送，而支持这些变化的是传统物流企业向技术密集型企业的转型。同时，互联网经济时代，出现了一些新型的物流企业，如本书讨论的物流平台企业，物流数据、算法企业。这些物流企业从诞生之初就带有鲜明的技术密集型特征。拥有高质量的技术人才可以在相关领域实现技术的不断创新、迭代，保证、扩大物流企业的市场竞争优势。因此，物流企业的人力资源因素还需要考虑人力资源质量属性。在人力资源因素方面，具体的衡量指标可以选择员工数量、本科学历及以上员工比例、从事技术工作员工数量和人力资源投入等。其中，员工数量代表了物流企业人力资源数量储备水平，本科学历及以上员工比例和从事技术工作员工数量代表了物流企业人力资源质量储备水平。

（3）**营运能力因素** 营运能力因素由企业物流能力和财务状况水平两部分构成。物流企业在各项物流业务中表现出来的能力是其竞争力的直接体现。企业物流能力可以进一步细分为运输能力、仓储能力两部分。财务状况水平一方面代表物流企业的营运绩效，可视为竞争力的效果体现，另一方面财务状况水平还可以代表物流企业的资金资源储备水平。在企业物流能力因素方面，运输能力的具体衡量指标可以选择事故次数、事故频率、货损率、货差率、事故赔偿率、完成运量及时率等；仓储能力的具体因素衡量指标可以选择仓容利用率、物资收发正确率、存货周转天数、库存物资毁损率、交货准确率、交货准时率等。在财务状况水平因素方面，具体的因素衡量指标可以选择净资产收益率、资产负债率和营运成本率。

物流企业竞争力影响因素及其具体因素衡量指标如表 9 – 2 所示。

表 9 – 2　物流企业竞争力影响因素及具体因素衡量指标

一级	二级	三级	具体因素衡量指标
物流企业竞争力	企业规模因素		总资本、净资本、年物流营业收入和净利润
	人力资源因素		员工数量、本科学历及以上员工比例、从事技术工作员工数量和人力资源投入
	营运能力因素（企业物流能力）	运输能力	事故次数、事故频率、货损率、货差率、事故赔偿率、完成运量及时率
		仓储能力	仓容利用率、物资收发正确率、存货周转天数、库存物资毁损率、交货准确率、交货准时率
	营运能力因素（财务状况水平）		净资产收益率、资产负债率和营运成本率

9.2 物流平台竞争力

物流平台作为物流企业的一种形态，其竞争力的概念及影响因素符合物流企业竞争力的一般特性。同时，作为互联网经济时代企业经营的新业态之一，物流平台竞争力又具有自身的独特之处。随着物流平台集聚效用的增强，平台上的各类用户以物流平台为载体，通过互动沟通、资源共享、优势互补的方式共同创造价值、分享价值，形成了相互依存、相互赋能、共同成长，既合作又竞争的紧密关系，物流平台由此呈现出愈发明显的生态化发展趋势。这使得物流平台竞争力更具独特性。

9.2.1　物流平台竞争力定义

创造价值、分享价值，实现物流平台和物流平台上各种类型用户的共同成长，是物流平台形成、保持和发展竞争力的关键。为此，在物流平台的发展过程中，物流平台运营企业需要保证平台各项功能的正常使用，以维系平台的稳定、持续运行，并保持一定的服务品质。物流平台还需要在技术、商业模式、平台管理等方面不断进行创新，扩展业务范围，推出新的服务项目，以适应市场环境的变化。此外，用户是物流平台价值的主要来源。物流平台需要为用户之间的交互创造条件、提供保障，为此，平台需要建设各种线上线下基础设施，制定各种规则、机制、策略，以在平台上集聚更多资源，扩大价值创造的规模，提高价值创造和分享的效率。在价值创造和分享的过程中，物流平台和用户均获得了更多的资源，提升了能力，平台和用户的竞争力水平得以提高，而竞争力水平的提高又进一步促进了价值的创造和分享，由此形成良性循环。

按照竞争力的形成、保持和发展的过程，物流平台竞争力的概念可以总结为：物流平台运营企业以线上、线下各类基础设施为依托，以各类物流服务项目为载体，通过制定多种机制、规则、策略，促进资源在平台上的集聚，推动平台价值的创造和分享，实现物流平台和用户协同发展的可持续性。

9.2.2　物流平台竞争力构成

通过物流平台竞争力的概念可知，一个运作良好、能在市场上获得竞争优势的物流平台需要具备四个方面的竞争力，包括价值创造能力、价值分享能力、协同进化能力和可持续发展能力。

1. 价值创造能力

在发展初期，通过平台实现价值创造是物流平台集聚各种类型用户加入平台的重要手段。物流平台通过提供线上、线下软硬件基础设施，制定各种规则、机制、策略，促进、保障平台用户在交互过程中创造价值，让用户看到"有利可图"，由此对用户产生强大的吸引力。

激发跨边网络效应和同边网络效应的能力是物流平台价值创造能力水平的主要体现。当物流平台通过价值创造吸引了物流服务提供方和需求方加入平台进行交易时，会激发跨边网络和同边网络两种典型的网络效应。在跨边网络效应作用下，当供给侧用户群体规模扩大时，需求侧用户群体获得的效用也随之扩大，从而吸引更多物流服务需求方用户加入物流平台；而当需求侧用户群体规模扩大时，产生了更大的需求总量，对于供给侧用户群体意味着更多潜在经济利益效用，从而吸引更多物流服务供给方用户加入平台。在同边网络效应的作用下，物流服务供给方用户（或物流服务需求方用户）群体规模的扩大，都会给其他物流服务供给方用户（或物流服务需求方用户）带来辐射效用。两种网络效应的共同作用将会形成良性循环，使得物流平台供给一侧和需求一侧的用户群体都表现出积极的主观能动性，前者会主动地去满足多样化的需求，后者则有信心在平台上寻找到想要的服务。在这种态势下，借助相关技术的支持，平台的规模不断扩大，用户数量不断增加，能提供的服务也越来越丰富。同时，更大规模的物流平台对于行业监管（服务）类用户和增值服务提供方用户更具吸引力。这两类用户的加入使得价值创造过程更为稳定，价值规模也会有一定程度的扩大。

物流平台价值创造能力可以进一步分解为盈利能力、市场开发能力、平台运营能力、技术研发能力等几个方面。

（1）**盈利能力** 盈利能力是物流平台激发跨边网络效应和同边网络效应能力的直接反映。当跨边网络效应和同边网络效应得到充分激发，用户规模扩大，交易次数增加，交易规模扩大，从而创造出更多的价值时，物流平台运营企业可以获得更多盈利。因此，盈利水平的高低直接反映了物流平台激发跨边网络效应和同边网络效应的能力。

盈利能力可以细分为现有盈利能力、持续盈利能力和潜在盈利能力，并可通过净资产收益率、资产负债率、总资产周转率等财务指标进行衡量。

（2）**市场开发能力** 市场开发能力指物流平台开发新的物流服务项目，吸引用户加入平台，从而抢占市场份额的能力。市场开发能力是物流平台激发跨边和同边网络效应能力的间接反映。

市场开发能力可以通过市场占有率、市场覆盖率、新市场开发能力等指标进行衡量。

（3）**平台运营能力** 平台运营能力指物流平台做好平台内部管理，维护平台正常运作的能力，是激发跨边和同边网络效应的平台内部能力保证。

平台运营能力可以细分为组织架构设计能力、机制与规则设计能力、信息搜集处理能力、服务项目运作管理能力等几个方面。

（4）**技术研发能力** 物流平台是互联网经济时代的产物，是在（移动）互联网、物联网、云计算、人工智能等先进技术支持下进行运营的。技术水平支撑着物流平台服务项目的有效实施，并促进新的服务项目诞生，因此，技术研发能力是激发跨边和同边网络效应的技术基础，对物流平台价值创造有着重要影响。

技术研发能力可以通过研发投入比、技术专利数量、新产品开发能力、高知识水平员工占员工总数比例等指标来衡量。

2. 价值分享能力

通过价值创造，物流平台可以吸引用户加入平台；通过价值分享，则可以最大限度地留住用户。在物流平台上，价值被创造出来以后如果只集中在平台运营企业或少数用户范围内，不能让价值在整个平台内部所有主体之间进行有效、充分的分享，那么平台用户会出现流失。即使短期内平台运营企业或少数用户能得到丰厚的回报，价值也是不能长久存在的。

物流平台的价值分享能力可以进一步分解为信息共享能力、利益共享能力、用户满意程度、物流平台运营企业满意程度等几个方面。

（1）**信息共享能力**　物流平台上各种交易的达成，各种服务的供给与消费都是建立在信息沟通的基础上，因此物流平台能实现全体成员共享信息，促进平台上各参与主体之间知识与资源的共享，彼此优势互补，充分发挥各自核心能力，创造出更大价值，从而带来更多的价值分享。同时，信息的共享可以使得价值分享过程透明公开，保证价值分享的公正、公平。信息共享是价值分享能力的基础。

（2）**利益分享能力**　利益是用户集聚于物流平台的主要原因。获得满意的利益回报可以保证物流平台上的用户不会轻易流失。因此，在物流平台上如果能建立合理的利益分配机制，让所有参与主体都能获得公平、公正的价值分享，用户则更加愿意依附平台，平台的集聚效应也将更明显，从而促进物流平台的可持续发展。利益分享能力是价值分享能力的直接和主要表现。

在建立合理的利益分享机制时，物流平台需要注意两个方面：① 向用户倾斜，物流平台的价值主要是由用户创造的，用户应该获得利益"蛋糕"的主要部分；② 利益向物流服务供给方和需求方用户倾斜，物流平台的基本价值是由这两类用户创造的，其他类型的用户虽然也创造了一部分价值，但并不是价值的主要创造者。

（3）**用户满意程度**　用户满意度是物流平台价值分享效果的体现，也间接表现了物流平台的价值分享能力。

（4）**物流平台运营企业满意程度**　运营企业是物流平台的投资方和建设者，自然希望从平台的发展中获得利益回报，因此，物流平台运营企业的满意程度也是物流平台价值分享能力的一个体现。物流平台运营企业满意程度可以从股东、管理者和员工三个层次来综合测量。

3. 协同进化能力

物流平台所处的内外环境总是处于动态的变化之中。为适应这一变化，物流平台自身和物流平台上的用户都需要不断进化，推陈出新，才能在环境的动态变化中立于不败之地。因此，协同进化能力是物流平台竞争力的一个重要构成方面。

物流平台的协同进化能力可以进一步分解为用户类型多元化、用户之间交流多元化、平台服务项目多元化等几个维度。

（1）**用户类型多元化**　物流平台用户类型的多元化，有利于平台吸收内外环境变化的冲击，并把握环境变化中蕴藏的机遇，实现物流平台向更高层次的跨越式发展。物流平台用户类型的多元化是实现协同进化的基础。

（2）**用户之间交流多元化**　用户之间交流多元化是指物流平台用户在资本、文化、技术、知识等多方面展开交流。这种多元化的交流可以加强用户之间的联系，提高协同意识，彼此赋能，提升自身能力，并碰撞出思维火花，实现技术创新，或创造出新的物流服务项目、服务模式，从而发掘出新的、更好的价值来源。物流平台用户之间交流多元化也是实现协同进化的重要基础之一。

（3）**平台服务项目多元化**　物流平台所能提供的服务项目多元化，能满足更多用户、更大范围、更多类型的需求，实现价值来源的多元化，提高价值创造和分享水平，获得与其他物流平台相比更大的竞争优势。物流平台服务项目多元化水平是平台协同进化能力的直接反映。

4．可持续发展能力

对于物流平台而言，拥有稳定的用户群体，平台上的物流交易达到一定规模，并保持稳定增长趋势，各服务项目营收较为平衡，对外部资源、环境没有过多的依赖，这意味着物流平台此时具备了较好的可持续发展能力。

物流平台的可持续发展能力可以进一步分解为对外依存度、社会经济环境、政府政策、社会贡献度等几个方面。

（1）**对外依存度**　对外依存度比较低，一方面说明物流平台储备了一定的实现可持续发展所需的资源；另一方面说明物流平台可以相对容易地获取外部资源。资源充沛，可以有力地支持物流平台运营活动的正常实施，应对内外部环境变化的挑战，促进平台的可持续发展。物流平台对外依存度主要表现为对资本和技术的依存度。

（2）**社会经济环境**　物流业是服务业的一个分支。国家或区域的整体社会经济环境变化必然会对物流服务的需求产生影响。当社会环境动荡，经济发展处于下行态势时，生产企业、商贸企业和个人的物流需求都会受到抑制，自然也会影响物流平台的可持续发展。

（3）**政府政策**　政府出台的各种政策、规章、制度对物流平台的发展方向、发展模式和发展水平都会产生重要影响。

例如，在2022年颁布的《"十四五"现代物流发展规划》（以下简称《规划》）中，明确提出"强化物流数字化科技赋能"，要"加快物流数字化转型。利用现代信息技术推动物流要素在线化数据化，开发多样化应用场景，实现物流资源线上线下联动"；并提出"促进物流网络化升级"，要"稳步发展网络货运"。同时，在《规划》中，明确为包括物流平台在内的物流企业发展提出了"实施保障"措施，包括优化营商环境，创新体制机制，以强化减税降费和金融支持为重点的政策支持，以及深化国际合作，加强组织实施等。《规划》的提出为物流平台的发展营造了良好的长期发展政策环境，有利于物流平台的可持续发展。

（4）**社会贡献度**　社会贡献度是指一个企业在实现自身发展的同时，回馈社会的贡献水平。回馈社会、贡献社会，促进社会经济环境向好的方向发展，可以为物流平台创造更好的外部环境，有利于实现平台的可持续发展。

社会贡献度可以通过绿色发展意识、社会捐赠水平、就业机会创造、所得税贡献等几个方面来衡量。

绿色发展意识是指物流平台在运营的过程中能主动减少对自然资源的消耗，减少对自然环境的破坏；社会捐赠水平反映了物流平台在公益事业方面的贡献；就业机会创造是指物流平台为社会提供的就业岗位数量；所得税贡献是指物流平台按照国家法律缴纳的企业所得税数量水平，以及是否按时缴纳，是否存在偷税、漏税情况。

9.2.3　物流平台竞争力影响因素

物流平台的竞争力水平受到多种因素的影响，如下所示。

1. 平台资源

资源是物流平台向用户提供各种服务所依赖的载体，也是平台运作的前提条件，更是价值创造的源泉。物流平台储备的资源充足，对外依存度低，可以为物流平台各项服务功能的正常实施提供有力支持，也有利于物流平台推动技术和服务功能创新，不断开拓市场，实现可持续发展，从而提升物流平台的竞争力水平。

物流平台的资源可以分为用户资源、人力资源、品牌资源、技术资源、配套资源、财力资源等几个方面。

（1）**用户资源**　不同于传统企业，物流平台的价值主要是由平台上的用户创造的，而不是创立、管理平台的物流平台运营企业。用户基数规模越大，类型越多，专业能力和素养水平越高，需求越旺盛，物流平台就可以创造出更多的价值，形成其他同类平台难以超越的竞争优势。用户资源是维系和提高物流平台竞争力水平最宝贵的资源。

在用户资源的基数规模、类型、专业能力和素养、需求等用户资源特质中，用户基数规模尤为重要。对于物流平台而言，基于最低网络规模的特性，用户基数规模较大的平台将拥有竞争优势，并且在网络外部性的影响作用下，基数规模越大，竞争优势越显著。用户基数规模的扩大还会为物流平台带来行业内更大的话语权，为物流平台谋得更大的竞争优势。因此，用户基数规模对物流平台企业竞争力水平的提升具有重要意义。

（2）**人力资源**　在物流平台的规划建设阶段，平台的总体规划、战略定位需要优秀人才的执掌。在物流平台的运营发展阶段，服务项目的设计、创新；市场的开拓；监督、管理、服务等各方面内部职能的有效执行，需要通晓物流运作和企业管理，掌握金融、保险等多领域知识、技能的综合型高素质人才来完成。用户资源、土地资源、技术资源等物流平台发展必不可少的资源的储备、开发，同样需要具备互联网思维，掌握最新技术并对技术发展趋势有清醒、准确认识的人才来推动、引领。人力资源水平是物流平台竞争力水平的重要表现，也是物流平台提升竞争力水平的基础之一。

（3）**品牌资源**　由物流平台的口碑、商誉、美誉度与知名度等共同构成的品牌资源，是物流平台的重要资产之一。物流平台依托于网络，平台上流通的不是有形产品，而是无形的服务，同时用户在平台上进行的交易又涉及大量的商业信息和资金，物流平台如果拥有良好的口碑、商誉、美誉度与知名度，将有助于取得用户的充分信任，吸引用户在平台上进行交易。

（4）**技术资源**　物流平台是网络经济时代的产物，所处的外部环境变化更为迅速，面对着海量的、差异化和个性化的用户需求。在这种高度挑战性的环境下，无论物流平台处于发展的哪一个阶段，经营、服务活动的各个方面、环节都需要得到技术的支持。在一定程度上，物流平台的技术资源可以为平台筑起竞争壁垒，形成竞争优势，并且在相当长的时间内不易被其他物流平台模仿或获得。

（5）**配套资源**　物流平台的配套资源包含两个方面：一方面是物流平台各种线上线下基础设施资源；另一方面是为提供增值服务而储备的用户资源。没有线上线下基础设施的支持，物流平台上各种服务项目无法正常开展，用户在平台上达成的交易无法正常执行。没有增值服务提供方用户的加盟，物流平台上服务产业链无法得到延伸，许多服务项目、交易无法完成。充足的配套资源储备有利于用户获得效用的最大化，是产生网络外部性的前提，是影响物流平台竞争力的重要因素。

（6）**财力资源**　财力资源为物流平台建设和运营提供资金支持。物流平台的设计、开发，各项对内职能和对外功能的升级，服务项目的创新，平台管理体制和模式的革新，用户、人力、品牌、技术、配套资源的开发都需要资金的支持。

2. 平台能力

物流平台具备的各种能力是其参与市场竞争的工具，能力水平的高低将直接影响物流平台在竞争中的表现。物流平台的能力可以分为用户服务能力、技术创新能力、供应链管理能力等几个方面。

（1）**用户服务能力**　用户资源是物流平台最宝贵的资源，物流平台的生存和发展都是由用户决定的。物流平台必须不遗余力地留住用户并扩大用户群体，这是物流平台发展、壮大的关键。要达到这一目的，物流平台的服务必须得到用户的承认和认可，才能在竞争中胜出，赢得市场地位。因此，用户服务能力是物流平台最基础的竞争能力。

提升用户服务能力的核心是提升用户的服务满意度。物流平台应不断研究用户的需求，重视用户的反馈，适时推出新的服务项目，不断优化服务流程，以改进平台服务质量。同时，物流平台还需要重视前台各服务职能集合员工素质和能力的提升。因为对于物流平台的用户来说，用户对于平台服务的第一印象就来自于这部分员工，用户获得的各种服务也主要来自这部分员工，用户满意度提升的根本在于提升员工的服务生产率和服务质量。

（2）**技术创新能力**　物流平台是对各种新技术高度集成的应用平台，技术资源是平台竞争优势的重要来源，物流平台应不断提升技术资源的储备水平。技术资源可以通过外部获得，也可以通过物流平台内部技术创新获得。外部获得的时间周期短，见效快，但适应性可能有所不足，且外部获得的技术资源往往容易扩散，为竞争对手所获得，物流平台的竞争优势并不稳固，维持时间较短。物流平台内部的技术创新可以有效弥补外部获得的不足。因此，物流平台应坚持双管齐下的策略，在外部引进先进技术的同时，坚持自力更生，提升平台内部技术创新能力。

（3）**供应链管理能力**　在物流平台的支持下，在一次交易流程中，不同类型的用户以某一物流服务为核心，形成了物流服务供应链。物流平台的职责就是管理好这一物流服务供应链，使得聚集在供应链上的用户发挥好节点功能，履行节点职责，使得物流服务流程能顺利流转下去，最终以良好的效果完成物流服务，由此提高用户的满意度。

3. 平台市场地位

物流平台的市场地位可以反映为平台对市场的影响力，体现在以下几个方面：在政府制定物流平台发展规划、管理政策、服务标准的过程中能发挥的影响力；在与其他物流平台合作过程中的话语权；对平台用户需求的引导和塑造能力。当物流平台具有较高的平台市场地位时，可以在一定程度上让市场按照平台发展规划设定的方向，以平台发展规划设计的方式发展，从而为平台带来竞争优势。

此外，物流平台的市场地位还反映在物流平台与政府部门、行业协会、科研院所等类型用户的合作上。物流平台与这些用户展开的合作范围越广阔，程度越深入，层次越高端，平台所获得的机遇和支持也就越多，平台竞争力也随之增强。

9.2.4　物流平台竞争力评价

关于企业竞争力的评价已有许多成熟的研究成果，这些成果可以引入并应用于物流平台竞争力评价领域。常见的物流平台竞争力评价方法有层次分析法、因子分析法、模糊综合评价法、熵权 – 突变级数综合评价法等。

1. 层次分析法

层次分析法（Analytic Hierarchy Process，AHP），是由运筹学家、美国匹茨堡大学教授萨蒂（Tomas L. Saaty）于 20 世纪 70 年代初，在为美国国防部研究"根据各个工业部门对国家福利的贡献大小而进行电力分配"课题时，应用网络系统理论和多目标综合评价方法，所提出的一种层次权重决策分析方法。

层次分析法是一种定性与定量相结合的综合分析方法，适用于具有分层交错评价指标的多因素复杂目标系统，而且目标值又难于定量描述的决策问题。层次分析法是将一个复杂的多目标决策问题视为一个系统，将目标分解为多个子目标或准则，进而分解为多指标（或准则、约束）的若干层次，通过定性指标模糊量化方法计算出层次单排序（权数）和总排序，以作为目标（多指标）、多方案优化决策的系统方法。具体而言，层次分析法将决策问题按总目标、各层子目标、评价准则直至具体的备投方案的顺序分解为不同的层次结构，然后利用求解判断矩阵特征向量的办法，求得每一层次的各元素对上一层次某元素的优先权重，最后再采用加权和的方法递阶归并各备选方案对总目标的最终权重，最终权重最大者即为最优方案。

层次分析法的具体计算步骤如下。

（1）**建立层次结构模型** 将决策的目标、考虑的因素（决策准则）和决策对象，按它们之间的相互关系分为最高层、中间层和最低层，绘出层次结构图。最高层是指决策的目的、要解决的问题；最低层是指决策时的备选方案；中间层是指所考虑的因素、决策的准则。对于相邻的两层，高层为目标层，低层为因素层。层次分析法所要解决的问题是关于最低层对最高层的相对权重问题，按此相对权重可以对最低层中的各种方案、措施进行排序，从而在不同的方案、措施中做出选择。

（2）**构造判断（成对比较）矩阵** 在确定各层次各因素之间的权重时，如果只是定性的结果，则常常不容易被别人接受，因而层次分析法提出一致矩阵法，即不把所有因素放在一起比较，而是两两相互比较，即对某一准则，对其下的各方案进行两两对比，并按其重要性程度评定等级，构造出判断矩阵。此时采用相对尺度，能尽可能减少性质不同的诸因素相互比较的困难，提高判断准确度。由此，判断矩阵可表示针对上一层次某一因素而言，本层次与之有关的各因素之间的相对重要性。

假定 A 层因素中 A_k 与下一层次中因素 B_1，B_2，$\cdots$，B_n 有联系，则判断矩阵 A 可以构造如式（9.1）所示。

$$A = \begin{array}{c|cccc} A_k & B_1, & B_2, & \cdots, & B_n \\ \hline B_1 & b_{11}, & b_{12}, & \cdots, & b_{1n} \\ B_2 & B_{21}, & b_{22}, & \cdots, & b_{2n} \\ \cdots & & & & \\ \cdots & & & & \\ B_n & B_{n1}, & b_{n2}, & \cdots, & b_{nn} \end{array} \qquad (9.1)$$

式中，b_{ij} 为对于 A_k 而言，表征 B_i 对比 B_j 相对重要性程度的矩阵元素。

b_{ij} 的标度方法如表 9-3 所示。

表 9-3 判断矩阵 b_{ij} 标度方法

标度	含义
1	表示两个因素相比，具有同样的重要性
3	表示两个因素相比，一个因素比另一个因素稍微重要
5	表示两个因素相比，一个因素比另一个因素明显重要
7	表示两个因素相比，一个因素比另一个因素强烈重要
9	表示两个因素相比，一个因素比另一个因素极端重要
2，4，6，8	上述两组相邻判断的中间值
倒数	因素 i 于 j 比较的判断 b_{ij}，则因素 j 于 i 比较的判断 $b_{ji} = 1/b_{ij}$

　　根据心理学的实验，大多数人对于不同事物在相同属性上差别的分辨能力在 5 ~ 9 级之间，已完全能区分引起人们感觉差别的事物的各种属性，采用 1 ~ 9 的标度适合大多数人的判断能力。而且，大量的社会调查表明，1 ~ 9 的比例标度早已为人们所熟悉和采用。

　　（3）**层次单排序及其一致性检验**　层次单排序是指根据判断矩阵 A，计算对于上一层某因素而言，本层次与之有联系的因素的重要性次序的权值。可以归结为，求解判断矩阵 A 的最大特征根 λ_{max} 和对应的特征向量 W，即对判断矩阵 A，计算满足式（9.2）。

$$AW = \lambda_{max} W \qquad (9.2)$$

式中，W 为对应判断矩阵 A 最大特征根 λ_{max} 的特征向量，需要经过归一化处理，使向量 W 中各元素之和等于 1。

　　能否确认层次单排序，需要进行一致性检验。所谓一致性检验，是指对判断矩阵 A 确定不一致的允许范围。一致性指标 CI（Consistency Index）如式（9.3）所示。

$$CI = (\lambda - n)/(n - 1) \qquad (9.3)$$

式中，CI 为表征一致性程度的指标，当 $CI = 0$，有完全的一致性；当 CI 接近于 0，有满意的一致性；CI 越大，不一致越严重。

　　为了检验判断矩阵 A 是否具有满意的一致性，需要引入随机一致性指标 RI（Random Index）进行比较。对于不同的 n 值，对应的平均随机一致性指标 RI 标准值如表 9 - 4 所示。

表 9 - 4　平均随机一致性指标 RI 标准值

矩阵阶数 n	1	2	3	4	5	6	7	8	9	10	11
RI	0	0	0.58	0.90	1.12	1.24	1.32	1.41	1.45	1.49	1.51

　　注：不同的标准不同，RI 的值也会有微小的差异，故表中列出的是平均标准值。

　　考虑到一致性的偏离可能是由于随机原因造成的，因此在检验判断矩阵是否具有满意的一致性时，还需将 CI 和随机一致性指标 RI 进行比较，得出一致性比例指标 CR 如式（9.4）所示。

$$CR = CI/RI \qquad (9.4)$$

式中，CR 为判断矩阵是否通过一致性的表征指标。一般而言，如果 $CR < 0.1$，则认为该判断矩阵通过一致性检验，否则就不具有满意一致性，需要重新构造判断矩阵 A。

　　（4）**层次总排序及其一致性检验**　计算某一层次所有因素对于最高层（总目标）相对重要性的权值，称为层次总排序。这一过程是从最高层次到最低层次依次进行的。对于最高层下面的第二层，若上一层次 A 包含 m 个元素 A_1，A_2，$\cdots$，A_m，其层次总排序权值分别为 a_1，a_2，$\cdots$，a_m；下一层次 B 包含 n 个元素 B_1，B_2，$\cdots$，B_n，B 层 n 个元素对于上层 A 中元素 A_j 的层次单排序权值分别为 b_{1j}，b_{2j}，$\cdots$，$b_{nj}(j = 1, 2, 3, \cdots, m)$。此时，$B$ 层次总排序权值如表 9 - 5 所示。

表 9 – 5　**B 层次总排序权值表**

层次 A 层次 B	A_1 a_1	A_2 a_2	⋯ ⋯	A_m a_m	B 层次的总排序
B_1	b_{11}	b_{12}	⋯	b_{1m}	$\sum\limits_{j=1}^{m} a_j\, b_{1j}$
B_2	b_{21}	b_{22}	⋯	b_{2m}	$\sum\limits_{j=1}^{m} a_j\, b_{2j}$
⋯	⋯	⋯	⋯	⋯	⋯
B_n	b_{n1}	b_{n2}	⋯	b_{nm}	$\sum\limits_{j=1}^{m} a_j\, b_{nj}$

层次总排序的结果即为物流平台竞争力的评价结果。

层次总排序也需要通过一致性检验，其一致性比例指标 *CR* 如式（9.5）所示。

$$CR = \frac{CI}{RI} = \frac{\sum\limits_{j=1}^{m} a_j\, CI_j}{\sum\limits_{j=1}^{m} a_j\, RI_j} \tag{9.5}$$

式中，*CI* 为层次总排序的一致性指标，*RI* 为层次总排序的随机一致性指标；CI_j 为与 a_j 对应的 *B* 层次中判断矩阵的一致性指标，RI_j 为与 a_j 对应的 *B* 层次中判断矩阵的随机一致性指标；当 *CR* < 0.1 时，可认为层次总排序通过一致性检验。

2. 因子分析法

因子分析法（Factor Analysis）是一种常见的多变量分析方法，旨在揭示观测数据背后的潜在结构和模式，寻找共同变异性并将其解释为潜在因子。因子分析法有助于降低数据维度、减少冗余信息，以及洞察变量之间的关系。

因子分析法的核心理念是将一组观测变量解释为潜在因子和误差项的线性组合。潜在因子代表了观测变量背后的共同变异性，而误差项则代表了无法被潜在因子解释的特殊变异性。

因子分析法的具体计算步骤如下。

（1）**选择分析变量**　进行因子分析法的前提条件是观测变量间具有较强的相关性。如果变量之间无相关性或相关性较小，则无法寻找到共同变异性。为此，在对变量指标的原始数据进行标准化处理后，需要计算变量的相关系数矩阵。在使用 SPSS 因子分析时，可通过 KMO 和 Bartlett 的球形度检验来验证变量之间的相关性。

KMO 检验统计量是用于比较变量间简单相关系数和偏相关系数的指标，主要应用于多元统计的因子分析。当所有变量间的简单相关系数平方和远大于偏相关系数平方和时，KMO 值将接近于 1，这意味着变量间的相关性越强，越适合进行因子分析；当所有变量间的简单相关系数平方和接近 0 时，KMO 值将接近于 0，则意味着变量间的相关性越弱，越不适合进行因子分析。按照常用的 KMO 度量标准，KMO 统计量取值在 0 和 1 之间：0.9 以上表示非常适合进行因子分析；0.8 表示适合；0.7 表示一般；0.6 表示不太适合；0.5 以下则表示极不适合进行因子分析。

Bartlett 球形检验用于检验相关阵中各变量间的相关性是否为单位阵，即检验各个变量是否各自独立。如果变量间彼此独立，则无法从中提取公因子，因此也就无法应用因子分析法。按照常用的 Bartlett 球形检验度量标准，当 sig. < 0.05（即 p 值 < 0.05）时，说明各变量间具有相关性，此时因子分析有效。

（2）**因子提取**   因子提取是指从原始数据中提取潜在因子的过程，常见的因子提取方法包括主成分法、极大似然法和主轴因子法。这些方法可以基于特征值大小提取因子，也可以固定因子数量提取。在因子提取的过程中，要注意因子对变量解释的贡献率，一般需要累计达到90%以上。

（3）**因子旋转**   因子旋转有助于使因子载荷矩阵更易于解释。常见的旋转方法包括最大四次方值法、最大方差法、最大平衡值法等正交旋转法和 Promax 法等斜交旋转法。

（4）**因子解释**   在提取因子并进行旋转后，可以解释因子载荷矩阵，揭示每个因子与变量之间的关系，与实际领域知识相结合后，并可为每个潜在的因子赋予具有实际意义的命名。高载荷的变量即表示与该因子相关性较高。

（5）**计算因子得分和综合得分**   计算每个样本的各个潜在因子得分，并据此可以计算每个样本的综合得分，完成对物流平台竞争力的评价过程。

3. 模糊综合评价法

模糊综合评价法（Fuzzy Comprehensive Evaluation Method）是一种基于模糊数学理论的综合评价方法，用于处理多种因素制约的对象或事物的模糊、不确定或多指标的决策问题。将模糊集合理论与数学模型相结合，模糊综合评价法能够量化和综合各种评价指标的模糊信息，将定性评价转化成定量评价，得出最终评价结果，具有系统性强、结果清晰的特点。

模糊综合评价法的基本原理是：首先确定评价对象的因素集 $U = (u_1, u_2, \cdots, u_m)$ 和评价集 $V = (v_1, v_2, \cdots, v_n)$；然后分别确定各因素的权重及其隶属度向量，得出模糊评判矩阵；最后进行模糊运算，获得模糊评价综合结果。

模糊综合评价法的具体计算步骤如下。

（1）**建立综合评价的因素集**   建立综合评价的因素集，即建立以影响评价对象的各种因素为元素所组成的集合，记为：$U = (u_1, u_2, \cdots, u_m)$，其中元素 u_i 代表影响评价对象的第 i 个因素，$i = 1, 2, \cdots, m$。这些因素通常都具有不同程度的模糊性。按属性分，将因素集分为 S 个子因素集 $U_1, U_2, \cdots, U_s$，其中 $U_1 \cup U_2 \cup \cdots \cup U_s = U$，对任意的 $U_i \cap U_j = \Phi$。

（2）**建立综合评价的评价集**   建立综合评价的评价集，即建立由评价者对评价对象可能做出的各种结果所组成的集合，记为：$V = (v_1, v_2, \cdots, v_n)$，其中元素 v_j 代表第 j 种评价结果，$j = 1, 2, \cdots, n$。根据每个指标的不同评价结果，按照实际情况的需求，可以使用等级、标语或数字等评价方式，如好、较好、中等、较差、差等。

（3）**进行单因素模糊评价，获得评价矩阵**　如果因素集 U 中第 i 个元素对评价集 V 中第 1 个元素的隶属度为 r_{i1}，则可将对第 i 个元素单因素评价的结果用模糊集表示为：$R_i = (r_{i1}, r_{i2}, \cdots, r_{in})$，然后以 m 个单因素评价集 R_1，R_2，$\cdots$，R_m 为行组成矩阵 $R_{m \times n}$，称为模糊综合评价矩阵，如式（9.6）所示。

$$R = \begin{pmatrix} r_{11} & r_{12} & \cdots & r_{1n} \\ r_{21} & r_{22} & \cdots & r_{2n} \\ \cdots & \cdots & \cdots & \cdots \\ R_{m1} & R_{m2} & \cdots & R_{mn} \end{pmatrix} \tag{9.6}$$

（4）**确定因素权向量**　在综合评价的过程中，不同因素的重要性不一样，有必要给不同的因素 u_i 赋予相应的权重 a_i。各因素的权重集合的模糊集记为：$A = (a_1, a_2, \cdots, a_m)$，其中元素 a_i 代表第 i 个影响因素的权重，$i = 1, 2, \cdots, m$。

（5）**建立综合评价模型**　在确定单因素评价矩阵 R 和因素权向量 A 之后，通过模糊变化将 U 上的模糊向量 A 转化为 V 上的模糊向量 B，即 $B = A_{1 \times m} \cdot R_{m \times n} = (b_1, b_2, \cdots, b_n)$。

（6）**确定系统总得分**　在确定综合评价模型之后，就可以确定系统总得分，如式（9.7）所示。

$$F = B_{1 \times n} \cdot S_{1 \times n}^{\mathrm{T}} \tag{9.7}$$

式中，F 为系统总得分，S 为 V 中相应因素的级分。级分可以根据实际需要设置，以对应于不同等级。

按照同样的步骤，可以对各个子因素集 U_i 进行评价，从而可以对物流平台竞争力评价问题进行深入的分析和研究。

4. 熵权–突变级数综合评价法

熵权–突变级数综合评价法中结合了熵权法和突变级数法两种方法，其基本思路是：首先利用熵权法确定指标权重；然后在此基础上利用突变级数法计算求得物流平台竞争力水平值。熵权–突变级数综合评价法的详细步骤如下。

（1）**确定指标权重**　熵权法是一种客观赋权法。熵的概念是从热力学开始的，后来又被应用到信息学中。在信息论中，一个指数所能提供的信息量与熵的大小成反比。熵权法可以对客观数据进行处理，进而得到各指标的权重。

1）进行指标数据标准化。数据的标准化的方式有很多种，如当选取的评价指标单位各不相同，并且期望所有指标标准化后都在 [0, 1] 范围之内时，可以选取最小–极大化方法对数据进行标准化处理，其方法如式（9.8）所示。

$$X'_{ij} = (X_{ij} - \min X_j)/(\max X_j - \min X_j) \tag{9.8}$$

式中，X_{ij} 表示第 i 个企业的第 j 个指标，归一化后为 X'_{ij}，$\min X_j$ 是第 j 个指标的最小值，$\max X_j$ 是第 j 个指标的最大值。

2）计算各个指标的信息熵。基于信息熵在信息论中的定义，信息熵的计算如式（9.9）所示。

$$E_j = -\ln(n)^{-1} \sum_{i=1}^{n} P_{ij}\ln P_{ij} \tag{9.9}$$

式中，$P_{ij} = Y_{ij} / \sum_{i=1}^{n} Y_{ij}$，如果 $P_{ij} = 0$，则定义 $\lim_{P_{ij}=0} P_{ij}\ln P_{ij} = 0$。计算信息熵 E_1，E_2，$\cdots$，E_k，是确定各指标权重的重要前提步骤。

3）确定各指标权重。权重的计算公式如式（9.10）所示。

$$W_i = (1 - E_i)/\left(k - \sum E_i\right)(i = 1, 2, \cdots, k) \tag{9.10}$$

（2）利用突变级数法计算物流平台竞争力水平值　利用突变级数法计算物流平台竞争力水平值的详细步骤如下所示。

1）对评价目标进行分解，将所有待评价指标按照树状结构和层次结构进行排列，各层指标数量一般不超过 4 个；

2）基于突变理论和评价指标体系，确定不同层级指标使用的突变系统类型；

3）利用突变系统的分叉方程得到归一公式，并利用公式进行综合评价，量化为一个参数，也就是总的隶属函数。

使用突变级数法评价物流平台竞争力水平时需要确定势函数和突变类型。突变系统的类型共有 7 种，常见的有尖点突变系统、燕尾突变系统和蝴蝶突变系统。各系统的特点和内容如表 9-6 所示。其中 x 表示突变系统中的状态变量；$f(x)$ 表示 x 的势函数；a、b、c、d 为状态变量的控制变量。

表 9-6　突变系统类型

突变系统类型	系统模型	归一公式
尖点突变系统	$f(x) = x^4 + ax^2 + bx$	$x_a = \sqrt[2]{a}$，$x_b = \sqrt[3]{b}$
燕尾突变系统	$f(x) = 1/5x^5 + 1/3ax^3 + 1/2bx^2 + cx$	$x_a = \sqrt[2]{a}$，$x_b = \sqrt[3]{b}$，$x_c = \sqrt[4]{c}$
蝴蝶突变系统	$f(x) = 1/6x^6 + 1/4ax^4 + 1/3bx^3 + 1/2cx^2 + dx$	$x_a = \sqrt[2]{a}$，$x_b = \sqrt[3]{b}$，$x_c = \sqrt[4]{c}$，$x_d = \sqrt[5]{d}$

9.3　物流平台竞争力提升 ⏎

根据物流平台竞争力的定义、构成和影响因素，合理地设计指标体系，选择适合的评价方法，可以获得对物流平台竞争力全面、准确的认识，为提升竞争力水平做好准备。在提升物流平台竞争力水平的过程中，根据物流平台运营的特点，有针对性地对资源学说、能力学说和市场结构学说等传统企业竞争力理论进行继承和发扬。在本节中，我们将讨论在提升物流平台竞争力时需要坚持的理念和可以采用的策略。

9.3.1　物流平台竞争力提升理念

在平台经济的时代，由于内外部环境的巨大变化，较之于传统企业，平台型企业的竞争理念有了很大变化。

1. 重塑市场

对于物流平台而言，可以通过主动地放大网络效应来重塑市场，而不是被动地应对市场竞争态势的变化。传统的企业竞争理论中隐含的一个重要假设是竞争是一场零和博弈，但这并不适合于物流平台。物流平台运营企业不会力图与竞争对手重新瓜分一块固定大小的蛋糕，而是会通过合作努力将这块蛋糕做大（例如，专线 + 加盟型物流平台并不是直接在线下与传统的大小不一的专线货物运输业务展开竞争，而是借助互联网技术，实现更大地域范围内的多条专线的整合，从而获取更多的商业机会），或者通过引入更多类型、更高质量的物流服务供应方用户和增值服务提供方用户来将蛋糕变大（例如，园区网络型物流平台推出了车后市场、油品与油卡销售、金融、保险、海关、检验检疫、税收等增值服务），创造出更大的价值。

2. 分享机会

网络经济时代，各种商业机会不断涌现。对于物流平台运营企业而言，应敏锐识别对用户和平台发展具有重要意义的商业机会，将其分享、推荐给平台上的用户，并积极为用户抓住机会创造条件，提供资源和赋能，从而在平台上创造出更多价值用于分享。在这一过程中，实现物流平台和平台用户的协同进化，进入可持续发展的良性循环。

3. 全层次竞争

对于物流平台而言，竞争可分为三个层次。第一个层次的竞争发生在物流平台之间；第二个层次的竞争发生在物流平台与平台用户之间；第三个层次的竞争发生在物流平台的用户之间。

在第一个层次，一个物流平台与另一个物流平台相互竞争。对于两个业务范围存在重叠的物流平台而言，竞争是在所难免的。这一层面竞争的关键在于平台用户的规模，规模更大的物流平台可以发掘出更好的服务提供方用户，而且提供的服务种类更齐全，范围更广泛，同时规模更大的物流平台在配套服务上也更有保障。

在第二个层次，物流平台与平台用户进行竞争。例如，在园区网络型物流平台上，平台为货主企业提供平台承运服务，以平台作为承运人接受货主企业的托运，并将业务再转包给平台上的物流服务提供方用户。然而，园区网络型物流平台同时还撮合货主企业和物流企业、卡车司机在平台上直接交易。由此，平台与这些物流企业、卡车司机之间存在一定程度的竞争。物流平台与平台用户之间的竞争既有有利的一面，也存在不利的一面；适度的竞争压力可以促使平台用户提高服务质量；但过度的竞争强度会挤压平台用户的生存空间，影响其生存和发展。在这一层次，物流平台需要把握好竞争范围和力度的平衡点。

在第三个层次，物流平台上类型相同或相似的用户之间会进行竞争。物流平台应鼓励这种竞争，因为没有竞争就没有平台的活力，没有竞争平台用户就缺乏成长的动力，物流平台自身的发展也会受到制约。物流平台应确保用户之间的竞争在平台规则允许的范围内进行，防止不良竞争和恶性竞争的出现，尽量减少其对物流平台的负面影响。

4. 由"竞争"向"竞合"转变

在传统的五力竞争模型中，由于客户、供应商的议价行为，客户、供应商与企业之间存在竞争关系，需要加以管控。然而，在平台经济的时代，协作和共同创造的重要性已超越了竞争的重要性。平台运营企业关注的重点已从保护企业内部的价值转变为在企业外部创造价值。因此，平台运营企业应及时实现由"竞争"向"竞合"的理念转变，物流平台也是如此。在"竞合"理念中，物流平台并不追求控制"客户"（物流需求方用户）、"供应商"（物流供应方用户），而是将其视为价值创造来源，为他们在平台上进行交互创造便利条件，吸引更多用户，鼓励更多交互在平台上完成，创造并分享更多价值，平台在这一过程中也可以获得越来越多的价值回报。

9.3.2 物流平台竞争力提升策略

基于物流平台运营的特点和要求，为提升物流平台的竞争力水平，需要采取一定的策略。

1. 限制多归属现象

资源基础观的关键假设是组织的竞争优势建立在其所拥有的异质性资源基础上。对于互联网平台而言，异质性资源是其所能控制的消费者–生产者网络。基于资源基础观的理论，平台需要重视对关键异质性资产的独占性获取，即平台对于消费者–生产者网络的控制。为此，物流平台需要开发一些规则、惯例和协议，并采用一些技术或非技术手段来限制多归属现象的出现，防止平台"消费型"和"生产型"用户的流失。

多归属现象是指用户在多个平台上参与相似类型交互的现象。多归属现象是否会大量出现，取决于四个条件。

(1) **同边网络效应的强弱** 同边网络效应越强，越不容易出现多归属现象。

(2) **跨边网络效应的强弱** 跨边网络效应越强，越不容易出现多归属现象。

(3) **转换平台成本的高低** 用户转化平台成本越高，越不容易出现多归属现象。

(4) **是否存在相对割裂的垂直市场** 如果存在相对割裂的垂直市场，则容易出现多归属现象。

对于物流平台而言，通常平台两边的用户都可能出现多归属现象。例如，一家物流企业或个体运输从业者可能在多个网络货运型物流平台上发布自己的物流服务供给信息；一家货主企业也可能在多个网络货运型物流平台上发布自己的物流服务需求信息。这都属于多归属现象。物流平台应努力预防、限制多归属现象出现，否则用户会轻易放弃现有物流平台，而选择其他物流平台。限制多归属是物流平台的一个主要竞争策略。

为限制多归属现象的出现，物流平台可以采用以下几种方式。

（1）**补贴**　通常，当物流平台某一边用户的多归属现象强时，可考虑对这一边用户实施补贴，以激发同边或跨边的网络效应。补贴是物流平台限制多归属现象的常见竞争策略之一。

小案例

狂烧20亿，扔钱的时候没人能停下来

台面上的滴滴、快的，台下的阿里、腾讯，剑拔弩张，大战之势一触即发。

当时支付宝在移动支付市场如日中天，微信想通过滴滴的移动支付入口，抢占支付宝的市场份额，于是在微信上给了滴滴大量的展示窗口，并且进行打车补贴，每次五块，谁也没预料到补贴的威力。

上线一天，花光1500万，微信的流量恐怖如斯。上线一周，滴滴订单涨了10倍；上线两周，订单上涨了50倍。平台订单量瞬间从10万，变成500万级别。原本排斥在微信上绑定银行卡的用户，为了补贴退让了，这次活动一共为微信支付带来了200万的用户。腾讯方面非常满意。

眼见别人攻城略地，快的自然不能落后，开始疯狂补贴，用户数量瞬间改变，滴滴用户顷刻间大量流失。作为应对，滴滴再次上线补贴，快的有备而来，不管滴滴补贴多少，快的全部加价一块。从五块，到六块，七块，八块……

两大巨头疯狂涨价，交叉抬价，瞬间引爆了市场，一时间话题不断，热度不断，用户打车近乎免费。最多的一天，快的烧了3000万，滴滴烧了4000万。

在补贴价格打到12块的时候，深谙游戏之道的马化腾给程维提了一个建议：补贴金额随机！这样一来，快的无法跟进，并且增加了趣味性，背靠腾讯巨大的社交流量，微信好友，朋友圈开始大量转发滴滴优惠链接。

腾讯甚至直接派出一批高级工程师，进驻滴滴，连夜支援1000台服务器，解决滴滴服务器承载力问题。补贴大战绵延几百个城市，几千万用户参与，前前后后两家公司一共烧了将近20亿。

20亿，终于培养了用户习惯，补贴大战结束之时，全国已经有1.54亿打车用户，滴滴和快的共计占据了全国98%的市场份额。钱毕竟是钱，烧多了也会心痛，阿里和腾讯也

扛不住，示意滴滴和快的停止烧钱，坐下和谈。最终滴滴快的以 6∶4 的比例合并，程维掌握公司管理权，七人董事会，腾讯阿里各占一席。

资料来源：

搜狐. 滴滴赢得打车市场的秘密，补贴大战如何狂烧 20 亿［EB/OL］.（2021 - 1 - 6）［2023 - 12 - 20］. https://www.sohu.com/a/442818354_120638843.

（2）**提高用户转换成本**　转换成本指的是当用户从一个产品或服务的提供者转向另一个提供者时所产生的一次性成本。这种成本不仅仅包括经济上的成本，也包括时间、精力和情感上的成本。转换成本是构成企业竞争壁垒的重要因素。当转换成本较高时，即使用户并不完全满意企业的产品或服务，也会在放弃时产生较大的犹豫。

转换成本可以分为三种类型，包括程序型转换成本、财务型转换成本和关系型转换成本。

① 程序型转换成本。程序型转换成本包括经济风险成本、评估成本、学习成本、建立成本。对于物流平台而言，经济风险成本是指用户如果转投其他平台的服务，可能会因为信息不对称等原因为自己带来潜在的负面结果，比如服务的效果不能让用户满意；评估成本是指用户如果转投其他平台的服务，需要花费时间、精力重新在新平台上进行信息搜寻和评估潜在的新合作伙伴；学习成本是指用户如果转投其他平台的服务，需要耗费时间、精力学习新平台上服务的使用方法及技巧；建立成本是指用户如果转投其他平台的服务，需要耗费时间、精力和新合作伙伴建立关系。

② 财务型转换成本。财务型转换成本包括利益损失成本和金钱损失成本。对于物流成本而言，利益损失成本是指用户如果转投其他平台的服务，会损失原平台根据用户等级和忠诚度给予的经济方面的实惠；金钱损失成本是指用户如果转投其他平台的服务，需要在新平台上为获取服务、提升用户等级付出的费用成本，还有可能损失在原平台投资获得的一些专用资产。

③ 关系型转换成本。关系型转换成本包括个人关系损失成本和品牌关系损失成本。对于物流平台而言，个人关系损失成本是指用户如果转投其他平台的服务，将会损失在以前平台上与合作伙伴建立起来的良好合作关系；品牌关系损失成本是指用户如果转投其他平台的服务，则在原平台积累起来的用户品牌形象将完全消失。

通过提高用户转化成本，可以尽可能地将用户锁定于原物流平台，不至于轻易流失。提高用户转化成本主要有以下手段。

① 塑造、强化品牌形象。物流平台通过有效的品牌推广和市场营销活动，在用户中塑造品牌形象，并通过高辨识性的区别化服务不断强化，可以让用户在选择其他物流平台时产生犹豫，提高放弃的可能性。

② 提高平台服务设计和供给水平。物流平台在设计服务时，要深入、全面调研用户

需求，以确保服务的专业性、完整性、便捷性，同时还要突出服务的定制性，让用户能更好地认知到平台所提供服务的价值，提高用户对平台的黏性和忠诚度。同时，物流平台在提供服务时还要确保服务的质量水平高于市场主要竞争对手。

③ 实现不同领域平台的"跨界合作"。通过与电商、社交等其他领域平台的跨界合作，不仅可以实现将其他领域平台的用户引流到物流平台上，还可以借助其他领域平台的用户黏性与忠诚度，更好地将其绑定于物流平台之上。

④ 进行"忠诚奖励"。物流平台可根据用户在平台上交易记录、诚信表现、会员等级等方面的表现，给予经济利益方面的补偿作为"忠诚奖励"，如服务价格优惠、费用返还等。

⑤ 在平台和用户之间建立牢固的情感纽带。通过优化沟通、反馈机制，采用用户关怀手段，建设独立、差别的服务渠道等策略，在物流平台与用户之间建立牢固的情感纽带，可以显著增加用户的忠诚度和转换成本。

⑥ 帮助用户建设个人关系和用户品牌形象。物流平台可通过不断提高平台服务水平，完善平台服务功能，优化平台资源供给，推进诚信机制建设等策略，帮助用户在平台上建立更为广泛的合作关系网，塑造用户品牌形象，从而提高其转换平台的关系成本。

（3）**限制平台访问、使用** 一般而言，物流平台会开发多种途径方便客户登录，比如网页端、APP、微信小程序等，但一定要设置技术障碍，避免用户使用网络搜索引擎直接搜索平台的各种信息。否则，用户可以方便地查阅各个类似平台提供的信息，增加了用户选择其他平台的可能性，从而导致多归属现象的出现。

在用户的交互过程中，要通过规则的设置和某些技术手段，使得交互全程只能在物流平台上进行，避免用户通过平台建立交互以后，将后续活动转移到其他平台或私下完成。一旦出现这些情况，用户对于物流平台的依赖性将大为降低，忠诚度也无从谈起，多归属现象将不可避免地出现。

小案例

阿里巴巴拒绝百度搜索

在阿里巴巴发展初期，公司就努力发掘吸引用户和产生巨大网络效应的方法。一直到公司出台了政策要求每位员工都找到并列出特定个人或商户出售的 20000 件商品，公司在网络效应方面才出现了"大爆炸"。结果上架产品数量的增长激发了网络双边需求。阿里巴巴及其下属的网络交易平台——淘宝网快速成为网购中发展最快的网站，吸引了众多中国消费者去采购各式各样的产品。

在此次"大爆炸"之前，阿里巴巴一直在努力吸引流量，但首席执行官马云及其团队制定了一条违反常规的决定：设置技术障碍，防止百度搜索他们的网站。百度是中国最大的互联网搜索引擎。禁止通过百度搜索阿里巴巴，从而阻止百度在阿里巴巴上搜索其用户所寻求的产品，这一举措削减了大量的潜在客户。在阿里巴巴迫切寻求购物者的时候这么做看起来似乎有点疯狂。

但是，阿里巴巴的领导者采取的是一个长远战略。他们不仅关注在其平台上发生的购物交互，而且关注通过广告销售实现平台盈利的机会。他们决定保留在阿里巴巴上积累的潜在购物者社区的控制权，从而使得阿里巴巴可以独自销售面向那些购物者的广告。通过阻止百度搜索阿里巴巴的产品，不仅可以防止百度发布各个公司都想向日益增多的中国网购者发布的消费广告，而且可以确保这些广告都被转而发布在阿里巴巴的平台上。

资料来源：

杰奥夫雷 G. 帕克，马歇尔 W. 范·埃尔斯泰恩，桑基特·保罗·邱达利. 平台革命：改变世界的商业模式 [M]. 志鹏，译. 北京：机械工业出版社，2018.

2. 鼓励用户创新并抓住其价值

物流平台的开放性质使得平台上聚拢了数量庞大的各种类型的用户。交互过程中思维火花的碰撞为用户创造了无数个创造新价值的机会。物流平台应该为新价值的创造提供资源支持和服务支持，为平台用户的创新创造条件，然后通过收购或复制一部分创新，实现物流平台自身的发展。

物流平台可以在平台上定期发布未来的发展规划，鼓励平台上的用户主动参与平台发展，进行技术、服务产品、服务模式等方面的创新，并明确平台对用户的支持内容和价值分享方式，鼓励用户的创新。

在物流平台用户创新的过程中，用户的创新成果通常一开始出现的时候采用率较低，处于"长尾"曲线边远处，只有较少的平台参与者会将其用于共同创造价值。这些创新成果中大多数会保持原状，只有少数能够实现超越，快速爬升到曲线的顶部，甚至有少数会显示出独立成为交互社区的迹象，这意味着它们自身就有可能成长为平台。

因此，物流平台应高度关注用户创新的成果，抓住其中能带来高价值回报的部分，内化为平台发展的方向和动力，不断强化平台的竞争地位。价值较低的创新成果可以让给用户自行使用，不会明显削弱或威胁平台自身的竞争地位。

3. 利用数据的价值

对于所有的互联网平台来说，数据都有着极为重要的价值，需要充分重视数据的影响。物流平台应充分利用数据的价值，增强自身的竞争能力，支撑自身的竞争地位。物流平台的数据利用水平和数据储备量可以形成强大的市场进入壁垒，即所谓的竞争"护城河"。

（1）**基于战术层面的数据利用**　物流平台可以通过收集平台上各个服务项目运营数据，以及物流平台运营企业中前台、中台、后台各个组成部分的内部工作数据，有效监控平台运营状况，改进平台服务质量，提升内部工作效率，创造更多业绩。举例而言，物流平台可以执行 A/B 测试，从而优化平台面向用户的特定工具或功能：调整平台某一工具或功能的使用方式，并搜集不同方式下平台的运营数据，统计上述不同使用方式与不同类型用户的匹配效果，判断哪种使用方式可以获得用户的更多好评，有利于创造更多业绩。

（2）**基于战略层面的数据利用** 战略上的数据分析范围更广泛。物流平台通过数据的搜集分析，跟踪平台用户创建、控制、分享价值过程，并且研究其活动的性质，然后采取战略层面的措施、策略，优化平台自身建设。

① 通过改善数据展示方式，提高用户在平台上的搜索效率，促进更好的匹配，提高交互双边的满意度。

② 以人工智能技术为基础，收集、分析识别失败的用户搜索数据，为需要在物流平台上获得服务的潜在用户提供主动导引、匹配。

③ 通过平台交易数据的分析和提供，全方位、多角度地为物流平台用户提供衡量、对比工具，让用户了解自己能力的优势所在和不足之处，为用户提供参考依据，从而帮助用户实现成长。

④ 通过在平台上开辟社交模块、进行大样本容量的用户调查、第三方获取等方式，物流平台能够获取用户需求数据，并进行分析，进而调整平台发展方向，推出新的服务项目，调整现有服务项目运作方式。例如，很多物流平台通过撮合交易双方在平台上完成交易并收取交易费用来盈利。对于物流服务需求量较大且稳定的用户而言，每一次都要在平台上寻找合作伙伴，并判断其服务能力和商业信誉，无疑较为烦琐且风险较大。当物流平台通过数据分析获知这一信息后，可推出平台承运服务：用户直接将物流业务交付于平台，由平台承运，再将业务转包给平台上的物流服务提供方用户和增值服务提供方用户，平台负责对实际服务提供用户的管理。物流平台在这个过程扮演了类似国际多式联运经营人中的"无船经营人"角色。平台承运业务的推出将为物流平台带来可长期合作的高忠诚度用户和较大的平台交易量。

4. 重新定义合并和收购

物流平台竞争力的一个组成部分是协同进化能力，而协同进化能力的基础在于用户的多元化。因此，物流平台可能会面临合并和收购的问题。

（1）**考察意向合并或收购的平台** 对于传统企业而言，合并或收购（并购）的目标是增加辅助产品，提高市场份额，或削减供应链运营成本。对于物流平台而言，关键问题是通过合并或收购能否为物流平台目前所服务的用户群体发掘新的价值来源，或扩大价值规模水平。

为此，需要从三个方面对意向合并或收购的平台进行考察。

① 意向合并或收购平台的用户群体是否与物流平台目前所服务的用户群体有明显重叠。如果没有明显重叠，则意味着两个平台经营范围差异过大，物流平台可能需要进入相对陌生的市场领域，会大大增加收购的风险。

② 意向合并或收购平台的盈利能力。如果其具有较好的盈利能力，说明意向合并或收购平台的用户群体具有较好的价值创造能力，而且合并或收购后不会为物流平台带来财务负担。

③ 意向合并或收购平台用户交互的持续性和稳定性。平台用户创造的价值产生于交互。如果意向合并或收购平台不能从其用户群体那里获得持续、稳定交互，则意味着用户群体不能持续、稳定地创造价值，或者意向合并或收购平台对于用户群体的控制能力较弱，发生多归属现象甚至用户流失的可能性较大。这时，做出合并或收购决策需要更加谨慎。

为寻找以上三个方面问题的答案，物流平台运营企业需要尽可能地收集意向合并或收购平台的财务数据和平台流量数据，还可以在签署合并或收购协议之前进行实际环境试验，测试各种战略情境。

（2）**审慎进行合并或收购的原则**　审慎进行合并或收购的原则是指如果可以通过鼓励多归属等方式来获取新的用户群体加入，就不一定要采取合并或收购的方式。这主要是基于以下两点的考虑。

① 非合并或收购方式的风向远低于合并或收购的风险。

② 合并或收购方式下，物流平台的技术复杂性将大为增加。在两个平台的整合过程中，如果保留彼此的技术架构，形成两种或多种独立开发的技术构建体系并存的局面，整合后物流平台的技术复杂性将大为增加，将导致运行不稳定、易受攻击、运营成本快速增加等一系列问题，用户的体验感和服务质量也会受到很大影响。

某些情形下，物流平台可能会收购或签约某些企业，使其成为平台的服务提供方用户，而不是直接合并或收购其他某个物流平台。此时，以上给出的策略仍然适用。

小案例

京东物流收购德邦股份

京东物流主营业务包含物流产品和服务，可以为客户提供仓储、运输、配送、快递、快运、客服、售后等一体化供应链方案，涵盖了生鲜、服装、汽车等六个行业。

德邦股份前身为德邦物流，成立于 1996 年，是一家包含快递、物流、跨境、仓储与供应链的综合性物流供应商。通过聚焦大件快递市场，通过十多年的发展最终以"大件快递发德邦股份"的定位成为国内大件快递业务的领导者。

2022 年 7 月 27 日，京东物流发布公告称，2022 年 7 月 26 日已经完成收购德邦控股股本权益的相关交易。交易完成之后，德邦控股相关方向京东方面合计转让德邦控股超过 50% 股本权益，德邦控股将成为京东集团的附属公司。

1. 向综合物流服务商转型已成为头部快递企业的共识和基本动作

京东收购德邦，填补了自身在干线运输和网点覆盖的两个缺陷，进一步扩展了快运业务，增强了自身综合物流服务的实力。通过分析国内外物流行业的发展历程，可以看出头部快递企业最终都会向综合物流服务商转型。

2．资本并购或是拓展新业务平台、形成新能力的性价比较高的方式

快运市场的头部效应已经非常明显，随着头部货量越来越集中、规模越来越大，目前的市场竞争格局已经演变成头部货量的零和游戏，进入纯存量整合阶段，即利用平台力量提高行业进入门槛，利用资金、效率、成本优势挤压中小企业的生存空间。尽管会存在管理、制度、信息系统等方面融合的很多问题，但是在存量竞争的市场格局下，要以最快的时间、最小的风险切入新业务平台、形成新能力，资本并购无疑是更好的扩张方式，这也是最近几年快递物流业频繁发生并购案例的基本逻辑之一。京东依靠雄厚的资本实力，先后收购了跨越速运、中国物流地产、达达集团以及德邦快递，快速形成补充快运、航空、仓储、干线等能力，以较低的时间成本实现"打造一体化供应链物流服务商"的战略目标。

资料来源：

闫若凝. 物流行业并购动因及绩效分析——以京东物流收购德邦股份为例 [J]. 全国流通经济，2023（21）：104－107.

5. 采用平台包容策略

市场总是处于变化之中，随着社会、经济的发展，新的需求会不断出现，相应地就会有新的服务来满足。物流平台上服务项目需要不断推陈出新，升级换代。因此，物流平台运营企业应留心观察类似物流平台的发展动向。当类似物流平台上出现一种新服务项目或功能时，这种新服务、新功能可能成为竞争威胁：原物流平台的用户发现该服务更具吸引力，从而开始多归属，甚至彻底放弃原来归属的物流平台。

为了应对这种威胁，物流平台可以选择直接提供类似的服务，或通过平台上某一类服务提供方用户来间接提供这种服务（如目前的用户群体中没有提供这种服务的能力，考虑引进新的用户群体），从而稳定现有平台用户，乃至将类似平台的用户吸引过来。这就是所谓的平台包容策略。

平台包容策略是可以双向使用的。物流平台 A 可以通过在平台上推出与物流平台 B 相类似的服务项目来包容物流平台 B；物流平台 B 也可以反过来使用同样的方式来包容物流平台 A。在这场包容与反包容的战争中，哪一个物流平台的规模更大，初始用户数量更多，网络效应更强，则越有可能赢得胜利。除了规模因素之外，哪一个物流平台所推出的服务质量更高，也可能成为最后的胜利者。

小案例

野蛮生长之后，巨头开始入局

大量新生代消费群体在经历了这些年的在线电商、外卖、新零售的"洗礼"之后，他们对于新的生活方式与新技术的使用已经完全接纳、依赖。于是商品平台提供的服务越来

越周到、消费者也变得越来越"懒"。一个典型的场景就是，即便我们楼下有一家餐饮店或奶茶店，消费者也常常不愿亲自下楼等待、排队，而是习惯性地继续选择在线下单、等待即时配送。

特别是在水果、生鲜、私厨、干洗、鲜花、便利店等对配送即时性要求非常高的场景中，同城即时配送的应用已经非常普遍，消费者衣食住行的方方面面都在迎来"变革"，这成为同城配送行业快速发展的"土壤"。

资本热捧再加上行业潜力巨大，以闪送等为代表的同城配送企业能够大幅改善消费者的日常生活体验，于是同城即时配送成为新的投资风口也就"顺理成章"了。

随着物流行业的深入发展、行业精细化服务与多元化竞争的加剧，以往传统快递巨头们"看不上"或不愿大力布局的同城即时配送领域正愈发得到重视。

虽然此前顺丰、通达系等传统快递巨头在同城配送领域经历了暂时性的"失利"，但过去的失利其实是因为传统快递公司固守中心化的配送模式、不够重视同城配送市场所导致的。随着同城配送市场行业潜力凸显，传统快递行业巨头正在重新入局。

以顺丰速运为例，它在经过"即刻送""顺丰专送"等业务的探索后，于2019年3月宣布"同城急送"业务提速。另外，圆通推出了"闪电行动"，韵达推出了"云递配"。快递大佬们纷纷选择发力同城配送领域，以抢占该领域的市场空间。

顺丰创始人王卫直接公开表示，"2019年顺丰同城将加强新零售布局，并逐步拓展至服装、医药等领域。并将继续加大对同城业务的投入，成立同城公司开展独立化运作，并逐步引入战略合作和投资方"。

传统快递行业巨头之外，阿里巴巴也构建了由蜂鸟配送和点我达等组成的即时配送网络；京东在整合了京东到家与达达之后，推出"特瞬达"同城即时配送平台，喊出"最快30分钟达"的口号；美团也很早就基于美团外卖搭建的即时配送网络与骑手队伍，上线了"同城跑腿""美团闪送"来发力同城快递业务。

资料来源：

知乎. 巨头挤压、快递竞争多元化，闪送未来如何突围？[EB/OL]. (2019-8-31) [2023-12-23]. https://zhuanlan.zhihu.com/p/80547124.

6. 提高平台设计水平

在传统商业领域，公司通过创造更高品质的产品和服务进行竞争。同样，物流平台也可以通过努力改善其提供的服务质量，来吸引用户，促进交互，增强自己的竞争实力，而服务质量在一定程度上取决于物流平台的设计水平。物流平台的设计水平主要体现在平台构建，机制、规则设计，服务项目设计等方面。其中，平台构建和机制、规则设计尤为重要。

平台构建水平的高低主要体现在物流平台的设计过程中，平台组成部分设计、划分是否科学，平台界面设计是否美观，导航结构是否合理，平台登录、使用是否便利。同时，根据平台业务、功能需要，是否开发、建设了功能良好的线上线下配套基础设施资源。

机制、规则设计主要是指在物流平台上是否设计有合理的运行机制和规则，可以确保物流平台各方用户、线上线下配套基础设施和物流平台客户端能按照设计的方向和轨道稳定运行，进而保障用户交互的正常、高效进行，以及保护物流平台上用户的正当权益不受侵犯。

本章小结

物流平台竞争力是指物流平台运营企业以线上、线下各类软硬件资源为依托，以各类物流服务项目为载体，通过多种机制、规则为平台价值创造提供保障，促进价值分享，从而实现物流平台所有参与主体共同发展并可持续发展的能力。

物流平台竞争力由价值创造能力、价值分享能力、协同进化能力和可持续发展能力等组成，竞争力水平受到平台资源、平台能力、平台市场地位等因素的影响。

提升物流平台竞争力需秉持重塑市场、分享机会、全层次竞争、由"竞争"向"竞合"转变等理念，可采取限制多归属现象、鼓励用户创新并抓住其价值、利用数据的价值、重新定义合并和收购、采用平台包容策略、提高平台设计水平等竞争力提升策略。

关键名词

资源学说　能力学说　市场结构学说　物流企业竞争力　物流平台竞争力　价值创造能力　价值分享能力　协同进化能力　可持续发展能力　平台资源　平台能力　平台市场地位　重塑市场　分享机会　全层次竞争 "竞合" 多归属现象　用户创新　平台包容策略

章末 案例

陕西陆运帮网络货运平台发展历程

随着社会的快速进步，货运市场的需求不断扩大，在货运行业中，车辆空载率和空返率不断增高，司机找货难，货主找车难，司机与货主的需求不能得到有效的满足，这些痛点一直困扰着物流人；整个行业效率低，供应极度分散。

2019 年 9 月 6 日由交通运输部、国家税务总局联合发布了《网络平台道路货物运输经营管理暂行办法》（以下简称《办法》），自 2020 年 1 月 1 日起施行。《办法》的出台，有力推动了网络货运平台的发展。网络货运平台整合社会分散的资源，通过信息的共享，匹配联通车辆、货主，提高了运输效率，改变了传统货运成本高、供需信息不对称等行业困境，有效地满足了用户更加多元化和个性化的货运新需求。

1. "陆运帮" 公司简介

陕西陆运帮网络科技有限公司（简称"陆运帮"）创始人高伟德和刘飞先生，原为卡漠网络科技股份有限公司创始人，两人共同创建了国家级首批无车承运试点单位——卡漠科技，年交易额突破50亿，平台注册会员达32万，合作货主2000多家，2018年无车承运试点综合检测评估排名全国第三。2017年6月，公司创办无车承运试点单位"陆运帮"，2020年1月正式进入网络货运平台领域。

作为全国领先的网络货运平台，陆运帮以车辆调度、票据结算为主营业务，车后基础增值业务为核心服务，助力客户实现供应链中的合同流、业务流、资金流、票据流"四流合一"，应用信息化管理降本增效。

陆运帮以西安为总部，下设西安港务区、云南昆明、云南丽江、榆林绥德4个结算中心，16个办事处，业务覆盖陕西、山西、四川、贵州、重庆、新疆、宁夏、云南等省（自治区）、市、县区域。年交易量突破40亿，平台注册司机超过30万，合作货主企业超过2000家，业务涉及大宗商品、零担、渣土等多个行业的运输业务。

在陆运帮网络货运平台的发展过程中，平台基于互联网技术、人工智能技术、大数据技术等，陆续开发了无人值守管理系统、一站式加油在线管理系统、车载智能硬件、税务监管系统、承运管理系统等具有自主知识产权的软硬件系统。

2. 陆运帮网络货运平台运作模式

陆运帮网络货运平台是集司机管理、车辆管理、定位追溯、财务、统计分析、发票管理等功能于一体的云智能、大数据平台。陆运帮网络货运平台致力于解决货主与货运司机、第三方物流企业的匹配问题，并以无车承运人的身份完成整个业务流程中的票据结算。平台具有较强的信息数据交互及处理能力，能对货主、平台运营方、实际承运人、驾驶员各相关方的交易、运输、结算等环节进行全过程的透明动态管理。陆运帮的客户包括贸易公司、物流企业、车后服务商等。

目前陆运帮网络货运平台的运作模式包括以下内容。

（1）多元化服务   为货主提供货源发布、信息管理、运单管理、收发货统计、运费结算等服务，并针对货物运输全程盲点多的问题，打通了厂矿无人值守过磅、司机、加油站、ETC、车载可视、保险公司等货车运输途中参与主体的消费场景，构建完整的货运服务生态，实现货主企业对货运业务的全程监控。

（2）小程序服务   通过平台小程序为司机提供在线查询货源信息、一键抢单、实时管理货源、快速结算运费、随时查看运费记录、在线进行油卡充值、提现24小时内到账等服务。

（3）无人值守管理子平台服务   通过无人值守管理子平台实现车辆的自动出入管理、自动称重、数据判断采集、数据共享、远程运输等功能，可基于磅房数据支付运费并开票。

（4）一站式加油在线管理子平台服务   通过一站式加油在线管理子平台与壳牌、中石油、中石化系统打通，实现司机加油的线上管理和油票一致，一键获取ETC票。

（5）**车载智能硬件服务**　通过车载智能硬件实时掌握车辆位置，保证车辆安全，优化行驶路线，提高对车辆的调度管理，从而提升企业运营效率。

（6）**税务监管子平台服务**　通过税务监管子平台与网络货运平台省级检测系统连接，实现对业务真实性核验和自助开票，有效防范虚开增值税专用发票。

（7）**整体方案服务**　提供针对第三方物流企业的整体方案服务。通过无人值守管理子平台＋财务管理子平台＋承运管理子平台为第三方物流企业提供定制化服务方案。可以根据第三方物流企业的需求，进行流程化定制，包括方案的交互设计、技术开发、前端制作、实际运维等。

3. 陆运帮网络货运平台运作意义

（1）**破解公路运输行业难题**　由于公路运输行业准入门槛过低，长期以来存在着行业集中度低、组织化程度弱、经营分散、货源整合困难、难以形成规模效应、运输效率低下等问题。同时，公路运输行业由于缺乏运输担保机制，许多实力不足或挂靠其他物流企业的实际承运人发生事故后无力承担赔偿责任，实际承运人跑路事件时有发生，故对货主而言可选择的有效运输供给不足，严重扰乱了市场的正常经营秩序。陆运帮网络货运平台依据其网络货运资质，从其角色和业务需求实际出发，依托移动互联网等技术搭建物流信息平台，通过管理和组织模式的创新，集约整合和科学调度车辆、站场、货源等零散物流资源，有效提升运输组织效率，规范市场主体经营行为，从而推动公路运输行业转型升级。

陆运帮网络货运平台从许可准入、运营监管、诚信考核、税收征管、运营服务等方面，根据无车承运人角色定位，从业务操作实际出发，对司机群体进行有效管理。同时，无车承运人的角色定位使得平台成为承担运输风险的第一责任人，具有更好的风险承担能力，从而解决了货主面临的有效运输供给不足，扰乱市场正常经营秩序的问题。

（2）**助力公路运输业的可持续发展**　在陆运帮网络货运平台上，可以对物流热门路线、空车分布、会员车辆硬件消耗等因素进行分析，结合社会热点事件预测各条线路的远期运力需求，通知相关物流环节提前做好运力准备，最终推动对流运输、循环运输、拖挂运输等合理运输模式的实现。整体而言，陆运帮网络货运平台的发展有利于大量降低公路货运行业的碳排放量，减少城市配货站数量，降低配货站对土地资源和交通资源的占用。

此外，平台采用互联网 APP 定位功能，对平台车辆实时定位和互动，能快速集结大量社会车源，在国家需要应急物流时，能快速响应和调度，完成救灾、救援等紧急物流运输任务。

资料来源：
中国物流与采购联合会. 陕西陆运帮网络货运平台应用案例［EB/OL］.（2021 - 6 - 16）［2023 - 11 - 27］. http://www.chinawuliu.com.cn/xsyj/202106/16/551872.shtml.

案例思考

1. 借助陆运帮网络货运平台，货主与司机、第三方物流企业可以创造哪些价值？平台油品企业可以获得哪些回报？

2. 在信息化方面，陆运帮网络货运平台具有哪些特色？

3. 类似陆运帮的网络货运平台的发展对于货主、司机、第三方物流企业乃至整个公路运输行业具有什么意义？

复习参考题

1. 在企业竞争力概念方面，资源学说、能力学说、市场结构学说呈现怎样的关系传承？

2. 如何理解物流企业竞争力与生产企业竞争力的差异性？

3. 如何理解物流平台竞争力的概念？

4. 盈利能力、市场开发能力、平台运营能力、技术研发能力与价值创造能力之间是怎样的关系？

5. 物流平台在建立利益分配机制时需要注意哪些问题？

6. 物流平台为什么需要提高协同进化能力？

7. 如何理解对外依存度对于物流平台可持续发展能力的影响？

8. 平台资源中用户资源最重要的特质是什么？

9. 如何理解物流平台的竞争归根到底是围绕用户满意度的竞争？

10. 如何理解物流平台竞争力提升过程中的重塑市场理念？

11. 是否应该鼓励物流平台与平台用户之间展开竞争？

12. 如何理解物流平台竞争力提升过程中的竞合理念？

13. 试阐述多归属现象出现的条件。

14. 平台用户的转换成本有几种类别，各包含哪些内容？

15. 试阐述如何提高用户转换成本？

16. 如何对意向合并或收购的平台进行考量？

17. 如何理解平台包容策略？

本章实训

1. 实训目的

（1）加深对物流平台竞争力概念、物流平台竞争力提升等相关理论的提升，培养一定的实践问题解决能力。

（2）通过调研，了解某一领域内某一类型物流平台的竞争力水平状况。

（3）锻炼通过事物表象发现问题、分析问题、解决问题，以及团队协作、PPT 制作和语言表达等能力。

2. 实训内容

以小组为单位，选择某一领域内某一类型物流平台作为调查对象，对物流平台竞争力水平状况进行调研、评价，并给出提升竞争力水平的策略。

3. 实训组织

（1）指导教师布置实训项目，提示相关注意事项及要点。

（2）将班级成员分成若干小组，成员可以自由组合，也可以按学号顺序组合。小组人数划分视修课总人数而定。每组选出组长 1 名，发言代表 1 名。

（3）各小组利用课外时间完成分析工作。

（4）以小组为单位，撰写书面调查报告，制作课堂演示 PPT。

（5）各小组发言代表在班级进行汇报演示，每组演示时间以不超过 10 分钟为宜。

4. 实训步骤

（1）指导教师布置任务，指出实训要点、难点和注意事项。

（2）演示之前，代表本小组发言的组长或小组成员对本组成员所承担的工作进行介绍陈述。演示结束后，征询本组成员是否有补充发言。

（3）由各组组长组成评审团，对各组演示进行评分（组长须回避本组评分），取评审团成员评分的平均值为该小组的评审团得分，满分 50 分。评分依据包括分析质量、PPT 制作水平、PPT 展示水平等。

（4）指导教师对每一小组任务完成情况进行总结点评，并为各小组评分，满分为50 分。

（5）取各小组的评审团评分加上指导教师的总结评分作为该组的最终得分，并计入学生的平时成绩。

参考文献

[1] 刘亚. 企业理论中的资源能力学派——从"资源基础"到"动态能力"[J]. 现代营销, 2020(3)：174 - 175.

[2] 马浩. 战略管理学 50 年：发展脉络与主导范式[J]. 外国经济与管理, 2017, 39(7)：15 - 32.

[3] HYMER S H. The international operations of national firms, a study of direct foreign investment[D]. Massachusetts Institute of Technology, 1960.

[4] RUMELT R P. Strategy, structure and economic performance[M]. Cambridge, MA：Harvard University Press, 1974.

[5] WERNERFELT B. A resource-based view of the firm[J]. Strategic Management Journal, 1984, 5(2)：171 - 180.

[6] GRANT R M. Toward a knowledge-based theory of the firm[J]. Strategic Management Journal, 1996, 17

(S2)：109 – 122.

[7] BARNEY J B. Firm resources and sustained competitive advantage[J]. Journal of Management, 1991, 17 (1)：99 – 120.

[8] CHI T. Trading in strategic resources：Necessary conditions, transaction cost problems, and choice of exchange structure[J]. Strategic Management Journal, 1994, 15(4)：271 – 290.

[9] PETERAF M A. The cornerstones of competitive advantage：a resource-based view[J]. Strategic Management Journal, 1993, 14(3)：179 – 191.

[10] AHUJA G, KATILA R. Where do resources come from? The role of idiosyncratic situations [J]. Strategic Management Journal, 2004, 25(8 – 9)：887 – 907.

[11] BARNEY J B. Is the resource-based "view" a useful perspective for strategic management research? Yes [J]. Academy of Management Review, 2001, 26(1)：41 – 56.

[12] 李正中, 韩智勇. 企业核心竞争力：理论的起源及内涵[J]. 经济理论与经济管理, 2001(7)：54 – 56.

[13] PRAHALAD C K, HAMEL G. The core competence[J]. Harvard Business Review, 1990, 68(3)：79 – 91.

[14] STALK G, EVANS P, SHULMAN L E. Competing onCapabilities：The New Rules of Corporate Strategy [J]. Harvard Business Review, 1992, 70(2)：57 – 69.

[15] CHANDLER A D Jr. Scale and scope：The dynamics of industrial capitalism[M]. Harvard University Press, 1990.

[16] FEURER R, CHAHARBAGHI K. Strategy development：past, present and future[J]. Management Decision, 1995, 33(6)：11 – 21.

[17] BOSUA R, VENKITACHALAM K. Aligning strategies and processes in knowledge management：a framework [J]. Journal of Knowledge Management, 2013, 17(3)：331 – 346.

[18] MICHAEL PORTER. Competitive Strategy[M]. New York, The Free Press, 1980.

[19] MICHAEL PORTER. Competitive Advantage[M]. New York, The Free Press, 1985.

[20] MICHAEL PORTER. The Competitive Advantage of Nation[M]. Simonand Sehuster, New York, 1990.

[21] 阎舟. 基于结构方程模型的我国物流企业竞争力影响因素研究[D]. 长沙：中南林业科技大学, 2019.

[22] 黎丽容. 生态系统视角下电商平台企业竞争力及其评价研究[D]. 衡阳：南华大学, 2016.

[23] 杨思佳. 行业级工业互联网平台竞争力的影响因素及作用机制研究[D]. 杭州：杭州电子科技大学, 2022.

[24] 宋丽红. 跨境电子商务服务平台竞争力研究——以浙江省为例[D]. 杭州：浙江工业大学, 2016.

[25] 戚梦圆. 物流企业竞争力评价及其影响因素研究——基于上市物流企业数据[D]. 无锡：江南大学, 2022.

[26] 甄俊杰, 孙慧. 基于熵权 – 突变级数法的商业模式创新评价——以 JF 企业为例[J]. 科技管理研究, 2021, 41(1)：48 – 53.

[27] 杰奥夫雷 G. 帕克, 马歇尔 W. 范·埃尔斯泰恩, 桑基特·保罗·邱达利. 平台革命：改变世界的商业模式 [M]. 志鹏, 译. 北京：机械工业出版社, 2018.

[28] 知乎. 当我们讨论"平台", 我们在说什么 [EB/OL]. (2020 – 11 – 18) [2023 – 12 – 1]. https://zhuanlan.zhihu.com/p/299877288.

[29] 桑辉, 井淼. 顾客转换成本与营销策略[J]. 当代财经, 2006(10)：74 – 76 + 86.